智能制造系列丛书

智能工厂物流构建
——规划、运营与转型升级

中国机械工程学会物流工程分会
上海天睿物流咨询有限公司　组编

主　　编　邱伏生
副主编　陈涤新　李志强　王　莉
参　　编　（按姓氏笔画排序）
王凤梅　代　浩　汤健英　纪　凯　李仕林　李保珠
辛鹏亮　宋　玮　宋海萍　张　洁　张小飞　张赟春
周　娜　夏　鹏　韩　辉　颜日红　颜家平
主　　审　李　俚　滕旭辉

机械工业出版社

本书以中国机械工程学会物流工程分会和上海天睿物流咨询有限公司的相关行业和企业解决方案为背景，结合作者团队在智能工厂规划与运营领域的丰富案例和经验编写而成。

全书共分 9 章，第 1 章是智能工厂构建的基本导向，提出了智能工厂物流体系基本框架，第 2 章介绍了国内外智能工厂的发展情况，第 3 章系统阐述了智能工厂物流规划，第 4 章讲解了智能工厂关键物流技术应用，第 5 章介绍了智能工厂物流运营管理，第 6 章介绍了智能工厂物流信息平台构建，第 7 章列举了智能工厂落地的常见问题与管理要点，第 8 章介绍了现有工厂的物流智能化转型升级，第 9 章提出了促进我国智能工厂物流构建的建议。

本书作为深度阐述智能工厂物流规划、运营与转型升级的专业书籍，可供制造企业的管理者，物流领域的各级从业人员、对物流有兴趣的人员使用，也可供规划和管理专业的相关人员参考。

图书在版编目（CIP）数据

智能工厂物流构建：规划、运营与转型升级/中国机械工程学会物流工程分会，上海天睿物流咨询有限公司组编；邱伏生主编. —北京：机械工业出版社，2022.1（2023.3 重印）

（智能制造系列丛书）

ISBN 978-7-111-47869-0

Ⅰ.①智… Ⅱ.①中… ②上… ③邱… Ⅲ.①智能制造系统-制造工业-物流管理 Ⅳ.①F407.406.5

中国版本图书馆 CIP 数据核字（2022）第 015536 号

机械工业出版社（北京市百万庄大街 22 号　邮政编码 100037）
策划编辑：孔　劲　　　　责任编辑：孔　劲　何　洋
责任校对：陈　越　张　薇　封面设计：马精明
责任印制：张　博
北京利丰雅高长城印刷有限公司印刷
2023 年 3 月第 1 版第 2 次印刷
184mm×260mm · 19.75 印张 · 487 千字
标准书号：ISBN 978-7-111-47869-0
定价：128.00 元

电话服务　　　　　　　　　网络服务
客服电话：010-88361066　　机 工 官 网：www.cmpbook.com
　　　　　010-88379833　　机 工 官 博：weibo.com/cmp1952
　　　　　010-68326294　　金 书 网：www.golden-book.com
封底无防伪标均为盗版　机工教育服务网：www.cmpedu.com

前言 / Preface

在智能供应链的价值链运营环境下，智能物流已经成为智能工厂的核心要素。智能工厂需要智能物流作为生存环境，不难理解，"没有智能物流与智能供应链的支撑，智能工厂将停留在实验室阶段"。为此，工厂规划和运营管理必须具备"流动思维"和"供应链交付思维"。"大交付、大物流、小生产""智能工厂物流中心化"的工厂规划和运营理念，在制造业中已经得到越来越多的认同和实践。

在以消费者需求为导向的智能交付体系中，智能生产被认为是在供应链、物流过程中嵌入一个符合供应链价值导向和运作要求的工厂、车间或产线，是一个节点或者环节；而物料（产品）流动和物流管理贯通供应链的始末，成为端到端协同打通的有效承载。对于智能工厂而言，生产只是过程，满足消费者的个性化需求才是目的。无论是智能化（新）工厂的规划，还是原有工厂的智能化改造，无论以何种要素作为切入点，如布局、建筑、设施、生产、物流、信息化等，都需要将工厂运营管理的价值导向、目标、逻辑、流程、规则等纳入其中。智能工厂物流构建正是以工厂的有效运营为导向，以物流规划和运营为主线，通过"以终为始"的规划，实现所有规划和资源要素的联动和拉通。

智能工厂物流体系以企业经营战略与目标为导向，支撑智能工厂及其供应链达成交付的使命，包含智能采购物流、智能生产物流、智能成品物流、智能回收物流，以及与之相关的智能工厂物流管理平台、物流计划、前后端协同、差异管理和可视化、物流数据资源和物流技术资源等。

智能工厂物流体系构建的重点在于物流的集成和整合，以此实现对经营战略、经营计划、战略绩效和业务计划的有效支撑，包含到货、卸货、包装、存储、搬运、配送、工位使用、拣选、发运等物流节点的统筹规划，涉及生产与物流全过程的用地、建筑、面积、设施、物料及产品、人员、时间、信息等诸多要素。基于智能工厂系统性和一体化规划的诉求，智能工厂规划应以智能工厂物流规划为主线，对基建、产品、制造、信息等进行统筹和协同规划，实现端到端价值链的拉通，从而确保智能工厂规划满足企业运营的需求。

智能工厂物流构建是一个系统规划的过程，需要遵循一定的规划步骤，主要包括需求梳理、概念设计、初步规划、详细规划、方案验证、项目落地六个阶段。

智能工厂物流运营管理主要聚焦物流价值流拉通、内部物流系统集成和对外协同联动三个维度。

    智能工厂物流运营需要面对的是客户的个性化、定制化需求；生产批量属于小批量、多品种的计划方式；物流模式需要节拍精准、移动灵活的输送策略；数据需要保证互联互通、实时可视、实时监控的"在线模式"。智能工厂需要通过精益化和柔性化的生产、模块化的物流配套保证，以支持生产计划和物流作业计划的稳定性及有效性。

    智能工厂物流运营不仅需要考虑包装、搬运、库存、运输、装卸货等物流要素，还需要考虑交付、生产计划、物流计划、预测和门店管理。智能工厂的物流不仅涉及日常生产的物流作业管理，还涉及企业经营管理中的库存设置和现金流管理。通常而言，库存越多，现金流越少，企业资金链的压力就越大，核心竞争能力就越弱；反之，竞争能力就越强。而库存的设置取决于不同物料在供应链不同阶段的参数设置以及过程中的各种变量。

    智能工厂在运营管理时，需要保证发运计划，稳定总装作业计划，监控物料齐套计划（包含自制件制造计划），拉动供应商到货计划。在物料流动过程中"嵌入"智能化制造、检测和物流设施，以保证需求、计划和执行之间的标准数据、计划数据和实际执行数据的一致性，从而做到实时管理、监控和反馈。甚至可以在预生产的前期进行订单仿真的虚拟制造，甄别瓶颈，提出早期预警，之后再进行实际制造。

    在智能工厂的运营过程中，涉及人机协同管理模式、供应商的能力协同、物料齐套管理、工位配送管理、物流网络布局与终端配送等方面的要求。这些管理要求需要在一体化的工业互联网平台上形成数字-物理之间的无差异协同作业，涉及制造技术、物流技术、信息技术、产品研发和人员管理等，考验的是企业的客户行为智能化分析能力、跨企业的智能化市场预测能力、企业运营能力、供应商数字化协同能力、供应链中台控制能力、质量控制能力、技术开发能力、信息技术能力、分销渠道（线上或者线下）能力等。

    总而言之，在智能工厂规划的多个维度中，物流天然地具备端到端的属性，是工厂有效运营的主要载体和抓手，所以，物流规划与运营是智能工厂建设中极为重要的构成，而智能物流是智能工厂的"灵魂"所在。因此，本书以智能工厂物流规划与运营作为对象，先从全局的视角对智能工厂规划与运营的基本导向进行了整体阐述，在后续章节聚焦物流，对智能工厂物流规划逻辑、物流技术应用、工厂园区物流规划与管理、物流运营与管理平台、智能工厂物流规划落地方法、现有工厂物流改造等专题展开研究和探讨。

    本书共分9章：第1章介绍了智能工厂构建的基本导向，第2章概览了国内外智能工厂的发展情况，第3章详细解构了智能工厂物流规划，第4章讲解了智能工厂关键物流技术应用，第5章详述了智能工厂物流运营管理，第6章介绍了智能工厂物流信息平台构建，第7章列举了智能工厂落地的常见问题与管理要点，第8章详述了现有工厂的物流智能化转型升级，第9章根据我国智能工厂物流构建情况提出了相关建议。

    本书在注重智能制造及智能物流理论框架的同时，也提供了智能工厂物流构建的典型案例分析，涉及智能工厂物流构建的背景、目的、定位、核心要点等，智能物流从规划到落地的逻辑、方法、技术和步骤，以及物流运营的计划、组织、执行、绩效等的设定方法和相关仿真模式与路径实践。同时，鉴于智能制造与智能物流技术始终处于动态发展和转型升级的过程中，本书所述智能工厂的物流构建，可能仅仅是不同行业或者企业、不同产品、不同工艺条件、不同制造或物流作业场景环境下智能化升级过程中的一种表现形式和探索，还需要根据不同企业的智能制造战略发展导向来定义和组织个性化、合理有效的智能物流系统。

    本书以中国机械工程学会物流工程分会和上海天睿物流咨询有限公司相关的行业和企业

解决方案为背景，参考了国外智能工厂的物流构建应用经验，结合笔者在智能工厂规划与运营领域的实践经验和制造工厂转型升级的制造模式创新、物流技术创新、智能物流人才培养等内容编写而成，对智能工厂物流规划与运营的合理性、市场响应能力的有效性、技术开发与选择的科学性、智能技术达成路径的经济性以及智能物流人才培养的紧迫性等提出针对性建议，从企业经营、产业发展、工业互联网联通的不同维度提供了具有现实性和可操作性的指导建议，旨在顺应国家智能制造战略决策和部署，提高政府、企业和相关研究单位在产业扶持、智能化投资决策、智能化物流技术研究与应用、工厂规划和建设与运营等方面的关注与认知。

本书由中国机械工程学会物流工程分会以及上海天睿物流咨询有限公司组织制造业不同行业和专业领域的专家编写，由邱伏生担任主编，陈涤新、李志强、王莉担任副主编，李俚、滕旭辉担任主审，参加编写的人员有王凤梅、代浩、汤健英、纪凯、李仕林、李保珠、辛鹏亮、宋玮、宋海萍、张洁、张小飞、张赟春、周娜、夏鹏、韩辉、颜日红、颜家平。在本书的编写过程中参阅了大量的供应链文献资料和企业案例，在此，对其作者表示衷心的感谢。此外，席喆、张丽丽、饶水庆等同志在资料收集和文字整理方面给予了大力帮助，在此一并表示衷心感谢。

由于智能制造与智能物流的理论、方法和技术仍在不断发展、完善和创新，加之编者水平有限，本书中可能存在不足之处，欢迎广大专家和读者批评指正。

目录 / Contents

第1章
智能工厂构建的基本导向

1.1 智能工厂的构建背景

制造业是国民经济的支柱产业，是工业化和现代化的主导力量，是衡量一个国家或地区综合经济实力和国际竞争力的重要标志，也是国家安全的保障。当前，新一轮科技革命与产业变革风起云涌，以信息技术与制造业加速融合为主要特征的智能制造成为全球制造业发展的主要趋势。未来在整个制造过程中，通过计算机将人的智能活动与智能机器有机融合，以便有效地推广专家的经验和知识，从而实现制造过程的最优化、自动化、智能化。发展智能制造不仅是为了提高产品质量和生产效率及降低成本，也是为了提高快速响应市场变化的能力，以期在未来的国际竞争中求得生存和发展。

1. 国家层面

从国家层面而言，实体经济战略意义再次凸显，重要经济体纷纷实施以重振制造业为核心的"再工业化"战略。美国继 2012 年提出《先进制造业国家战略计划》后，2019 年发布了《美国先进制造业领导力战略》；德国在实施"工业 4.0"的基础上，新出台了《国家工业战略 2030》；日本提出《机器人新战略》和"社会 5.0"战略；英国强调"制造业+服务业"发展"高价值制造"，加紧在智能制造领域进行战略布局。综观各国发展战略，实施方式虽有差异，但目标方向基本相同，根本在于试图大幅度提高制造业的效率、效益，可谓异曲同工、殊途同归。在这一背景下，我国提出《中国制造 2025》，以智能制造为重要抓手，推动制造业提质增效，进而支撑国民经济高质量发展；同时，发达国家以信息网络技术、数字化制造技术应用为重点，力图依靠科技创新，抢占国际产业竞争的制高点，谋求未来发展的主动权。

2. 企业层面

从企业层面而言，企业提高核心竞争力，要求企业能够根据市场需求迅速、精准、高质量的研发和制造新产品，动态响应市场需求，以及实时优化其所在的供应链网络体系，从而更加清晰、有效地梳理其商业逻辑，利用各类信息技术和智能制造技术优化生产模式，实现产品流转过程的全价值链有效运行，降低成本、提高效率。

3. 技术层面

从技术层面而言，传感技术、智能技术、机器人技术、数字制造技术的发展，特别是新一代信息和网络技术的快速发展，加上新能源、新材料、生物技术等方面的突破，为智能制造提供了良好的技术基础和发展环境。未来制造全系统、全过程应用建模与仿真将成为企业不可或缺的工具与手段，将涵盖从产品设计、制造到服务的完整产品全生命周期业务，从虚拟的工程设计到现实的智能工厂直至产品的供应链流通。

4. 发展趋势

从制造发展趋势而言，中国制造要改变"大而不强"这一局面，需要实现"新旧动能转换"，依靠创新、协调、绿色、开放、共享的新发展理念，转变发展方式，实现高质量发展。当前，大数据、云计算、人工智能与制造业的结合，不仅为传统生产要素赋能，同时也打破了劳动力、资本、土地等优先供给对经济增长的制约，为产业持续升级、转型发展提供了基础和可能。

5. 价值导向

从行业细分市场竞争和客户要求的层面而言，制造型企业供应链不再是"以制造为中心"，而是"以客户为中心"，能否快速、合格、有效、精准地制造并快速交付，是制造型企业供应链全球化竞争的决胜要素和表现。未来更加强调制造和流通的智能化增值过程，更加重视人机系统的协调性，实现人性化的技术和管理系统。这就需要企业通过供应链的全过程管理、信息集中化管理、系统动态化管理，实现整个供应链的可持续发展，进而缩短制造业交付周期，提高价值链协同效率和盈利能力。供应链的集成和智能化管理，必然需要基于互联网和物联网构成的制造服务互联网和云平台，整合智能技术、生产设施、物流设施、信息交互技术和存储系统等，实现软硬件制造资源和能力的全系统、全生命周期、全方位的感知、互联、决策、控制、执行和服务，实现人、机、料、法、环、测的相关信息集成和共享，支持服务型制造供应链转型升级。随着劳动力日趋短缺和成本上涨，柔性化制造模式和机器人在汽车、家电、电子、乳制品、食品饮料、机械制造等行业大规模使用；而作为实体的制造型企业，涉及产品研发和管理、供应商管理、采购、生产、库存、物流、运输和终端门店管理等。这是一条漫长的供应链，是复杂、动态、多变的过程，影响因素繁多。

6. 投入回报

从投入回报而言，加快发展智能制造，有利于提高供给体系质量，推动制造业质量变革，更好地实现客户价值和企业盈利能力；也有利于优化升级要素结构，推动制造业效率变革；更有利于构建创新生态系统，推动制造业动力变革。

1.2 智能工厂规划的目的

1.2.1 打造企业核心竞争力

在这次工业转型升级的过程中，制造企业始终是其中的主角。企业经营管理层需要根据企业自身的经营战略、产品、市场、团队、客户变化等开展经营活动，为获得最大的物质利益而运用经济权力，用最少的资源消耗创造出尽可能多的、能够满足人们各种需要的产品经济活动。对于企业主要经营者而言，其根本目标是利润最大化，而企业生产过程是一个投入产出过程，且有时生产周期较长。经营者们担当的使命和责任是，首先需要让企业具有核心竞争力，并且在竞争过程中获得必要的经济效益和社会效益，从而获得未来发展的空间。所以，智能工厂发展策略首先必须符合企业的经营发展策略。

企业按照战略类型和特性，可划分为防御型、探索型和分析型三种，进而可以细分为经营评价、研发动力、生产管理、市场策略、人才规划与人才引入对策等方面。智能工厂策略的要点和内容需要与其匹配，形成在企业经营战略规划下，智能化的各项工作与当期管理的纵横向策划和着力点。

信息技术飞速发展，改变着我国的传统经济结构和社会秩序，企业所处的不再是以往的物质经济环境，而是以网络为媒介、客户为中心，将企业组织结构、技术研发、生产制造、市场营销、售后服务紧密相连的信息经济环境。信息带动管理的转变对企业成长有着全方位影响，它将彻底改变企业原有的经营思想、经营方法、经营模式，通过业务模式创新、产品技术创新，或对各种资源加大投入，借助智能工厂提供强有力的方法和手段予以实现。其成功的关键是企业的不同成长阶段与数字化、网络化、智能化工具与方法论的有机结合。

1.2.2　有效应对挑战

无论是"工业4.0"还是工业互联网，其核心都是在推动制造业的数字化、网络化和智能化，实际上就是智能制造。智能制造下的智能工厂是一个新生事物，推进智能工厂建设是一项复杂的系统工程，没有现成的经验和模式可以借鉴。

伴随着巨大的发展机遇，互联共享的制造模式为智能工厂带来了新挑战，各国都在不断探索中。

在标准方面，国际公认的智能制造关键技术标准体系架构还没有形成，物联网、大数据、云计算等新一代信息技术在工业领域的融合应用缺乏标准的支撑。

在技术方面，还有相当多的核心关键技术亟待突破，市场需求迫切的整体解决方案，难以满足产业智能转型的要求。智能工厂并不是某一项或某几项技术的简单组合，而是新一代信息技术和先进制造技术的有机融合，是装备、软件、网络标准等相关要素的系统集成，是供给主体、应用主体、消费主体网络化、平台化协同的合作生态。

在网络方面，面向各类机器设备和多元化应用场景，如何构建一个高速率、高可靠性、广覆盖、低延时的工业互联网，还缺乏成熟的技术方案和应用实践。

在信息安全方面，大量机器、软件和产品联网后，工业领域的安全性挑战可能会远远超出人们的认知和想象。近年来，随着病毒不断演进升级，制造业的工业控制系统成为其攻击的重点对象。

在人才方面，既懂信息技术，又懂生产工艺，还懂企业运营管理的跨界人才十分缺乏。传统信息技术和制造技术单独分科的人才培养体系，以及企业内部制造与信息化独立的人才使用体系，导致了既懂工业，又懂信息化的综合性人才十分缺乏；加上相对封闭、垂直、孤立的创新应用体系，大多数企业需要"从零开始"，自建团队。这些问题如不解决，势必影响甚至制约智能工厂的健康发展。

在企业落地方面，一方面，公共性、开放性行业服务平台短缺，细分行业解决方案供应商严重缺乏，中小企业的转型需求得不到满足；另一方面，一些产业急需的基础性、共性技术缺乏布局，如工业设备通信接口难以互通，导致了设备系统底层数据的解析和控制存在较大问题。

在可持续发展方面，抓好产业生态体系建设成为加快推进智能工厂的根本途径。要深入推进智能工厂，必须在抓好生态体系建设上下功夫。

1.2.3 保证智能制造的系统性

智能工厂是一个大系统，主要由智能产品、智能生产和智能服务三大功能系统以及智能制造云和工业智能互联网两大支撑系统集合而成。

由于制造体系终极目标是快速准确地把产品交付客户，其间涉及智能供应链、采购物流、生产物流、工业互联网和大数据等技术在工业全价值链中的服务和应用。

智能工厂规划需要实现制造系统内部的大集成和制造系统外部的大集成。具体涉及企业内部设计、生产、销售、服务、物流、管理过程等实现动态智能集成（纵向集成），企业与企业之间基于工业互联网和智能云平台，实现集成、共享、协作和优化（横向集成），以及制造业与金融业、上下游产业的深度融合，形成服务型制造业和生产型服务业共同发展的新业态。

智能工厂虽然立足于制造，但是涉及企业、上下游、产业、城市、社会、金融等产业链、价值链和资金链，并不是单纯地强调其中的某一个方面，而应该系统规划、分步实施，强调顶层设计、综合统筹、中层推动、底层落地的有序规划和推进；不只是强调规划本身，更要强调有效落地，从而测算出相应的经济效益与社会效益，因此，需要专业团队、系统规划。

1.2.4 保证有效迭代升级

对于我国制造业而言，智能工厂是一个创新的过程，是一个迭代升级的过程，没有先例可以参考，不能单纯地"一刀切"或"一哄而上"，更不能走西方顺序发展的老路。智能制造在西方发达国家以及先进企业是一个"串联式"的发展过程，数字化、网络化、智能化是西方顺序发展智能制造的三个阶段。它们采用了头部企业（或者"隐形冠军"），经过几十年充分发展数字化制造之后，再发展数字化网络化制造，进而发展新一代智能制造，从而推动了第三次工业革命。对于我国制造业而言，从农业大国逐渐走向制造大国，时间短、底子薄、经验少，工业基础相对薄弱、智能制造素养不到位，数字化、网络化、智能化设施和平台还在摸索和构建过程中，各种制造水平和认知水平参差不齐，并且并存于同一个经济环境中，参与全球化的竞争。

我国企业可以参考和引进国外某些先进企业的技术模式，但是更需要有自己的创新。所以，我国必须充分发挥后发优势，采取"并联式"的发展方式，需要将数字化、网络化、智能化并行推动、融合发展，实现"换道超车"。一方面，我国政府和企业必须实事求是、因企制宜、循序渐进地推进企业的技术改造、智能升级。我国制造企业，特别是广大中小企业，还远没有实现"数字化制造"，必须扎扎实实地"补课"，完成数字化优化升级。另一方面，必须支持和坚持产品创新、技术创新和模式创新的引领，在既有的互联网、大数据、人工智能等先进技术支撑下，以终为始、迭代升级，走出一条并行推进智能制造具有中国特色的升级之路。

1.2.5 指导技术选择和应用

智能工厂规划需要达成新一代通信技术与先进制造技术的深度融合，覆盖设计、生产、管理、服务等制造活动的各个环节，需要局部或全部自感知、自学习、自决策、自执行、自适应等功能。在规划过程中，可能使用到智能制造技术（柔性制造技术、工艺智能切换、节能环保、低噪声、模块化技术、增材制造和 3D 打印技术等）、数据管理平台技术、信息软件技术（ERP、APS、MES、WMS 等）、远程过程监控技术、过程质量监控技术、智能物流与仓储装备技术（AS/RS、RFID、AGV、工业机器人、自动分拣技术、智能化单元包装技术、自动抓取技术等）、工业互联网平台技术（人工智能技术、5G 技术）等。这些技术涉及的参数繁多，供应商遍布各地，单一企业不可能将所有技术全部应用到位，而是需要根据其智能化规划的业务场景需要，进行技术选型和迭代升级。

不同业务和智能化发展水平的企业，对技术的导入方式和应用能力也不一样。一般而言，企业需要首先经过标准化、精益化生产，才能够升级为数字化、自动化、智能化生产。

比如，对于基础比较薄弱的企业，往往会先推动标准化、精益化"补课"。此时，首先需要实现人员对智能制造的观念引导和智能工厂的概念设计认知。这类企业的人员对各类先进技术的导入相对保守，管理者更愿意从作业场景改善提升入手，实现适度的"带人的自动化"；或者从某些关键领域、关键环节、关键工序开始，以点带面地打通制造的价值链，最终实现智能化的迭代升级。

管理基础相对好的企业，有了一定的信息基础和精益管理基础，精益物流能够配合和支撑精益生产的良好运营，此时，更愿意实现自动化和信息网络的导入，减少不增值的环节和人员，将人员从不安全、不精准、不可控、不实时的工作状态下置换出来，从而为智能技术的导入创造条件。

技术的选择不应是盲目、独立、好高骛远的引入，而应根据企业的智能化战略及其实现路径与步骤，一次规划、分步实施，应该遵循"合理、有效的就是最好的"原则。

1.2.6　保证有效运营

1. 适应越来越复杂的运营环境

随着组织规模不断扩大、业务模式不断转变、市场环境不断变化，企业成长路径对智能化的要求从局部向整体、总部向基层、简单向复合、单个企业向供应链、单个领域向生态圈方向进行升级和演变。企业智能化水平从初始建设到不断优化、升级、扩展和升迁，最终完成整个智能化工业互联网平台的建设工作，体现了企业经营管理由窄到宽、由浅至深、由简变繁的特性需求变化。

在智能制造模式下，现代运营管理涵盖的范围越来越大，规划需要考虑的要素也需要相应拓展。其内容已从传统的制造工厂本身扩大到工厂之外的非制造要素（如"爆款"产品研发、虚拟制造、智能物流、智能化营销、电子商务、工业互联网、大数据分析等）；其研究的内容也已经不局限于生产过程的计划、组织和控制，而是扩大到包含运营战略的制定、运营系统设计以及运营系统运行等多个层次的内容。应把运营战略、新产品开发、产品设计、采购供应、生产制造、产品配送直至售后服务看作是完整的价值链，对其进行集成管理和智能化升级。

2. 支撑企业运营模式

从长远来看，企业的战略导向决定了企业的运营模式，但是，不同时期的运营模式可能随着客户、市场、政策、技术、管理水平的变化而变化，能否找到适合企业经营需要的企业运作模式并不断完善，决定着一个企业能否有未来。而一个智能工厂是否能够支撑这种运营模式，反过来也体现了该智能工厂的合理性和生存能力。所以，规划智能工厂时，首先确定该企业的运营模式需要怎样的智能工厂，以便于智能工厂建成之后能够水到渠成地融入该企业的运营系统中。不同的企业运营模式具有不同的成本模型、盈利潜力和竞争优势，它为企业所带来的竞争优势最终可以归结为能为顾客创造更多的价值。而这种竞争优势也决定了智能工厂投资收益的测算模型和周期，成为智能工厂规划和建设的一个先决条件。成功的企业运营模式与现有的运营模式相比，在本质上是一种创造价值更好的方法，智能制造需要满足、支撑甚至引领这种趋势和方法，从而优化企业的商业模式。

智能工厂可以实现良好的运营有效性，智能工厂的效率并不仅是指生产本身，而是整条供应链上的能力平衡所达成的结果和产出。主要包括：

（1）价值链效率 以尽可能低的时间成本做尽可能多的制造和交付的事情。

（2）智能的有效性 用恰当的行为和资源投入为企业创造最大的价值，以保证在准确的时间内研发、制造、交付准确的产品给合适的客户和消费者，并且获得相应的经济效益和社会效益，从而获得企业的核心竞争力。

（3）智能的价值 智能工厂产出产品的价格和质量的比例。如今，有竞争性的"客户体验或客户价值"成为越来越多企业看重的竞争能力。

（4）周转能力 智能工厂对周转率的运营需求，决定了其规划时的流通能力需求，也决定了企业的生存能力。

（5）智能生产系统 该系统利用资源将投入通过智能体系转化为令人满意的产出，并且可以实时监测和控制。

3. 实现智能化的风险预警

一般而言，企业的经营需要涉及企业生产经营状况的自主动态评价及（智能化）风险预警控制系统。通过智能化大数据对企业经济运行状况进行连续、实时测定、监视和预先报警，显示企业当前经济运行是否正常及未来有无潜在危机，以达到预先报警和监控企业的目的，使企业经营者和上级主管部门对企业的经济运行状况心中有数，及时发现、预警和解决问题。作为企业管理者，智能制造将赋能其在这一过程中及早发现问题、判断走势并做出决策，以保障达到预定目标。

1.2.7 保证理性投资决策

智能工厂的规划和建设涉及投资与收益问题。即使有明确智能化战略的企业，面对场地、建筑、硬件设施、软件平台、人员等资源的投入，也都要经过投资收益核算。所不同的是，不同企业期望的投资收益周期可能不一样，有些作为长期策略，以十年作为一个周期，有些是五年，还有些则是三年。期望的投资收益周期越短，面临的决策压力越大。由于不同的软硬件涉及的投资资源不同，在规划过程中，需要根据企业的智能化水平和战略达成路径要求来做出投资决策。

1.2.8 规避建设误区

国内很多智能工厂在建设的时候，没有系统化的模型指导，往往出现"重建筑，轻规划；重技术，轻流程；重设备，轻运营；重生产，轻物流"等规划误区。这些误区制约着智能工厂整体规划及发展的效果体现，也导致大量智能工厂建设后无法落地或者无法支撑企业运营，所谓的"弯道超车"也没有体现出工厂运营关键绩效指标的提升。具体表现如下：

1. 智能化战略的认知误区

企业只有明确了智能制造战略，才能够梳理出战略达成路径，使到底应该"如何建设智能工厂"的问题得到有理有据的回答，从而在保证智能工厂合理有效的前提下强调其先进性。企业缺乏智能制造战略或者战略无效，就无法梳理智能工厂的价值导向。在很多智能工厂的规划过程中，企业通常省略了智能工厂概念设计，而是通过企业领导者口号式的指令进行动员和要求。在这样的前提下，企业往往无法对后续的各项智能化技术做出取舍判断和深入要求。

2. 规划主线缺失或误导

一些企业没有从制造的本质入手，断章取义，认为智能制造（或智能工厂）就是"新厂房+智能设施"，或者是"智能设施+信息化技术"，甚至干脆直接更换自动化、智能化设备，结果经常出现无法有效产出的情况。在规划或者运营一个智能工厂时，需要思考产品的本质（产品的客户价值）、物流的本质（物流的可流动性）、制造的本质（可制造性、可数字化、可量化、可精益化），将几个不同维度的要素综合到一起，系统规划，才能够形成有效的运营主体，从而找到规划的主线，即物流交付拉动的价值链。

3. 以经验替代专业的误区

一些企业尽管意识到了规划的重要性，但往往通过经验来主导规划，很容易造成"新瓶装旧酒"的窘境：规划方案往往不具有广阔的思维，最多看到行业标杆，而无法去归纳演绎其他行业的优势，无法形成创新性的方案，难以达到智能工厂的高度，很多仅仅是对现状的一些局部改善。而且，技术部门往往各执一词，把各部门的方案拼凑起来，无法打破系统壁垒，影响方案的合理性和完整性，误导企业投入了大量的资金，最终造成规划的"智能工厂"有形无神，难以在实际运营过程中有效落地。

智能制造是系统化、创新性的动态升级，涉及多门学科、多个专业、多种技术、多个维度，需要全方位的专业综合和评价，从而得到相对优化的方案，这并不是仅依靠经验就可以解决的，更不是依靠"拍脑袋"式的决策能够解决的。

4. 不注重工业基础

不同行业、不同企业、不同产品、不同使用场景所需要的工业基础不一样，面对当前参差不齐的工业基础，人们往往觉得某家标杆企业的智能化效果很好，"令人震撼"，从而借鉴、引用、复制、模仿其智能化模式，却忽略了自己的产品工艺基础、物流基础、场地规划基础、人员介入能力基础、数字化信息化基础、设施可嵌入基础等，只是盲目照搬和模仿，生搬硬套，为了智能化而智能化，甚至纯粹为了凸显引入的技术和设施，成为"表演秀"，留下运营中的诸多"硬伤"，最后往往导致智能工厂成为"四不像"和企业的"鸡肋"。

面对智能化战略的引领，一方面需要做好战略路径规划和实施，另一方面更需要从深层次正视差距，有耐心、有步骤地尽快完成工业基础的"补课"，实事求是地将"短板""小步快跑"地补长，甚至有意识地与未来的规划连接起来，以终为始地看待既有的智能化基础，分阶段导入智能化规划升级项目。

5. 忽略产品特色

产品策略决定了供应链策略，从而决定了采购、制造、库存和交付策略，于是，相关的节拍、库存容量、周转时效也就被同步决定了。此时，由于包装、流转、与智能化设施对接等原因，必然大大影响布局的物理空间和运营时间的要求。

需要根据每个物料的不同流转规律、制造工艺要求、可能涉及的模具切换、柔性装配、机器人使用、简易自动化、人机协同模式等进行分析和规划。在实践中，大件物料通常容易成为智能化工艺工序的瓶颈和难点。包装、搬运、运输、采集数据、上线、与机器人机械手相匹配、确认数量和质量等方面的操作和匹配情况，都容易影响从规划到运营的可行性。

6. 忽略软硬件之间的有机连接

由于对智能制造系统的理解不透彻、不专业，人们通常追求"最好的设备、最知名的软件"，并且局部独立规划、分散采购，不强调技术应用场景和逻辑关系的梳理，导致信息-物理之间数据错位、无法协同，使得"最优秀的软硬件组合"成不了"最优秀的智能工厂"。一方面，硬件彼此之间无法联通。通常存在不同供应商的基础参数和控制系统源代码不开放，或者不同级别的机型和智能化能力差异的现象。只好通过单点采集、排序采集、错峰采集，集成、形成统计报表，而无法真实地显示设备的协同、平衡程度，以及整个制造工序工艺的有效性和制造的直通率。另一方面，由于软件不同模块之间无法协同、软件本身逻辑与智能制造逻辑不匹配等原因，软件自身的数据化也存在断点和错位。软硬件各自的问题，最终使得各类隐性和显性问题被固化到制造系统中，使得智能工厂无法达到期望的效果。

只有实现软硬件的能力平衡和有机连接，才能够支撑智能工厂的产能要求和运营工艺要求，并以此作为后续各类技术接口的原则。

7. 数字化逻辑错位

人们由于长期手工管理（局部信息化管理和自动化设备管理）的原因，喜欢从统计的最终结果指标分析、分解入手，再来看各个模块的数据形成，导致真实的原始数据、基于时间序列的数据和基于逻辑的数据都看不见了。

实际上，在绝大多数企业的运营过程中，采购通常是按照批量来处理数据的，仓库收货是按照批次来处理数据的，制造是按照节拍、工艺、单件、环节来处理数据的，而成品发运往往是按照订单或者库存水位来处理数据的。由于没有实现个性化制造（产品的个性化和订单的个性化）的逻辑，数字化逻辑都是推动式的"由总到分"，而不是拉动式的"由需到供"，无法形成"从一而终、全程一致"的数理依据。此时，即使是很好的软件，由于数据逻辑错乱，最终也可能导致陷入"汤是汤、水是水"的"两张皮"窘境。

数字化实现是智能工厂建设的灵魂和智能化的前提条件，通常需要首先梳理运营逻辑，设立横向和纵向的基础参数，才能够统一数理依据，形成原始数据链，才能够在后续的数据采集过程中形成层次感，才能够使不同阶段的数据达到可视化、可追溯、可调取、可驱动，不仅能够与设施连接，更能够与非数字化的人、建筑、基础设施协同。

8. 过分强调投资收益，忽略长期战略

智能工厂投入相对较大，但由于各种原因，绝大多数制造企业的利润相对不高，所以在制定智能化决策时，企业领导者非常重视投资收益周期，尤其是中小企业和民营企业，不管是投资者还是职业经理人，其关键绩效指标（KPI）中一般都包含投资回收期。有智能化战略的企业通常将其作为长期投资，从而减轻了运营管理者的绩效压力，智能化迭

代升级的动力相对强大；没有智能化战略的企业通常将其当成一个项目，需要层层审批，并为此制定出一套投资收益报表，结果发现，通常的财务算法无法详细、全面地测算出具有参考价值和决策引领的结论，导致智能化投资遭遇"说起来重要、忙起来次要、算起来不要"的尴尬。

智能制造迭代升级是大趋势，企业需要从长期着眼制定迭代升级的路径和投资的步骤，既不能盲目乐观、人云亦云，也不能因为投资收益本身的原因错过时机。当资金相对充裕时，可以将投资宽度和深度进行合理的拓展；当资金相对有限时，可以率先解决关键工序、痛点和重要问题，按照"一次系统规划、分步有序实施"的策略推进。

9. 项目管理能力错位

项目管理团队的能力和专业度通常被忽略，导致难以梳理智能工厂项目管理的基本范围基准、进度基准和成本基准，无法保证从项目规划到项目建设的有效实施。在实际的项目规划与建设中，经常由于项目管理团队水平与项目维度要求错位、项目条块分割和顺序协同的问题，导致子项目结果与目标错位、单项进度与总体进度错位、信息与实际错位、期望进度与总体进度错位、专业要求与常规要求错位、系统功能与模块功能协同错位、单项功能调试与系统总体联调错位、项目变更与应急能力错位、项目预算与实际采购需求错位、集成采购与单项采购错位等问题，严重影响了项目周期和有效落地。

智能工厂的规划一般从选址开始，需要考虑周边环境和物流的可行性要求。一旦开始实施项目，应该先从战略定位、概念设计开始，明确基础的规划建设逻辑、特征参数与技术要求之后，输出功能区域的初步设计。这些可以归为顶层设计，一般由专业的专家团队完成。之后，根据概念设计和初步区域布局，将方案输出给建筑设计团队和设施（如物流设施、制造设施、消防设施、动力设施、信息化设施、水电气设施等）设计团队，由各个子项目设计团队开展专项设计后，协同进行系统化评审。但是，很多企业一开始就请建筑设计团队入手，甚至等建好了厂房之后才思考"我们需要建一个智能化工厂"，再请相关团队开始设计，此时已经产生了"硬伤"。另一方面，片面地从制造设施、物流设施等供应商角度考虑如何满足智能化要求，忽略了其他层面的系统要求，导致事倍功半，甚至建设完成之后再调整、拆除或重复建设。

智能工厂规划建设项目需要进行多维度的协同，涉及面非常广，需要由专业、有经验的项目经理和团队来有效推动和监控，以保证智能工厂有效落地。

1.3　智能工厂的定位

企业在规划和建设智能工厂之前，需要站在未来智能化制造的角度，思考现在应该如何整理思路，如何落地，定义企业将来如何达成智能化；更为重要的是，面对未来工业互联网与智能供应链的环境，企业如何顺势接入、强力发展，逐渐达成网络化、数字化、智能化。

1.3.1　智能工厂定位的维度

以客户为中心的智能工厂更趋向于按照订单个性化制造并交付，面对诸多影响要素，需要进行跨企业的预测和决策，从而进行制造资源计划和运作，而这些庞大的数据和信息，不可能再由人工完成，而是由智能制造系统平台（如工业互联网、智能制造仿真软件、数字孪生应用等）进行前瞻性的认知分析、指标分析、算法优化，形成自组织、自反馈、自优化的能力。在这种战略思想和逻辑环境下，智能工厂需要根据自己的核心竞争力，接入工业互联网和物联网中，嵌入整个产业链和供应链中，调动相关资源，根据订单协议，完成产品和服务的交付，获得客户满意度，实现商业价值。智能工厂的定位需要通过战略定位完成，因此，需要企业具有智能制造的愿景和战略，并且确保所有人员都对这一愿景和战略有清晰、精准的认知，从而为实现共同的目标努力奋斗。具体包括空间维度、时间维度、资源维度、竞争维度，以体现全局、长远、整体、竞争、多维度的思想。

1. 空间维度

需要思考解决的是产线问题、企业问题，还是行业问题、产业问题，甚至是国家级、全球级的智能制造引领问题。

2. 时间维度

需要思考智能工厂达成各项指标和要素的时间跨度问题，是一次规划、分步实施，还是一次性建成投产？如果从我国制造强国策略出发，是配合国家发展节拍分阶段为 2025 年、2035 年、2049 年递进式升级，还是按照企业自己的既定策略和投资能力按部就班地发展？

3. 资源维度

建成智能工厂的过程中需要调用哪些资源？如何整合？其间可能涉及产品资源、客户资源、制造资源、技术资源、数据资源，以及产学研智力资源、品牌资源和相关的第三方物流资源等。

4. 竞争维度

智能工厂将依靠什么制胜，采取何种竞争策略？比如，领先策略竞争、协同竞争模式或者差异化竞争策略等。

智能化战略需要清楚地回答以下问题：企业通过智能化解决什么问题？希望达到什么目的？能为企业的长期经营提供什么样的核心竞争力？战略周期有多长？如何分解为中短期计划？需要具备何种特征？具体达到何种指标？如何获得该战略支撑和路径？智能制造是创新型领域，需要系统化的思考，不仅从技术方面，更要从运营方面、企业长期经营和竞争有效性方面考虑。很少有企业在技术和运营等所有方面都完全占据优势，有的企业以技术和产品作为核心能力，有的企业通过速度来竞争，有的企业通过成本来竞争，有的企业通过品质或者服务等来竞争。不管采用何种方法，都需要将企业的资源聚焦在明确的战略导向上，从而明确该企业的价值导向和未来发展路径。

1.3.2 智能工厂定位的原则

智能制造技术利用计算机模拟制造业领域专家的分析、判断、推理、构思和决策等实现智能活动，并将这些智能活动与智能机器融合起来，贯穿应用于整个制造企业的子系统。这些系统包括经营决策、采购、产品设计、生产计划、制造装配、质量保证和市场销售等，以实现整个制造企业经营运作的高度柔性化和高度集成化。智能工厂的建设有助于取代或延伸制造环境领域专家的部分脑力劳动，并对相关信息进行收集、存储、完善、共享、继承和发展，从而极大地提高生产效率。

在智能制造系统中，人类的部分脑力劳动被机器所替代。计算机能够模仿人的思维方式，进行条件判断、数据分析、资源管理、调度决策等行为。人类与机器之间的关系也不是对立的，而是相互合作、共同协作的，从而有助于建立起高度柔性的智能系统。

智能制造系统不是简单的人工智能系统，而是在人工智能的辅助下，人与机器和谐相处，各自发挥优势。其中，人依然是整个过程的核心。智能工厂在定位过程中，需要遵循一定的原则。

1. 层级对应原则

以技术选用为例，企业级、运营级、控制级、设备级等不同层级选用的技术可能不一样，越接近设备底层，针对性越强，如数据传感技术、温度测试技术、质量差异视觉识别技术等；越接近企业顶层，需要的跨度越大，如大数据技术、物联网技术、工业互联网技术等。

2. 网络数据安全原则

智能工厂需要实现互联互通，必须以网络化作为基础条件。在此基础上，数据采集技术、存储、分析、处理技术将成为企业的核心能力和资产。数据的安全性、有效性让企业能够放心经营、长期经营。

3. 技术使用有效性原则

企业的运营过程主要涉及智能生产、智能质量、智能物流、智能维护、智能服务等，使用的相关技术需要能够支撑其有效完成对应的功能。

4. 实事求是原则

从企业现状入手，针对未来的发展定位，进行客观判断，以选取合理和有效为原则。对于手工作业偏多、作业标准尚未完善的企业，一般先梳理管理体系，达成标准化、精益化管理基础，然后解决量化管理，同时推动数据采集技术（如条码、RFID 等），完善 ERP（企业资源计划）平台体系。对于精益生产水平较高的企业，在已有的 ERP、APS（高级计划与排程）、MES（制造执行系统）等的支持下，需要开始解决关键节点或瓶颈工序的制造、质量、效率、通过率等问题。例如，流程型企业的混料、配方、温湿度等；离散型企业的机加工、热处理、注塑、喷涂、成型、焊接等。这些关键节点和瓶颈工序的数据，可以采用人工智能技术实时采集，形成数据链，为后续的数字化打好基础。对于数字化基础较好的企业，可以在梳理价值链的过程中导入自动化、智能化技术，如机器人、AGV、智能物流系统、智能产线等，并且依据顶层设计，利用工业互联网技术和物联网技术，将这些功能模块系统化连接起来，形成一体化的智能体系。对于完全新建的智能化工厂，也应该根据顶层设计和运营管理要求进行一次规划、分步实施，适时导入相关的智能化技术。

1.3.3　智能工厂定位的内容

智能工厂定位就是要清晰地回答：我们需要建一个什么样的智能化工厂？

从企业顶层设计的角度而言，智能制造需要通过创新引领，从网络化、数字化走向智能化，这是制造领域迭代升级的趋势，但是不应该成为企业定式。智能工厂定位涉及行业的区别，企业、客户层次、产品各有差异，产品设计、制造工艺、交付服务要求和价格表现也有所不同，将获得不同的客户认可度和满意度。同时，企业的发展历史、背景不同，制造基础参差不齐，对未来的智能化发展战略和达成路径也不一样。

所以，在智能工厂规划和建设之前，有必要形成准确的定位，以避免盲目规划和建设，导致工厂留下"硬伤"，甚至无法满足未来经营的需求，造成重复投资和投资错位。

智能工厂定位的内容一般包括以下几个方面：

1. 产品和功能定位

这是指生产什么产品，具备什么功能。当前制造业需要面临需求个性化（个性化定制产品以满足个人客户的独特需求）、极度变动性（多方面配置以及带有地区和本地化特色的高变动需求）和快速创新（应对设计生产创新产品和服务的时间压力）的挑战。针对流程型和离散型制造产品，智能制造布局和运营需求完全不一样，涉及的数字化基础和网络技术也有所不同。标准产品和定制产品涉及的产线布局方式有本质的区别，采用高效率的制造"大线"还是"细胞化"的柔性线、Cell 线，与之相匹配的生产物流规划和智能物流技术选择也不一样。

2. 规模定位

规模决定了生产大纲、生产节拍，以及物流的存储、流量、速度要求。大规模制造的智能化工厂，如酒类、饮料、食品、快消品等，标准化程度高，虽然工艺复杂、要求高，但相对容易复制，规划设计也相对简化；个性化制造的智能工厂，如汽车、家电、家居、服装、家纺等，零部件种类繁多，需要考虑工厂内部搬运、存储、流动，涉及的工艺路径长并且节点多，如何避免"节点"成为"断点"，是智能工厂规划和运营的挑战。工厂规模越大，效率损失就越容易凸显，更需要考虑运营绩效要求。

3. 技术定位

不同的技术基础和未来的技术需求导致企业的技术定位不同。一方面，企业的技术与管理水平可能处于小作坊式、手工化流水线、自动化流水线等生产制造模式阶段，也可能初步导入了数字化、网络化的生产制造模式，不同的工业基础，导入的技术需求和定位不同；另一方面，企业面临产品生命周期缩短、生产运行方式多样化和产品多样化的难题，要逐步实现自动化、数字化和智能化，要满足自适应、点对点通信和高效率的标准，产品必须具备经济性、资源高效利用性以及可持续性的特点。需要将自动化、数字化和互联网技术相结合，通过提高生产速度和灵活性，同时降低生产成本。不同的技术目标定位，需要不同的技术升级路径和技术获得的相应资源投入。

4. 数字化层次定位

不同的信息化基础和未来的数字化期望，导致企业的数字化层次定位不同。一方面，企业的数字化基础可能处于人工处理、使用 Excel 阶段，或者初步实行了 OA（办公管理系统）、财务管理模块，也可能处于 ERP（企业资源计划）、MES（制造执行系统）等企业资源和制造资源管理阶段，或者配置了基本的条码数据录入软件，还有的企业应用了各种软件模块，但各类资源（人、机、料、法、环、测等）彼此之间尚未建立协同模式……不同信息化、数字化基础的企业需要导入不同的"补课"内容；另一方面，智能工厂对内需要通过业务流程集成化将管理层与车间层链接起来，对外需要通过物联网使所有的智能设备和物体互联，包括智能产品技术、预测性维保、机器设备和物流追踪、灵活的预警机制等。一旦实现了广泛的互联，信息得到转化，新的商业场景就会实现。具体数字化场景包含从车间层到管理层、机对机、电子商务一体化、制造协作、机器云……不同的数字化、智能化层次定位，需要不同的信息平台构建资源协同和升级的切入点。

5. 需要解决的瓶颈与痛点定位

在进行智能化改善和升级的过程中，企业会碰到各类瓶颈和痛点，成为企业智能化过程中的关键工序、环节。企业在考虑智能化资源平衡的同时，在规划之初就需要指明规避或者优先解决这些瓶颈和痛点，在规划资源时可适当往该方向倾斜，如质量、制造技术、数据采集、物流技术、产品研发和升级等。

1.4　智能工厂构建的核心要点

1.4.1　战略定力

智能化落地需要战略耐心和持之以恒，以保证路径实现。

智能化发展战略既要符合制造业发展趋势的要求，又要符合企业持续有效运营的要求；既要立足于当前技术条件和现有基础，又要有长远眼光；既要思考满足核心竞争力的提升，又要考虑有效落地的要求。正因为有了智能化战略，才能够定义建设智能工厂的价值导向和后续运营、改善、提升策略，避免"拍脑袋"式的技术选择和决策。

战略落地是一项长久工程，需要有明确的战略路径指引，以保证项目推动、推广过程中的基本方向和节奏。战略路径需要在明确战略节奏的同时，提出路径推动的条件，以及每个阶段的项目里程碑特点和特征，同时告知下一个阶段需要实现的关键工作和约束条件。

战略更需要所有团队成员全面理解、支持和贯彻，并且将这种战略发展诉求变为团队内在的变革动力，将战略实现融入团队成员的基本工作素养，才能够在贯彻落地的过程中不断创新和提升，最终实现战略路径的有效实施。

需要强调的是，战略的实施需要企业高层领导者的坚定支持和资金的有效保证，更需要实施团队的战略耐心和战略定力，不改初心地推动。毕竟，产品、技术、成本、人员的不断变化，容易对人们的认知和坚持度产生冲击，导致对原有的战略产生怀疑、动摇、改变甚至放弃，最终导致智能工厂建设与运作项目半途而废。

1.4.2　客户需求拉动

智能工厂的构建要强调客户需求拉动，梳理供应链交付逻辑。

智能工厂的基本使命是制造产品，其产品必须销售、交付给客户才能够实现其价值，那么，强调以客户为中心的拉动式交付，从逻辑上就决定了该工厂运营的本质。只有立足于满足消费者订单要求的工厂和制造模式，才能够适应未来个性化的需求发展。

以客户为中心的智能供应链模式决定了智能制造的价值导向，供应链运营的有效性决定了智能工厂的生存能力。通常消费者会在互联网（工业互联网和消费互联网）、物联网（服务物联网和产品物联网）、门店、App 等媒介发布消费（产品）需求，传达给跨企业预测平台；品牌商通过发现和收集、整理这些数据，形成服务型产品设计要求，通过专业的（爆款）产品设计团队研发设计，然后通过供应链中控平台，寻找智能工厂；智能工厂进行智能采购、智能生产、智能物流与供应链交付，产品可能交付给门店，也可能响应 App 的订单需求，直接交付到消费者手上。

对于消费者而言，希望整个过程可视化、透明化、可期待、低成本并且品质优良。而对于工厂而言，这个过程微观但必须有序、有效。整个供应链逻辑包含从先期预测、产品定义、资源调度计划、材料采购需求，到与供应商的数字化链接、入场物流协同、品质检测、物料的齐套存储与个性化上线到工位，再到个性化精准加工组装、打包、成品进入仓储中心，最后按照订单要求发运到各个配送中心或者直达消费者，甚至售后的维护和服务跟踪等。供应链过程需要基于实现客户价值的全价值链拉动，并且对关键节点做到数据的有效实时采集，过程数据需要数字化、可视化、透明化，才能够既满足管理运营的在线绩效监控，又满足消费者的在线过程追溯。

基于消费者个性化订单和智能工厂运营的要求，未来的智能工厂不仅仅是单纯的可视、透明，更需要与工业互联网、物联网连接，成为事实上的互联工厂，不仅内部各个部门、功能环节和设施需要实现纵向连接，上下游供应商和经销商、平台、物流中心更需要实现横向连接，从而形成工业互联网上的关键节点，有效支持快速响应和消费升级。

1.4.3　合理有效的智能化

企业应根据实际需要，推动合理有效的智能化。

智能制造是一种趋势而不是定式，并不是所有的企业都需要实现同样的智能化，更不应盲目地一味推动"机器换人"，而是需要树立"合理有效的就是最好的"观念。投入产出比是企业关注的重点要素，而合理有效的智能化恰好体现了这一要素。将智能化作为一种手段，企业需要从自身实际情况出发，结合标杆工厂和企业痛点等方面，进行综合分析和判断，选取合理有效的智能化。

企业在建设"标杆工厂""引领性工厂""灯塔工厂"的过程中，需要将合理有效的智能化嵌入整个构建过程中。其主要体现如下：

首先，企业在定义"标杆工厂"时，其标杆工厂的范围是相对的，而非全环节的考虑。实际上，目前难以准确地定义一个绝对意义的标杆工厂。即使把所有先进企业的先进技术、管理手法、商业模式、人才梯队综合到一起，也无法造就一个现实意义的"标杆工厂"，也没有这样的必要。正因为智能工厂与工业互联网和物联网连接，标杆工厂的范围也是相对的，如供应商的协同能力、物流企业的协同能力、客户和消费者需求的不可预测性等，都存在动态性和随机性。

其次，企业的智能制造是迭代升级的，而非一步到位的。通常情况下，《中国制造2025》鼓励某些具备条件的企业率先推动智能制造的迭代升级，以作为试点和行业内部的标杆，从而可以达到技术应用、新的商业模式转型升级的试错意义；而对于企业而言，可以选取某条产线、某个车间、某个工厂作为企业（集团）内部的标杆，逐步升级，不断优化技术应用场景、数据积累和使用，从而不断接近"梦工厂"的水平。升级过程可以遵循精益化、模块化、数字化、自动化、智能化的规律，在满足战略导向的同时，实现合理化和有效化。

1.4.4　凸显智能物流的重要性

智能工厂需要智能物流作为生存环境。制造业物流不仅需要考虑包装、搬运、库存、运输、装卸货等物流要素，还需要考虑交付、生产计划、物流计划、预测和门店管理。智能工厂的物流不仅涉及日常生产的物流作业管理，还涉及企业经营管理中的库存设置和现金流管理。通常而言，库存越多，现金流越少，企业的资金链压力就越大，核心竞争能力就越弱，反之竞争能力就越强。因此，库存的设置取决于不同物料在不同供应链阶段的周期设置以及过程中的各种变数。

原材料库存取决于采购批量和供应商到货周期（或者采购周期），同时与质量合格率、供应商送货的稳定性等变数相关；在制品库存（尤其是多工序离散制造零部件）取决于工序周期、生产批量、转运时间、生产班次、上下工序制造节拍、物流协同模式、包装单元、上线模式，以及过程中的质量、时间、数量等变数；成品库存取决于预测准确性、交付周期、成品下线节拍、打包单元和速度、存储周期、发运频率和频次、库存损失等因素。

库存多少和包装存储方式直接决定了智能工厂的原材料、在制品、成品仓库的面积、高度、长宽和基本布局，同时决定了智能化物流设施与智能产线的逻辑对应关系。

对于离散装配型企业而言（流程型企业更多地讲究配方），装配之前需要满足物料的齐套要求，否则，由于物料不齐套会导致不能顺利制造。智能工厂在运营管理时，需要强调保证发运计划，稳定总装作业计划，监控物料齐套计划（包含自制件制造计划），拉动供应商到货计划。在物料流动过程中"嵌入"智能化制造设施、检测设施和物流设施，以保证需求、计划和执行之间的标准数据、计划数据和实际执行数据的一致性，从而做到实时管理、监控和反馈。如果条件成熟，可以在预生产的前期进行订单仿真的虚拟制造，甄别瓶颈，提出早期预警，之后再进行实际制造。

由于众多的供应商、物流商和承运商未必实现了数字化、智能化，甚至精益生产、精益物流的水平也参差不齐，那么人工介入和管理调度就在所难免，再加上质量、过程、参数等的不稳定性，智能工厂还是需要进行应急物流和应急供应链的同步建设。这就需要在智能工厂规划时，要以有效运营作为先决条件，以物流供应链的有效交付作为规划的主线，将智能制造设施"嵌入"交付体系中，并以此作为纽带，拉动全过程的价值链，设立相关环节的运作需求参数，同时在构建智能信息平台时，作为基础数据输入。

进行智能工厂物理设计之后，还需要根据销售渠道模式，规划工厂与工业互联网、产品物联网、服务物联网、电子商务、经销机制和门店管理等之间的互联机制，以实现产品全生命周期的供应链。此时，智能工厂需要连接消费者、品牌商、产品开发商、物料供应商、智能车间、物流服务供应商、电商平台、连锁门店、城市配送等诸多供应链元素，并与之协同，成为一体，系统化地为消费者服务。

1.4.5　有策略的转型升级

制造企业升级转型需要强调方法论。在现有企业转型升级先期，首先需要思考企业是否具备精益生产、精益物流、质量管理和基础工业体系，如果不具备，还需要先"补课"，后升级。企业需要在过程中实现"借智借力"，避开误区、小步快跑、有效达成。为此，在转型升级之前，还需要回答以下问题。

1. 为何转型

需要符合企业发展的战略蓝图，以对接企业（集团）战略标杆需求（如行业世界级头部企业），多维度选取对标行业、企业，以"基础精益化、数据业务化、业务数据化、运营智能化"为核心理念，制定符合企业和行业特点的智能制造模式、战略蓝图与能力目标体系。

2. 哪些方面需要转型

企业关键需要实现战略、机制、方法和能力转型，在战略导向的指引下构建智能制造模式、战略蓝图和能力目标体系。

在战略方面，需要聚焦产品研发创新、智能制造模式创新、服务型制造能力建设。集团型企业需要实现上下游企业之间的联动，协同构建生态圈、产业链。

在机制方面，需要实现一体化、规范化、透明化的组织机制，以实现拉动式生产，强调流动性运营管理，实现价值流的一体化，达到提质、降本、增效、节能的结构性突破。

在方法方面，强调需求和作业场景拉动，强调系统化顶层设计，强调数字化与业务融合；推动个性化定制、模块化产品快速配置；推动设计制造同步协同、敏捷供应链建设、安全可控、透明化生产管控、远程维护服务等。

在能力方面，提升人才培养能力，提升数字资产和知识资产的管理能力，提升科学决策、精准执行能力，并形成系统的培养提升方案；需要形成企业基于客户个性化需求的快速响应能力、基于制造互联的智能生产能力、基于价值链重构的横向协同能力和基于大数据分析的持续优化能力。具体能力指标分为三个方面：个性化方案定制（包含高精度、高柔性、优质服务等指标）、制造全程物联（包含高利用率、高效率、高质量、低成本等指标）和多维度集成互联（包含决策层至设备层纵向集成、供应商客户横向协同、智能分析等指标）。

3. 如何转型

现有企业转型应以终为始、小步快跑、借智借力、有效达成。

首先需要对现有企业的制造、交付体系现状进行客观评估，定位水平等级，明确优缺点；然后对照智能化战略愿景，找准差距，明确阶段目标，梳理建设内容之间的逻辑关系，确定转型升级的内容，从而勾勒出规划建设、升级路径和实施时效的蓝图，确保实施方向、内容与规划要求相一致，并参与实施结果的考核与评估。

现有企业智能化成熟度评估方法，可以参考德国和我国等的相关成熟度模型和标准，如德国的《工业4.0成熟度指数》，我国的《智能制造能力等级要求》和《智能制造能力等级评价方法》，或者其他先进制造企业的最佳实践，通过专业团队进行评估分析。

评价能力等级通常分为五级，具体如下：

第一级，已规划级，涉及人工、经验、关键数据等。

第二级，规范级，涉及信息采集、人工分析、部门KPI优化等。

第三级，集成级，涉及传感器及数据采集技术、跨部门数据平台等。

第四级，优化级，涉及数据分析模型库、大数据预测、决策支持、量化分析等。

第五级，引领级，涉及实时优化、基于数据精准执行等。

能力要素主要包含人员（组织战略、人员技能）、技术（数据、集成、信息安全）、资源（装备、网络）和制造（设计、生产、物流、销售和服务）。

传统制造企业向智能制造转型时，一般需要从工业阶段、工业特征、重点目标、方案构成、方案特点、参与者、参与者能力要求、参与者业务特点等方面进行区别，以合理、有效地利用资源，借智借力，在整合中优化，在优化中整合。

传统企业通常是手工化，加上部分机械化和自动化，其特点主要是大批量生产，追求产能和规模最大化，关注规模效应，通常以现场装备、自动化和工业软件为核心的传统工业自动化系统集成。其特点是基于 ISA-95 标准架构（或者自行构建的架构），以独立功能应用为主。参与者通常有软硬件厂商、设备成套商、设计院、工程总包商等。他们主要满足行业用户的生产需求、局部功能需求，强调自身的软硬件集成能力。其中，软硬件厂商以提供产品为主，设备成套商主要负责提供设备，设计院主要负责项目总体设计，工程总包商主要负责项目管理和工程实施。

智能制造系统要求数字化和智能化，需要解决个性化定制生产，追求精益生产、生产效益提升、质量稳定、产品质量可追溯；需要在传统工业系统集成的基础上，融合新一代信息技术，通过网络化、数字化、智能化等手段，向工业系统注入先进数字化或智能化要素，实现传统制造业升级。智能制造系统解决方案是传统工业系统集成的拓展和深化，主要包括数字化制造系统解决方案和智能制造系统解决方案，强调以整体性功能应用为主。参与者主要有整体方案服务商、智能制造成套设备供应商、智能装备制造商、工业自动化集成服务商、工业软件与信息化服务商、技术咨询服务商（咨询公司）、智能制造示范企业等。他们通常需要针对行业用户的目标需求，提供定制化的解决方案，涉及跨专业和跨领域知识，具备咨询、设计、实施、运营和维护等多方面综合能力，强调整体性和数据标准化。通常采用联合体方式提供整体性方案，原有厂商不断拓展其解决方案的范围，使跨界进入智能制造系统解决方案的厂商不断增多，协同创新成为主趋势。参与智能制造的各个集团根据自身的特点，选择互补的战略伙伴。

1.4.6　合理有效的人才配置

企业应建立具有智能制造技术应用能力的人才培养体系。智能制造需要相应的人才来提供解决方案和运营操作，尤其是在规划方面，需要具有相对全面、专业的知识、视野和素养。

人才培养的方向需要根据智能制造规划和运营所需要的相关技术决定，并由此确定人才培养的步骤、职业生涯规划、企业个性化方案所需要的专业深度等。对于具体的某个企业而言，智能制造规划和运营所需要的所有技术未必都会用到或者涉及，此时需要根据企业智能化战略，采用某些关键技术解决关键环节问题；而对于人才需求而言，具体的人员没有必要也不可能掌握所有的技术，但是对具体的领域和环节，应该有相对清晰的认知、探索和创新性实践。另一方面，企业和人才对技术的学习和探索，都是为了制造现场和运营过程的技术使用，这需要使用方具有开阔的视野和明确的判断标准。

对于具体的企业而言，需要根据智能制造战略和智能工厂的概念设计，梳理技术要求和人才需求，建立起具有技术应用能力的人才培养体系，确保智能工厂从规划、建设到运营，尽量一次性合理化、有效化，少走弯路、避免误区，实现工厂的顺利迭代升级，真正推动企业的智能化战略。

具体规划人才能力提升路径为：与智能制造战略实现相匹配，以岗位能力为驱动，制订全员分层次、分阶段的人才培训计划；形成岗位要求（以实际岗位要求为导向，对接企业需求）、工作技能（实际岗位工作能力矩阵）、技术知识（以理论为基础、注重实践的课程体系）的三角结构，互相依托、赋能和转化。具体可分为系统级、子系统级、设备级、关键技术级人才。

1）系统级人才，包含智能制造系统架构、智能制造系统评估和智能制造系统安全工程师和高级工程师。

2）子系统级人才，包含智能制造信息集成、智能制造自动化集成、智能制造网络集成工程师和高级工程师。

3）设备级人才，包含3D打印应用、工业机器人应用、数控装备应用、PLC控制应用见习工程师、工程师和高级工程师。

4）关键技术级人才，包含工业大数据应用、机器视觉应用、工业人工智能应用见习工程师、工程师和高级工程师。

最终建立具有智能制造技术应用能力的人才培养体系。

1.5 智能工厂运营的使命、逻辑与重点

1.5.1 智能工厂运营的使命

智能工厂运营的使命是交付，即接到客户订单后，智能工厂在承诺的时间内保质保量完成产品智能化生产、发货和交接的过程。

对于按库存生产（Make to Stock，MTS）的产品，可以根据在线订单的要求直接智能化发货配送到消费者手中。比如电商模式和门店销售，生产和交付未必是严格对应的，可以有时间的错位。

对于按订单生产（Make to Order，MTO）的产品，往往对个性化要求比较高，需要根据在线订单要求，进行产品虚拟设计、研发或者个性化优化，然后进行智能化采购、到货、分拣和智能化配送到工位、智能制造装配、成品打包和下线装车发运，直到配送到客户或消费者手中。比如在线个性化制造等，其原材料、制造、交付是严格对应的，往往需要保证过程的一致性和可追溯性。

运营使命是由智能工厂作为社会经济大环境中一个关键环节的本质所决定的。智能工厂运营管理是一个有明确生产管理责任的企业职能领域，是对企业生产或传递产品的整个系统的管理。生产一个产品，如手机，或者提供一项服务，如服务于一个手机客户，都包含了一系列复杂的产品从转换到交付的过程。

随着物联网技术和智能化技术在制造领域的普及和推广应用，很多制造企业也因此完全改变了传统的商业模式。然而，这些技术可能只是行业改变的一部分，因为它们仅仅提供了新的沟通方式和制造方式，更多的改变发生在企业运营的基本结构上，但是，最终所有的服务或者产成品都需要完成交付。

智能工厂的基本任务是为了在满足市场需求的同时降低成本。对制造企业而言，关键是在价值链上"实现价值"。企业如何才能为客户创造最大的价值，从而获得利润增长来维持企业的发展，是智能工厂所面临的主要任务。

生产系统利用资源将输入转化成理想的输出，智能工厂可以理解为是一种转化（劳动）的工具。输入的可以是一种原材料（或零部件、半成品）、一位客户的需求或者是另一个系

统的产成品，通过生产系统和供应链过程，最终转化成客户需要的产品或服务。一般来说，系统中发生的转换过程包括物理过程（如制造本身）、位置变化过程（如运输）、交易过程（如零售）、存储过程（如库存）、生理过程（如健康保养）、信息过程（如网购、电信、工业互联网）等。这些转换不是互相排斥的，而是互为前提的，其中有着商业逻辑和供需的因果关系。

需要说明的是，虽然智能工厂本身是一个关键环节，但是作为智能制造系统却是一个全价值链的平台，不能够单独地割裂看待，要完成交付，需要从整个价值链来梳理和顶层规划设计。

1.5.2　智能工厂运营的逻辑

在智能工厂的运营过程中，涉及人机协同管理模式、供应商的能力协同、物料齐套管理、工位配送管理、物流网络布局与终端配送等方面的要求。这些管理要求需要在一体化的工业互联网平台上形成数字-物理之间的无差异协同作业，涉及制造技术、物流技术、信息技术、产品研发和人员管理等，考验的是企业的客户行为智能化分析能力、跨企业的智能化市场预测能力、运营能力、供应商数字化协同能力、供应链中台控制能力、质量控制能力、技术开发能力、信息技术能力、分销渠道（在线或者线下）能力等。

智能工厂的运营要求企业以战略的眼光来看待客户需求。企业运营都需要强调核心竞争力的体现，也就是该企业所具备的、可将它与其他竞争对手区分开来的技术或能力。智能制造应该是这种核心竞争能力的一个关键体现。图 1-1 为智能工厂从订单到交付的基本逻辑。

图 1-1　智能工厂从订单到交付的基本逻辑

首先，智能工厂以满足客户需求为出发点，拉动新产品开发和订单执行，同时还需要判断新产品和现行产品之间的异同与迭代关系，从质量、价格、速度、柔性化、依赖性等维度来判断智能工厂运营的侧重点和关键要求。

其次，以客户需求作为基本的智能生产输入数据，拉动智能工厂的交付计划、生产计划、物料齐套计划、供应商到货计划、采购计划、供应商协同计划等，同时还需要联动质量检测、设备调试、人员调度、产能排布与协调等作业准备。

再次，在工业互联网环境下运行订单仿真，实现订单的虚拟制造，识别可能存在的瓶颈和约束。通过订单拉动智能物流系统的运行，将物料配送至工位，同时结合库存标准和需求信息生成到货计划，通过电子数据交换（EDI）技术拉动供应商物料到货。

最后，产成品通过智能成品物流体系配送到客户手中，完成最终交付和客户价值实现，形成运营的闭环。

1.5.3 智能工厂运营的重点

与传统企业一样，智能工厂需要面对市场和客户，需要参与承担战略绩效和核心竞争力的表现。智能工厂在运营中需要把握以下重点。

1. 提高产品及其成本竞争力

智能工厂运营的重点之一是降低产品成本。在每个行业中都存在着严格遵循低成本原则的细分市场。为了在这个细分市场上取得生存空间，智能制造企业需要通过合理规划，有效降低诸如效率、人员、库存、信息延滞等过程成本，提高利润空间。传统企业在运营过程中，降低各类成本，以期通过低成本进行生产，但由于物流过程的断点太多，库存失控，即使这样做，也不能保证企业能够获得利润、取得成功。

严格遵循低成本原则生产的产品未必能够引起消费者的注意，除非该产品有着强大的品牌号召力，或者产品本身就是根据消费者需求而研发的，具有社群个性化的特点（所谓"爆款"），否则，消费者难以区分不同企业的产品究竟有何差异。

特定的细分市场往往需求量巨大，这容易引起许多企业的注意，竞相大批量生产产品，从而导致市场竞争非常激烈，甚至有些企业即使实现了智能制造，也无法坚持下去。毕竟只有少数企业能够以最低成本生产产品，而且，通常是由它们来决定市场中该产品的价格和未来发展趋势的。

当然，个别企业盲目投资智能工厂，未必能够将制造成本降低到具有核心竞争力的水平。毕竟花钱买来的未必是企业核心竞争力，只有符合企业战略逻辑和竞争需要的工厂和产品才是最佳实践。

2. 提高产品质量和可靠性

智能制造提供的优质产品和服务质量可分为两类：产品质量和工艺质量。这两类质量都具有相对性和动态性。

在产品设计中，产品的质量水平根据它所针对的细分目标市场而不同，比如普通自行车和竞技类自行车、普通小轿车和赛车、民用船舶和军用船舶、家用空调和商用空调等。不同的产品针对不同市场的客户需要而设计，比如高质量赛车的特殊性能决定了它在市场上的高价格。

在产品的制造和交付过程中，产品的质量根据它所在的供应链过程中运营是否统一、稳定、精准、有效而不同，这取决于智能工厂所在供应链的运营水平。比如，豪华轿车和经济类轿车的供应链质量要求；批量家居产品和个性化定制家居产品的过程质量；工业基础相对薄弱的企业，其供应链过程质量和价值链一体化的供应链质量等。不同供应链给产品全生命周期过程中所带来的质量保值增值能力不同，最终给消费者的体验感也不一样。

建立适当的产品质量标准，目的在于集中全力满足客户需求。质量超标准的优质产品可能因为价格昂贵而无人问津；相反，质量设计达不到标准的产品又会将客户推向价格略高但被认为是性能更好、价值更高的其他产品。

工艺质量至关重要，是因为它与产品可靠性直接相关。不论是豪华轿车还是普通轿车，客户需要的是质量可靠的产品。因此，工艺质量的目标就是生产没有缺陷的产品。通过智能工厂生产的产品，其最大的优势就是质量可靠。更为重要的是，面对不同的客户及其需求，需要有针对不同订单的柔性化制造和运营，不仅要有个性化定制，更要有个性化服务。

3. 提高交货速度和可靠性

智能制造实现更快更准交货，主要是指智能工厂在承诺交货的当日或之前向客户和消费者提供订单相关产品和服务的能力。

在企业经营中，交货速度是制造业所在供应链运营的重要指标，通常被称为交付周期（Order to Delivery，OTD）。交货速度的快慢决定了企业库存周转率的快慢，从而决定了资金流的快慢。显然，如果交付没有完成，资金是不可能回笼的。

交付周期在制造供应链上通常分为采购交付周期、生产交付周期和成品交付周期。智能工厂快速、稳定、可靠地进行生产，其生产交付周期通过规划驱动管理，形成预设的参数；供应商的交付周期决定了制造的交付周期；成品渠道的网络化布局和快速流转，决定了消费者如何在最后时间获得其期望的产品或服务。

在规划智能工厂时，有效消费者响应（Effective Customer Response，ECR）是必须考虑的要素。

项目制的工业产品，如风力发电机组、船舶、飞机、高铁等，通常遵循项目管理进度的时间要求来确定其交付周期；耐用消费品，如汽车、家电、手机、计算机、家居产品、家纺用品等，通常根据客户的需求时间来确定其交付周期。供应商需要在指定的时间内实现交付，可以通过库存或者准时生产（Just in Time，JIT）来满足。但是，库存方式虽解决了速度的问题，却需要考虑库存成本和智能物流建设的自动化仓库的容量问题。此时，JIT直接挑战企业的快速响应能力。

对于快消品，如蛋糕、牛奶、奶粉、饮料、酒类、连锁餐饮、食品、生鲜水果等，通常需要较高的周转率来维持企业经营的规模效益和利润，其交付周期需要更加紧凑、快速，对于生产而言，更需要批量批次管理和可追溯的数字化要求。在智能制造过程中，数字化本身往往不是瓶颈，但是在原材料采购、集货、到货和分配上，以及在成品的订单分类、快速发运的过程中，是否仍能够做到快速和一如既往的数字化、可追溯，就成为实现精准、快速交付的运营瓶颈和关注重点。

智能制造需要智能物流、智能供应链的协同支持，智能制造和交付是结果，智能物流和智能供应链是前提条件和过程保障。没有智能物流-供应链的支撑，智能工厂很容易陷入"巧妇难为无米之炊"的窘境。此时，智能工厂就成了"实验室"，虽然规划和功能没有问题，但是运营不起来。

4. 对需求变化的应变能力

智能制造通过改变批量实现对需求变化的应变能力。企业需要有迅速提高生产水平（俗称"爬坡"）的能力和放缓节奏的控制能力，或者迅速地将生产能力从一种产品（服务）转移到另一种产品（服务）的能力。市场信息瞬息万变，企业对需求批量增减变化的反应能力（通常称为柔性能力）是其竞争能力的重要组成部分。长期、高效地响应动态市场需求的能力是运营战略的基本要求。智能工厂如果能够实现"零转换时间"，将达到一种极致。

这种柔性的实现，通常依赖于智能工厂的设计柔性、工艺柔性和操作人员柔性，以及能否制定出利用其他组织生产能力的柔性经营策略。在需求增长的时候，企业很少会出现问题；当需求强劲并呈上升趋势时，规模经济促使成本递减，这时在智能化创新技术上的投资可以很快得到回报（当然也需要考虑智能工厂产能升级的可能性）。当需求下降、规模缩小时，则需做出减缓节拍，减产、减员或减少资产等令人为难的决定。但是，一旦智能工厂投入之后，"减少投资"就变得不现实，此时需要倒逼企业实现产品批量变更或者产品型号迭代升级，智能工厂的柔性化制造能力就成为其最大的优势。

智能工厂在规划之初就需要思考未来 3~5 年，乃至 10 年之内，产品型谱可能发生的变化，从而考虑智能制造的产线、模具、工装、属具、刀具以及生产/物流设施（立体仓库、AGV、机器人等）等的柔性化切换的可能性。思考得越远，对智能工厂柔性化的研究越深，其在运作过程中的应变能力就越强。

从投资收益的角度来看，随着消费者的个性化需求越来越明显，企业研发多种类型产品（包含智能化产品）的能力也势必同步提升，产品生命周期也呈现缩短的趋势。一方面，由于智能工厂和智能产线投资的原因，不大可能针对每一种产品设立一条智能产线，而是需要针对类似产品族的需求规划建设具有柔性化的产线和制造能力；另一方面，如果一个产品的生命周期缩短为 3~5 年，而投资一个智能工厂或者一条智能产线的投资收益周期超过 5 年、10 年，则智能产线的柔性化切换能力就成为重要挑战。并且，由于产品变化和产能下降，导致拆除产线的成本非常高昂。

5. 战略生产能力计划

战略生产能力计划是指智能工厂在预计的某一特定时间内能够完成的产出量，是其持有、接收、存储或容纳的能力，也就是智能工厂的生产大纲，需要合理规划各项资源，尤其是对资本密集型企业，要使得由这些资源综合形成的包括上下游企业在内的总体生产能力，能够为企业长期竞争战略的实现提供强有力的支持。对于不同层次的经营管理者，生产能力计划的意义不同，所确定的战略生产能力水平决定了企业的设备、工具、设施和总体劳动力规模，对企业的市场反应速度、成本结构、库存策略以及企业自身对管理层和普通员工的要求都将产生重大影响。如果企业的生产能力偏低，就可能因为向客户提供的服务不够，无法及时满足市场需求，导致市场中出现新的竞争者，并将因此失去客户，丧失市场份额；反之，如果企业的生产能力过剩，就不得不以压低价格刺激需求、提高设施利用率、增加多余的库存、生产低利润产品等方式来维持生产。值得注意的是，由于互联网技术、人工智能技术、云计算技术、增材制造技术等先进技术的应用对生产能力系统的不断冲击，生产能力的柔性越来越大，生产能力值的预测变得越来越困难。

6. 智能工厂生产与服务能力

智能工厂生产与服务能力是指制造系统在某一特定时间内能够完成的产出量，俗称产能。这是一个相对概念，并且是动态的过程，所以，在考虑生产能力问题时，经营者需要从两个方面着手：一是资源的投入；二是产品的产出。为了达到预定目标，实际生产能力还要取决于生产的最终产品或服务是什么。由于市场拉动的原因，企业需要扩大产能或者推动产线升级，否则生产能力升级过于迟缓会让企业付出高昂代价。企业在扩大其生产能力时，应考虑的最重要的三点是：保持智能生产系统的平衡、智能产线能力扩容的频率和外部生产能力利用问题。

7. 网络化布局

针对服务型制造企业，智能工厂是整个供应链上的一个环节，供应链的服务能力决定了客户满意度，需要特别考虑服务能力的变化对服务质量的影响。智能工厂强调网络化布局，以减少原材料和产成品的干线运输，降低物流风险和成本，形成集约式制造和针对所在销区的近距离快速配送。网络化布局的智能工厂逐渐代替了区域物流中心的功能，直接配送给终端消费者，在工业互联网环境下，形成在线订购、在线生产、在线配送的最佳服务模式。

8. 信息技术协同能力

信息技术协同能力是"两化融合"最为核心的技术表现。智能工厂需要做到数字化、网络化、智能化，制造过程需要做到自组织、自控制、自反馈、自调节，完全依赖于信息技术对各项资源的实时协同能力。随着供应链的不断延伸，价值链的横向纵向互联互通，工业互联网的协同使用必将逐步升级、水到渠成。智能工厂的运营将最大限度地减少人为因素带来的不确定性和信息延误、错失、衰减，诸多 KPI 和要素，也将简单化、标准化、实时化、可视化。

9. 在线仿真

产品的研发、设计、制造、质检、配送等组成了产品生产和交付过程，而该过程是一系列相关活动组成的有机序列，通过过程才能形成产品并产生期望效益。为提高制造的成功率和可靠性，在数字化制造中应格外重视工艺过程，即产品加工过程、装配过程及生产系统规划、重组等技术的研究，并且通过实时在线仿真的方式表现出来，以实现生产资源和加工过程的优化及从传统制造向可预测制造转变的目的。通过三维建模等可视化技术，现实物理世界可与虚拟世界无缝融合，将仿真融入产品的设计与制造过程中；并且，各个子系统之间能够相互协调、动态重组，整体上具备了自我诊断、自行维护能力，更好地为制造产业提供实现手段。

1.6　智能工厂物流构建导向

1.6.1　智能工厂物流体系与智能工厂的关系

消费者和客户需求拉动交付，从而通过订单拉动供应商生产、入厂物流、检验存储、物料齐套、工位配送、成品入库、存储、发运、交付等物料及产品的流动过程，最终实现客户体验及满意度。如图 1-2 所示，智能工厂包含但不限于智能生产和智能物流。智能工厂通过智能物流体系实现工厂内部的整合，以及与供应端和销售端之间的协同，从而实现订单交付全过程的打通。智能生产作为交付过程中的一个环节，是将智能生产设施嵌入智能物流系统中，从而实现"智能工厂物流中心化"。

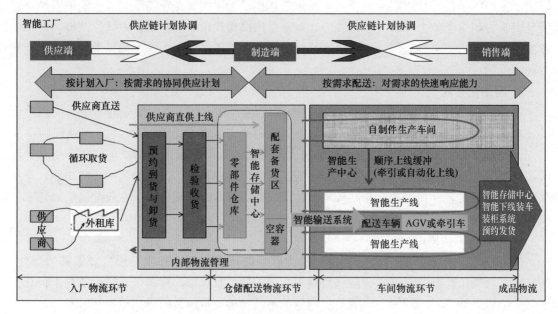

图 1-2 物流体系与智能工厂的关系

1.6.2 智能工厂物流体系的基本框架

智能工厂物流体系构建的重点在于物流的集成和整合,以此实现对经营战略、经营计划、战略绩效和业务计划的有效支撑。如图 1-3 所示,智能工厂物流体系以企业经营战略与目标为导向,支撑智能工厂及其供应链达成交付的使命。智能工厂物流体系包含智能采购物流、智能生产物流、智能成品物流、智能回收物流,以及与之相关的智能工厂物流管理平台、物流计划、前后端协同、差异管理和可视化、物流数据资源和物流技术资源等。

智能入厂物流主要是物料如何从供应商送达采购方(核心企业),可能涉及信息系统互联、物料需求与到货计划协同、上门收货、预约到货(ASN)、数据互联互通、到货过程与车辆智能化管理、精益化与智能化包装、第三方物流管理、空容器管理与回收、物料追溯、逆向物流、应急响应等。

智能厂内物流主要是如何实现有效的物料管理、物料科学上线以及物料与工位智能化匹配,可能涉及智能收货与检验、厂区内部智能仓储系统、仓库管理与控制系统(WMS/WCS)、智能输送及与工位对接(与智能制造设施对接)、条码/射频识别技术(RFID)数据识别、智能单元化包装(与机器人对接)、自动化装配技术、工位物料管控与双箱制拉动、空容器回收、不良品处理、订单尾数处理、成品包装下线以及制造过程数据化追溯等。

智能成品物流主要是从成品下线到最终交付给客户或消费者的过程,可能涉及成品下线输送—码垛—入库、成品仓储及运作、出库拣选与备货管理、装车算法、智能化快速装车技术、成品运输、发货计划协同、物流网络布局与库存部署、全过程导航与追溯等。

智能逆向物流主要是包装材料、容器具、不良品的回收—返修—循环、智能追溯退货等过程。

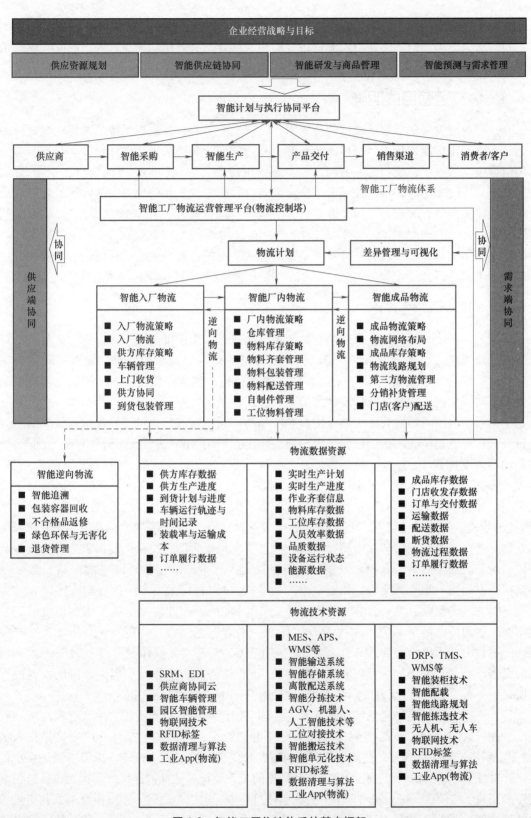

图 1-3 智能工厂物流体系的基本框架

智能工厂物流构建中，需要遵循物流体系基本框架，在职能上强调物流为生产提供服务，在理念上更加强调生产是物流流通过程的构成部分，有效拉动物流管理，以此实现价值链的拉动。

1.6.3 物流运营目的明确

在工厂进行智能化规划或改造的过程中，需要充分考虑智能物流系统的差异化配置。一方面，在智能化程度迭代上，可以次第展开、并行推进、实事求是地选择经济、合理、有效的物流设施、软件和系统；另一方面，结合不同供应商、不同物料、不同客户、不同产品、不同产线、不同车间等，可以按照多个物流场景进行物流规划和管理方案的匹配。智能物流系统的建设应围绕有效交付、减少断点、提高效率、降低库存（供应链总库存）、供需协同等经营指标来进行规划建设，所以，衡量"智能"与否的关键不仅在于人员减少了多少、自动化率达到了多少、人机料互联覆盖了多少等这些指标，而是更多地评估这个智能化的过程是否带来工厂运营管理能力（效能）的提升，是否能够支撑企业获得核心竞争优势。

1.6.4 物料流动差异化

智能工厂需要面对的是客户的个性化、定制化需求；生产批量属于小批量、多品种的计划方式；物流模式需要节拍精准、移动灵活的输送策略；数据需要保证互联互通、实时可视、实时监控的"在线模式"。智能工厂需要通过精益化和柔性化的生产、模块化物流配套保证，以支持生产计划和物流作业计划的有效性。

不同企业的物流运营管理应结合物料和产品的不同流转规律，进行物流运作策略的差异化定义。在智能物流的初始阶段，绝大多数工厂愿意采用 AGV 代替叉车将物料配送到工位，遵循的是高级排程中的配送时区和拉动计划倒排节点；随着 AGV 调度算法的日趋完善，AGV 变得更加智能，起到了衔接各个组装、部装等前置工位以及联动总装的作用。对于周转率高、流量大的物料和产品，如家电、手机、服装、家居产品等，可以采用连续输送（智能输送机、智能悬挂链等）到工位，形成多点对多点的智能配送"网络"，减少过程中的在制品暂存、等待、包装、中转、交接、信息二次采集等断点，从而使得制造和物流浑然一体。对于离散型制造特点相对明显、体积相对庞大、生产节拍相对缓慢的产品制造（如电动机、发动机、坦克、飞机、轨道交通产品等），可以直接采用专用的智能流转设施（如大型 AGV），或者采用固定工位加工的方式。如图 1-4 所示，此时工厂里见不到传统的组装流水线，取而代之的是一个个 AGV 移动工作台，沿着工艺路线自动行走，且能够携带产品在装配过程中的重要信息穿梭于工厂中，这些信息在工人实际操作时可以有效避免人为出错。随着产品产量的增加，可以有越来越多的 AGV 环绕在装配作业点周围，协助物料的智能搬运，不再有传统流水线的刚性束缚，大大提升了生产的柔性和响应速度。

智能工厂中的智能物流系统能够高效、准确、稳定地完成动态工作，保证过程品质一致均衡。随着人与机器在产品装配过程中的交互更加紧密，不同的生产环节可通过操作人员（或人工智能控制的机器人）按照定制产品的需要来使装配流程做出改变，更可以通过系统仿真，针对每个订单、物料、工位验证生产和物流的工艺流程。从虚拟连接现实世界，通过仿真发现瓶颈并反馈信息，进行实时调节。具体运作过程中，可以是通过一个虚拟订单看到工厂里的各种设备，当实际订单运行时，协同不同的工厂模块，就可以反馈到监控、优化软件模块。

图 1-4 专用的智能流转设施

资料来源：SEW 的 AGV 系统解决方案。

1.6.5 聚焦物流运营供应链思维

供应链思维和物流思维是从价值链的角度出发，跳出岗位、部门甚至企业的边界，在整个经营过程中树立和贯彻以物为本、加速流通、提高交付的价值导向。不仅是指物流部门或者生产部门需要具备这种思维，更重要的是，整个企业、高层管理者在战略层面就应该具备这种思维。虽然从工厂规划和运营的角度，依然强调物流为生产服务，在产品的整个生命周期中，传统管理认为只有生产过程才是增值的，而事实上，在物流运作过程中，必要的移动也是增值的。一般认为，客户愿意为之付费的过程就是增值的，因此，需要以客户为中心定义价值链过程，消除包含在整个端到端的物流过程中的浪费。这些浪费存在于采购物流、生产物流、成品物流、回收物流的各个流程节点中，只有在一体化、系统化的规划逻辑和物流管理体系下，才能够不断缩短不增值时间，提高价值链过程增值率，达到系统效率的持续优化和相对最优。

1.6.6 强调物流运营集成化

传统工厂运营中，计划、采购、生产、仓库、品质、工艺等往往明确分工，业务、信息、流程、绩效等均各司其职、分而治之，作为贯穿始终的物流，被分散在各个职能、部门之中，容易造成部门壁垒。在实际运营过程中，物料异常、交付出现问题、货物"爆仓"或物料呆滞，可能涉及的责任部门有供应商、采购、物流公司、计划、品质、研发、生产、工艺、仓库、配送等。后续的问题沟通、追溯过程异常复杂，甚至找不到责任人，看似谁都有责任，实际谁也没有责任，经过反复的"折腾"（如会议上无休止的争论），最后问题有可能仍未得到有效解决，更无法建立长效机制。时间久了，就导致整个组织养成一种"救火"文化，有什么问题就处理什么问题，"头痛医头、脚痛医脚"。

智能工厂物流规划与运营需要解决管理、流程和信息的整合、拉通与集成的问题，对制造物流运营的整合也就势在必行。这主要体现在以下三个方面：

1. 组织、职能上的拉动与整合

将物流相关职能整合成一个物流组织（甚至在更大范围内整合成为供应链组织），对物流规划、物流布局、物流计划、物料供应、订单交付、库存周转、各类物料异常、物流的持续改善、相关信息系统的导入等进行归口管理和负责。

2. 绩效指标上的拉动与整合

这是为了避免指标过度分解导致部门目标和总体目标产生背离，以避免出现"各部门指标都很好，但总体指标却没有达成"的尴尬。如物料齐套率、库存周转率、缺料（货）率、包装标准化率、物流人均产出等指标，应该由物流（组织或职能）统一归口管理。产生对应的问题以后，即便问题与很多部门相关，也由物流进行"一站式"的响应和闭环。

3. 流程和信息上的拉动与集成

做到"该有的流程和节点都有，不该有的流程和节点就没有"。跳出部门隔阂，站在价值链的角度来梳理流程和信息，既有利于流程之间的衔接和信息的透明，又有利于提升流程效率（消除不必要的节点）、增加信息价值（信息被共同使用）。在供应链环境下，物流运营管理的关键，需要实现预测—订单—计划—物料供应—生产—交付整个过程的计划协同、数据互通。比如，在供应商送货的过程中，要实现物流计划、物料包装、数量、车辆、时间、地点等信息的互通，避免物料出现"该到的没到、不该到的到了"的情况，以及到厂后要重新贴标签、切换包装、多点卸货等问题。在工厂内部物流运作过程中，考虑物料、标签、包装和器具载体的通用化、标准化，以及车间和线体之间的互通。避免人员从一条产线下线、装箱、码垛，再到另外一个车间拆垛、切换包装再上线的"倒腾"浪费。因此，智能工厂物流规划和运营管理要从全供应链的角度出发，结合计划、采购、生产、交付等业务，进行整体规划和整合，实现各环节之间实物流、信息流的互联互通。

1.6.7　物流运营管理数字化与自调适

物流运营管理自调适是企业通过对流程、规则、关键指标、异常处理等进行标准化、实时化、透明化管理，对内部异常和外部变化的自主识别、监控、预警和自主纠错的决策和调适功能，是物流运营管理智能化的重要内容和特征。

首先，建立物流标准化流程体系。对物流各环节的核心流程进行梳理、优化和固化，建立流程框架，形成流程文件，编制各环节的操作指导书、作业路线图、指示图、指令表单等，做到"有人操作的地方就有标准可依"。

其次，建立物流运作过程实时监控系统。以企业整体战略目标为导向，以实现订单有效交付为原则，对物流环节进行关键指标、过程指标的梳理和识别，以此引导现场数据采集、数据逻辑及算法的规划和建设。过程中需要综合考虑准确性、及时性、完整性要求，设定相应的数据采集点、数据算法和系统开发，搭建物流控制塔，实现物流过程、风险预警、异常反馈、应急响应等的可视化管理，从而形成物流体系的自调适能力。

最后，建立物流风险和应急处理机制。分析物流各环节可能存在的风险和异常，制定风险管理和应急处理机制，梳理解决问题的流程、标准、时间、责任人、信息传递机制等，形成标准的风险及异常处理体系。当出现异常和紧急情况时，如频繁缺料、来料不良、插单和计划变动等，会造成极大的作业波动，占用工厂资源，导致工厂无法正常运转。因此，要针对物流过程设计应急方案和流程。应急流程设计需要尽可能规避对正常运作的影响，通过有效的例外措施加以解决。比如，企业引入自动化立体仓库系统后，当由于紧急插单、换线、急料等导致紧急物料需求时，从供应端可直接到达产线，而不用经过自动化立体仓库和输送链。特别值得注意的是，企业在建立各环节应急流程时，需要形成应急处理清单并确定负责人，在前期进行相关的演练，从而在出现异常时能从容应对。

物流运营管理数字化和自调适能力建设，并不意味着整个供应链全部都是智能的，未来很长一段时间内，端到端的物流过程很难实现全面的智能化。在绝大多数行业中，众多的供应商和客户管理还相对原始、粗放，有一个提升的过程。因此，对供应链上的所有企业而言，比追求智能化更重要的是，必须重点关注和强化运营管理的提升，以确保过程的运作质量，从而实现对价值链条上智能工厂（如链主企业）的有效运营。

参考文献

[1] 制造强国战略研究组. 制造强国：战略研究　综合卷［M］. 北京：电子工业出版社，2015.

[2] 蔡斯，阿奎拉诺，雅各布斯. 运营管理：原书第 9 版［M］. 任建标，等译. 北京：机械工业出版社，2002.

[3] 陈明，梁乃明. 智能制造之路：数字化工厂［M］. 北京：机械工业出版社，2016.

[4] 邱伏生. 智能供应链［M］. 北京：机械工业出版社，2019.

[5] 严隽薇. 现代集成制造系统概论：理念、方法、技术、设计与实施［M］. 北京：清华大学出版社，2007.

第 2 章
国内外智能工厂的发展情况

2.1 国内智能工厂的发展现状

2.1.1 国内智能工厂的基本情况

1. 国内智能工厂的发展背景

（1）制造业外部竞争环境加剧，推动国内智能工厂发展　制造业竞争环境不断加剧，全球产业结构进入深度调整期。一方面，世界发达国家纷纷实施"再工业化"和"制造业回归"战略，高端制造业向发达国家回流的"逆转移"趋势显现端倪；另一方面，东南亚、南亚、非洲国家的土地、人力成本等优势不断显现，低端制造业开始向低成本国家转移，制造业的双向流动使我国制造业面临"三明治陷阱"的尴尬困境。同时，由于我国制造企业目前大都处于粗放型的初级发展阶段，在质量保障、能力创新、绿色发展、产业优化、人才建设等方面还都不到位，自动化、数字化等方面还很欠缺，国内制造业发展遇到瓶颈。通过发展智能工厂以期寻找新的经济发展动力，实现传统制造业的转型升级，成为制造业发展的必然趋势。在此背景下，寻求制造业新的发展机遇，降低制造企业综合成本显得迫在眉睫，而推进智能工厂规划建设为此类问题的解决带来了新希望。

（2）国家发展战略为智能工厂提供了良好的发展环境与基础　制造业是国民经济的主体，是立国之本、兴国之器、强国之基。2015 年 5 月，我国政府发布的《中国制造 2025》提出建设制造强国的指导思想是"坚持走中国特色新型工业化道路，以促进制造业创新发展为主题，以提质增效为中心，以加快新一代信息技术与制造业深度融合为主线，以推进智能制造为主攻方向……"。自此，智能制造、智能供应链、智能物流、智能工厂、智能车间、互联网+等概念如雨后春笋般出现并发展。制造业发展战略成为国家战略，将深刻地影响智能工厂的规划与建设。

（3）完善的产业链为推进智能工厂发展提供了良好的技术支撑　智能工厂产业链上游行业的传感器在国家政策引导下，发展前景向好。新型传感器具备微型化、数字化、智能化、多功能化、系统化以及网络化等特点。上游的工业以太网，以互联互通、实时控制的技术特点，成为智能工厂的核心技术。中游的工业软件有了一定发展，如西门子 MindSphere 平台、海尔大规模定制平台 COSMOPlat、美云智数 MeiCloud 平台、施耐德电气 EcoStruxure 平台等。此外，工业机器人、智能物流装备技术向智能化、无人化、网络化、一体化和绿色化方向发展，助力智能工厂中智能物流的规划及运营。此外，智能工厂的下游，销售物流智能化实现工厂与客户及消费者之间的快速连接，实现制造价值的快速传递，反哺智能工厂的发展。

2. 国内智能工厂的发展建设模式

由于各个行业的生产流程不同，对智能化的要求以及智能化表现不同，智能工厂通常有以下几种不同的发展建设模式：

（1）从生产过程数字化到智能工厂　在石化、钢铁、冶金、建材、纺织、造纸、医药、食品等流程制造领域，企业发展智能制造的内在动力源于产品品质可控，侧重从生产数字化建设起步，基于品控需求，从产品末端控制向全流程控制转变。

（2）从智能制造生产单元（装备和产品）到智能工厂　在机械、汽车、航空、船舶、轻工、家用电器和电子信息等离散制造领域，企业发展智能制造的核心目的是拓展产品价值空间，侧重从单台设备自动化和产品智能化入手，解决关键环节的智能化，基于生产效率和产品效能的提升以实现价值增长。

（3）从个性化定制到互联工厂　在家电、服装、家居等贴近用户的消费品制造领域，企业发展智能制造的重点在于充分满足消费者多元化需求的同时实现规模经济生产，侧重通过互联网平台开展大规模个性定制模式创新。

（4）从智能物流到智能工厂　在物流环节多、生产相对标准化的离散型制造领域中，如家电、汽车行业，其智能工厂的价值导向越来越呈现出由以制造为中心转变为以客户为中心的趋势，智能工厂更多地作为整个服务价值链上的一个环节，类似于一个劳动工具，为最终客户服务。在这种环境下，更加强调流动的本质，强调快速传递价值。因此，从智能物流的打造入手，拉动整条价值链运转及快速流动，将智能工厂的产线嵌入智能物流中，用"大交付、大物流、小生产"的理念来规划工厂，强调"智能工厂物流中心化"，充分考虑有效运营对智能工厂的牵引作用，不仅着眼于生产技术、加工设备、厂房设计、产线等，更注重工厂运营快速流动的本质，以期规划出整体最优、有效交付的智能工厂。

3. 国内智能工厂的发展动向

（1）产品设计模块化、生态化　全价值链成员参与产品实现，如客户参与研发，供应商参与模块化设计，共同完成创意产品和概念设计。智能工厂的本质仍然是制造产品，但产品设计不再是靠研发部门单纯的"拍脑袋"，客户将参与到研发过程中，同时，供应商也将参与整个产品的标准化、模块化设计，工厂、客户及供应商共同完成创意产品和概念设计。产品逐渐向标准化和模块化方向发展，组装复杂度降低，为智能工厂自动化、数字化、智能化提供基础。

（2）智能工厂物流中心化　对于肩负交付任务的工厂而言，企业活动需要有利于物料的流动，保证整个价值链拉动，才有利于交付的实现。对智能工厂而言，制造只是价值链中的一个环节，忽略了流动的本质，忽略了价值链上实物流和信息流的全面拉动，很难规划出整体最优的智能工厂。因此，智能工厂需要遵循物流的本质，强调"流动才是硬道理"，向"智能工厂物流中心化"方向发展。

（3）智能工厂前台化　在网络化布局的环境下，工厂不再躲在门店后面，而是直面客户需求，兑现承诺，完成交付。智能工厂以运营和交付为目的，不再是被动地接受门店订单安排生产，而是直面客户需求，站在客户的角度思考客户需要什么服务，利用大数据、工业互联网等新兴技术打造"爆款"来引导客户需求。确定客户需求后，通过智能工厂及时制造、兑现承诺并完成最终产品的交付。智能工厂正在从单纯的制造功能向综合制造服务商转变。

（4）工厂运转网络化　新兴技术的迅速兴起产生了大量数据流，由此形成工业大数据，包括企业产品、市场、销售、订单、计划、采购、生产、物流、库存、交付等所有过程实时信息和执行差异的管理和响应能力等。工业大数据的采集与处理，使得制造企业的"血液、神经元可视化"，为企业的运营—监测—回馈提供依据，将有助于驱动企业有效运营和设备高效运转，最终实现智能工厂更好地运营和服务。

（5）工厂数据平台集成化　数据自动采集技术（如RFID、条码技术等）将得到大规模应用，同时，信息平台不再是多个软件的简单连接，而是一次系统规划、分步策略实施。智能工厂发展的核心是工业信息平台。目前市面上存在较多不同功能的软件，如ERP、MES、SRM、CRM、APS、WMS、TMS等，这些软件大都来自不同的软件公司，每款功能软件均有其数据逻辑和功能特点。智能工厂的信息平台不是将这些软件简单连接，而是将预测、订单、计划、采购、供方管理、生产、厂内物流、仓储、成品物流、客户需求交付等，从虚拟的信息到物理的现实现场，通过信息采集和交互手段（各类音频、视频、颜色、条码、RFID等）动态、实时地对接起来，最终达成"你说的都是你做的、你做的都在流程中体现了，正如我在现场看到的那样"，做到"企业言行一致"。当然，对于中小企业而言，未必需要一次引入一整套大平台软件，但是并不代表不需要大数据战略和规划，而应遵循"一次系统规划，分步策略实施"。

（6）智能工厂运营价值链化　互联网思维将主导智能工厂的管理和运营，包括用户思维、简约思维、极致思维、迭代思维、流量思维、社会化思维、平台思维以及跨界思维。这些互联网思维模式导致以下变化：产品信息的传播模式被颠覆，由单一走向立体化；企业和消费者的关系地位被颠覆，消费者地位提高；企业的竞争方式发生变化，强调消费者体验和界面；整个产品营运模式被颠覆，更加关注客户满意度、产品粉丝数等，而非销售额。在这种变化下，出现了互联网对传统企业的影响逐步从传播、渠道层面过渡到供应链及整个价值链的转变，从把互联网作为工具到以互联网思维设计产品进而运营企业的转变。在互联网思维背景下，智能工厂作为整个价值链上的一环，需要遵从互联网思维，强调客户愿意买单才是增值，进而构造出智能工厂的核心价值战略。用互联网思维主导智能工厂的改善及运作，在采购、生产、物流、交付、信息平台等多个环节融入互联网思维，强调以客户为中心，专注消费者体验，进而实现智能工厂创造价值、传递价值、获得价值的功能。

4. 国内不同行业智能工厂的发展特点

智能工厂从生产工艺组织形式划分，可分为流程型智能工厂和离散型智能工厂。结合流程型制造和离散型制造的不同特点，国内智能工厂在不同制造类型的行业中，其建设也呈现不同的发展方向和特点。具体表现如下：

（1）流程型制造行业　流程型制造主要是通过对原材料采取混合、分离、粉碎、加热等物理或化学方法，使原材料增值。流程型制造通常以批量或连续的方式进行生产，主要包括炼油、化工、制药、食品等行业。其主要特点是：工艺过程是连续进行的，不能中断，某一道工序上如果物料供给出现问题，很有可能导致整个流程的停滞而造成巨大的损失，因此对物料到货、供应商响应要求高；工艺过程的加工顺序是固定不变的，生产设施按照工艺流程布置；原材料的物料 SKU（库存保有单位）相对较少，物流场景相对简单；生产以大型设备为主，需要有信息系统进行全流程调度与监控，对能耗和过程管理要求高；部分流程型行业，如食品、制药，对生产过程的可追溯性要求高。

结合流程型制造行业的特点，其智能工厂发展的主要特点表现为：

1）物流场景相对简单，生产物流以管道物流为主，智能工厂建设强调从原材料到货、存储、配送、加工、成品下线、成品存储，形成生产、物流一体化。

2）智能工厂建设主要围绕数字化、网络化、智能化进行，通过信息调度平台搭建，重点解决工艺优化、智能控制、计划调度、物料平衡、设备运维、质量检验、能源管控、安全环保等方面的问题。

3）建立数字化模型，对工厂总体设计、工艺流程及布局等进行模拟仿真，实现生产流程数据可视化和生产工艺优化。

4）建立数据采集和监控系统，对物流、生产进行全流程监控，生产工艺数据致力于自动采集及监控、强调来源可追溯、去向可查证。

总体而言，流程型制造行业在智能工厂建设中侧重于实现生产物流一体化、生产过程动态优化、制造和管理信息的全程可视化，以期在资源配置、工艺优化、过程控制、产业链管理、节能减排及安全生产等方面得到显著提升。

（2）离散型制造行业　离散型制造主要是通过对原材料物理形状的改变，进行多种零部件之间按工艺顺序组装，最终成为产品。离散制造通常由许多零部件构成，各零件的加工装配过程彼此独立，所以整个产品的生产工艺是离散的，制成的零件通过部件装配和总装配形成成品。离散型制造行业主要包括汽车、电子、纺织、家电、装备制造等。其主要特点是：产品种类繁多，支持个性化定制；原材料的物料 SKU 数量繁多，物流场景相对复杂；半成品包含多个零部件，以组件、套件等形式进行最终的总装配，对物料齐套需要重点关注；对生产计划管理要求高，有较多的部装和预装作业，涉及较长的提前期，需要有良好的计划；离散制造多面向订单生产，生产设备的布置以工艺而非产品布置；离散制造企业涉及环节多，各环节自动化水平差异大，需要进行差异化分析和导入。

结合离散型制造行业的特点，其智能工厂建设的主要特点表现为：

1）强调以客户和消费者为中心，强调对需求的感知、洞察和引领，从而引导智能工厂的功能需求和价值导向。

2）离散型智能工厂物流存储、配送环节向智能化方向转型，如自动化立体仓库存储技术、自动化输送技术、AGV 配送技术等，随着场景的变化，呈现出差异化配置。

3）离散型制造行业涉及更为复杂的销售、研发、预测、工艺、采购、物流、生产等环节，且多面向最终消费者，其智能工厂作为全价值链中的一环，致力于打造"智能工厂物流中心化"。

4）智能工厂通过数据采集，架构工业大数据逻辑，搭建工业互联网平台，建立可视化的中央调度室，实现全流程管控。

5）离散型智能工厂面向订单生产，重视搭建一体化信息平台，如 APS、SRM、CRM、ERP、MES、WMS 等多个系统集成发展，致力于实现智能工厂的系统集成。

6）在研发设计环节，着眼于引入数字化三维设计与工艺设计软件进行产品、工艺设计与仿真，优化生产工艺，提高产品质量，降低生产成本。

比如，在汽车行业，强调精益制造、精益物流、供应链一体化，运营稳定性强，所以便于达成系统化，智能化程度高；在家电行业，供应链质量相对不稳定，尤其是供应商部分与汽车行业比较相差极大，需求变数大，个性化定制比较多，智能化提升空间较大；在家居行业，"客制化"要求高，需求普遍呈现个性化，导致供应链管理难度大，产品标准化程度偏低，生产方式难于变革，整个精益制造过程还没有形成体系，智能化程度低。

总体而言，离散型制造行业在智能工厂建设中，更侧重于打造"智能工厂物流中心化"，同时以全价值链拉动为原则，实现创造价值、传递价值、获得价值的目标。

2.1.2 国内智能工厂发展的优势

1. 政策优势

智能工厂作为国家制造业发展的核心要点，自 2007 年开始，支持智能工厂发展的相关政策相继提出，主要包括"两化融合"、智能制造政策、工业互联网政策、供应链及物联网政策。在国家及地方政策的支持下，我国智能工厂的发展动力十足。

（1）"两化融合"政策 2007 年 10 月，中国共产党第十七次全国代表大会报告正式将信息化列入"五化"，提出"两化融合"的概念，即信息化与工业化融合，走新型工业化的道路。2008 年 3 月，国务院成立工业和信息化部（简称工信部），增设软件服务业司，专职负责组织实施全国软件与信息服务行业规划、产业政策、技术标准，审批重大信息化工程项目，监测管理软件服务业的运行，推动全行业的自主创新。推进"两化融合"的切入点包括：①以发展工业为重点，做强主导优势产业、改造提升传统产业、促进先进制造业、支持地方特色产业；②要加快推进区域内物流产业发展；③建立区域公共信息服务平台，为中小企业服务；④要促进工业服务业，特别是软件服务业发展。在"两化融合"的大背景下，大量的市场需求应运而生，给予企业更多的机会和创新空间，为智能工厂的互联互通建设打下了基础。

2013 年 8 月，工业和信息化部发布了《信息化和工业化深度融合专项行动计划（2013—2018 年）》，完成了"企业两化融合管理体系"的标准建设和推广，开展了企业两化深度融合示范推广、中小企业两化融合能力提升、电子商务和物流信息化集成创新、重点领域智能化水平提升、智能制造生产模式培育、互联网与工业融合创新、信息产业支撑服务能力提升等重大行动，推动了我国两化深度融合，并促进其取得显著成效。

2021 年 11 月 30 日，工业和信息化部印发《"十四五"信息化和工业化深度融合发展规划》，规划提出，到 2025 年，信息化和工业化在更广范围、更深程度、更高水平上实现融合发展，新一代信息技术向制造业各领域加速渗透，范围显著扩展、程度持续深化、质量大幅提升，制造业数字化转型步伐明显加快，全国两化融合发展指数达到 105。企业经营管理数字化普及率达 80%，企业形态加速向扁平化、平台化、生态化转变。数字化研发设计工具普及率达 85%，平台化设计得到规模化推广。关键工序数控化率达 68%，网络化、智能化、个性化生产方式在重点领域得到深度应用。

（2）智能制造政策 智能制造是在"两化融合"的基础上，更加聚焦于制造业的时代产物，是信息化与工业化深度融合的表现，也是我国制造业变革的重要方向。自 2015 年 5 月《中国制造 2025》正式颁布以后，国家及相关部门非常重视该战略的推进与落地，迅速成立了以国务院相关领导担任组长的"国家制造强国领导小组"，统筹规划与推进《中国制造 2025》，并制定了多项措施促进该战略的推进。同时，《中国制造 2025》颁布后，各地纷纷出台相关行动计划，全面推动落地。由《中国制造 2025》规划、引领的智能制造热潮正在中华大地上如火如荼地开展起来，助力智能工厂快速规划及发展。

（3）工业互联网政策　作为工业体系的重心，制造业的发展深度受益于工业互联网的推广，工业互联网是工业智能化发展的关键综合信息基础设施。为顺应世界"互联网+"发展趋势，充分发挥我国互联网的规模优势和应用优势，推动互联网由消费领域向生产领域拓展，加速提升产业发展水平，增强各行业创新能力，构筑经济社会发展新优势和新动能。我国政府相继提出了一系列"互联网+"行动指导意见、关于深化"互联网+先进制造业"发展工业互联网的指导意见等相关政策，在协同制造、高效物流、电子商务、人工智能等方面采取了重点行动。在中央政府扶持政策不断加码的情况下，地方政策快速推进，多个省市也相继出台了一系列政策措施，以推动工业互联网落地。从国家层面到地方政府层面的工业互联网政策的完善，进一步促使智能制造顶层逻辑得以完善，为智能工厂的数字化、智能化打下了坚实基础，为智能工厂的规划和建设提供了良好的发展条件。

（4）供应链政策　智能工厂的核心是在工业互联网环境下（形成工业大数据）实现智能化采购供应和智能化生产供应，以保证制造端的快速响应和有效交付，传递制造价值。供应链的核心就是跨行业、跨企业的协同整合，既可以有效降低企业经营成本和交易成本，提高各环节的协同效益，也有利于打通生产和消费的环节，促进供需匹配，优化配置，联合供应链上下游，共同通过供应链提高效率、改善效益。2016—2018 年，国家先后发布了《关于开展供应链体系建设工作的通知》《关于积极推进供应链创新与应用的指导意见》《关于开展供应链创新与应用试点的通知》等政策文件，提升和巩固供应链在我国经济发展中的战略性地位，供应链不断上升为国家战略，实施并不断优化供应链战略已经成为中国经济发展的必然选择。围绕一系列供应链政策的发布，智能工厂规划建设也将迎来广阔的发展前景。

（5）物联网政策　以物联网为基础建立的智能工厂，生产环节中的设备、产品、供应商、消费者等因素都可以实现相互通信，可以大大缩短从接受订单到交付产品的时间，减少生产环节中不必要的资源浪费。2009 年我国政府将物联网政策列入国家五大新兴战略性产业之一，2011 年国家工信部发布了《中国物联网白皮书》，2012 年国家工信部发布了《物联网"十二五"发展规划》，2013 年国家发展和改革委员会（简称发改委）发布了《物联网发展专项行动计划》，2017 年国家工信部发布了《物联网发展规划（2016—2020 年）》。在一系列政策和激励措施的引导下，我国物联网领域在技术标准研究、应用示范和推进、产业培育和发展等方面取得了较大进步：技术创新成果接连涌现，各领域应用持续深化，产业规模保持快速增长，我国在物联网关键技术研发、应用示范推广、产业协调发展和政策环境建设等方面取得了显著成效，成为全球物联网发展最为活跃的地区之一。物联网政策的提出及取得的显著成绩，使得智能工厂的规划与发展具有无限可能。

2. 技术优势

伴随着智能工厂相关政策的出台，支撑智能工厂规划及建设的各类技术也得到较快发展。这些技术优势主要包括物流装备产业、生产智能装配产业、工业网络与工业软件以及各类智能工厂规划及落地示范产生的技术沉淀及积累。技术优势作为智能工厂发展的基础条件，有利于智能工厂从规划到落地的实现。

（1）智能制造装备产业发展　智能制造装备是先进制造技术、信息技术和智能技术在装备产品上的集成和融合，体现了制造业的智能化、数字化和网络化。智能制造装备可以提高生产效率、降低生产成本，实现柔性化、数字化、网络化及智能化的全新制造模式。智能制造装备主要涵盖智能装备（如智能测控仪器仪表、数控机床、工业机器人等）、工业互联网、工业软件、3D 打印以及将上述环节有机结合的自动化系统集成及生产线集成等。据中商产业研究院《中国智能制造装备行业市场前景研究报告》数据显示，2019 年我国智能制造装备产值规模达 17776 亿元，2020 年产值规模达 20900 亿元，如图 2-1 所示。

（2）工业网络与工业软件发展　以数字基建为支柱的新型基础设施建设得到了长足发展，并且持续升温，国家自上而下、全力推动的新基建，以硬核科技补短板、促增长，包括工业互联网、物联网、大数据、人工智能、云计算、5G 等智能工厂信息网络相关基础设施和技术发展迅速，为工厂数字化、网络化、智能化建设打造了坚实的基础。相关的应用研究和进步包括泛在感知、实时监

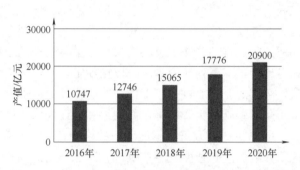

图 2-1　2016—2020 年我国智能装备制造产业产值规模

控、精准控制、数据集成、供应链协同、精准营销、个性定制、众包众创、协同设计、协同制造等。

智能工厂相关的信息管理系统经过多年的发展，已经形成功能完备、实施便捷的集成化、综合化信息系统。信息管理系统，如 PLM（产品生命周期管理）、SRM（供应商关系管理）系统、APS（高级计划与排程）系统、ERP（企业资源计划）系统、MES（制造执行系统）、WMS（仓库管理系统）、CRM（客户关系管理）系统、HRM（人力资源管理）系统等在智能工厂规划及发展中得到集成应用，以提高智能工厂的研发、制造、管理水平以及工业装备性能。

随着我国工业互联网的发展，工业 App 也取得了较大的进步和突破，如航天云网、海尔、富士康、石化盈科、三一重工、徐工、华为、用友、浪潮、索为、东方国信、阿里巴巴等，在其工业互联网平台的基础上开展了大量的工业 App 开发、布局和应用工作。工业 App 在新的工业革命中的地位日渐重要，原本在工业特定领域、特定需求、各个环节安身或隐身的工业技术、经验与知识，在数字化、网络化、智能化的放大与赋能下，以工业 App 的形式积累和推广，工业 App 是工业技术和服务软件化的重要产物。

（3）智能物流装备产业发展　智能物流装备的快速发展得益于国家物流业快速发展、信息技术的日新月异以及制造智能化的推进。智能物流装备主要包括智能物流装卸设备，如自动装车设备、伸缩皮带机等；智能物流搬运设备，如 AGV、输送机等；智能物流存储系统，如自动托盘式立体仓库、自动料箱立体仓库等；智能物流拣选系统，如货到人、人到货拣选；智能码垛打包设备，如自动码垛机器人、自动缠膜机等。目前我国智能物流装备总量迅速增加，物流装备的自动化水平和信息化程度不断提高，我国智能物流装备市场规模由 2014 年的 468 亿元增长至 2019 年的 1440 亿元，如图 2-2 所示。智能物流装备产业已经基本形成物流装备生产、销售和应用体系。

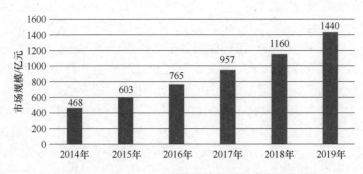

图 2-2　2014—2019 年我国智能物流装备市场规模

（4）示范性智能工厂建立带来的综合技术和知识沉淀　随着政府对智能工厂建设的大力扶持，各地、各行业涌现出一大批智能工厂示范基地。伴随这些智能工厂的建立，企业从"摸着石头过河"，到成功规划、建设落地以及运营，积累了大量的规划、建设、运营技术经验和知识。除此之外，诸多智能工厂的实践，带动了与之相关的整体方案提供商、设备提供商、系统集成商、信息系统服务提供商等相关方在智能工厂规划与落地过程中的快速成长和迭代，为后续智能工厂的规划及建设打下了坚实的技术基础。

2.1.3　国内智能工厂发展中存在的问题

1. 物流运营逻辑未理顺

（1）物流基础薄弱　没有基本的包装标准，采用供应商到货的包装模式覆盖了场内物流的包装模式，且普遍没有实现信息化管理，大大影响了物料数据的采集。由于包装未采取一体化设计，导致工位物料无法与工位机器人形成对接；按照工位机器人的要求设计了包装方式，又往往无法与供应物流形成对接。供应商到货使用传统的"一式四联"（供方、物流公司、采购部门和仓库）送货单，即使有条码也需要确认不同信息载体之间的差异，由于不同单据的人为确认时间不同，导致信息不同频、不同步；收货之后并没有第一时间关联到信息平台，导致信息与物料无法形成同步对应，产生库存的账实差异。

（2）没有物流的标准工时　对于水平较高的工厂而言，其制造过程一般有精准的作业标准和标准工时，而采购物流、生产物流与成品物流尚未形成可以作为数字化依据的标准工时，绝大部分物流数据都是手工凭经验统计，而不是统一、规范采集的，没有准确的运作参数，限制了物流过程数据分析应用和物料运营轨迹的追溯。

（3）没有供应链计划，缺乏供应链有效协同　无法有效预测、模拟仿真，更无法精准地协同供应商到货计划、检验计划、物料齐套计划、工位配送计划、总装计划、库存计划、发运计划、运输计划等。一方面，由于组织架构条块分割的原因，各个计划分散到不同的模块或者部门中去，无法统一管理和布局；另一方面，计划的专业度不够，导致各个计划不在同一个逻辑，各项参数不在同一个频道，在执行时的对照主体也不一样。即使有了功能全面计划的软件，由于计划—执行的基础数据往往无法相对应，也无法实现数字和物理之间的映射，将大大影响数字化的有效性，更无法推动有效反馈、自组织、自优化、自调节的智能化升级。

（4）没有物流管理部门　除汽车行业之外，绝大部分企业都没有设立独立的物流管理部门，通常是将采购物流、生产物流、成品物流分为三段，分别归属于采购部门、制造部门和销售部门管理，无法起到统一调度和运营的效果。物流部门只负责收货、存储以及发货，由于没有 APS（高级计划与排程）实现详细的生产作业计划，也就无法拉动物料配送到工位的计划；没有配送时效要求，于是物流人员把物料放到生产线旁边的"线边库"，这个"线边库"自然就归生产现场管理了，而往往生产对于物料的管理是非专业的。生产什么时候需要物料，就从"线边库"取料，美其名曰"拉动"。管理核查（如盘点）时，往往仓库可能很快就清楚了，但是"线边库"一直无法理清楚，先进先出、可追溯性、库存数据等无法数据化和逻辑化。企业在智能化升级时，往往把仓库直接建设成为自动化库，用叉车把物料送到"线边库"，通过人工或者 AGV 送到工位。此时，物流的节点成为断点，AGV 只解决了搬运问题，单纯实现从点到点的往复搬运，并没有解决系统的智能化问题，于是智能工厂规划往往成为局部规划，难以达到理想的效果。

2. 智能制造的意识不清晰

智能制造概念和政策出台伊始，绝大部分人都认为智能制造是大企业的专利，认为规模企业容易产生效果、有更多的优化潜力和推动的资源，加之确实有很多大企业积极响应、率先试点，取得了一定的效果，更是加重了这种认知上的困惑。实际上，制造业向数字化、网络化、智能化升级并不是大企业的专利，而是根据企业自身的战略导向量体裁衣、有理有节地推进。从落地的有效性而言，中小企业更具有推动的空间，因为规模相对较小，受各类资源约束的可能性就更小（比如"机器换人"给大企业带来员工分流的压力），中小企业更加灵活、有效，随着企业核心能力逐渐建立和市场能力强化，中小企业的智能化策略更容易达到水到渠成的效果。因此，中小型企业也应考虑智能制造模式的迭代创新。

3. 传统工艺成为升级瓶颈

由于制造工艺是智能工厂转型升级的首要基础，工艺的数字化、网络化、智能化的可能性和水平成为制造企业转型升级的基础瓶颈。传统工艺及布局存在的各种问题导致现状与智能制造具有"云泥之别"，比如主要由手工完成，依靠经验来判断工艺流程的完成度，工序之间形成断点，分布在不同的厂房，工序之间距离较远，制造环境简陋等。在思考升级转型时，由于缺乏工艺创新人才、资金，研发时间周期较短，以及缺少推动创新的动力、意识，尤其是随着产品的更新换代，原有的工艺路线可能更加不适应，很多企业往往在传统工艺的基础上研究数字化、网络化、智能化的转型升级，却忽视了工艺技术的提升，使得讨论和研究毫无结果或举步维艰。

4. 制造设施老化

有些制造企业建厂 20 年以上，制造设施老旧，如冲压设备、大型刨床、铣床、热处理设备、抛光设备、装配线、检测线、工装夹具、行吊等，但还可以使用，主要通过人力来频繁调试、操作、卡表测量、作业，其设施布局没有按照新工艺要求来布局（即使使用过程中工艺更新，也不变更设施）。在优化布局时，老旧的设备不方便搬迁，更不便于数字化，在智能化升级时，往往需要迁就该类设施，使得优化方案大打折扣或者存在"硬伤"。

5. 物料及产品合格率低

物料及产品的质量合格率低，会导致价值链过程不顺畅，形成物流断点，影响物料及产品的流动效率，导致环节库存，增加检测成本和产品隐患。例如，采购物料质量合格率低，导致智能工厂收货口需要设置检验区域，针对供方物料到货进行全部检验，浪费空间和时间。由于人工的介入，并且检验判定和放行时间不可控（没有标准），后续的库存存量往往无法精确计算，对自动化仓库货位设计带来影响；同时，对于装配型企业而言，物料的齐套率无法形成实时数据，会影响智能产线的有效运营。

6. 信息化壁垒较多

很多企业，尤其是民营的中小企业，没有软件信息系统，数字化无从谈起。即使绝大多数企业都上了 ERP、OA 或者财务管理等软件，甚至不少实现了精益生产和供应链优化的企业，拥有 MES、APS、WMS、CRM、SRM 等软件，这些企业在转型升级的时候发现，诸多软件模块并不是来自相同的软件平台或者软件供应商，软件之间无法有效打通和融合，使得企业在运营过程中经常抓不到数据，或者不同模块之间的数据逻辑不一样，导致数据错位、时间错位、数据衰减、数据缺失、数据矛盾等状况频出，最终都要通过人工处理数据，形成层层壁垒，使得数字化升级困难重重，也使得这些软件成了智能工厂信息化升级过程中的"鸡肋"和桎梏。

7. 智能制造人才缺乏

制造企业普遍缺乏专业预测人才、计划人才、制造物流技术人才、智能制造人才、算法人才、工业互联网技术应用人才、作业场景设计人才等。一方面，国内类似的科班专业人才很少；另一方面，企业通常并没有设立专门的该类人才认定和持证上岗，导致专业人才无法到位，采用非专业人才替代，加上没有相应的培训要求，智能制造人才参差不齐。企业在智能制造升级转型时，通常容易过多地强调经验，而忽略了专业能力和创新能力，如物流智能化技术人才，由于经历了行车搬运、手工搬运、叉车搬运等过程，对 AGV 搬运仅仅局限于对表象的认知，对智能化立体仓库和智能输送更是知之甚少，乃至于对工位物料需求的研究、机器人对接、作业场景的智能化方案不理解、不相信、不尝试、不接受，往往以搬运距离最短和成本最低作为判断的主要依据，强调可见成本，却忽略了效率和机会成本。

2.2　国外智能工厂的发展情况

随着"工业 4.0"、工业互联网、工业价值链等一系列智能制造浪潮兴起，全球有众多优秀制造企业开展了智能工厂的实践。但因为不同国家、地区的制造水平不同，故其智能工厂的发展情况呈现出较大差异。本节主要通过对德国、美国、日本智能工厂的发展情况进行介绍，试图找到国内外智能工厂发展的共性和差异化，以便更加全面地了解国内外智能工厂的发展情况。

2.2.1　德国智能工厂的发展

德国的智能工厂契合德国"工业 4.0"的提出，同时结合德国制造业的雄厚力量，强调通过智能装备实现智能工厂的发展，涌现出了一批具有代表性的案例，如西门子安贝格工厂、宝马莱比锡工厂等。

1. 德国"工业 4.0"

在 2008 年全球金融危机后，德国经济一枝独秀，其经济增长的动力来自其基础产业——制造业所维持的国际竞争力。

对于德国而言，制造业是传统的经济增长动力，制造业的发展是德国工业增长的不可或缺因素。基于这一共识，德国政府倾力推动进一步的技术创新，其关键词是"工业4.0"。

德国政府2010年发布的《德国2020高科技战略》中，提出了一系列促进制造业发展的创新政策。为使该战略得到具体落实，2012年德国政府提出"十大未来项目"跨政府部门的联合行动计划，并决定在2012—2015年间向十大项目资助84亿欧元。这被称为"工业4.0"的未来项目，与能源供给结构改革、可持续发展等项目同步公布。"工业4.0"未来项目主要是通过深度应用信息通信技术（ICT），总体掌控从消费需求到生产制造的全过程，由此实现高效生产管理。

为此，德国政府提出"工业4.0"战略，并在2013年汉诺威工业博览会上正式公布。"工业4.0"研究项目由德国联邦教研部与联邦经济技术部联手资助，在德国工程院、弗劳恩霍夫协会、西门子公司等德国学术界和产业界的建议和推动下形成，包括智能工厂、智能生产和智能物流三大主题。此概念的提出，被认为是以信息物理系统（CPS）技术为核心的第四次工业革命。

2. 德国智能工厂的发展情况

国家战略提出后，德国企业和工程人员从最初的观望状态，到加紧实践"工业4.0"和智能工厂，涌现出了一批具有代表性的智能工厂案例，为世界其他各国提供了参考及借鉴依据。此外，德国智能工厂在规划理念上一直保持严谨、务实的态度。德国的智能物流装备技术也发展迅速，涌现出了一大批智能物流装备供应商，如胜斐迩、德马泰克、永恒力、林德等。此外，德国的工业信息平台在国际上也享有较高声誉，比较出名的有西门子全套工业软件、施耐德电气EcoStruxure节能增效平台等。德国智能工厂的主要样本包括西门子、宝马、博世、巴斯夫等。

3. 德国智能工厂典型应用：西门子安贝格工厂

（1）工厂概况 西门子股份公司（简称西门子）是全球领先的技术企业，创立于1847年，总部在德国慕尼黑，业务遍及全球200多个国家。西门子旗下的安贝格电子制造工厂（简称安贝格工厂），是欧洲乃至全球最先进的数字化工厂之一，被认为是最接近"工业4.0"概念雏形的现代工厂。这座占地面积10万 ft^2 [⊖] 的工厂，位于德国巴伐利亚州东部城市安贝格。该工厂通过数字化的实施，将交货时间缩短到24h之内，每1s出一个产品，合格率达99.9985%，拥有5km的地下元器件传输带，75%的生产设备和计算机系统自处理工序，只有25%的人工工序作业，使得在工厂生产面积和员工人数不变的情况下，将产能提升8倍。

（2）创新点

1）数字化的发展战略。从传统到创新变革，西门子安贝格工厂将数字化作为其发展战略目标，全力打造数字化产品。在数字化制造下，设计和制造都基于同一个数据平台，研发和生产计划同步，改变了传统制造节奏。数字化设计、物流和生产实现了紧密结合，使其产品合格率得以快速提升。

2）工业软件的创新使用。在西门子安贝格工厂中，大量工业软件在研发、物流、制造各个环节得以创新使用。在西门子，通过虚拟规划可以进行实时仿真，使用工业软件即可实现在计算机上开发整座工厂，甚至具体到每一台机器设备，通过彻底仿真优化生产过程。这种方法可以帮助客户节约时间和资源，降低能源成本，提高工厂盈利能力。值得说明的是，

⊖　$1ft^2 = 0.0929030m^2$。

西门子生命周期管理软件集成到西门子自动化系统，使其交货时间大大缩短，产品质量也得以有效管理。

3）条码技术的广泛使用。在西门子安贝格工厂中，条码技术的广泛使用，使得物料和机器有了信息和地址，具备了各自的身份信息，变得智能。例如，物料"知道"什么时候应在哪条生产线上或者被哪个工艺过程需要，物料之间自主协同各自在数字化工厂中的"旅游"路径，然后经过数千米自动输送到达各自的目的地；到达工作中心后，物料被识别出来进行加工；加工完成后，通过光学设备或其他测量设备对工件自动进行检测，判断物料是否合格。

4）智能物流与生产的联动。西门子安贝格工厂中，智能物流与生产实现了实时联动。西门子安贝格工厂的原材料统一存储在标准的黑色防静电料箱中，每个料箱有一个身份标签，料箱放置在自动化仓库中。当生产过程中需要某种物料时，可视化看板上会有提示，员工拿着扫码枪，扫描样品条码后，自动化仓库接收到信息，信息系统发出物料需求指令，物料就自动从自动化仓库出库，经提升机及输送线输送至生产线。全程物料不落地，物流与生产相互融合成一体。

5）人与自动化的协同。关于人与自动化的关系，西门子安贝格工厂也做了一些探索。值得一提的是，在西门子安贝格工厂中，并非采用"机器换人"的理念，而是更多地强调人在数字化工厂中的关键性作用，即使在高度自动化的生产环境中，人的创造力、经验以及评估判断实际状况的能力也依然不可替代。数字化工厂中更强调的是自动化生产和人工生产的紧密结合，比如在物料检验方面，员工可以通过"增强现实"技术进行物料检验。

4. 德国智能工厂典型应用：宝马莱比锡工厂

（1）工厂概况 宝马莱比锡工厂作为宝马公司在德国技术最先进的汽车工厂之一，被看作是颇具"工业4.0"工厂特征的代表之一。宝马公司投资13亿欧元建造的莱比锡工厂于2005年正式投产，它实现了从产品设计到生产制造、供应链管理、物流管理全程智能装配、智能物流和智能调度。

（2）创新点

1）规划的整体设计思路。宝马莱比锡工厂最大的创新点及亮点是其规划的整体设计思路，创新性地将物流要素作为规划的核心要素嵌入规划过程中，充分利用空中物流缓解地面跨厂房物流的压力，同时输送过程可视化、可参观性强。在物理规划上，外部专业团队在工厂选址、物流集货、厂区规划等方面给予了宝马大量技术支持，并对莱比锡地区的物流潜力进行了专业评估。如图2-3所示，车身车间、喷涂车间及总装车间三大核心生产区域按照物流的逻辑呈不规则排列。在中央核心连接区域上方设置了空中连廊，由上百台输送机的悬挂输送系统组成，用于连接焊装、涂装和总装三个车间。该套输送系统将待喷涂车身送至车身仓库，再输送至喷涂车间喷涂，喷涂后的车身再输送回车身仓库暂存，最终从车身仓库送至总装车间。空中物流设计将各车间进行了有效关联，整个工厂融为一体，办公人员在办公区可实时关注生产进度、跟踪订单状态、解决生产异常。

2）可持续和高效灵活的生产与物流模式。除了物理上充分嵌入物流要素外，在运营过程中，宝马莱比锡工厂设计出了可持续和高效灵活的生产与物流模式。在宝马莱比锡工厂，各生产环节所有材料每天的物流量约1万 m^3。在物流高效、精益、低库存的目标要求下，要使运输的材料在恰当的时间以恰当的顺序送到需求点，除了物理空间上考虑输送外，还需

图2-3 宝马莱比锡工厂鸟瞰图

要精准的物流系统及供应商之间的密切配合。其生产计划按照客户订单制订，到货物流计划依据生产计划倒排，供应商按照JIT模式送货，同时结合其物流规划特点（总装车间呈现梳状结构），使得供应商车辆到达后可以在离使用区最近的区域卸货，然后直接配送至生产线。这种直配模式减少了物料到货需要暂存的断点，缩短了物料到厂的周转时间，并有效降低了库存及存储空间，提升了工厂运作效率。

3）标准化、模块化和数字化的产品设计。标准化、模块化和数字化的产品设计作为"工业4.0"的基础，也在宝马莱比锡工厂得到了很好的体现。宝马1系和2系车型同属一个平台，因此可以共用同一生产线，且装配时大部分组件也是通用的，通过选配不同模块（如汽车电子单元）、不同车体颜色，灵活生产出满足不同客户需求的差异化车型，让模组的数量大大简化。而实现小批量、多品种定制化混线生产的重要前提就是标准化，同样，模块化和数字化为这种生产模式提供了更多可能。

4）工业旅游融入工厂。"工业4.0"追求定制化生产，而定制化生产需要有客户的参与。宝马莱比锡工厂恰好结合了这一点，推广工业旅游，使得客户有机会进入工厂参观自己的订单生产过程，增强了客户的参与感和体验。同时，工业旅游也为宝马品牌增加了影响力，形成了多方共赢的局面。

2.2.2　美国智能工厂的发展

美国的智能工厂以美国工业互联网为背景，同时结合创新技术，强调以信息化为抓手建设智能工厂。

1. 美国工业互联网

2008年全球金融危机之后，美国从中吸取经验教训，认识到不能过度依赖以金融业为代表的虚拟经济来发展经济，于是开始重新重视以制造业为主体的实体经济，大张旗鼓地推行"再工业化"战略，期望复兴美国制造业。

美国工业互联网被称为"美国版工业4.0"。2013年6月，美国通用电气公司（GE）提出了工业互联网革命，认为工业互联网是一个开放、全球化的网络，将人、数据和机器连接起来。工业互联网旨在将虚拟网络与实体连接，形成更具有效率的生产系统，希望用互联网激活传统工业，保持制造业的长期竞争力。

工业互联网主要有三个特点：①工业互联网由市场主导，美国政府发挥推动、倡导与引领作用，通过政策扶持、规则制定、国际协调等途径，为企业创造适宜的发展环境。②工业互联网由企业主导，主要以大型企业为核心。GE、思科、IBM 等 80 多家企业成立工业互联网联盟，基于企业发展与市场需求考虑，在技术、标准、产业化方面做出前瞻性布局。③工业互联网以需求为主导。美国企业将机器设备单体连接成为工业运行系统，从客户需求出发，以实际应用为导向，以 GE 为代表的大型制造企业将信息物理系统反馈的客户信息通过大数据以及云计算处理，从市场需求角度进行改进，并创新产品设计，实现供需匹配。

2. 美国智能工厂的发展情况

在工业互联网背景下，美国企业利用创新技术，发展了一批智能工厂，主要智能工厂样本包括美国哈雷戴维森公司、美国霍尼韦尔公司、通快美国芝加哥智能工厂、美国通用电气公司等。美国智能工厂在智能物流方面，以工业信息平台为主，比较具有代表性的是 GE 的 Predix 工业云平台、罗克韦尔（Rockwell）工业软件。

3. 美国智能工厂典型应用：美国哈雷戴维森公司

（1）工厂概况　美国哈雷戴维森公司（简称哈雷）创办于 1903 年，其产品包括重型摩托车及全系列摩托车零部件、配件、服饰和多样化商品。哈雷通过全球 1300 多家授权经销商形成的销售网络，提供 Touring（旅行车系）、Softail（软尾车系）、Dyna（戴纳车系）和 Sportster（运动者车系）四大车系多种车型以及 6000 多种部件、配件。从 2008 年开始，全球金融危机导致哈雷摩托车销售开始急剧下滑。在此背景下，哈雷提出了"集中精力，交付成果"应对销售下滑情况；也是在此环境下，哈雷对其制造业务进行重构，旨在改进产品质量、生产率，降低管理成本，消除多余的产能，整合和重新设计制造工厂。哈雷工厂经过变革，可以在生产线上制造带有 2500 个变量的摩托车，每 90s 交付一台定制的摩托车，产量较之从前增加了 25%，但人手却减少了 30%，而生产计划的锁定期也从以前的 21 天缩短到只需要 6h。

（2）创新点

1）大规模定制。哈雷从互联营销、智能制造到售后服务的全价值链创新，实现了大规模定制。在转型过程中，哈雷同样面临诸多挑战，比如，研发、销售、生产的产品数据结构如何适应大规模定制的需要；如何应对客户的定制化需求；如何打造基于柔性化生产计划、执行、物流配送和交付的信息系统；如何实现生产现场的动态物流调度与执行；如何与车间层设备互联和大数据分析等。据此，哈雷采用了一体化 SAP 架构，从产品的客户订单配置开始，一直到产品的生产计划、排程、制造与工厂维护，实现了与生产设备的集成，如图 2-4 所示。

2）工业互联网大数据应用。在哈雷的制造设施中，每一台机器都是连通的设备，每一个参数和变量都能连续被测量和分析。这些设备提供性能数据，以供制造系统在机器停机之前预测可能出现的问题，从而将停机对工作流造成中断的影响降至最低。哈雷还能够以分秒级别的精度给出摩托车上每个零部件的安装时间，因此，系统可以警告车间管理员在单个零部件级别上发生了哪些问题。不仅如此，哈雷甚至可以测量建筑物的温度、湿度和换气扇的转速。广泛的工业互联网大数据应用，可以找出从哪些因素上改进效率和提高产出。

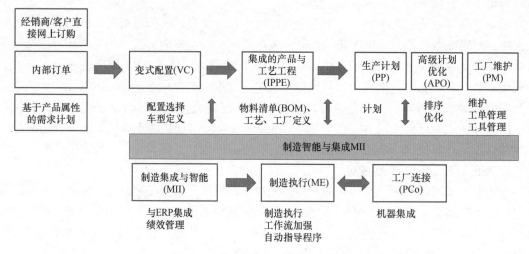

图 2-4　哈雷采用的一体化 SAP 架构

3）混线生产及标准化作业。哈雷的混线生产及标准化作业使其面积利用率和人员利用率得到较大提升。在智能工厂生产线变革方面，哈雷提出了混线生产，在任何一条总装线上都可以生产任何一种产品，大大提高了效率和生产柔性。所有车型的生产都被整合到一条生产线上，也降低了之前排产的复杂度。此外，哈雷还对人员、工程师、技师进行标准化的培训。当需要转移员工或跨工厂分享知识的时候，不同工厂的流程是标准的。哈雷在不同的工厂实施相同的标准，并称为"最佳实践循环"。以哈雷在宾夕法尼亚州约克的组装厂为例，这家厂拆掉了原有的厂房，重建了一个新的厂房，面积从原来的 14 万 m^2 缩小到 6 万 m^2，用工人数也从原来的 1968 名小时工、285 名全职工削减到 700～800 名小时工、100～500 名临时工、140～160 名全职工，面积利用率和人员利用率均得到了较大提升。

4. 美国智能工厂典型应用：通快美国芝加哥智能工厂

（1）工厂概况　通快集团（Trumpf，简称通快）是德国工业界的领军企业，在工业生产机床和激光领域都是技术领导者。2016 年，通快集团发布了针对"工业 4.0"的方案——通快互联智造（TruConnect）。2017 年 9 月，通快在美国芝加哥建立了一座完全联网的智能工厂，将工业生产和展览完美结合，汇集了来自世界各地的智慧成果，并将高科技机器和创新的生产工艺转变为展览形式的样品。在这里，一个配有数字网络机器的"工业4.0"示范工厂展示了整个钣金加工链的流程，从订购钣金零件到设计、生产和交付，经历了一个智能互联的整体流程。

（2）创新点

1）生产全流程可视化、智能互联。在通快美国芝加哥智能工厂中，以高架仓库作为核心，原材料由立体仓库输送到板材加工中心，从设计、制造到交付全流程可视。此外，在智能工厂中设计了中央控制室，通过大型显示屏实时展示生产过程中的各种重要指标和参数。通过虚拟技术与现实的连接，客户可实时了解其订单在哪个机台、正在进行哪种加工，实现了全过程的透明化。

2）可参观性的设计规划。通快美国芝加哥智能工厂在厂房设计规划中将可参观性作为重点考虑要素。此智能工厂在天花板处设计了一条桁架结构的桥梁。在这条跨越生产车间的桥梁上，通过鸟瞰可全面看到整个生产系统中的物料和信息流动。

3）工业生产和展览结合。通快美国芝加哥智能工厂创新性地将工业生产和展览进行了完美结合，使其看起来像一个高科技展览中心，厂区内外环境极为精致，而且充分示范了人、机器、自动化装置与软件的智能协作。整个设计重视员工体验，使员工在开放、现代化的环境中工作，从而获得极致享受。

4）向智能化服务转型。通快美国芝加哥智能工厂正在向智能工厂解决方案运营商转型。其面向所有板材加工设计，目标客户是中小型加工车间，这些车间尚处于数字化、网络化的起步阶段。通快美国芝加哥智能工厂通过 TruConnect，可实现这些客户智能工厂的升级转化。通快美国芝加哥智能工厂开始从传统的制造企业转型为智能工厂解决方案运营商，从传统的硬件设备转向智能化的服务。

2.2.3　日本智能工厂的发展

日本的智能工厂依托于日本工业价值链的提出，在精益生产的基础上，强调通过人机协作建设智能工厂。

1. 日本工业价值链

随着日本人口增长放缓以及老龄化加剧，国内的劳动力资源越来越少。在这样的人力资源环境以及国际竞争形势下，日本以人为核心的制造业模式遇到了巨大的挑战。

2015 年 6 月，日本机械工程学会生产系统部门启动了工业价值链计划，以解决不同制造企业之间的"互联制造"问题。它通过建立顶层的框架体系，让不同的企业通过接口，能够在一种"松耦合"的情况下相互连接，以大企业为主，也包括中小企业，从而形成日本工厂的生态格局。

2016 年 12 月，日本正式发布工业价值链参考架构。该架构从设备、产品、流程、人员的资产视角，质量、成本、交付、环境的管理视角，以及计划、执行、检查的活动视角出发，组成三维模型，并细分出智能制造单元，进而提出了智能制造的总体功能模块架构，体现了日本以人为中心、以企业发展为目标，细致而务实的传统思想，也形成了日本智能制造的特有范式。

2. 日本智能工厂的发展情况

随着日本工业价值链的提出以及智能制造浪潮席卷全球，日本企业已在其智能工厂的实践中迈出了一大步。日本智能物流发展迅速，在智能物流装备方面均有较大发展，如智能物流装备技术（堆垛机、输送机、分拣机等），同时也造就了一批有实力的智能物流系统集成商，如大福、村田机械、冈村等。日本智能工厂的主要代表包括川崎重工明石工厂、三菱电机名古屋制作所可儿工厂、山崎马扎克大口工厂、丰田汽车总装车间、牧野机床胜山工厂、法那科（FANUC）机器人工厂等。

3. 日本智能工厂典型应用：三菱电机名古屋制作所可儿工厂

（1）工厂概况　三菱电机是世界 500 强企业，成立于 1924 年，已有 90 多年历史，业务遍及全球，包括工业自动化、电力自动化、楼宇自动化、信息与通信、电子设备和家用电器等业务领域。三菱电机名古屋制作所可儿工厂是业内最早将机器人引入单元化生产体制的自动化工厂，也是最早把三菱电机 e-F@ctory 智能制造方案付诸实践的数字化工厂，更是采用大数据、AI、云计算等前沿科技助推生产制造的智能化工厂。

（2）创新点

1）制造现场的可视化管理。三菱电机名古屋制作所可儿工厂利用三菱电机自身的 e-Factory 智能制造解决方案，实现制造现场的可视化管理，大幅度削减了企业总运行成本；利用物联网（IoT）技术采集生产现场的数据，利用边缘计算技术加快数据处理与反馈，提高设备保养等业务的实时性能力。在可儿工厂中，作业员可利用与系统联动的带盖货架防止零部件错误，使用系统设定转矩的螺钉旋具以保证生产质量，还通过收集现场数据，排除人为失误并发掘效率改善空间。此外，作业员还可以通过读取印在生产指示书中的二维码，便可将该信息存入各工序的可编程控制器中。

2）强调人机协作、人机共融。三菱电机名古屋制作所可儿工厂不一味追求无人工厂，而是强调人机协作、人机共融。三菱电机有选择地实现自动化，体现了成本与效率的平衡。在选择自动化时，结合产品产量、技术可行性以及投入产出比等因素进行选择。可儿工厂将生产线单元化，将生产单元划分为三类：全自动、半自动、纯手工组装多种模式的产线，每一单元完成一部分组装，每一单元可组装 20 种以上的不同产品，不同生产单元的组合可以最优化地满足不同批量、不同产品的生产需求，还能达到均衡生产的作用。

4. 日本智能工厂典型应用：山崎马扎克大口工厂

（1）工厂概况　日本山崎马扎克株式会社（Mazak，简称马扎克）成立于 1919 年 3 月 1 日，以"专业和专注"著称，走过百年风雨的马扎克如今已成为全球顶级机床生产制造商。截至 2017 年 12 月，马扎克全球员工共有 8000 余人。在山崎马扎克大口工厂，经过 IoT 的技术改善升级后，采用了极为先进的生产布局方式，机械加工实现了 720h 无人值守，成为马扎克的标杆智能工厂，被称为"iSMART Factory"。其致力于打造一个高度数字化制造、不断进化的工厂，为客户提供优质的产品和服务，也是日本有代表性的智能工厂案例之一。

（2）创新点

1）清晰的规划步骤和逻辑。山崎马扎克大口工厂（iSMART Factory）拥有清晰的规划步骤和逻辑。其步骤主要包括五个：①搭建好底层的 IoT 安全网络，做到可视化及可连接性；②利用大数据的分析来做生产改善；③系统配合协作分析和最优化；④将熟练工经验技能 AI 化，高度的系统配合协作，将在制品时间缩短 30%，半成品库存减少 30%；⑤借助 AI 的自适应性、自我改善及自我分析，实现智能工厂的不断发展。目前，山崎马扎克大口工厂正处于第三个步骤的建设中。

2）物流中心化的布局。山崎马扎克大口工厂创新性地采用物流中心化的布局，科学采用物流装备技术，提高了运作效率。山崎马扎克大口工厂的机械加工车间中间是原材料立体仓库，两边是智能制造单元，一个智能制造单元有多台加工中心和清洗设备，由带有导轨的输送车上下料，两侧是半成品立体仓库，存放半成品、托盘和成品，立体仓库之间用 AGV 输送，机械加工可以实现 720h 无人值守，自动进行加工。山崎马扎克大口工厂真正实现了把生产嵌入物流中，体现了以流动为理念的规划原则。

3）条码技术的广泛应用。在山崎马扎克大口工厂，柔性制造单元可以根据加工要求从刀具库中自动调出刀具。大量应用二维码，实现了以二维码为载体的制造过程和物流的自动化。马扎克钣金件上的二维码承载了加工参数、图样信息，工人可根据二维码调出工艺。

4）管理的数字化。山崎马扎克大口工厂实现了对设备的联网和远程监控，基于数控设备互联通信协议（简称 MTConnect 协议），利用 Mazak Smooth Monitor 监控平台，可以实时监控其在全球的每个工厂、每台机床的状态，实时分析每台设备、每个智能制造单元的生产情况、生产负荷、物料情况与预期计划的对比。马扎克的核心零部件，包括滚珠丝杠都是自行制造，装配车间可以跟踪每一台正在装配的机床的装配进度，通过 IoT 技术采集设备运转的大数据，实现生产过程可视化，提高设备综合效率（OEE）。

5）制造业服务化转变。山崎马扎克大口工厂从纯制造开始向制造业服务化转变，除了在自有工厂推广"iSMART Factory"模式外，还将这种模式推广至市场。利用"iSMART Factory"不仅使得马扎克自身可以采用高效先进的方式组织生产，同样可以向客户提供整套系统，以便适应"制造业服务化"的发展趋势，与客户共同成功。

通过国内外智能工厂的发展背景、使命、理念、本质、基础、瓶颈、方式、步骤、系统性及典型应用行业、物流特点、信息化特点、人才培养特点等的对比发现，尽管国内外智能工厂的发展存在一定的不同，但从全球制造业发展趋势看，无论是德国的"工业4.0"、中国的《中国制造2025》、美国的工业互联网还是日本的工业价值链，都是为了应对全球科技产业革命的挑战，促进本国制造业转型升级，本质上是异曲同工的。开放合作的纵深拓展为智能制造开辟了新空间。随着全球分工的日益深化，制造业供应链、产业链、价值链跨境整合加速，国家间、企业间的国际合作已是大势所趋。比如，我国与德国、日本、美国等国家建立了双边、多边对话机制，在标准体系架构、标准路线图制定、标准互认、产业园区和培训基地建设等方面开展务实合作，集思广益，尽施所长，惠及各方。开放合作的不断拓展加快了全球制造业转型升级的步伐。

可以预期，我国将进一步加强智能制造领域的国际合作，将支持智能制造的政策措施一视同仁地用于我国境内的各类企业，使更多的外资企业积极参与到智能制造的发展中来；也将依托现有双边、多边对话机制，开展中美先进制造交流，加强与德国"工业4.0"战略对接，继续开展中德智能制造合作示范，与日本、法国、英国、韩国广泛开展智能制造合作；积极推进标准体系架构、与国际标准互认等工作，同时，扎实推进"一带一路"倡议，共建智能制造的创新合作之路。

与此同时，值得关注的是，国外的智能工厂在发展过程中，将物流包括在智能工厂的生产和运营范围内，整体遵循一体化规划原则。比如前面提到的西门子安贝格工厂，其全过程物料不落地、物流与生产融合一体，从而使得各环节断点减少、效率提升，能有效支持智能工厂运作。而国内的一些智能工厂在发展中，常常计划、生产、物流相互割裂，普遍关注生产而忽略物流，缺乏系统化考虑，导致智能工厂变成智能生产，而为了配合其智能生产的物流部分非但未优化，反而变得更加复杂，运营绩效指标未得到提升，规划的智能工厂无法支撑有效运营。基于此，本书强调以物流作为规划主线，系统化协同制造资源，回归智能工厂本质，实现有效交付。

参考文献

[1] 成丽娜. 我国低端制造业向东南亚国家转移的情况分析 [J]. 财讯，2017 (8)：7-8.

[2] 易先桥，张鸣，卢师. 中国制造业走出"三明治陷阱"路径研究 [J]. 企业经济，2016 (9)：118-122.

[3] 中国智能工厂产业链及发展趋势分析 [J]. 电子工业专用设备，2016，45 (1)：56；64.

[4] 朱铎先，赵敏. 机·智：从数字化车间走向智能制造 [M]. 北京：机械工业出版社，2018.

[5] 国务院. 国务院关于积极推进"互联网+"行动的指导意见 [J]. 实验室科学，2015 (4)：15-16.

[6] 赵云君，刘美欣. 供给侧结构性改革的实施路径：基于供应链结构变革的视角 [J]. 物流技术，2018，37 (1)：1-7.

[7] 邱伏生. 智能供应链 [M]. 北京：机械工业出版社，2019.

[8] 杜品圣. 德国智能工厂建设路径 [J]. 中国工业评论，2016 (1)：44-54.

[9] 周路菡. 智能工厂的德国和中国样本 [J]. 新经济导刊，2017 (5)：59-63.

[10] 闫敏，张令奇，陈爱玉. 美国工业互联网发展启示 [J]. 中国金融，2016 (3)：80-81.

[11] 赵文景，杨超. 美国制造业创新四种模式及其启示 [J]. 中国工业和信息化，2019，12 (5)：48-52.

[12] 工业4.0：走进西门子安贝格工厂 [EB/OL]. (2018-12-14) [2020-02-03]. https://wenku.baidu.com/view/e2e96b9c760bf78a6529647d27284b73f3423665.html.

[13] 莱比锡宝马探秘最接近工业4.0的汽车工厂 [EB/OL]. (2019-06-11) [2020-02-04]. https://www.sohu.com/a/319889800_616663.

[14] 走进通快美国芝加哥智能工厂，叹为观止 [EB/OL]. (2019-06-14) [2020-02-05]. https://www.sohu.com/a/320941268_472865.

[15] 禹西国际科技（北京）有限公司. 智能制造案例分析：美国哈雷·戴维森摩托车公司的大规模定制生产重生之路 [EB/OL]. (2019-06-14) [2020-02-05]. https://wenku.baidu.com/view/abdd5f6470fe910ef12d2-af90242a8956aecaacd.html.

[16] 走进马扎克日本大口工厂，高度智能化令人叹为观止 [EB/OL]. (2018-07-12) [2020-02-05]. https://www.sohu.com/a/240761972_99905556.

[17] 考察日本智能工厂之后的感悟 [EB/OL]. (2018-11-02) [2020-02-05]. https://www.sohu.com/a/240761972_99905556.

[18] 开启三菱电机名古屋制作所可儿工厂探秘之旅 [EB/OL]. (2019-05-07) [2020-02-10]. https://www.sohu.com/a/312368724_251620.

[19] 王云侯. 中国工业软件发展白皮书：2019 [R]. 北京：赛迪顾问，2019.

[20] 周亮. 国内外智能工厂建设现状及我国智能工厂现存问题分析 [EB/OL]. (2018-08-27) [2020-02-10]. http://www.elecfans.com/kongzhijishu/739028.html.

[21] 物联网时代的智能工厂究竟是个什么样子 [EB/OL]. (2018-12-19) [2020-02-12]. https://www.sohu.com/a/282918903_120043366.

第3章
智能工厂物流规划

3.1 智能工厂物流规划的总体逻辑

3.1.1 物流规划的目的

在价值链运营环境下,物流已经成为智能工厂的核心要素,工厂规划和运营管理必须具备流动思维和供应链交付思维。"大交付、大物流、小生产""智能工厂物流中心化"的工厂规划和运营理念,在制造业中已经得到了越来越多的认同和实践。

在以消费者需求为导向的智能交付体系中,生产被认为是物流过程的一个节点,是在供应链、物流过程中嵌入一个符合供应链价值导向和运作要求的工厂、车间或产线。而物流和物流管理贯通供应链始末,成为端到端协同打通的有效承载,对于工厂而言,生产只是过程,满足消费者需求才是目的。无论是新工厂的规划还是原有工厂的改造,无论以何种要素作为切入点,如布局、建筑、设施、生产、物流、信息化等,都需要将工厂运营管理的价值导向、目标、逻辑、流程、规则等纳入其中。

因此,智能工厂物流规划的目的,正是以物流规划和运营为主线、以工厂有效运营为导向、"以终为始"进行规划,实现所有规划和资源要素的联动和贯通。不考虑物流运营管理的规划都是没有"灵魂"的规划,站在未来持续经营的长远角度来看,最终都可能导致企业产生巨大的系统效率损失和改造成本。智能工厂物流规划的目的具体包括以下方面。

1. 配合达成智能工厂规划的目的

智能工厂物流规划作为智能工厂规划中的重要构成和主线,其首要目的是配合达成本书前面所述的智能工厂规划的目的。

2. 实现智能工厂物流中心化

为了匹配越来越多的个性化需求,智能工厂需要具备大规模定制的能力,固定的产线和大规模生产模式将被颠覆,取而代之的是生产与物流高度融合的柔性化产线或车间。智能工厂的规划更多地表现为,将智能生产设施嵌入智能物流系统中,成为流线化物流系统的不可缺少的环节和组成部分,从而实现智能工厂物流中心化。此时的智能工厂既能够满足定制化、小批量生产的需求,也能够满足标准化、大规模生产的需求。

3. 实现制造资源联动

由于物流贯穿端到端交付的始终,对物流进行有效规划,能够联动供应商、物流设施、生产设施、物料及产品、人员等所有制造资源,实现采购、制造、销售以及人、机、料、法、环、测、数的协同联动，最终达成以客户和消费者为中心的价值型、服务型制造。

4. 支持智能工厂的有效运营

智能工厂在物流规划过程中，需要将工厂运营管理的价值导向、目标、逻辑、流程、规则等纳入其中，通过物流规划实现所有资源的联动和贯通，平衡工厂运营的效率、成本和交付，最终支持智能工厂的有效运营，具体表现为减少效率损失、提升服务水平、提高库存周转、降低运营成本等，最终达到消费者体验最佳。

3.1.2 物流规划的维度及联动关系

1. 物流规划的维度

智能工厂物流规划包含到货、卸货、包装、存储、搬运、配送、工位使用、拣选、发运等物流节点的统筹规划，涉及生产与物流全过程的用地、建筑、面积、设施、物料及产品、人员、时间、信息等诸多要素。基于智能工厂系统性和一体化规划的诉求，其物流规划主要包括物流、基建、产品、制造、信息五个维度。

（1）物流维度　物流维度主要包含采购、入厂、装卸、检验、存储、拣选、输送及配送、工位作业、成品发运等整个端到端的流转过程规划，包括与之相关的计划、库存、订单、成本、包装、参数、设施等方面的逻辑规划。物流线规划致力于物流的精益化、数字化、智能化，物流线贯穿整个规划过程，与基建、产品、制造、信息四个维度紧密联动，实现端到端价值链的拉动与物料快速流转。

（2）基建维度　基建维度主要包含建筑业态的表达、配套和辅助设施的定义以及绿色动力能源的应用等方面的要素。基建线规划的元素与建筑的平面布局、功能区域定位强相关。厂区具体如何布局，如何定义厂房、区域之间的关联逻辑，需要从物料的流动特性出发，据此排布所有的功能区域，包括门、厂房、办公楼、辅房、厕所、实验室、检测室、动力房、装卸货场、道路、绿化、停车场等。

（3）产品维度　产品维度主要包含产品特征、产品需求和订单特征、产品工艺特征、产品可制造性和可流动性以及物料及产品的标准化、模块化等方面的要素。产品线规划时，产品线特征需要联动物料及产品尺寸、包装、器具、设备、环境等，进行各个物流环节尺寸链、数量链的设计和匹配。

（4）制造维度　制造维度主要包含生产模式、车间和产线、工艺布局、自动化、数字化、智能化、生产各环节联动需求、制造设备配置与布置、生产相关部门运营管理需求等方面的要素。制造线规划时，需要遵循"大交付、大物流、小生产"的原则，将生产制造作为整个物料流动价值链的一个环节，致力于拉动整个价值链而不是某一个车间，实现价值链上物料和产品的快速流动。

（5）信息维度　信息维度主要包含一体化信息平台构建、人机物全面"上网"、全方位信息实时化管理、实时信息采集和信息双向传输、智能化差异管控等方面的要素。智能工厂需要实现信息流和实物流实时对应和映射，云端与实物之间可以双向通信互联，各类信息集成共享、自主分析和决策。

2. 五个维度的联动关系

智能工厂规划需要结合自身的实际情况，制定并提炼出五个维度的相关要素，并以物流作为规划的主线，协同联动其他规划线路，综合考虑、系统设计，从而达到一次规划、分步实施的策略。

智能工厂的使命是满足产品的快速交付，物料在价值链各个环节的流动过程中实现价值创造、价值传递和价值获取。在智能工厂规划过程中，五个维度之间相互关联、相互协作，不能单独推进各自的相关事务。

1）某一类物料流转载体的选取，决定了"物流维度"中流转环节的存储形式、空间面积、配送频次，以及是否需要立体仓库存储、自动化配送等。

2）这一系列的问题，需要"产品维度"重视标准化、模组化的研发，每一种物料的包装是否便于采用自动化的方式存储和配送，降低产品、物料、工艺的复杂度，从而对其他维度产生积极的影响。

3）对于"基建维度"而言，如果这个载体需要在立体仓库存储，那么载体的长宽和存储类型（单深或者双深）就决定了立体仓库巷道的宽度，再结合物流的存量、流量和建筑消防规范，决定了立体库的建筑主体长宽高尺寸、载荷、平整度等参数。

4）对于"制造维度"，在进行智能产线规划时，协同考虑每一种物料上料的自动化对接，如上料物流输送设施的空间、上料工位与载体对接、便于与工位机器人对接的载体内部定位隔衬、工位机器人属具与物流容器设计的协同等。

5）对于"信息维度"，需要考虑物流信息采集形式，如条码、二维码或 RFID，以及哪些环节需要采集哪些信息，这些信息如何实现联动和集成。信息采集形式决定了器具信息载体的位置以及信息采集点的布置。

智能工厂规划应以智能工厂物流规划为主线，对基建、产品、制造、信息等进行统筹和协同规划，实现端到端价值链的拉动，从而确保工厂规划满足企业运营的需求。

3.1.3　物流规划的基本原则

智能工厂物流规划旨在实现实物流和信息流的端到端打通，提高工厂的交付效率，降低运营成本和机会成本。应从整体考虑规划的合理性和有效性，因此，物流规划需要遵循一定的原则。这些原则将工厂规划与运营的常识、技巧和逻辑归纳其中，成为规划过程中必须系统性考虑的关键因素，也是评估一个规划方案是否科学合理的基本要素。

1. 迭代升级原则

伴随着制造工厂升级过程，其物流规划应遵循精益化、数字化、智能化三种物流范式的迭代升级过程。对于智能工厂而言，未必所有环节、物料、车间、产线或工位均实现物流智能化，基于物流智能化的必要性、灵活性、经济性，在同一个智能工厂中，往往体现为三种物流范式并存。

2. 物流与生产一体化原则

在传统工厂管理及其迭代升级过程中，物流和生产往往在规划布局、设施配置、管理运作、组织绩效等方面均相对独立。而在智能工厂形态下，其规划需要充分考虑智能物流系统与智能生产系统的一体化融合，物流和生产"我中有你，你中有我"，其中既包括建筑、设施的一体化，也包括运营管理、信息系统的一体化，以实现智能工厂满足个性化需求的大规模定制生产能力。

3. 互联互通原则

传统工厂往往聚焦于生产设施之间的联动，而智能工厂物流规划强调整个系统资源的联动。纵向上，智能工厂应实现采购—生产—交付的从订单到人、机、料、法、环、数、测等制造资源的互联互通，对物料流通过程中的数量、路径、时间、位置等进行实时感知和传递；横向上，智能工厂应实现众多供应商、外协制造工厂以及不同客户等主体之间的互联互通，通过智能工厂信息平台（智能工厂物流信息平台、智能决策与管理系统、企业虚拟制造平台、智能制造车间等）将这些资源和主体纳入工业互联网（或物联网）中，使得各项资源和主体之间能够实现联网通信，实现智能工厂全要素的互联互通，最终才能具备达成智能工厂的自感知、自决策、自调适、自学习的基础条件。

4. 数字化、可视化、透明化原则

数字化、可视化、透明化是智能工厂的重要特征表现，数据是智能工厂最重要的资源，是实现"智能"的基础能力。因此，智能工厂在物流规划的过程中，应致力于实现端到端过程数据的实时采集、分析和呈现，使得整个工厂的物流运营过程及订单交付过程可视化，从而支撑企业对交付、成本、库存、效率、品质等方面过程、风险和差异的透明化管理。

5. 物流安全性原则

安全生产是企业最重要的原则。"海恩法则"告诉人们，任何严重的安全事故都是有征兆的，每个事故征兆背后，还有300次左右的事故苗头，以及上千个事故隐患。要消除一次严重事故，就必须敏锐而及时地发现这些事故征兆和隐患，并果断采取措施加以控制或消除，从源头开始防控。物流相关的货车、叉车、AGV等搬运设施都是工厂容易发生安全事故的地方，因此，在规划时要做到行人路线与车辆路线分离、物流车辆路线与小车路线分离、内部厂房间物流路线和外部车辆路线分离，以确保各种路线之间没有交叉，对确实无法避免交叉的位置，通过空中连接实现分离，且尽可能保证各个节点的流量均衡，从源头上杜绝安全隐患，确保物流的安全性。

6. 畅流化与价值流最优原则

无论是从缩短订单交期、提高交付水平、提高库存周转率的角度考虑，还是从降低运营成本的角度考虑，工厂规划和运营都应遵循其流动的本质，实现实物在价值链上的快速周转，尽可能减少物料及产品在仓库、暂存区、工序间、车辆上等各个节点上的等待时间。因此，物流规划应在安全的前提下，保证物料的顺畅流动，以产品工艺流程为导向，结合精益化的布局理念，实现内部价值流最优化。

7. 智能化技术适用性和经济性原则

智能化生产和物流技术、设施的引入，需要在方案规划时进行系统化的设计，单纯站在生产或者物流的角度进行智能化设施的配置，都可能因为相互无法有效匹配而导致极大的综合成本差异。比如，在进行物料包装设计时，需要考虑物料上线定位和机器人抓取的综合方案，对不同的物料摆放，与之匹配的机器人抓取方案成本可能有天壤之别；反之，在进行机器人属具设计时，也要考虑物料包装在物流过程中的一体化，否则就可能导致物流各节点上的效率损失，如物料上线前需要重新分装。

工厂在评估和引入自动化、智能化装备时，需要结合行业特征、产品及工艺特征、批次批量、标准化程度、场景复杂度等，评估计算每个场景在应用自动化装备时的总成本，包含直接成本、间接成本和机会成本，找到最优成本平衡点，而不能一味追求先进的设备和技术，如图3-1所示。在自动化导入时，需要充分考虑投资回报率的要素，既要确保一定的短期收益，也要体现一定的先进性，符合工厂未来发展、迭代的需求。因此，合理评估各个环

节的自动化程度和升级的可行性，在部分关键节点上考虑自动化，在非必要节点上考虑机械或者人工，相应的自动化设备也可以随着产能的逐步爬坡分期导入。这需要企业在前期规划时制定清晰的整体方案蓝图和分步实施策略。

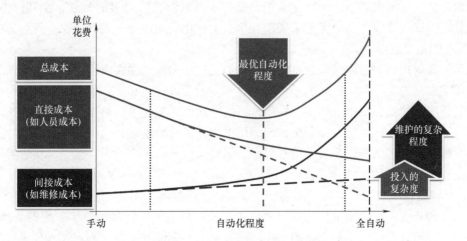

图 3-1　智能工厂规划平衡点曲线图

8. 物流强度最小原则

工厂布局规划的合理性极大限度地决定了物流强度，且一旦成为事实后很难改变。一般来说，以产品工艺流为导向的细胞化布局，要比以设备集约化为导向的功能型布局具有更小的物流强度。因为细胞化布局的各生产单元、上下游工序之间都能够形成更加相邻的排布模式，有相对较短的产线以及采用合理的物流方式（比如利用空间的高度直线配送物料），也可以减少搬运的距离从而降低物流强度。优秀的物流布局方案可以降低 30%～50% 的物流强度。对于智能工厂而言，通过自动化、智能化的物流设施将物流断点进行连接，从根本上改变物流模式，由人工物流变成自动物流，重点需要关注的是物料流量对设备能力的影响。此时，搬运距离不一定要最短，而需要综合整个物流系统的规划进行权衡和设计。

9. 合理库存部署原则

库存是物流过程中各节点之间的"连接器"，通过库存的部署，可以平滑上下节点之间时间、节拍、计划、稳定性、品质、服务水平等方面的差异，使整个物流过程能够顺畅、均衡。库存部署是对每一个节点上的库存进行规划的过程。在进行库存部署时首先要考虑如何实现上下工序的拉通、消除断点，即在何处应该部署库存，在何处应该消灭库存；其次要考虑库存部署的合理性，结合行业特征、供应商布局、供应商服务水平、缺料或缺货的机会成本、物流管理的复杂度等综合测算合理的库存水位，即部署多少库存是合理的。例如，对于汽车整车厂而言，由于其计划稳定性强、物料标准化程度高、供应商服务水平高（主要零部件供应商都在整车厂附近建厂或者设置仓库），其物料大部分都采取 JIT 的供货模式，在进行库存部署规划时，厂内设置的库存水位较低，但要求供应商储备一定的库存水位。

10. 企业发展的扩展性与柔性原则

智能工厂以客户为中心的价值导向，决定了其产品不会一成不变，因此，在进行工厂规划时要考虑新产品的导入。例如，某汽车零部件企业，过去以生产手动挡汽车拉索为主，而在规划新工厂时，需要考虑将其产能逐步向自动挡汽车拉索及相关产品转移。工厂需要兼顾未来产品的兼容性，采用标准化的设计理念去配置资源。又如，某家电生产企业，其所生产的产品目前还没有被替代的趋势，生产工艺经过多年的技术沉淀与积累已经达到一个相对稳定的状态，在规划新工厂时，布局上可以根据该产品的特征参数定义布局、厂房尺寸和建筑参数，但面对市场和客户越来越多的个性化需求以及市场需求淡旺季明显的特征，在其详细布局、流线设计、产线设计等方面应考虑采用个性化、柔性化、通用化的设计理念进行资源配置。

11. 节能减排原则

工厂的布局规划与节能减排息息相关。例如，厂房的轮廓和高度设置，如何保证既能满足工艺需求，又能充分利用自然的通风采光；暖通的管道排布和生产设备的管线如何在保证不干涉的情况下，做到占用空间最小；空压机的余热回收系统可以将工厂产生的废热用至生活用水；冰蓄冷的空调机组可以利用夜间的用电波谷进行电制冰，白天使用冰来制冷；厂房的屋顶可以铺设太阳能光伏等。规划过程中，需要通过开发相应的设备接口，实时对能源消耗情况进行量化的管理。

12. 可参观性原则

相对于传统工厂，智能工厂不仅要为员工打造更舒适的作业环境、更理想的管理环境，还要让客户有更好的体验感和更高的信任度。较高的参观性并不等于刻意投入只供参观的线体或设备的"面子工程"，而是在规划之初，设计需要参观的点（能力、优势、亮点、创新点等）并合理地嵌入智能工厂中。例如，挑空的专业参观连廊，在系统性参观的同时，也能确保作业人员不受参观者影响；将智能物流、智能生产核心区域、品质保障能力等与参观通道进行融合，以展示智能工厂的核心能力；在参观路线中设置精益道场、员工休息区、企业宣传板等体现企业文化的区域内容；在参观路线中设置工厂数字化控制室，可结合数字孪生体向参观者讲解工厂的实时运营情况等。

3.2 智能工厂物流规划的步骤

智能工厂物流规划是一个系统规划的过程，需要遵循一定的规划步骤。图3-2为智能工厂物流规划的一般步骤，包括需求梳理、概念设计、初步规划、详细规划、方案验证和实施落地六个阶段。

第一阶段：需求梳理——明确规划需求和约束条件。梳理及理解需求是规划的前提，此阶段重点需要综合内外部需求，定义规划需求，明确规划方案需要从哪些方面进行提升，以及整体推进策略、范围和方向，作为后续规划的输入及依据。

第二阶段：概念设计——定义智能工厂的轮廓与特征。在需求梳理的基础上，需要定义智能工厂的"长相"，构建智能工厂物流的蓝图，统一各种不同的功能性要求和观点，找到最合理的综合体，从而达成某种规划导向的共识，指导后续的规划思路和结构特征。

第三阶段：初步规划——明确智能工厂物流系统如何构建。在概念设计的基础上，进一步对园区布局、功能区域、自动化元素导入等进行分析，从而明确智能工厂物流系统如何构建，并为设计院总平面图设计提供依据。

第四阶段：详细规划——明确智能工厂如何配置资源。规划的最终目的是落地运营，因此，此阶段的关键是具体到每一个物料、每一个工位和每一平方米的方案细化，并在此基础上配置资源，进一步确保方案落地。

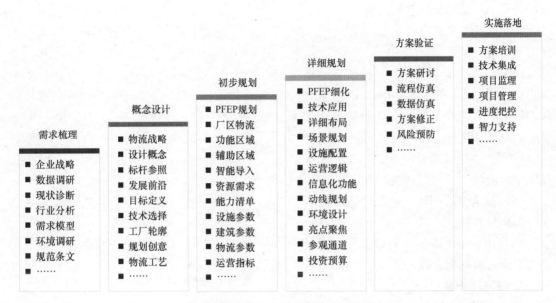

图 3-2　智能工厂物流规划的一般步骤

第五阶段：方案验证——使用仿真技术验证方案的合理性和可行性。此阶段的关键是采用仿真技术，包括流程仿真和数据仿真，对方案进行进一步验证，从而发现风险并规避风险。

第六阶段：实施落地——确保规划方案有效落地及运营。此阶段需要确保运营团队、基建施工方、软件服务商、物流集成商、产线施工方等相关团队对方案具有一致的理解，并通过项目管理确保方案实施的整体进度、效果、质量和成本控制等。

3.3　智能工厂物流需求梳理

需求梳理的方法主要有现场调研、人员访谈、问卷调查、数据收集、会议讨论、现有文件审查等。调查不仅仅是针对物流部门，而是需要调研整个工厂的运营体系，不同部门对现状问题的理解不尽相同。同时，设计相应的表格收集数据，这些表格需要具有一定的逻辑和相互关系，收集的数据量、覆盖周期、覆盖范围等都需要定义清晰，以确保数据收集的有效性。

1. 企业基础数据与需求调研

智能工厂物流规划需求，一方面来自对外部环境调研和分析，需要充分调研目标工厂的需求特征、行业痛点、行业标杆、行业趋势、行业地位等，明确对新工厂物流的需求。智能工厂必然需要支撑企业的核心竞争力，基于行业竞争态势，未来的行业竞争是成本领先还是服务领先，是标准化需求还是个性化需求，是线上渠道为主还是线下渠道为主，企业在行业中是领先地位还是跟随定位，以及行业相关技术发展成熟度和趋势等方面的信息，决定了其规划的战略诉求。

另一方面，物流规划需求来自针对内部的调研和分析，可以参照自有工厂、行业同行工厂、同类型工厂等梳理相关数据，或者直接从需求出发进行梳理。同时，还需要调研物流运营管理相关的信息和数据，包括人员绩效、组织架构、流程标准等，结合上述内外部数据，系统分析、评估和梳理规划需求。

针对内部的调研分析一般按照物流、基建、产品、制造和信息五个维度展开，调研的主要内容如下：

（1）物流维度调研 主要包括整体布局、物料及产品、需求与订单、库存周转、生产与物流计划、供应采购、入厂物流、厂内物流、成品物流、物流网络等方面的数据和参数；

（2）基建维度调研 主要包括园区环境、基建构件参数、建筑结构、建筑互联、配套设施、动力能耗等方面的数据和参数。

（3）产品维度调研 主要包括产品分类、需求特征、产品研发、产品管理、生命周期、标准化、模块化、可制造性等方面的数据和参数。

（4）制造维度调研 主要包括制造工艺、生产模式、产线模式及参数、生产设施等方面的数据和参数。

（5）信息维度调研 主要包括 IT 系统架构、系统功能、数据结构、信息断点、网络安全等方面的数据和参数。

2. 物流详细数据调研

在以物流为主线的规划逻辑下，针对工厂物流的调研和梳理尤其重要。图 3-3 为数据调研的主要内容，包括从供应商入厂到成品发货各个环节的数据。数据收集主要包括环境资源、面积数据、包装要素、产品物料、工艺产能、作业要素、物流路径、库存周期等方面。例如，在规划停车区域时，需要调研该企业的车流量水平，与物流量、车辆型号、淡旺季差异、每天波动差异、装卸货效率等相关，在不同的运营模式和管理水平下，相关参数可能完全不同。如不充分了解其生产和物流的运营模式，在停车区域规划标准月台，由于各种车辆标准不统一（即便后续进行标准化也很难实现完全的一致性，因此差异化考虑是必然的），导致卸货方式不同，即便使用最好的装卸工具、升降设备和信息系统，最终卸货区域和停车区域的规划也将问题频发。

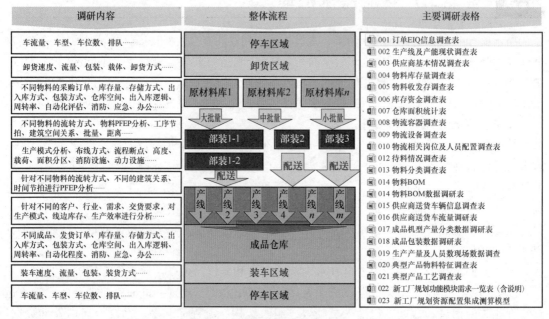

图 3-3 数据调研的主要内容

3. 物流流程调研

数据调研和需求梳理的另一个重要内容是对工厂的物流流程进行详细的诊断梳理。工厂一般都会涉及原材料采购、入厂物流、卸货入库、存储、配送、部装与总装生产、成品入库、成品装车出厂等环节。具体流程调研的主要内容包括但不限于表 3-1 所示。

表 3-1　流程调研的主要内容

序　号	模　块	主要流程清单
1	入厂物流流程	入厂物流计划管理流程
2		入厂物流管理与运作流程
3		供方库存管理流程
4		入厂车辆管理流程
5		退料管理流程
6	厂内物流流程	厂内物流计划管理流程
7		物料装卸货与验收管理及运作流程
8		来料检验管理与运作流程
9		物料入库管理与运作流程
10		物料盘点管理与运作流程
11		物料配送管理与运作流程
12		物料齐套管理流程
13		物料库存管理流程
14		物流设施维护管理流程
15		空容器管理流程
16		库存管理流程
17	成品物流流程	成品入库管理与运作流程
18		成品发运计划管理与运作流程
19		成品车辆调度管理流程
20		成品检验管理与运作流程
21		成品退库流程
22	其他相关流程	应急物流管理流程
23		物流异常管控流程
24		物流标准化管理流程
25		尾数物料管理流程

对各个物流环节管理和运作过程中存在的问题及瓶颈进行全面的调研、统计、整理和分析，有利于在智能工厂物流规划之初准确归纳、理解和总结规划需求和约束。

需求梳理是规划的起始。获得合理、有效、准确的规划需求，除了需要有效的数据支持和对运营现状的理解，也需要规划团队以假设为导向，向业务部门描述未来智能工厂的场景和形态，以确保获得广泛的建议和理解；以事实为依据，基于现有业务痛点，整理规划需求，用系统的逻辑串联现有痛点和规划需求，以确保规划需求的准确性、系统性和前瞻性。

3.4 智能工厂物流概念设计

3.4.1 物流概念设计概述

1. 概念设计概述

概念是人对能代表某种事物或发展过程的特点及意义所形成的思维结论；设计概念则是设计者针对设计所产生的诸多感性思维进行归纳与精炼所产生的思维总结。根据企业的智能化战略和工厂的定位，需要勾勒出智能工厂规划的基本概念和轮廓，通俗而言，就是需要解决"该智能工厂长成什么样子"。

简而言之，概念设计即利用设计概念，并以其为主线贯穿全部设计过程的设计方法。概念设计是完整而全面的设计过程，它通过设计概念将规划团队多样而繁复的感性和瞬间思维上升到统一的理性思维，从而完成整个设计。概念设计围绕设计概念而展开，设计概念则联系着概念设计的方方面面。

概念设计不是物理设计，而更多的是表现该智能工厂的规划、建设和未来运作的思想与相关资源的协同逻辑，更像是"梦工厂"。

也许概念设计还不能马上付诸建设、配置、运营的行动，但是人们在制定初步方案或者由此寻找智能工厂规划和创新灵感的时候，概念设计依然可以引导和启发人们。这些设计也许有不切实际之处，但是，通过不断地对约束条件进行修改和优化，可以看到一个智能工厂设计理念是如何逐渐演化、成熟与成型的。

智能工厂的概念设计与设想是一种创造性的思维，更是一种理想化的模型，并不是智能工厂规划建设的方案和指导，甚至不是仿真，当然也不是效果图。通俗地说，可以理解为"毛坯"，需要粗加工和后续的精加工。

2. 物流概念设计与智能工厂概念设计的关系

智能工厂概念设计是通过设计概念、逻辑、理念、创意等有效地将各种资源组合起来，成为一个"智能工厂"的表现和模型，而这个模型是可以在某个时间段之前修改和优化的。

智能工厂概念设计包括物流概念设计、基建概念设计、产品概念设计、制造概念设计和信息平台概念设计五个方面，如图 3-4 所示。智能工厂物流概念设计是工厂概念设计的主线，通常而言，工厂的产品策略与工艺决定了其物流与制造的概念设计，从而决定了工厂的运营逻辑和流程，以及空间、设施、面积等资源的配置与排布逻辑，由此决定了厂区基建（建筑、道路、辅房等）概念和信息化架构需求。

物流概念设计联动、融合其他四个方面的概念设计，将智能建筑、智能产线或智能车间、智能设施、智能检测等嵌入物流过程中，同时基于交付逻辑搭建生产和物流管理信息平台，实现智能计划与排产、智能生产过程协同、智能设备互联互通、智能生产资源管控、智能质量过程控制、智能大数据分析与决策支持等。从计划源头、过程协同、设备底层、资源优化、质量控制、决策支持等切入，达成工厂内人、机、料自主协同、自组织、高效运转。如此，按照智能制造的描述和期望，智能工厂概念设计用以描述一种高度数字化、网络化、智能化的理想状态的智能工厂。工厂之间通过端对端集成、横向集成，实现价值链的共享、

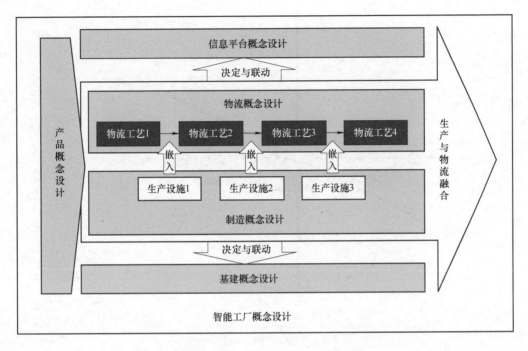

图 3-4　物流概念设计与智能工厂概念设计的关系

协作，效率、成本、质量、柔性等质的飞跃，实现全面的精细化、精准化、自动化、信息化、网络化的智能化管理与控制。

3. 智能工厂概念设计的要素

以物流概念设计为主线的智能工厂概念设计，涉及产品、流程、客户、供应商、订单、基础设施、供应链运营平台及企业信息平台八个要素，如图 3-5 所示。智能工厂规划项目是涉及深度、高度、广度的综合性项目，需要从战略—执行—绩效的各个方面进行审视和评价，往往时间紧、任务重、难度大、资源多，需要高层领导和所有环节全面重视和配合。

（1）产品要素　需要从产品入手，分析市场需求与产品管理分类，确定制造工艺、制造技术以及柔性化需求程度，需要分析并建立产品生命周期和迭代升级的节拍，确认投资方式和设施投资周期，以及技术改造、柔性化升级可能性。

（2）流程要素　需要梳理业务流程和运营的有效性，设定流程参数和关键环节、工序、设施、资源的有效利用指标，如库存周转率、客户满意度、响应周期、设施利用率、单班产出率、产品合格率、检验及时放行率、直通率、供应链平衡率等。

（3）客户和供应商要素　要打通供应商端到客户端的交付价值链，确认供应链计划和采购周期、交付周期、库存周期、制造周期、物流模式、分销模式、响应模式等。

（4）订单要素　智能工厂以交付为使命，因此需要强调下单—采购—生产—发运全流程的订单管理，如订单类型（采购订单、销售订单等）、订单属性（个性化定制订单、常规订单等）、订单交期与承诺、交付满意度等方面的管理，特别需要强调订单履行过程的实时可视和透明化管理。

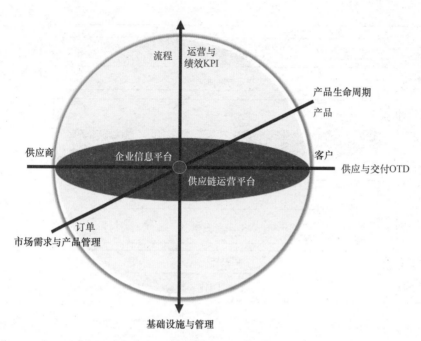

图 3-5 智能工厂概念设计的要素

（5）基础设施要素 需要充分考虑物理工厂基础设施如厂房、地面、制造设施、物流设施、消防设施、环保设施、动力设施、景观等系统性、合理性和经济性；

（6）供应链运营平台及企业信息平台的要素 构建智能工厂供应链运营平台，将横向、纵向资源从逻辑上实现互联互通，纵向上实现采购—生产—交付的互联互通，横向上实现众多供应商、外协制造工厂以及不同客户之间的互联互通，通过企业信息平台（智能决策与管理系统、企业虚拟制造平台、智能制造车间等）嵌入工业互联网（或物联网）中。

需要特别强调的是，从概念设计到规划方案，都是静态设计，没有包含动态物流、人员和能量的管理。所以，在做概念设计时，有必要虚拟预估、概算物流流量、人流流量、能量流量和可能瓶颈的梳理。

4. 智能工厂概念设计的方法

在工厂规划前期，专业的规划团队需要开展周密的调查与策划，分析出具体要求及期望的方案意图，如工厂的战略要素和定位，工厂在整个价值链和供应链上的地位、功能和作用等，探讨整个方案的目的和导向（关键指标和需要达到的智能化技术特征等）、地域特征（当地文化、地块形状、节能环保要求、周边环境协同等）、文化内涵（表现的企业文化、适宜的人居环境、基本的运作模型、产能和上下游关系处理模式等），再加上规划创新团队独有的思维模式产生一连串的设计想法，才能从诸多想法与构思中提炼出最准确的设计概念。

如果严格按照上述诉求来规划一个智能工厂，从概念设计上应该是可以符合"工业4.0"和智能制造的期望的。但是，一步到位建设概念设计中的智能工厂，往往需要投入大量的资金、时间、人力等。如何在寻求智能化发展与合理有效的投资成本之间找到平衡，是值得研究和思考的。

智能工厂概念设计主张企业"着眼长远、立足当下",既要符合未来一段时期的发展要求,如3~5年,又要本着实事求是的原则来合理规划。

首先,思想观念逐渐从原有的保守型向开放型转变,改变以经验和手工为主,过多强调企业的"特殊情况""发展历史""底子薄弱"等的旧观念,避免规划中规中矩、缺乏创新,以致决策缓慢,失去了迭代升级和在早期参与竞争的机会。

其次,尽量避免盲目乐观、为智能而智能化、贪多图快的心态。避免过于理想化,实事求是地以有效达成、创造效益为根本目的,一次规划、分步实施,以效益为驱动,确保规划和实施的成功率与工厂运营的存活率。

最后,强调标准化、精益化的基础,逐步实现数字化、自动化、网络化、智能化。在管理方面深挖潜力,充分发挥人的作用,构建具有适度智能的高效化、个性化的智能生产模式。切实做到明显的"提质增效",并以量化为指标,循序渐进,全面提升企业的竞争力。

针对某个具体的智能工厂规划,面对一块特定的建厂地块,由于智能工厂涉及多方面的学科专业知识,当工厂设计者为单独一人时(如总经理、企业老板、某个专业人员)很难做出有效的概念设计,更多地应称之为想法、构想。但是,即便是团队或多人参与规划,如果没有一定的共识和引导,也容易出现多个想法、设想和方案,甚至出现完全对立的方案观点。"一千个观众就有一千个哈姆雷特",不同规划人员的关注点、出发点可能不同,如距离最短、空间利用率最高、采光最好、工作环境最舒适、效率最高、成本最低、最新技术成果应用、人员使用最少等,各自都有其合理性,此时难以做出方案的取舍。

智能工厂规划需要基于战略协同和工厂先期定位的价值指导,才能够综合所有价值导向要素,形成一个将各个方面有机协同、相对合理有效的平衡状态,成为相关人员都能够接受的"梦工厂"概念设计。

3.4.2　物流概念设计模型

在需求梳理的基础上,概念设计结合智能工厂战略及价值导向、行业内外最佳实践、智能物流技术应用前沿、智能物流发展概念、行业及企业发展瓶颈、智能物流创意需求、智能工厂建设目标、行业竞争要点、产品及工艺特征、基础条件(如产线节拍、产能规划、有效工作时间等)、战略绩效要求等,采用一系列的方法和技术(如头脑风暴与专家研讨、设计概念提炼与转化、创意设计与提纯、从感性到理性的转化、从思维到轮廓的转化、从多样到确定的转化等),最终输出物流概念设计。以物流为主线的智能工厂概念设计模型如图3-6所示。

概念设计阶段输出的主要内容包括以下部分:

(1)工厂物流战略　基于战略制定考虑的因素,按其制定步骤,输出工厂物流战略。值得说明的是,物流战略并非一个口号,而是可能包括可衡量的绩效指标、可操作的中长期规划等。

(2)工厂能力清单　这主要是指该智能工厂所具备的各类能力要素,如该工厂能快速响应客户订单、能够支持定制、具备生产柔性、具备数字化特征、具有可参观性等。

(3)工厂蓝图　工厂蓝图可以理解为工厂的"长相",如前所述,按照物流规划维度分类,主要包括物流、基建、产品、制造和信息五个维度的轮廓。例如,物流的蓝图包括工厂物流整体运作逻辑、工厂物流能力成长路径、园区物流大致流向等;基建的蓝图包括建筑的

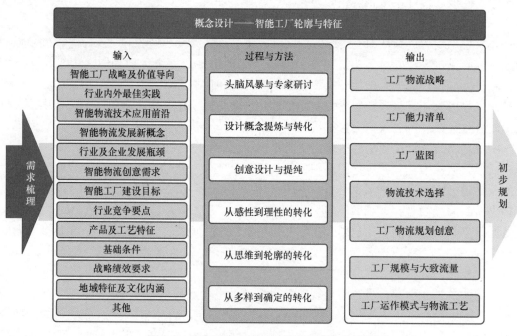

图 3-6　以物流为主线的智能工厂概念设计模型

概念业态，如园区大致的开门、建筑物数量、建筑物层数、建筑形式（钢结构、混凝土等）、建筑物间的逻辑关系等要素。

（4）物流技术选择　概念设计阶段的物流技术选择，主要是指基于工厂痛点、关键环节等输出的物流技术概念，如来料托盘件采用堆垛机立体仓库、成品下线及转运采用输送线等。值得说明的是，对于同一关键环节，在概念设计阶段可能会输出两种或以上的物流技术。

（5）工厂物流规划创意　其主要包括工厂物流规划具有的亮点、突破点等。例如，对于小汽车停车方式，常规方式可能考虑地面或者地下停车，但提出楼顶停车可能是规划中的一个亮点。又如，对于某些尺寸不规则的托盘类大件，如何兼容性存储是其中的一个难点，此时通过柔性化的托盘设计，最终实现多尺寸的存储兼容，可以理解为规划中的一个突破点。

（6）工厂规模与大致流量　工厂规模主要是指基于此概念设计，该智能工厂可匹配的年产能、月度峰值产能、均值产能等，如可匹配年产能 300 万台，月度峰值产能 35 万台，均值产能 25 万台。大致流量主要是指经过数据概算，可以大致呈现各环节的流量数据，如园区各物流门的流量、建筑物间的流量、工序间的流量等。

（7）工厂运作模式与物流工艺　基于工厂战略定位及价值导向，输出的工厂运作模式主要是指工厂运作方向，如强调以交付为目标的运营管理、强调信息集成互联的差异管理等。物流工艺是指物料从到货、卸货、收货、检验、入库、存储、拣选、配送及产成品入库、存储、发运全流程的物流运作大致方法和技术。

在概念设计模型的基础上，对概念设计过程进行把控，主要包括物流战略制定、概念蓝图规划以及达成路径设计，最终呈现出符合企业需求的概念设计方案。

3.4.3　物流战略制定

1. 物流战略概述

物流战略的逻辑引导价值判断体系的建成可为后续所有的规划执行提供标准，判断相关物流技术、设备、软件选取的合理性，并指导整个运营落地过程中的方案优化，以确保无论是规划还是运营都符合企业的物流战略和定位。

具体的智能工厂物流战略，是一步到位打造未来行业领先的标杆智能工厂，还是在现有基础上对标现有行业标杆，实现稳步提升。不同的战略导向，后续详细的规划方案差异较大。因此，对于不同的企业，具体的智能工厂物流战略需要呈现的要素包括目标愿景、表现要素、要用到的技术支持、需要提升的基础条件。

2. 物流战略制定

企业经营战略和各业务层面战略应具备高度的连贯性和一致性：企业面向的市场和客户需求决定其整体战略，整体战略驱动市场及销售战略，市场销售战略驱动相应的产品战略及物流战略，物流战略及产品战略又协同完善市场销售战略并支撑整体战略的实现。企业制定物流战略，旨在明确物流的发展定位、物流概念设计与价值导向、物流战略绩效与运营指标、物流发展路径引导等。物流战略的制定与企业发展战略与目标、行业及产品特征、顾客需求和供应环境、持续改善理念等息息相关。确定企业的物流战略及价值导向，以形成发展方向上的相对聚焦，达成企业上下的共识共行。

制定物流战略需要考虑的因素和步骤如下：

（1）从理解客户需求开始　在以客户为中心的前提下，企业的不确定性更多地来源于市场、客户、消费者需求的个性化、波动性、迭代性等方面。客户和消费者希望以更快的速度、更高的性价比、更丰富的内容获得企业提供的产品和服务，这是驱动工厂进行数字化、智能化转型的本源。一方面，消费者需求的变化，使得企业需要在更大范围内提供定制化、小批量、多品种、快交付的产品和服务，由此导致企业的实物流和信息流机制发生根本性的变化，也因此导致企业的物流战略和价值导向发生变化；另一方面，随着供应链竞争的不断加剧，供应链上的合作伙伴，如零售伙伴、批发商、电商平台等提出了更高的协同需求，如更高的交付水平、更短的交付期、更快的紧急需求响应速度、逆向物流服务、订单交付过程的跟踪、更合理的库存整合和管理、更高的物流服务质量等，这也是企业制定物流战略的关键输入。

因此，系统、充分、合理地调研、分析和理解客户需求，并有效地定义和引导客户需求，是制定物流战略的必然之举。

（2）评估内部物流能力相对于最佳实践的差距　企业理解了客户需求后，需要结合物流评审体系，进一步评估内部物流能力是否能够支撑企业满足客户需求，以识别物流能力的缺失和差距。

内部物流能力的评审强调将物流现状与最佳实践进行对比，如 MMOG/LE（Materials Management Operations Guideline/Logistics Evaluation）体系就是世界级制造企业物流运营管理的最佳实践。值得注意的是，很多企业试图调研行业的"最佳实践"以对比自己的差距，但这种做法相对局限。大多数时候，行业内企业普遍具有共同的物流问题和能力表现，聚焦于行业标杆很难支撑企业成为新的行业标杆，形成优于竞争对手的核心竞争力。企业需要跳出行业的局限，寻找并对比"当今时代的最佳实践"，才能真正找到战略、长期、核心的瓶颈和方向。事实上，最佳实践已经被证明，内部物流能力在不同制造行业之间具有惊人的普适性。例如，MMOG/LE来源于汽车行业的最佳实践，但已经被家电、家居、医疗、建筑、航空航天、化工、电子、服装和零售业等行业全部或部分借鉴和应用。

（3）分析行业物流的发展趋势和竞争对手的应用　企业需要了解行业工厂和物流的发展趋势，如物流战略制定及价值导向、JIT入厂物流、工厂内部精益物流、成品物流网络布局、物流数字化及智能化转型、智能化物流设施、与供应商和客户的协同、物流外包、复杂度管理与持续改善等方面的发展及应用趋势，尤其需要关注竞争对手对这些趋势的应用，以及这些应用在市场上产生的效果。因为如果竞争对手拥有某项能力，就可能引领市场的某些需求，这些能力可能是更低的成本、更快的交付、更优的品质、更多的产品组合、更多的交付方式等；相反，如果企业自身不具备这些能力，就可能面临竞争劣势和被动局面。

常见的竞争对手调研方法包括请外部顾问调研、使用公开信息分析、对来自竞争对手公司的员工进行了解、从共同的供应商和客户处获取信息分析等。

（4）确定物流能力发展计划　当明确了客户需求对物流的要求、相较最佳实践的差距、物流发展趋势、竞争对手的应用情况等信息之后，企业需要进一步明确自身需要建立的物流能力清单。能力清单可能包括与供应商协同能力、建立端到端物流计划能力、供应商准时化到货能力、内部物流数字化管理能力、针对缺料的快速响应能力、采购订单和销售订单的实时跟踪和可视化能力、物料自动配送到工位的准时化配送能力、端到端物流过程差异预警和管控能力、全部物流流程"在线"运作的能力、精确的全通路库存管控能力、智能成品物流调度能力、人机物互联的能力、物料包装规划与应用的能力、物流网络布局与库存部署能力等。结合前面几个步骤的分析，企业可能会列出几十项甚至上百项需要建立和提升的能力，此时企业需要通过内部团队协同或者外部专业顾问指导，结合行业环境和企业自身特征，选择对自身竞争力提升的关键要素作为重点，合理定义能力清单的优先级，形成如3~5年的物流发展路径。

（5）分析和规避风险　当企业决定要推动物流变革，如逐步向数字化、智能化方向发展，则在物流战略制定和规划过程中既要考虑到可能面对的风险，又要考虑如何应对这些风险。例如，市场迁移、产品变化、需求变动、库存持有、物料可得性、资产闲置、设备故障、环境变化、自然灾害等方面可能存在或造成的风险。如果缺少健全的流程对风险进行识别、排序、管理和规避，将对企业的供应链和物流战略推进构成极大的威胁。

（6）评估组织架构、人员和绩效指标　新的战略、能力发展计划意味着企业需要新的物流组织架构，需要进一步进行专业化的分工，进一步将物流相关岗位和职能进行整合，由此也将产生新的人才需求和绩效指标的改变。

最后，企业需要制定详细的战略落地规划方案。基于物流战略的需求，进行概念设计—初步规划—详细规划—运营管理—数字化智能化实现的系统规划，物流技术的配置、选型与应用，物流流程的梳理和固化，物流信息系统的规划和落地等，并形成分阶段、分步骤的实施推进计划。

3. 工厂物流战略实践

图3-7是某汽车零部件工厂物流战略要素模型，其主要内容包括：

（1）定义目标和愿景　该工厂的总体物流目标清晰地定位为"高效运营的智能工厂"。

三大愿景包括：与供应商对接，打通入厂物流，与主机厂对接，实时响应客户要求的横向联系；从订单、计划开始，到成品发货，全程可视化、数字化的纵向联系；产线的相互支援与响应，物流资源的共享，信息流与实物流实时对接的内部管理。

（2）达成愿景的基本表现　在这个战略愿景下，未来基建维度要体现精益化的布局、建筑的互联以及智能配套设施的导入；产品维度要体现未来产品的可制造性、可流动性以及标准化、模块化的研发与供应；制造维度要体现增值率、自动化、柔性化的特点；物流维度要体现快速响应、智能化、资源共享；信息维度要体现透明化、全流程网络化和差异预警。

（3）工厂将使用的核心技术　核心技术包括企业的精益生产体系、RFID、智能仓储、大数据、云计算、工艺仿真等。

（4）需要重点提升的基础　具体包括现有组织的优化、PFEP 包装体系的建立、产品质量体系的提升、供应商能力的培养和提升、现有人员素质的提升、产品族产品平台化研发、工艺管理优化（设计、试产、制造等环节的工艺）等方面。

在工厂物流战略模型的基础上，各部门对智能工厂有了明确统一的认识，并对五个规划维度的表现梳理出具体的表达和方案，各部门进行分工协作。其中，物流模块在整个智能工厂规划过程中起到主线和串联的作用，也是一个专业性非常强的模块。在未来智能工厂拉通横向联系、纵向联系和内部管理三条脉络下，物流需要做到快速响应、智能化、资源共享。因此，在后续的概念方案设计时，导入的装备和技术势必要满足自动化、智能化、柔性化、模组化、网络化等特征。某汽车零部件工厂的物流战略要素模型如图 3-7 所示。

图 3-7　某汽车零部件工厂的物流战略要素模型

3.4.4　概念蓝图规划

概念设计在头脑风暴、感性思维碰撞等过程中，可能输出多版概念设计方案。概念方案设计过程如图 3-8 所示。传统的方法是，充分基于现状，考虑种种约束条件，在局部不断优化，最终形成较优的现实方案，但由于规划是自下而上的，存在很多未被利用的潜力。而智能化的方法是，结合多方面、多维度的概念想法，从最理想的条件出发，梳理出企业未来增值比例最大的理想方案。该理想方案更多地考虑流程和场景，不涉及具体的建筑方案，在后续规划过程中再逐步加入约束条件。

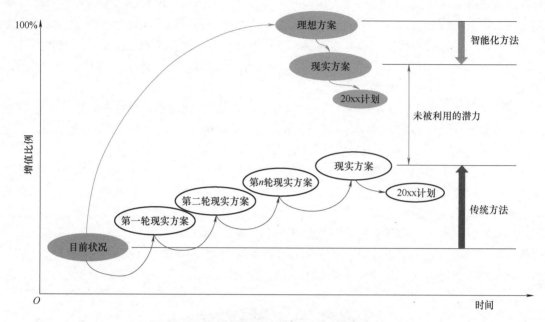

图 3-8　智能工厂概念设计方案更替路径

因此，此阶段需要特别注意尊重、引导、收集参与者的想法，多采用头脑风暴、德尔菲等方法激发参与者的创新思维，并将此形成过程组织资产。在这一阶段，有些想法可能会显得天马行空、异想天开，但随着管理手段和技术水平的进步，很多约束条件会消除，这种理想化的模式就是未来行业的最佳实践。

虽然概念设计还不涉及非常具体的方案，但经过不断地沟通和碰撞，概念蓝图变得越来越清晰。概念蓝图包括园区规划概念图、物流概念设计图、运营工艺概念图等。

1. 园区规划概念图

为了更好地展示园区概念蓝图，通常可以对主要模块进行静态建模，使用三维模型嵌套相关的智能元素进行表达。

图 3-9 是某企业智能工厂的园区规划概念图，对园区的主要建筑业态、道路系统及园区开门进行了立体化呈现及概念性定义，同时对园区中的创意点进行了提纯，主要包括园区大门设置形式、停车方式、卸货方式、园区车辆管理、绿化景观等。

2. 物流概念设计图

物流概念设计基于主流程及建筑业态，主要呈现车间内部的物流动线、关键环节物流技术等要素。在对主流程上的各个环节进行讨论和分析后，符合自身企业价值导向的智能元素表征具象化。图 3-10 是某智能工厂的物流概念设计方案表达。考虑整体工艺流线化的布局方式，一楼为总装车间，对环境无要求，二楼为部装车间，需要洁净的环境，基于这样的环境要求，定义上下两层的建筑结构。

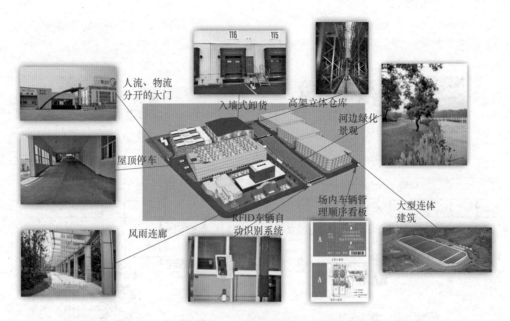

图 3-9 某企业智能工厂的园区规划概念图

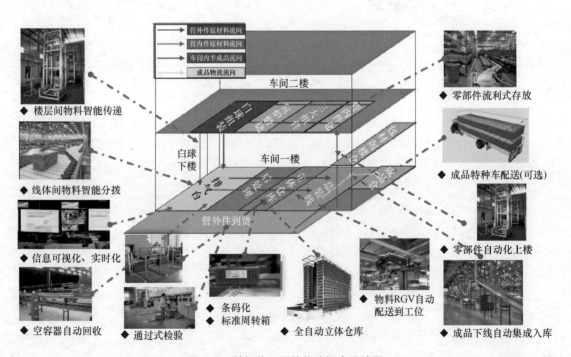

图 3-10 某智能工厂的物流概念设计图

车间内部物流动线从二楼到一楼呈现"U"字形，物流动线无迂回、交叉。在关键物流环节采用全自动化立体仓库、流利式货架等自动存储技术，辊道输送、垂直提升机、RGV配送等自动搬运技术，以及其他物流技术。

3. 运营工艺概念图

在定义了智能工厂物流概念设计图后，从运营工艺的角度，将物流概念嵌入运营工艺中，以运营工艺概念图的形式呈现出企业运营基本逻辑，如图3-11所示。

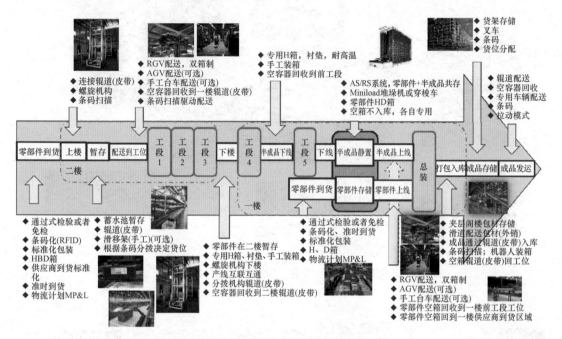

图3-11 某智能工厂的运营工艺概念图

3.4.5 迭代升级路径

在战略定位及概念蓝图的基础上，智能工厂的达成遵循一次规划、分步实施，因此，企业需要设计好达成路径，以便为企业发展提供方向和指引。智能工厂的达成路径图需要清晰地判断企业所处现状水平，明确迭代升级里程碑节点以及过程中的关键事项，以逐步向智能化方向迈进。

以某汽车零部件企业为例，该企业常年给主流汽车主机厂供货，丰田模式在企业内部有较好推广，MMOG/LE体系评级为A级，现场管理标准化与规范化较好，并且该企业管理层对物流极其重视，整体物流动线相对平衡。但该企业近几年面临连续的市场业绩下滑，高增长难以为继，唯有抓住"智能制造"这个机遇，在自有精益生产体系的基础上，打造高柔性、高效率的大规模定制化生产模式，实现"两化融合"。

图3-12是该企业智能工厂达成路径图。其中，横坐标表示企业从精益现场、精益产线、数字车间、智能工厂、智能供应链的横向扩展过程，纵坐标表示从标准化、精益化、模块化、自动化、智能化的纵向集成过程。根据前期的现场调研、数据分析发现，该企业的搬运带轮化、物料单元化、包装标准化、制造自动化、制造流线化等要素已经基本达成，具备较好的精益基础，处在向数字化车间发展的阶段。因此，定位该企业属于"前数字化时代"，未来需要从量化管理、供方能力、设备互联、智能制造信息一体化平台建设等多个方面进行迭代升级。

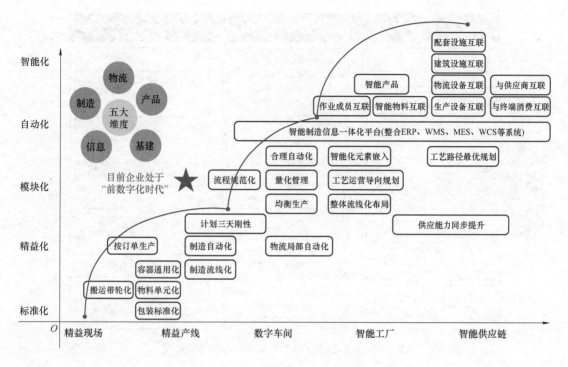

图 3-12　某企业智能工厂达成路径图

概念设计清晰定义了工厂的"长相"、工厂物流创新点，明确了工厂物流发展战略以及未来物流发展迭代图，以支撑进一步的初步规划设计，并为整个智能工厂的物流规划提供了判断基准和迭代方向。

3.5　智能工厂物流初步规划

3.5.1　初步规划的模型

初步规划阶段需要充分考虑智能工厂建设面临的客观存在的约束，将概念设计的"梦工厂"逐步具化成为"现实工厂"。在概念设计的基础上，初步规划结合概念设计方案、地块特征及参数、地方政策及规范条文、地块环境、产品及生产工艺、物流工艺、生产和物流当量、物流技术选择、规划原则、约束条件、运营指标等，采用 PFEP 规划方法，通过对生产及物流流量测算、物流智能化导入模型、物流资源需求测算以及功能区的规划，输出智能工厂初步规划。以物流为主线的智能工厂初步规划模型如图 3-13 所示。

初步规划阶段输出的主要内容如下：

（1）厂区物流布局方案　主要包括园区开门、园区道路、卸货区域、建筑业态（包括建筑的长宽高、层数、结构形式等）以及生活配套设施（主要指停车场、食堂、宿舍等）等。针对生活配套设施的规划，以体现人文关怀为主，比如为了避免员工日晒雨淋，可以考虑在厂区规划风雨连廊以连接厂房、食堂和宿舍。

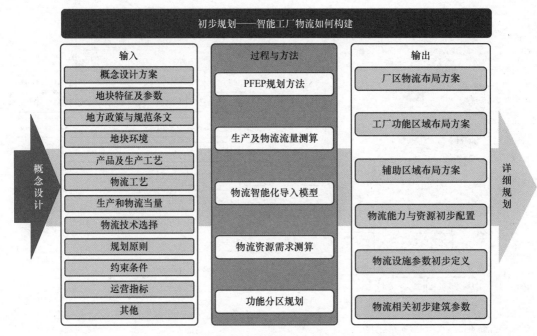

图 3-13 以物流为主线的智能工厂初步规划模型

（2）工厂功能区域布局方案 工厂功能区域主要包括物流区域和生产区域。物流区域一般是指原材料和成品的收发货区域和存储、周转区域。根据企业规模、生产模式、管理水平等不同，物流区域可能与生产区域连为一体，呈现多点分布的细胞化排布，也可能是物流区域（如仓库）独立于生产区域集中排布。生产区域主要是指生产作业加工区域，包括前工序和组装工序区域。

（3）辅助区域布局方案 辅助区域主要包括园区辅助区域以及建筑物内辅助区域。园区辅助区域主要包括：高压变电站、低压变电站、空压机房等；危险品仓或气站，如溶剂室、气瓶间等；安防设施，如门卫岗、围墙、消防控制室、监控室；环境设施，如污水处理站、工业垃圾站、废料回收房；生产相关的地磅等。建筑物内辅助区域主要包括洗手间、生产办公室、茶水间、设备辅助用房等。

（4）物流能力与资源初步配置 对各环节的物流能力与资源进行初步配置，如各物流区域规划面积、各类物料存储方式、配送方式初步配置、某个料箱件立体仓库需要规划的库位数以及基于流量的物流设施数量初步测算等。

（5）物流设施参数初步定义 主要包括物流设施类型、数量等参数初步定义，如某个环节初步定义需要配置潜伏式 AGV，并对其初步的数量进行测算等。

（6）物流相关初步建筑参数 主要包括生产建筑形式、建筑轮廓、高度、层高、柱距、防火分区、载荷、雨棚等。

初步规划是一个多目标、多规则的复杂最优解问题，在不同行业、不同企业、不同地块、不同战略导向下，约束条件和规则都不尽相同。因此，初步规划不能转化为一个简单的数学算法模型，而要利用数学模型的思想，针对每个具体问题进行输入输出的分析和求解，从而得出多个相对优化的初步布局方案，并将各个方案利弊具体呈现，综合评估选择，才能保证规划的方案是相对最优的。否则，未经系统规划而草率得出的方案，因为约束条件越少，求解会越发散，形成无数个"合理解"，不同的人从自身角度出发，会形成不同的规划方案，更加无法做出有效的判断和决策，产生巨大的决策风险和机会成本。因此，在初步规划阶段，详细且全面的输入显得尤为重要。

3.5.2 初步规划输入

初步规划输入主要包括规范条文、环境资源、生产物流等客观存在的约束（而非人为约束）。

1. 规范条文

（1）用地文件 针对每个地块，一般都有相应的城市用地文件，文件会对地块最基本的几个指标进行规定，如用地红线、建筑退让距离、容积率、建筑密度、绿化率、开门位置距交通路口距离等指标。这些都是工厂规划的强制约束条件，在规划之初如果不调研清楚，容易导致方案完成后无法达标，需要重新修改。

（2）建筑法规 建筑法规方面重点关注与工艺相关的建筑规范，如 GB 50009—2012《建筑结构荷载规范》、GB 51157—2016《物流建筑设计规范》、GB 50006—2010《厂房建筑模数协调标准》等国家规范。特别是载荷、柱网、高度等建筑参数，这些参数对建筑成本和适用性影响极大，需要结合工艺的实际需求，在满足工艺的情况下选用经济的建筑参数。

（3）消防法规 消防法规方面重点关注与工艺相关的消防规范，如 GB 50016—2014《建筑设计防火规范》、GB 50084—2017《自动喷水灭火系统设计规范》等国家规范。消防的占地面积、防火分区、疏散通道等都与建筑形态强相关。例如，防火危险等级为丙二类的仓库，自动化机械仓库占地面积最大为 $12000m^2$，每个防火分区最大建筑面积为 $3000m^2$。必须在规划之初就考虑这些约束，让建筑业态在一定范围内变化。

2. 环境资源

（1）道路系统 规划道路系统主要考虑园区外部道路的宽度、荷载、绿化带设置、车道规划等参数。

在规划时，宽度参数与车辆类型和流量大小正相关，是企业普遍比较重视的一个指标，但荷载参数是比较容易被忽略的，需要重点调查。例如，一个工厂四周的一条道路荷载较低，经过测算无法行驶物流车辆，虽然按整体规划逻辑而言，这条道路作为物流通道是最合理的，但道路系统却难以支持。

很多工厂的东、南、西、北可能只有一方有路，园区所有的物流、人流车辆都必须从一面进出，这种工厂被称为"麻袋工厂"。智能工厂应尽量避免选用这样的地块，如果选择了这样的地块，需要特别注意园区物流的规划和运营，保证车辆的分流和均衡化。

（2）行驶路径 规划行驶路径要系统考虑厂区的车辆从哪里来、是铁路运输还是公路运输、高速路口在哪里、城市的主城区在哪个方向、办公人员上班应该从哪条路进出最便利、车辆从哪个口进出最安全和高效、步行人员最密集的区域在哪里等问题。

为了找到物流车辆、办公车辆、行人等最优的行驶路径，需要对高速路口、主城区、货运火车站、生活配套区等周边环境资源进行充分调研。另外，由于国内车辆为左舱驾驶（驾驶位在车辆左侧），车辆的行驶路径应尽可能按照左转进行规划，以使车辆行驶更安全。

（3）厂区地质　厂房桩基工程施工之前需要进行专业地勘，提供专业的勘探报告。这涉及建筑结构的厂区地质，在考虑功能区域排布时，需要提前考虑厂区的地质条件。很多企业在规划工厂时，所选地块并不在政府系统规划的工业园区内。例如可能是农业用地改为工业用地，同样是150亩[⊖]的地块，可能南面和北面的地质条件截然不同，南面是山丘岩石，北面是淤泥河塘，规划时要尽可能因地制宜，将荷载较重的区域，如自动化立体仓库、大型冲压设备等，规划在地质条件更好的区块。如果完全不考虑这些要素，完成工艺布局后，再通过基建的技术手段处理厂区的地质，往往要付出高昂的建筑成本。

另外，有些地块有河流经过，可以将河流作为厂区雨水系统或者消防给水一并规划；有些地块坡度较大，在有坡度的地方可以作为园区卸货月台一并规划。对于诸如此类的既定厂区自然条件，规划时首先需要考虑如何加以利用，而不是花很大的代价去改造。

（4）周边企业　国内将工业用地分为一类、二类、三类。其中，一类工业用地是对居民和公共设施等环境基本无干扰和污染的地块，如电子、缝纫等行业；二类工业用地是对居民和公共设施等环境有一定干扰和污染的地块，如食品、医药制造、纺织等行业；而三类工业用地是对居民和公共设施等环境有严重干扰和污染的地块，如冶金、印刷等行业。但每一类行业中，不同企业的污染和干扰程度有所不同，而且一个企业中一般也会存在多种生产工艺，例如，注塑工艺会产生气味，冲压工艺会产生较大的噪声和振动，喷涂和油漆工艺会产生空气和废水污染，而一般组装工艺相对影响较小。规划时要考虑周边企业的干扰性和污染性，从而合理地排布园区内的功能区域，对于人员聚集的生活区域和办公区域，要尽可能远离干扰源和污染源，而像自动化立体仓库的仓储区域、工业辅房等人员较少的区域，可以相对靠近干扰源和污染源。

在设置园区大门和功能区域的时候，也需要综合考虑周边的出入口、企业的车流量等，尽量使得周边环境的流量资源均衡。

（5）主导风向　主导风向主要针对有气味污染源的企业，可以在气象局网站上查询到各地的风玫瑰图，判断区域的主导风向，将有气味污染源的工艺放到园区的下风口，但如果下风口存在居民住宅或其他企业，需对污染源进行特殊考虑；如果规划地块的上风口企业有气味污染源，需要考虑将园区内少人的功能区域建筑规划在上风口，而把园区的生活区域放置在下风口。

（6）市政绿化　制造企业的用地一般为较偏远的工业区，因此，除了特别的地区以外，一般不需要考虑市政的绿化问题，在大多数智能工厂规划项目中，这都是一个弱影响指标。但也有一些地区，政府对其有严格要求，需要在园区规划的同时，考虑与市政绿化的一致性。如遇到这种情况，在划分功能区域的时候，办公行政区域就与市政的主形象面需要尽量保持一致，生产物流区域尽可能减少或避免设置在市政要求的绿化面上。

（7）通风采光　因为厂房面积一般较大，需要使用电力照明和机械送风，但对于单体面积较小的厂房和管理人员较多的行政办公区域，则需要重点考虑自然的通风采光。在光照或风力资源比较充足的地方，可以考虑将这些资源转化为厂区的电能使用。

⊖　1亩 = 666.6 m^2。

所有的环境资源要素需要系统地考虑各指标的影响权重，从而系统地决策厂区的功能区域排布、大门位置等要素。

3. 生产物流

（1）生产参数　生产参数作为物流规划的重要输入，主要包括工厂产品类型、生产型号、产能产量以及淡旺季等要素。这些要素关系到园区各环节的存量、流量、面积等参数，进而决定园区如何建设、技术如何选取等。以产品类型为例，如果该园区生产的产品根据季节不同存在切换，如春夏季以生产 A 产品为主，秋冬季以生产 B 产品为主，那么在测算存量、流量、面积测算时，需要基于两类产品进行测算，在选取技术时，需要考虑兼容性等。

（2）指标参数　指标参数主要包括库存周期、各环节停留时间、生产节拍以及效率指标（如交付周期、库存周转率、库存比、准时交付率、物流成本等）等。工厂规划的最终目的是运营，因此需要优化各类指标参数、以实现经营水平的提升。例如，在规划过程中，需要以物流成本降低为目标，因此，需要考虑合理、经济的物流技术以支撑物流成本的降低，而不是为了自动化而自动化或者照搬已有的物流技术。

（3）物流作业场景需求　物流作业场景需求作为链接物流流程和物理规划的关键要素，是规划的重要输入。物流作业场景需求主要是指规划时有哪些作业场景，如卸货、收货、检验、存储、拣选、齐套、配送等各环节，根据物料类别不同，可能存在一个或多个物流场景。以存储环节为例，如果企业没有存储的作业场景需求，物料到货后直配工位，那工厂规划时就不需要考虑存储，映射到规划上也就不需要考虑存储空间。

（4）物流参数　物流参数主要包括车辆参数（车辆尺寸、车辆类型、装卸货方式等）、装卸货参数（装卸货时间等）、包装参数（某类物料包装方式、单元包装数量等）等。这些参数为规划提供有力支撑。以车辆类型为例，目前国内的车辆类型相对较多，比较常见的车辆类型有 9.6m 的厢式货车、17.5m 的半挂铰链车、40ft 柜（12m）集装箱货车等。不同车辆类型对厂内道路系统、月台设施、雨棚设施的设计要求存在差异。

（5）工艺布局　工艺布局一般可分为以下四种：

1）产品布置（流水线布置）。此布置适用于少品种大批量生产。优点是物流量少、搬运距离短、生产周期短、在制品库存压力小；缺点是设备利用率低、设备备用零部件库存可能比较大。

2）工艺布置（设备成组布置）。此布置适用于多品种小批量生产。优点是机器设备利用率高、设备和人员的柔性高、设备投入相对较少、作业多样化、有利于员工发展；缺点是物流强度大、生产计划与控制复杂、生产周期长、对员工技能要求高。

3）固定式布置（项目布置）。它是工程项目和大型产品生产采用的一种布置形式，适用于生产对象笨重而难移动的产品的场合。它的加工对象位置、生产工人和设备都随加工产品所在的某一位置而转移，如工程建设、飞机厂、造船厂、重型机器厂等。缺点是场地空间有限、组织管理难度较大、物流需求动态变化。

4）成组布置（混合布置）。成组技术就是识别和利用产品零部件的相似性，将零件分类。一系列相似工艺要求的零件组成零件族，针对一个零件族的设备要求所形成的一系列机器，称作机器组（制造单元）。成组布置是产品布置的缩影，是将工艺布置系统转化为接近产品布置系统。

不同的布局方式体现在厂区建筑业态上。厂区整体物流流向以及对自动化的需求水平都不相同，工艺布局是初步规划的一个重要影响因素。

（6）作业模式　建筑业态与作业模式强相关。概念设计定义了哪些节点未来可能是自动化模式，哪些节点还会长期保留以人工为主的模式，在建筑设置上，自动化的设置需要充分考虑设备的布局空间、安装空间、检修空间，以及相应的空间、荷载参数等。

（7）设备最优效率参数　在全自动化立体仓库中，自动化设施有其自身的效率最优值。例如，24m 高的堆垛机自动化立体仓库，不考虑其他要素，长度设置为 110m 左右是较经济的。因为自动化立体仓库最核心的设备是堆垛机，堆垛机的水平走行速度一般为 160m/min，垂直升降速度一般为 40m/min，长高比 4：1。在堆垛机运行模型中，达到货位时，长度和高度坐标是具有一致性的，24m 的 4 倍是 96m，而一般自动化立体仓库前后端会有 10～20m 的收发货区域，因此，很多自动化立体仓库是高度 24m、长度 110m 左右的建筑业态。其他形式的物流自动化设施也有其效率最优值的参数。

（8）分期建设　企业可能一次性拿到几块地，或者一个地块里的建筑需要分期投入，这种情况在规划的时候，需要整体规划、分步实施。在整体规划时，不仅要留好后续分期实施的接口，也要充分考虑一期资源的优先利用。

在初步规划阶段，部分单一的输入条件可以变为强约束条件，甚至直接成为决定输出的约束条件；但也有很多输入条件需要与其他输入条件一同考虑，权衡利弊，系统化考虑所有输入条件叠加后的最优输出解。

在结合初步规划输入的基础上，需要从物流能力、布局逻辑和自动化水平等方面切入，进行功能布局规划、园区物流规划以及物流自动化元素导入，最终得到园区布局、功能区域划分、建筑业态等方面的输出。

3.5.3　功能布局规划

功能布局规划可以有多种布局方式，如"1"字形、"L"字形、"U"字形等。任何布局方式都有既定的逻辑，在脱离具体工艺、产品和环境特征的情况下，都可能是对的，也可能是错的。以物流为主线的智能工厂规划方法论，最核心的原则就是让物料快速流动，以物料为基本规划单元，研究物料在整个运营过程中的流动情况，采用 PFEP 的规划方法论，为每个物料做规划，然后通过对面积、流量、存量、当量等参数的测算，综合选用最适合物料流动的功能布局方式。采用 PFEP 规划方法的功能布局规划主要包括 PFEP 参数设计，PFEP 参数建模与映射，PFEP 动态应用，存量、流量、面积测算，以及资源的横向及纵向集成。

1. PFEP 参数设计

PFEP（Plan for Every Part，为每个物料做规划）采用倒推式的规划原则，即从零件的最终工位出发往上游延伸到供应商，工位所需要的零件从工位边的物料缓存区获取，工位根据设定的规则拉动物料配送和供应商到货。

在 PFEP 拉式的精益规划体系下，需要对每个物料进行分析和研究，在物料数据的基础上，对物料容器、存储设施、配送器具、仓储面积等具体参数进行测算和定义。根据企业的生产物料需求，设计物料 PFEP 参数如表 3-2 所示。

物料供应系统的功能主要包括物料基础信息调取、物料容器具设计、存储节点设计以及

运输参数设计。参考表 3-2 中的基础数据，企业可根据自身的实际情况，进行 PFEP 参数
建模。

表 3-2　物料 PFEP 参数

属　　性	序号	字　　段	属　　性	序号	字　　段
物料主属性	1	物料编码	存储分装	26	包装类型
	2	物料描述		27	存储包装长
	3	物料重量		28	存储包装宽
	4	检验需求		29	存储包装高
	5	特殊属性		30	空包装重量
初级包装	6	包装类型		31	装载数量
	7	初级包装长		32	装载高度
	8	初级包装宽		33	堆垛系数
	9	初级包装高		34	满载高度
	10	空包装重量		35	嵌套数
	11	装载数量		36	是否分装
送货包装	12	包装类型		37	分装方式
	13	送货包装长		38	分装容器
	14	送货包装宽		39	分装包装长
	15	送货包装高		40	分装包装宽
	16	空包装重量		41	分装包装高
	17	装载数量	配送上线	42	使用工位
	18	装载高度		43	工序类型
	19	堆垛系数		44	线体名称
	20	满载高度		45	操作方式
	21	嵌套数		46	配送节拍
	22	供应商名称		47	上线方式
	23	送货半径		48	上线料台长
	24	卸货方式		49	上线料台宽
	25	供应商风险等级		50	上线料台高

2. PFEP 参数建模与映射

为了更好地了解整体的系统功能，通常以 IDEF（ICAM DEFinition Method，系统分析理
论与方法）模型来表达系统功能，可以清楚地看到整个物料供应系统需要的数据及其数据
处理过程。

IDEF 作为一种系统分析与设计的方法，应用非常广泛。例如，IDEF0 是对功能进行建
模，用来描述系统的功能活动以及所在联系。它采用自顶向下、逐层分解的结构化方法建立
系统的功能模型，能清楚地显示系统模块的功能，完成这一功能所需要的输入及输出，如
图 3-14 所示。

根据企业的状况和需求分析，以及系统要满足的有效物料供应支持系统，物料供应PFEP参数设计系统的输入为生产物料信息、物料图形（尺寸和形状）、制造工艺物料清单（BOM）、生产节拍等，在计算机系统和生产物流参数的使能条件以及物料计划模式、标准容器或载具、参数设计方法和配送上线模式等约束条件下，获得支持有效物料供应的输出为物料容器、存储参数、配送上线参数、运输参数。根据PFEP参数设计系统要满足的目标和功能以及IDEF图的绘制方法和系统所需要的输入和输出，设计出物料供应系统参数模型，如图3-15所示。

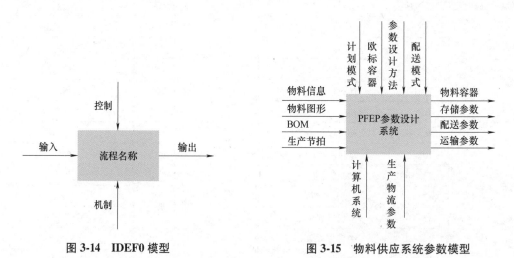

图 3-14 IDEF0 模型   图 3-15 物料供应系统参数模型

将图3-16的输出参数（物料容器、存储参数、配送参数和运输参数）进一步展开，结合企业物料流动需求的状况，进一步明确这些参数的各自属性、输入、使能和约束，梳理这些参数在该物料供应系统之间的相互关系，设计模型（见图3-16），并将该模型与PFEP表格模型建立映射关系。

根据图3-16的模型，采集企业的相关数据，将采集到的数据输入至PFEP表格模型中，可得出相应的物料供应系统参数。

3. PFEP 动态应用

企业在具体应用PFEP工具时，需要结合自身的实际情况，对基础数据、包装器具、配送规划、仓储规划、入厂装卸等方面的参数进行定义，可以根据产品族进行分类，对每个产品族选取一个典型产品进行物料BOM参数、物料特征参数、产品生产工艺参数、物料包装参数等的调研，基于这些数据对未来的包装进行定义，从而一步步完成包装器具、配送规划、仓储规划、入厂装卸等各个步骤。图3-17是企业PFEP规划的逻辑图，包含各环节的主要参数。同时，各环节都需要考虑标准作业、信息系统以及目视化的管理。

基于PFEP规划逻辑图，可以梳理出各个环节的参数，企业在应用时，需要将各个环节的参数动态关联起来。表3-3是某制造企业制作的PFEP应用表，从工位物料出发，定义了包装、运输、供应商存储等环节的包装容器类型和单元化数量。每类物料的各级包装类型和数量都由PFEP应用表动态关联起来，并且基于各个环节的数量模数关联送货频次的时间参数。规划时可以通过PFEP应用表对各环节的空间和时间资源进行调节，并联动其他环节的参数。

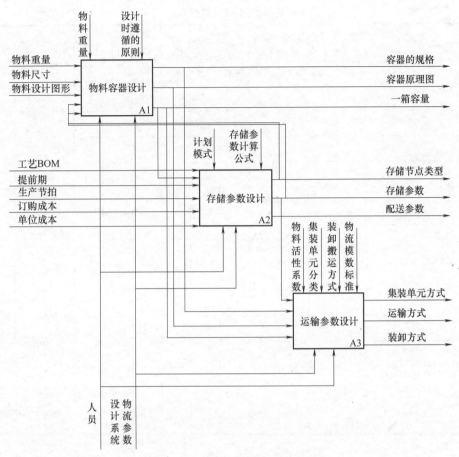

图 3-16　物料供应系统参数设计模型

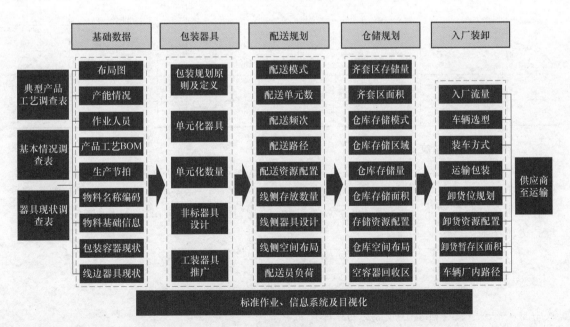

图 3-17　PFEP 规划逻辑图

表 3-3 PFEP 应用表

序号	物料编码	物料描述	BOM	物料分类	包装容器	包装编码	单元化数量	运输包装容器	运输包装编码	运输包装数量	运输包装规格	供应商	供货频次	库存周期	物流类型	容器需求量	包装单价	容器产权人
1																		
2																		
3																		
4																		
5																		
6																		
7																		
8																		
9																		
10																		
11																		
12																		
13																		
14																		
15																		
16																		
17																		
18																		
19																		
20																		

4. 存量及流量测算模型构建

生产物料存量及流量测算是指结合物料供应系统参数及需求分析，根据各类物料的库存周期、单元化装载数量、对应的 BOM 表数量、产线节拍、线体条数、生产作业时间等数据，测算出每个物料的存量及流量数据，然后对所有的物料数据进行求和，得出总体的库位需求量和进出库流量。

（1）生产物料总库位数　物料供应系统各环节总库位数的计算公式如下：

$$N = \sum_i \frac{T_i \lambda_i}{M_i}(3600/C_t) n t_1 \tag{3-1}$$

式中　N——总装物料系统所需要的总库位数；

T_i——各类物料的库存周期；

M_i——各类物料对应的单元化装载数量；

λ_i——各类物料产能占比；

C_t——产线周期作业时间，近似为线体的产出时间；

n——总装线条数；

t_1——生产作业时间。

（2）单位小时入库流量

$$Q_\text{入} = \sum_i \frac{m_i \lambda_i}{M_i}(3600/C_t)\frac{t_1}{t_2}\alpha_1 \tag{3-2}$$

式中　m_i——各类物料对应的 BOM 表数量；

t_2——供应商到货时间；

α_1——入库峰值系数；

其他同上。

（3）单位小时出库流量

$$Q_\text{出} = \sum_i \frac{m_i \lambda_i}{M_i}(3600/C_t)\alpha_2 \tag{3-3}$$

式中　α_2——出库峰值系数；

其他同上。

根据 PFEP 表中的数据和式（3-1）~式（3-3），即可计算出物料供应系统的总库位数及进出库流量。

5. 存储区面积测算模型

（1）物料存储面积计算逻辑梳理　物料存储区总面积主要包括物料存储区面积和物流作业面积。物料存储区面积为理论净需求面积乘以物料宽放系数，而理论净需求面积与货位数、货位堆叠层数和货位投影面积有关。货位数除了与货物品项数和库存策略有关外，还与物料集装单元的数量和每个货位能存放的单元容量有关。每个货位能存放的单元容量与存放模式有关，而存放模式与物料的包装单元、物料特性和物料的周转特性有关。物料集装单元的数量与生产物料存量和包装单元有关。物料存量与一段时期的生产规划产能、生产物料工艺数据（BOM）和存储周期有关。

（2）存储区面积模型构建　根据物料存储面积计算逻辑梳理的有关内容，构建存储区面积测算模型，如图 3-18 所示。

根据存储区面积测算逻辑模型，结合 PFEP 表，将上述参数变量赋值，即可计算出物料供应系统各环节物料存储区所需面积。

6. PFEP 规划资源集成表

PEFP 规划资源集成表主要包括横向和纵向集成两类。

（1）PFEP 横向集成表　PFEP 规划针对每一个物料的基础信息，通过上文提到的流量、面积、当量算法，计算供方物流、入厂物流、生产物流、成品物流每个环节资源的配置。PFEP 横向集成表定义了物料在价值链流通环节的资源配置标准。

以某家电电子器件智能工厂建设为例，该工厂有几百种原材料 SKU，以某一款安装底板为例，序号 1 列是物料编码，序号 2 列是物料描述。该物料的基础信息包含重量、是否需要检验、特殊属性、包装类型、包装载体、物料尺寸、BOM 用量等。

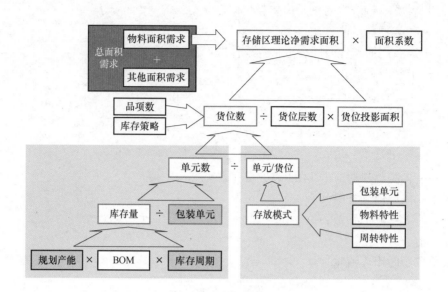

图 3-18 存储区面积测算模型

通过这些基础数据定义物料外包装数据（包装类型、堆放层数、包装尺寸大小、空包装和满包装的高度等）、采购与库存数据（最小起订量、经济运输批量、库存标准等采购与库存数据）、送货频次等。

联动计算入场物流数据，包含送货车型、装卸货（时间和方式）、暂存区域（暂存区域面积、入库方式、设备能力、入库距离、入库时间等）、入库存储（存储方式、数量、存储技术、搬运设备能力、各段入库时间等）。

然后计算生产物流数据，包含配送的工位位置、工位节拍、每小时用量、配送方式、配送技术（存在多种技术配合）、配送距离、接驳时间、配送时间、工位需要缓存数等。

如图 3-19 所示，PFEP 横向集成表以这种顺序的方式呈现，但规划时是从工位出发，逐步倒推到供应商端，对每个物料进行每个节点的详细分析，并定义各个环节的存储、配送标准，从而转换为规划的时间和空间要素。智能工厂规划需要系统性地平衡时间和空间的关系，某个节点的配送频次增加了，原则上就能带来库存的降低，时间可以"消灭"空间，但必须从全局考虑，不能"消灭"了 A 点的空间而置换到 B 点，而是要通过 PFEP 表横向拉通整个价值链，做到整体资源配置最优。

（2）PFEP 纵向集成表 基于 PFEP 横向集成表，每个物料在每个环节的资源配置标准被计算和定义，将产成品的物料对应到各个作业场景，并定义各个场景的作业标准和信息采集类型，就形成了运营的 PFEP 纵向集成表。该表是按成品下线倒推到供应商来料，将每个场景的所有物料的流量、面积、存量等资源汇总，计算出该区域的设备配置、空间配置、技术选型等。图 3-20 是某家电电子器件智能工厂纵向集成表。

PFEP 纵向集成表可以监控各个环节标准与执行、到货时间、作业人员、设备机台使用、信息采集等方面的差异，规划时需要对可能发生的差异进行应急物流规划。

横向和纵向的规划拉通后，需要将这些流程和场景固化到 IT 系统中，形成信息化需求，需要将各个环节的数据转化为设备的配置需求，形成闭环的数据逻辑关系，对产品实现追

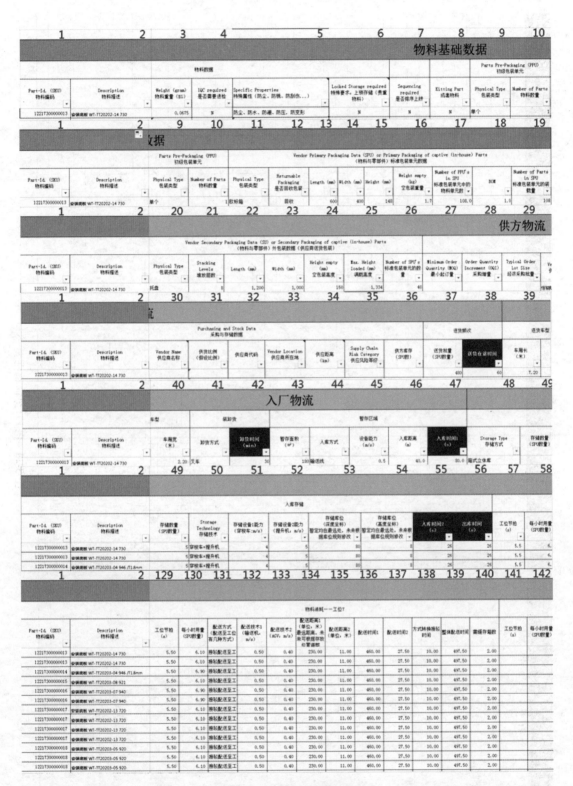

图 3-19　PFEP 横向集成表

流程模块	流程环节	物料名称	开始时间	结束时间	员工工号	员工岗位	线体/闸货口/库位	设备机台号	信号(标签)载体	载体装载数量	批量	信息采集方式	批次	作业单号(相互关联)	备注
管内件供应商到货及入库	管内件供应商到货及卸货		05月11日08:00	05月11日08:20											
	管内件暂存		05月11日08:20	05月12日08:20											
	暂存区→检验区		05月12日08:20	05月12日08:30											
	检验作业		05月12日08:30	05月14日08:20											
	检验区→暂存区		05月14日08:20	05月14日08:30											
	暂存区→分装区		05月14日08:30	05月17日10:30											
	物料分装		05月17日10:30	05月17日11:15											
	物料上楼(提升机)		05月17日11:15	05月17日11:18											
	物料入库及存储		05月17日11:18	05月17日21:20											
拣选与配送	人工拣选物料至配送小车		05月17日21:20	05月17日21:30											
	配送到工位		05月17日21:30	05月17日22:05											
组件生产	阴极组件生产		05月17日22:00	05月17日22:34											
	阴极输送线暂存		05月17日22:34	05月17日23:34											
	阴极氢炉工艺		05月17日23:34	05月18日02:34											
	阴极输送线暂存		05月18日02:34	05月18日03:34											
	阴极碳化		05月18日02:34	05月18日03:45											
	白球组装		05月18日03:45	05月18日03:51											
白球下楼	白球满箱下楼至对接区		05月18日03:51	05月18日04:57											
	人工至对接区拿料		05月18日04:53	05月18日05:00											
抽真空	白球上排气台		05月18日05:00	05月18日05:02											
	排气台抽真空		05月18日05:02	05月18日05:03											
后处理	黑球下排气台装箱		05月18日05:03	05月18日05:47											
	人工配送黑球满箱至后处理		05月18日05:47	05月18日05:48											
	黑球上后处理工位		05月18日05:48	05月18日05:50											
	后处理作业		05月18日05:50	05月18日06:10											
	黑球下后处理工位装箱		05月18日06:10	05月18日06:30											
出入立体库	真空管满箱入库		05月18日06:30	05月18日06:31											
	真空管箱进入立体库存储		05月18日06:31	05月18日06:33											
	真空管满箱出库至工位		05月18日06:33	05月22日08:00											
总装生产	喷码至组件		05月22日08:00	05月22日08:04											
	工位上料		05月22日08:00	05月22日08:10											
	总装生产		05月22日08:04	05月22日09:04											
	总装下线		05月22日08:10	05月22日09:05											
成品出入库	AGV输送成品至成品仓库		05月22日09:05	05月22日09:10											
	成品入库存储		05月22日09:10	05月23日09:10											
	成品入库		05月22日09:10	05月23日09:11											
成品配送	成品出库		05月23日09:11	05月23日09:15											
	成品自动装车		05月23日09:15	05月23日09:25											
	成品自动卸车		05月23日09:25	05月23日09:30											
	成品在微波炉暂存		05月23日09:30	05月23日10:00											
	成品配送至工位		05月23日10:00	05月23日10:02											

图3-20 PFEP纵向集成表

溯，最终实现人、机、料、法、环之间的全面互联。这些规划要素是智能工厂的根基，只有先完成这些规划，在此基础上导入先进的设备和软件，才能最终建成自反馈、自决策、自补偿的智能工厂。

3.5.4　园区物流规划

园区物流的内容主要包含园区开门、装卸货月台、园区各类车辆行驶路线（如原材料车辆、成品车辆、小汽车车辆、空容器回收车辆、跨厂房内部物流）、园区物流标识、辅助区域规划等。

1. 园区开门规划

园区开门一般分为物流门、行政门（景观门）、生活门（人流门）等。园区开门的要点如下：

1）物流门需要设置在较宽的道路上，从物流运作角度来讲，尽量不要设置在有非机动车道的路上，不要设置在有中间绿化隔离带的道路上等。行政门需要设置在主干道上并规划相应的内部景观道，生活门需要设置在靠近生活配套区域的道路上。

2）对于办公行政区域、生产物流区域、生活配套区需要开门的位置，当道路系统正好都符合规则时，可以初步定义园区开门的类型和位置；如果有冲突，则应优先保证企业运作的物流门。比如，如果只有市政主干道能够匹配企业物流量的运作，应将物流门开到主干道上，在此基础上再酌情规划行政门。

3）进行园区开门规划时，可以优先排除外力可改的要素。例如，工业区道路中间的隔离带影响物流车辆进出厂区时，一般可与政府协商去除隔离带，甚至包括拓宽道路、整改河道、新增道路等，视具体情况也可与政府协商调整。如果有确定不可改的约束，需要结合道路载荷、市政形象、生产物流的流向等要素，综合判断开门的类型和位置。

2. 装卸货月台规划

装卸货月台是连接智能工厂内部和外部物流的纽带，在运营中起到至关重要的作用。因此，如何建设高效、便捷、有序的装卸货月台，成为工厂规划时需要重点考虑的问题。装卸货月台规划需要整体考虑装卸货车辆的类型、装卸场地、道路系统、雨水情况、地质情况、包装作业方式等要素，在这些要素的基础上定义装卸货月台的数量、形式（尾端形、锯齿形、侧边形）、模式（局部下沉、道路下沉、整体抬高）等，以及是否需要配合液压调节板或者伸缩皮带机等装卸设施。

（1）装卸货月台功能区分类　在厂区装卸货月台规划过程中，需要根据工厂内外场地、车辆进出厂特点规划装卸货月台功能区，一般重点考虑停车等待区域规划和装卸月台区域规划。

1）停车等候区规划。停车等候区域即在厂区划出一块区域作为车辆的等候区域，根据装卸货月台的空闲程度，结合入厂物流计划和动态，实时通过车辆调度系统调度车辆进行装卸货作业。停车等候区的大小与车流量、车型、车位数、排队模式、场地大小、入厂物流到货计划、装卸货特点等息息相关。比如电气元器件工厂，往往来货是小件且纸箱包装良好，成品货物也是比较规整的纸箱包装。在收货或者发货时，装卸车的时间相对较短，车辆周转率高，车辆等候区域可以相应偏小。而像家居建材类生产企业，受到原材料尺寸以及成品包装、尺寸规格的多样性等影响，装卸车效率很低，往往装卸一个半挂车需要 3~4h 甚至更久。因此，在规划车辆等候区域时，要充分考虑其特点。

但值得说明的是，对入厂物流到货计划的管理及优化，以及装卸货效率的提升，可以提高停车等候区的周转率，缩减甚至取消此停车等候区。

2）装卸货区域规划。月台是车辆进行装卸货作业的场地，它是仓库运行的基本保证条件，又是仓库高效工作不可忽视的部分。月台的形式多种多样，在规划时需要结合车辆的周转情况进行有针对性的细化设计。良好的月台规划可以促使装卸工作事半功倍，反之则有可能堵得水泄不通而影响效率。

（2）装卸货月台规划方法　针对装卸货月台规划，首先需要结合相关数据，进行装卸货位数量测算。

1）装卸货位数量测算方法。一般而言，装卸货位数量测算有两种方法。方法一如图 3-21a 所示，基于 PFEP 规划方法，并结合运输车辆信息，测算装卸货位数量。此种方法在新建工厂且没有历史车辆数据可参照时应用较多。方法二如图 3-21b 所示，基于现状车流量并结合产量的提升，测算装卸货位数量。此种方法在老厂搬迁或者老厂改造的智能工厂中应用较多。

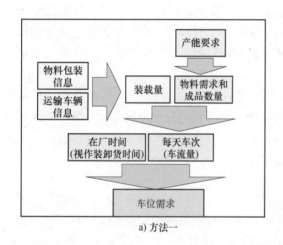
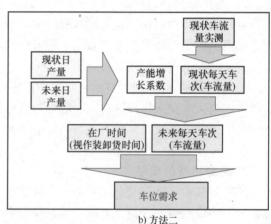

a) 方法一　　　　　　　　　　　　　　　　　b) 方法二

图 3-21　装卸车位数量测算模型

在实际情况中，两种方法在具体场景下会被差异化地选用，比如针对老厂改造或者老厂重新选址搬迁，通常会按照两种方法分别进行测算，再综合考虑。

2）车流量测算。按照方法一，首先根据成品、零部件的包装数据结合产量数据、产量峰值系数等参数计算出每天的物流量，比如成品发货 1000 托盘、零部件（可按类别）累计到货 3000 托盘等；再结合车型、车厢容积、满载率等参数，计算每天的车流量。如果想要知道每个小时的车流量，则需要使用更详细的成品发货计划和零部件到货计划的数据。

对于老厂搬迁或者老厂改造的智能工厂建设而言，基于厂区现状车流量数据，考虑工厂的产能增长，测算工厂的车流量。

3）车辆的装卸货时间测算。在车流量数据的基础上，还需要测算车辆装卸货时间数据，一般可按照动作分析法理论测算或者经验取值。车辆的装卸货时间即装卸货效率，一般与集装化运输单元（如托盘还是纸箱）、卸货平台（如月台卸货还是围板卸货）、卸货工具（如人工或叉车）等因素相关。图 3-22 为某工厂对物料的装卸货效率进行对比分析，不同的集装化运输单元、卸货平台及卸货工具，所带来的装卸货效率也有较大差别。

条件假设：单人卸货，7.2m车厢，一次运输托盘量为10托盘，共计10×25箱=250箱

不带托盘+人工码垛+液压托盘车+平台		
空托盘准备时间	8.4	s
码放货物(胸部以下)	5.2	s
码放货物(胸部—头部)	8.8	s
码放货物(头部—最高)	10.6	s
单人单件码放时间	7.0	s
码一托盘(25箱)货物时间	175.0	s
贴胶带固定	10.2	s
液压托盘车进车厢时间	5.8	s
对准、取物时间	13.2	s
搬运出车厢时间	6.0	s
宽放时间	10.0	s
卸一托盘货物时间	229.0	s
整车卸货时间	38.0	min

带托盘+液压托盘车+平台		
液压托盘车进入车厢	9.2	s
对准、取物	6.0	s
搬运出车厢时间	6.0	s
放置至卸货暂存区时间	9.0	s
宽放时间	5.0	s
卸一托盘货物时间	35.0	s
整车卸货时间	6.0	min

图 3-22　装卸货效率对比分析

4）装卸货位数量测算。有了车流量数据和装卸货时间数据，再结合仓库日有效工作时间，即可计算出需求的装卸货车位数量。图 3-23 为某工厂零部件卸货位数量。

车间	物料类别	日均到货流量（托盘）	日到货车流量	车型	卸货时长（h）	有效作业时长（h）	卸货位数量
总装	后端钣金件	8	1	厢式货车	0.5	10	1
	后端塑料件	194	8	厢式货车	0.5	10	1
	前端钣金件	8	1	厢式货车	0.5	10	1
	前端塑料件	264	11	厢式货车	0.5	10	1
	后端泡沫	181	9	厢式货车	0.5	10	1
	前端泡沫	0	0	厢式货车	0.5	10	0
	纸箱	88	4	厢式货车	1	10	1
	铜配件类	16	2	厢式货车	0.5	10	1
	电子电器件	46	3	20GP 平柜	0.5	10	0.5
	海棉类	9	1	厢式货车	0.5	10	0
	辅料	17	5	四轮车	0.17	10	0
注塑	注塑粒子	43	2	厢式货车	0.5	10	1
两器	铝箔	22	1	厢式货车	0.5	10	0
	铜管	224	6	40ft 高柜	0.67	10	0.5
合计			54				9

图 3-23　某工厂零部件卸货位数量测算

在装卸货位数量测算的基础上，需要结合车辆类型、车辆尺寸、建筑物内功能区规划，

进行装卸货月台区域大小、类型、辅助设施等规划。

1）装卸货区域大小规划。装卸货区域是指装卸货平台前端至障碍物（围墙或厂房）之间的区域。其规划主要包括长度、宽度以及装卸货平台高度。

装卸货区域长度一般要达到整车长度（L）的2倍左右，才能保证货车的通行、倒车、泊车。当装卸货区域较小时，装卸货平台可布置成锯齿形。

装卸货区域的宽度取决于装卸货位数量以及车辆的宽度。如空间宽敞，单个车位的宽度通常为4.0m，一般不小于3.5m。

装卸货（水泥）平台的高度主要取决于使用装卸货平台的货车车厢底板高度范围。常用货车车厢底板的高度为1.0～1.5m，因此装卸货平台的高度一般为1.2～1.4m。为尽可能适应各类车型装卸货，可以在月台安装液压调节板，对高度进行调节。此外，对于侧边卸货的车辆，如飞翼车卸货，可以借助叉车直接卸货，而并非一定要设置平台高度。

2）装卸货月台形式规划。根据装卸货月台布置位置划分，装卸货月台可以分为开放式装卸货月台和入墙式装卸货月台。在具体选取月台形式时，需要结合建筑空间、当地气候条件、货物对环境的要求等进行综合考虑。

开放式装卸货时，装卸货月台和货车都处于建筑物外，如图3-24所示。开放式装卸货月台受天气因素影响大，多用在气候温和地区的普通货物的仓库，通常在区域上方加盖雨棚，以保证雨天正常作业。

图3-24　开放式装卸货月台

目前，入墙式装卸货月台越来越多地被采用。这类月台设计在建筑物内，如图3-25所示，货车装卸货时停在建筑物外。入墙式装卸货月台与合适的门封或门罩配合使用，这种设计能保证装卸作业完全不受外部环境影响，适用于有空调、冷冻、洁净厂房（配合货淋门使用）、全天候作业等环境要求。

根据装卸货月台车辆停靠方式区域分，装卸货月台可以分为尾端型装卸货月台和锯齿形装卸货月台。在具体选取时，主要参考装卸货区域大小。

图 3-25　入墙式装卸货月台

大部分的月台都属于尾端型装卸货月台。这种设计占用仓库内部空间小，缺点是车辆回旋纵深较深，对外部空间要求较大。

锯齿形装卸货月台适用于货车回转空间较小的情形。采用这种布置，货车可由尾端或侧端装卸货。图 3-26 所示为某汽车工厂的锯齿形入墙式装卸货月台。

图 3-26　某汽车工厂的锯齿形入墙式装卸货月台

3. 园区物流路径规划

园区物流路径规划是指厂区内机动车辆的行驶路径规划，及其与内部人流、物流和厂房建筑之间的关系。在规划园区物流路径时，可以利用车流量分析数据来支持规划，在路径不迂回、不绕远、少交叉的基础上，尽量将车流量均衡地分配到各个物流门、各条道路上，最终物流路径规划的合理与否将影响车辆在厂内行驶的安全性和运转效率。在对厂区内部进行园区物流路径规划时，通常需要遵循以下原则：

1）人车分流。从安全的角度出发，人流和车流要从物理上分隔开，设置人员专用通道和行车道。

2）单向流。厂内道路往往不够宽阔，而运输车辆多为大型货车，加之厂内人多、车多，还存在装卸货等各种作业，环境非常复杂，所以厂内路径规划应尽量采用单向流，减少交叉。

3）避免车辆在厂区内迂回。一个工厂或工业园区内有多栋厂房，车辆可能存在多点卸货的情况，如果路径规划不合理，就会存在很多交叉和重复路线。

4）尊重不同建筑主体的物流逻辑关系。

5）园区及厂房各物流门、物流通道的物流流量均衡化。

6）逆时针。车辆转弯时，应使驾驶员的驾驶位位于内圈位置，以确保驾驶员视野良好，便于控制车辆。在右行道国家，驾驶员的驾驶位在驾驶室左部，则车辆行驶路线应设计为逆时针方向为宜。

园区物流标识规划作为目视化管理的重要内容，通过形象直观的图形将管理信息传递给工厂园区物流的参与者，容易认读和识别，可以迅速、准确地传递信息。工厂或园区物流标识通常主要包括道路交通标志和标线、装卸货车位标识、厂房楼宇定位标识及其他提示性或禁止性标识。需要充分考虑每个环节的物流状态，哪里需要引导货车路径，哪里需要警示，哪里需要对文化企业进行宣传等。厂内道路交通标线规划可参考国家标准 GB 5768—2017《道路交通标志和标线》；提示性、禁止性标识以悬挂、竖立、靠墙等方式放置，设置在厂区显要位置或门口处，起到提示、警告作用，具体设计可参考国家标准 GB 2894—2008《安全标志及其使用导则》。

4. 园区辅助区域规划

园区辅助区域的规划主要包括园区动力中心、化学品仓库、工业垃圾站、地磅等的规划。这些设施一般都具有一定的特殊性或者危险性，需要与主体建筑分离，除了要按规范采取防火防爆措施外，在其使用功能的基础上，还要尽可能远离厂区的危险源。一般需要根据地块红线的轮廓进行整体规划，在确保安全的前提下，兼顾使用需求。

（1）动力中心　随着自动化水平的不断提升，智能工厂园区对电力的需求量也不断攀升，越来越多的园区需要根据整体园区用电量合理配置动力中心。一般情况下，动力中心的位置靠近园区用电量负荷最大的区域，如注塑、钣金车间等。此外，在考虑位置时，还要兼顾市政动力接入点，以靠近动力接入点为宜。

（2）化学品仓库　工厂一般都会用到一些化学试剂，为了加强对各类化学品的安全管理，保护环境，保障园区内所有人员的生命、财产安全，在园区内一般单独配置化学品仓库。

园区内化学品仓库的规划需根据园区化学品的品种进行区分，根据不同的层级，可分为危险化学品仓库和普通化学品仓库。在进行危险化学品仓库规划时，需要按照国家标准考虑其与主体厂房的安全距离，选取物理位置时需要遵循物流路径规划原则。化学品有过磅需求的，选取物理位置时还要考虑过磅便利性。

（3）工业垃圾站　工厂生产废弃物一般包括气体、液体以及固体废弃物。针对气体、液体废弃物的处理，按照国家有关标准处理即可。在进行园区规划时，主要考虑固体废弃物的存储，即工业垃圾站。工业垃圾站通常位于园区非核心区域，因其涉及固体废弃物的回收、变卖等情况，在选取位置时需要考虑园区物流路径最优，并方便车辆过磅。

（4）地磅　也称为汽车衡，是指设置在地面上的大磅秤。它通常被用来称货车的载货吨数，是大多数工厂园区必备的主要称重设备，主要用于大宗原材料（如铜管、铝箔、板材、气体等）、工业垃圾等的称重。地磅的设置通常靠近进出物流门，同时需要兼顾地磅使用场景，整体以物流路径最优为原则。此外，因地磅的安装涉及地基基础，因此在规划时，需要结合过磅车辆对其尺寸进行定义。

3.5.5 物流自动化元素导入

在初步规划阶段，需要基于概念设计的技术原理和迭代路线，对物流自动化应用的场景进行分析和定义。智能工厂自动化的导入，不是导入单一的技术，而是各种技术应用场景的系统导入。一般来讲，生产自动化基于生产线体，对工位进行分析，不断地使用设备替代人员；而物流自动化服务于生产并串联生产工序的环节，通常包含到货、存储、搬运、分装、码垛等作业环节，每个环节都有相应的自动化设备。如何将物流自动化设备应用到具体场景，是工厂导入物流自动化的关键所在。

物流自动化导入包括以下三个步骤：

第一步，综合考虑该企业所在行业的自动化水平，建立物流自动化导入的经济性模型，以及对自动化的等级进行划分，建立物流自动化导入的分析模型。

第二步，针对需要导入物流自动化的场景进行需求指数和物流复杂度的评估，客观收集场景的相关流量、距离、人员、面积等参数数据。

第三步，针对技术的可得性和投资收益分析，选取需要导入的物流自动化场景，规划自动化元素导入方案。

1. 划分物流自动化等级

基于离散制造企业的生产特性，物流自动化可以划分为五个等级，如图 3-27 所示。

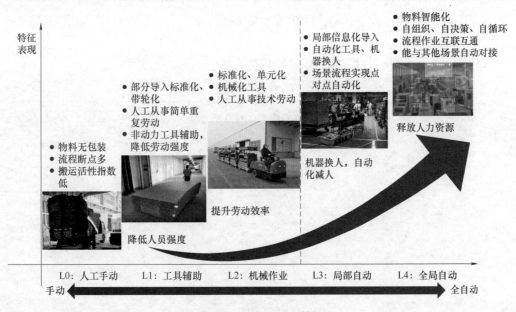

图 3-27　物流自动化等级

L0：人工手动。其特点是：物料无包装；流程断点多；物料的搬运活性指数低。例如，供应商到货的物料没有包装，散放在车里，卸货完全依靠人工手动，无法借助省力的工具，这类物料的到货环节就是 L0 的状态。

L1：工具辅助。其特点是：物料载体部分导入标准化、带轮化；人工从事简单重复劳动；非动力工具辅助，降低劳动强度，如带轮载具、手动液压车等。智能工厂内部大件物料的搬运很多是 L1 的状态，主要依靠人工通过带轮化的工具进行存储和转运，对比 L0，降低了人员的劳动强度。

L2：机械作业。其特点是：物料载体已经实现了标准化、单元化；可以使用机械化工具，如带动力的叉车，带动力的拆垛设施等。对比 L1，L2 的人工由单纯的"苦力"工作转为技能操作，提升了劳动效率。

L3：局部自动。该阶段体现为"机器换人，自动化减人"。其特点是：局部信息化导入；利用自动化工具、机器替代人员；场景流程实现点对点自动化。对比 L2，L3 的局部物流环节不需要人员进行操作，消除了对人力的依赖。

L4：全局自动。其特点是：物料智能化；能够实现自组织、自决策、自循环；流程作业互联互通；目标场景能与其他场景自动对接。对比 L3，L4 实现了全局的自动化，整个生产物流运营过程都不需要人工直接参与，人力资源完全被释放，此时人的价值更多地体现为全局自动系统的规划、实施、运营、优化与维护。

从广义上讲，L0~L2 为非自动化阶段；L3 为局部自动阶段；L4 为全局自动，即智能化阶段。从局部作业环节考虑，按照自身自动化、上下料自动化的不同水平，L3 可进一步细分为以下三个等级：

L3-1，即上下料阶段采用人工辅助，主要特点仅仅是实现了点对点的自动搬运，或孤岛式的自动存储。

L3-2，即上下料阶段有一个是人工辅助，上、下工序部分可实现自动化对接。

L3-3，即上下料都实现了自动，该环节本身实现的全面的自动化运作，但与其他工位的对接还是需要人工辅助。

根据以上定义，可以对自动化等级进行更加明确的定义，如表 3-4 所示。

表 3-4　自动化等级定义

自动化等级	上料（入库）	作业（搬运、存储）	下料（出库）	工位对接	说　　明
L0	人工	人工	人工	人工	全人工作业
L1	人工	工具	人工	人工	工具辅助
L2	人工	机械	人工	人工	机械作业
L3-1	人工辅助	自动	人工辅助	人工辅助	点对点实现"毛驴"式搬运或"孤岛"式存储
L3-2	人工辅助	自动	自动	人工辅助	上、下工序部分可实现自动化对接
	自动	自动	人工辅助	人工辅助	
L3-3	自动	自动	自动	人工辅助	大的区域可完成局部的完全自动化
L4	自动	自动	自动	自动	可对应下工序的工位自动化，整体流程完成全局自动化

2. 建立需求指数-物流复杂度模型

根据自动化等级的划分，结合企业具体应用场景中对需求和物流复杂度的评估，可以建立物流自动化导入的需求指数-物流复杂度四象限模型，如图 3-28 所示，以此评估在某个节点或场景下应该采用何种物流自动化等级。

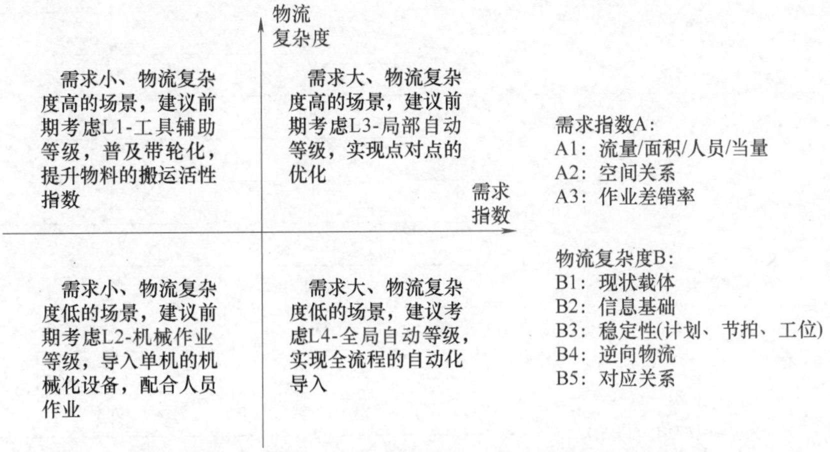

图 3-28　物流自动化导入的需求指数-物流复杂度四象限模型

需求指数：流量大、面积占用大、使用人员数量多、物流当量（强度）大、空间关系远或复杂、作业差错率高的物流场景，物流自动化的需求指数就高。可通过下列值计算需求指数：

A1：流量/面积/人员/当量；

A2：空间关系；

A3：作业差错率。

物流复杂度：可直接与自动化设备配合使用的载体、有 RIFD 读写标签、计划稳定、位置固定、节拍精准的工位、不产生逆向物流的、上下工序在同一空间内单对单匹配的场景，物流自动化的复杂度就低。可通过下列值计算物流复杂度：

B1：现状载体；

B2：信息基础；

B3：稳定性（计划、节拍、工位）；

B4：逆向物流；

B5：对应关系。

对需求指数和物流复杂度进行测算后，可以得出四象限模型中的各定义等级：

L1-工具辅助：需求小、物流复杂度高的场景；

L2-机械作业：需求小、物流复杂度低的场景；

L3-局部自动：需求大、物流复杂度高的场景；

L4-全局自动：需求大、物流复杂度低的场景。

3. 分析需求指数-物流复杂度

需求指数主要是针对作业场景的指标进行量化计算。表 3-5 是某家居制造企业的需求指数模型赋值。

表 3-5　某家居制造企业的需求指数模型赋值

参数序号	参 数 指 标	取 值 标 准	取 值
A1	装卸-车流量（车/天）	<50	1
		50~100	2
		100~150	3
		150~200	4
		>200	5
A1	配送-物流当量（次*m）	<5000	1
		5000~10000	2
		10000~50000	3
		50000~100000	4
		>100000	5
A1	存储-面积（m²） （缓冲区域取值除以10）	<2500	1
		2500~5000	2
		5000~10000	3
		10000~20000	4
		>20000	5
A1	人数（个）	场景作业人数≤1	1
		场景作业人数1~3	2
		场景作业人数3~5	3
		场景作业人数5~10	4
		场景作业人数>10	5
A2	空间关系	同建筑，同层，近距离	1
		同建筑，同层，远距离	2
		同建筑，跨层，近距离	3
		同建筑，跨层，远距离	4
		跨建筑，跨层，远距离	5
A3	作业差错率（相关SKU）	操作经常出错（>1.5%）	1
		操作频繁出错（1%~1.5%）	2
		操作间歇出错（0.5%~1%）	3
		操作偶尔出错（0.1%~0.5%）	4
		操作不会出错（<0.1%）	5

　　其中，A1指标可取多个值加权计算，A1如果是作业型物流场景，主要取车流量、人数值；如果是存储型物流场景，主要取面积数值；如果是搬运型物流场景，主要取物流当量值。不同企业的取值标准是不同的，比如A3指标，对于质量要求非常高的精密加工企业而言，最大允许作业差错率，即"操作不会出错"，可能赋值是0.01%甚至更低。

　　物流复杂度主要体现自动化实现的可能性，主要针对需要分析的场景进行描述性建模并赋值。物流复杂度指标如表3-6所示。

表 3-6　物流复杂度指标

参数序号	参数指标	取值标准	取值
B1	现状载体	可直接与输送线等设施配合使用	1
		标准箱配合托盘使用或可直接叉取或带轮化	2
		有纸箱等外包装，可以与标准托盘配合使用	3
		有纸箱等外包装，但难以与标准托盘配合使用	4
		无载体，且不利于存储、搬运	5
B2	信息基础	RFID 自动读写	1
		条码设备读取	2
		条码人工读写	3
		可视物料标签	4
		无标签内容	5
B3	稳定性（计划、节拍、工位）	计划稳定、工位固定、节拍精准或可自组织调整	1
		计划变动、工位固定、节拍精准，计划信息可反馈至仓库或无及时性要求	2
		计划稳定、工位变动或节拍粗放	3
		计划变动、工位变动或节拍粗放	4
		计划变动，工位变动、节拍粗放	5
B4	逆向物流	无逆向物流	1
		品质异常少量退货（<5%）	2
		流程需设计空容器返回	3
		品质异常批量退货（5%~20%）	4
		品质异常批量退货（>20%）	5
B5	对应关系（相关 SKU、线体排布、物理空间布局）	上下工序同层单对单匹配	1
		上下工序同层单对多匹配	2
		上下工序跨层单对单匹配	3
		上下工序跨层单对多匹配	4
		上下工序跨层多对多匹配	5

　　根据以上赋值，对工厂的所有运营场景进行评估和评分后，根据评分所处的象限，判断该场景应该投入何种等级的物流自动化设施。

4. 选取物流自动化导入场景

　　模型针对特定的企业，各项指标的重要程度不同，需要采用不同的权重赋值方法。一般的权重赋值法，可采用加法评价型、连积评价型、和数相乘评价型、加权评价型、功效系数法等，如表 3-7 所示。在离散制造业中，使用较多的是加权评价型模型，通过专家对现场的分析和讨论确定各项指标的权重；在确定指标权重后，根据得分情况选取物流自动化导入场景。

表 3-7　不同类型指标的权重赋值

类型	描述	公式
加法评价型	将评价各指标项目所得的分值加求和，按总分来表示评价结果。此方法用于指标之间关系简单的情况	$W = \sum\limits_{i=1}^{n} W_i$

（续）

类　型	描　述	公　式
连积评价型	将各指标项目的分值连乘，并按其乘积大小来体现业绩结果。这种方法灵敏度很高，被评价对象各指标之间的关系特别密切，其中一项的分数会连带影响到其他各项的总结果，即具有如果某项指标不合格，就对整体起否定作用的特点	$W = \prod_{i=1}^{n} W_i$
和数相乘评价型	评价对象的评价指标分成若干组，先计算出各组评分值之和，然后再将各组评分值连乘，所得即是总评分。这是考虑到各因素之间的关系密切程度不同和相互影响方式不同来确定的	$W = \prod_{i=1}^{m} \sum_{j=1}^{n} W_i$
加权评价型	将评价对象中的各指标项目依照评价指标的重要程度，给予不同的权重，即对各因素的重要程度区别对待	$W = \sum_{i=1}^{n} A_i W_i$
功效系数法	这是化多目标为单目标的方法，由评价者对不同的评价指标分别给予不同的功效系数，最后求得总功效系数	$d = \sqrt[n]{d_1 d_2 d_3 \cdots d_n}$

如图 3-29 所示，某制造企业根据未来物流运营的 48 个场景进行赋值分析，以初步评估确定这些场景应该采用哪种物流自动化等级。通过该模型进行分析，该企业决定优先推进需求大、物流复杂度低的成品仓储自动化，并同步导入总装下线端的成品打包、输送等自动化，由此实现产品下线后到发车前整个成品物流过程中的自动化，在此基础上进一步推动数字化、智能化的升级。而对于半成品存储和配送，需要先推行标准化载体，待达到一定的机械化程度后，可试验部分新技术的导入。原料部分由于其高复杂度，先普及带轮化及机械化，减轻作业劳动强度，对部分环节可尝试导入新技术。

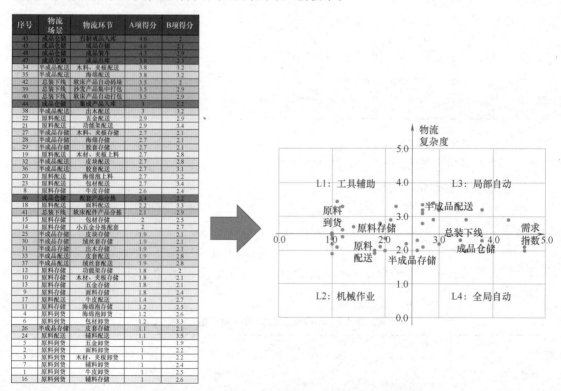

图 3-29　某家居企业未来物流自动化运营赋值分析

3.5.6　规划方案评价

方案评价与方案设计同等重要，规划人员或者企业管理者不能依据自己主观的经验和喜好确定方案，而需要借助科学的工具和模型，对多个方案的优缺点进行客观分析、呈现和综合判断。

在确定最终方案之前，一般都需要针对多个方案进行多轮方案评价。在评价过程中，先根据列举的优缺点进行初步筛选评价，然后使用综合评价方法对方案进行量化评分，选出最优的初步规划方案。图 3-30 是某家电企业智能工厂规划的初步方案评选。规划项目组依据多种导向和逻辑，排布了 12 种布局方案，由专家对其优缺点进行列举和选择，经过第一轮的评选、优化、调整后，形成 4 种方案。在更为详细的评比下，剩下的 4 个方案各有优劣，通过专家的主观判断难以评定出最优的方案，此时可以引进综合评价的方法对方案进行客观评价。

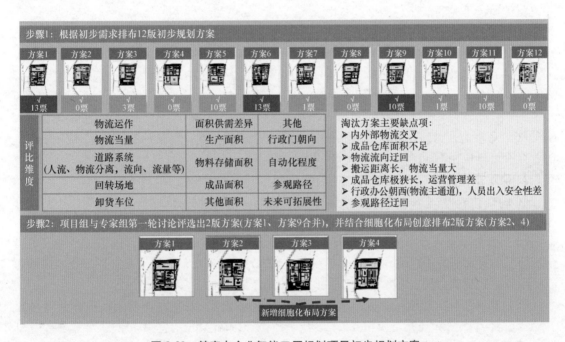

图 3-30　某家电企业智能工厂规划项目初步规划方案

综合评价方法又称为多变量综合评价方法、多指标综合评估技术。它是对一个复杂系统的多个指标信息，应用定量方法（包括数理统计方法）对数据进行加工和提炼，以求得其优劣等级的一种评价方法。采用综合评价方法一般分为三步：确定评估指标；确定指标权重；方案评分和对比。

1. 确定评估指标

进行方案评价时，一般用到的规划类指标包含：

（1）建筑经济性指标　评比方案的建筑密度、容积率、停车位等建筑参数经济性指标。

（2）建筑安全性　评比方案在规划建筑业态时，是否能够完全满足各项法规。

（3）自动化导入难易程度　评比方案在自动化元素导入规划时，是否预留了接口和实施条件。

（4）产能扩展性/迭代性　评比方案在满足规划产能的条件下，是否考虑未来新产品的扩能需求和未来产能爬坡的需求。

（5）道路系统　评比方案是否能够合理地设置道路系统。

（6）生产周期　评比方案中各环节需要设置的合理库存数量，量化计算产品在工厂中需要停留的周期。

（7）分期投入　评比方案建筑是否成模组化，是否可以根据企业的投资策略分期投入。

一般用到的运营类指标包含：

（1）物流当量　不同方案的功能区块位置不同，通过计算物流当量，综合评估方案的整体物流运作强度。

（2）能源消耗　不同方案的建筑业态（长、宽、高）等不同，在运营过程中，能够利用自然的通风采光的情况。

（3）管理资源投入　不同的方案布局，是按产品流线排布，按产品平台划分功能区域，还是按工艺特征划分功能区域造成的管理资源不同的量化对比。

（4）运作效率　整体运作路径是否流线化，是否存在逆流、交叉物流等现象。

（5）运作安全性　不同方案是否能够形成人、车、物的完全分流，整体物流量是否均衡。

（6）可参观性　评比方案形象立面与市政形象的契合度，以及参观路径是否合理和清晰，是否可以根据不同的参观者规划不同的参观路径。

2. 确定指标权重

确定评价指标后，需要根据各项指标对方案的影响程度确定指标权重。一般使用的方法有以下几种：

（1）德尔菲法（专家法）　根据专家的主观理解，对各个指标权重赋值，每个专家可以根据自己的理解选择不同的方法。此方法受专家能力影响较大，因此专家必须是业内顶级的权威专家，并且对全局方案非常了解，才适合使用德尔菲法。

（2）相邻指标比较法　将所有指标排序后构建成矩阵，对矩阵内的横纵坐标两两对比其重要性：若指标 A 比指标 B 重要，则得 3 分；若指标 A 和指标 B 相同重要，则都得 1 分；若指标 A 不如指标 B 重要，则得 0 分。两两对比，对指标所有的得分进行算数加权。图 3-31 是某企业选取 10 个评价指标后，利用相邻指标比较法确定的权重。其中，序号 2 "建筑安全性"与大部分指标对比都是得 3 分，是企业最看中的评价指标，该指标的最终权重为 21%；而序号 5 "淡旺季平衡能力"与几个指标的重要性相当，该指标的最终权重为 3%。此方法操作简单，结合主观评价和客观计算，结果一般比较契合企业的实际情况。

（3）层次分析法（Analytic Hierarchy Process，AHP）　将目标分解为多个目标或准则，进而分解为多指标（或准则、约束）的若干层次，通过定性指标模糊量化方法算出层次单排序（权数）和总排序，以作为目标（多指标）、多方案优化决策的系统方法。AHP 是对相邻指标比较法的升级，在构造判断矩阵时，AHP 使用比例标度表，如图 3-32 所示，对各指标有更加精确的对比。设置 1~9 的对比值，对各指标进行向量计算后，需要对每个指标

序号	评价类别	评价指标	评价指标										评分	权重
			1	2	3	4	5	6	7	8	9	10		
1	规划	建筑经济性指标		0	3	3	3	3	3	3	0	3	21	18%
2		建筑安全性	3		3	3	3	3	3	3	1	3	25	21%
3		自动化导入难易程度	0	0		1	3	0	1	1	0	1	7	6%
4		产能扩展性	0	0	1		3	0	1	1	0	1	7	6%
5		淡旺季平衡能力	0	0	0	0		0	1	1	0	1	3	3%
6	运营	物流运作强度	0	0	3	3	3		3	3	1	3	19	16%
7		能源消耗	0	0	1	1	1	0		1	0	1	5	4%
8		管理资源投入	0	0	1	1	1	0	1		0	1	5	4%
9		运作安全性(人车分流)	3	1	3	3	3	1	3	3		3	23	19%
10		可参观性	0	0	1	1	1	0	1	1	0		5	4%

图 3-31　某企业的相邻指标比较法结果

进行一致性检验。该方法在指标数量较少、定义清晰时，具有较高的准确性。但 AHP 在企业中应用较少，由于该方法过于理论化，向量的特征值求解需要利用 MATLAB 等数学工具计算。

因素A比因素B	量化值
同等重要	1
稍微重要	3
较强重要	5
强烈重要	7
极端重要	9
两相邻判断的中间值	2, 4, 6, 8

图 3-32　比例标度表

3. 方案评分和对比

确定指标权重后，就需要对方案进行评分，评价指标中既包含需要计算的客观数值，如建筑经济性指标、物流当量等，也包含需要对方案理解判断的指标，如自动化导入的难易程度、参观路径等。对方案进行对比权衡后，可以根据主观判断对方案评分。

如图 3-33 所示，基于计算的权重对各单项指标进行评分（单个指标满分为 10 分），加权计算后，可以得出 4 个方案在 10 个评定指标下的加权得分和排名。最终方案选择不一定是得分最高的方案。因为很多时候，最高决策者不参与方案的评分过程，规划团队需要通过这种方法尽可能客观、详尽地将评价指标进行数据化的展现，以供决策者决策参考。

序号	评价类别	评价指标	权重	得分			
				方案1	方案2	方案3	方案4
1	规划	建筑经济性指标(建筑密度、容积率、规划车位等)	18%	8	8	5	7
2		建筑安全性	21%	6	9	6	2
3		自动化导入难易程度	6%	5	2	5	5
4		产能扩展性	6%	5	1	2	3
5		淡旺季平衡能力	3%	2	2	2	2
6	运营	物流运作强度	16%	8.5	2.7	8	5.2
7		能源消耗	4%	8	8	8	2
8		管理资源投入	4%	6	0	9	3
9		运作安全性(人车分流)	19%	7.8	8.9	7.8	8.3
10		可参观性(参观路径、主形象面设计)	4%	1	5	5	6
		合计		6.74	6.17	6.26	5.04
		排名		1	3	2	4

图 3-33 各方案的权重对比

初步规划阶段，通过分析与物流规划的相关要素，结合 PFEP 规划的方法，可以设计出既符合工艺使用，又兼顾环境资源要素，也能符合建筑国家标准的规划方案。此阶段明确了园区物流布局、各厂房内功能区域布局、评估各节点自动化适用水平、预留迭代升级空间，以输出建筑要求、技术要求以及功能要求，并将这些输出要素转化为可报批的工厂规划总平面图，交付给设计院后，设计院增加建筑相关元素完成总图的报批指标，并提交给客户进行园区总平面图报批。此外，初步规划完成了生产设施布置、物流设施布置、园区物流布局，并为下一步的详细设计提供了依据。

3.6 智能工厂物流详细规划

3.6.1 详细规划的模型

在初步规划的基础上，详细规划结合初步规划方案、具体的 PFEP 方案、物流技术及参数（如搬运技术、存储技术、拣选技术等）、物流信息技术、物流运营逻辑、生产物流动线、智能制造参数、详细物流参数、关键环节聚焦、人文要求等，通过细化设计的 PFEP，对物流技术进行研究、选择、确认及应用，对物流流程进行梳理、对智能化物流场景开展研究及设计、对环境进行设计、选择信息技术并对建筑参数进行细化等，最终输出详细规划方案。以物流为主线的智能工厂详细规划模型如图 3-34 所示。

详细规划阶段输出的主要内容包括以下部分：

（1）建筑空间及平面布局方案 细化到每一平方米的每个区域（主要包括收发货区、原材料存储区、半成品区、成品区、容器具存放区、不良品区、备品备件区、叉车区等）的详细布置，如存储区存储的物料类型、存储方式、器具的摆放方式等，以及各区域之间详细的物流动线以及与线边工位的具体对接形式等。

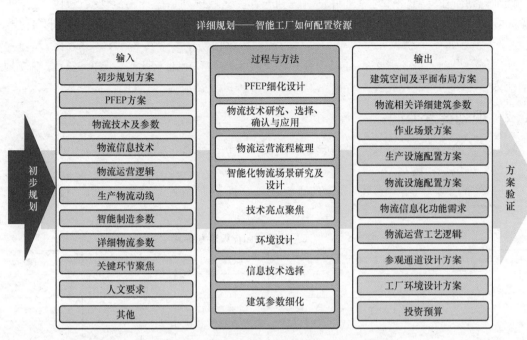

图 3-34　以物流为主线的智能工厂详细规划模型

（2）物流相关详细建筑参数　详细建筑参数主要用于支持设计院施工图设计，主要包括物流设备开孔尺寸、设备吊装口、立体仓库建筑参数（水平度、不均匀沉降、加强筋距离等）、防火卷帘/水幕尺寸的详细尺寸、电梯数量及电梯参数等。

（3）作业场景方案　基于入厂物流、生产物流、成品物流各段物流设计的运作场景，如每类物料如何到货、卸货、存储、出库、配送等。

（4）生产设施配置方案　生产环节选取的生产设施、设备类型、数量及能力要求等，与生产工艺强相关。

（5）物流设施配置方案　包括各环节选取的具体物流技术、涉及的物流设备及设施类型、数量及能力要求等。

（6）物流信息化功能需求　基于作业场景方案及运营逻辑，明确智能工厂物流系统信息化整体框架，并在此基础上提出各环节的信息化功能需求，主要包括入厂物流、仓库管理、物料配送、成品物流、容器具管理、应急物流等环节，同时明确各流程活动节点的输入、信息驱动、信息采集、输出等信息。

（7）物流运营工艺逻辑　从到货、卸货、收货、检验、存储、配送、成品入库及发运全流程的物流运作逻辑，如物料包装的基础要求、库存周期的控制、库存面积的控制、拣选及齐套提前期等。

（8）参观通道设计方案　基于企业参观需求设计参观通道方案，具体包括参考通道走向、主要参观景点等。

（9）工厂环境设计方案　包括工厂人文关怀、休息场所等在内的工厂环境设计。

（10）投资预算　基于物流设施配置方案，并参考国内主流物流设备供应商价格，进行详细的物流设施投资预算，用以进一步支撑企业决策。

详细规划阶段，需要针对零部件物流规划、物流区域规划、生产物流动线设计、线边工位空间规划、成品物流规划等方面进行详细规划设计，遵循"三个一"方针，即细化到"每一平方米、每一个物料、每一个工位"的规划，需要协同多个外部和内部的部门对每一个节点的物流设施、设备等进行详细规划并输出技术参数和标准。此阶段需要进行详细规划要素梳理、建筑参数需求定义，并进行物流设施配置以及物流流程设计。

3.6.2 规划要素梳理

规划要素梳理阶段，需要考虑建筑、制造设备、物流设备、物料/产品流转、生产/工艺过程、计划—执行—运营、人员、后勤、配套设施、物流容器具、供应商/主机厂/客户、安全/门禁、外围车辆、品质管理等要素的有效连接，将整个智能工厂的人、机、料、法、环要素全部形成连接。智能工厂物流园区的详细规划要素如表3-8所示。

表3-8 智能工厂物流园区详细规划要素

规划维度	物流	基建	制造	产品	信息
规划要素	区域详细布局	结构载荷	标准产能	产品平台研发	标准流程设计
	大物流路线	建筑轮廓	产能切换	数字孪生	失效流程设计
	物流器具配置	防火分区	工艺模组	设计标准化	对应逻辑
	存储策略	建筑柱网	工艺优化	设计模块化	顶层架构
	智能单元化	楼层层高	技术升级	可制造性研发	信息接口
	入场物流标准	工艺孔洞	线体设计	生命周期管理	信息采集方式
	物流计划	道路系统	线体定位	追溯流程	信息采集节点
	现场管理	工艺用水用气	工位布置	供应链布局	信息驱动机制
	物流配送动线	强弱电配置	标准手持	质量外移	输入输出信息
	自动化设备	暖通管道	设备配置	质量控制	信息实物对应点
	上下料对接	消防设施	工装夹具	实验装备	追溯系统
	物料管理	货场月台	人力配置	不良维修	分析决策算法
	现场管理	管网桥架	人机协作	点检路径	流程可视化
	参观路线	装修吊顶	技能训练	异常响应	工业大数据
	参观景点	能源再利用	快速换型	防错防呆	信息安全
	……	……	……	……	……

3.6.3 建筑参数需求定义

建筑参数需求定义需要在详细功能区规划完成的基础上进行。根据工艺需求（包括整体流向、设备尺寸、作业人员、物料动线等）、结合建筑方面（包括建筑、结构、消防等）的国家标准、设备安装条件（平整度、载荷、不均匀沉降）等定义建筑参数（包括建筑开孔、柱网、净高等），然后将该建筑参数需求提供给建筑设计院，可以避免建筑设计图对工艺排布的约束。

1. 功能区域详细规划

在初步规划的基础上，利用 PFEP 规划方法，对功能区域进行详细规划。场内的区域可以主要划分为生产区域（精确到每一台设备的排布）、仓储区域（精确到每一类物料的摆放）、辅助区域（精确到每一处楼梯、卫生间、茶水间等辅助设施的需求）。图 3-35 是某企业智能工厂单层的区域划分。

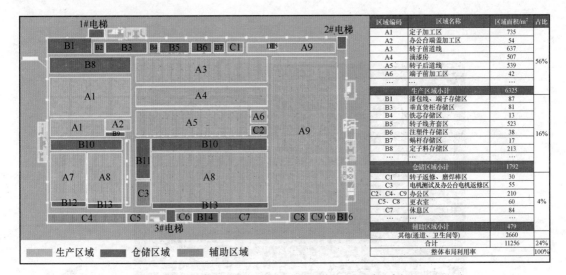

区域编码	区域名称	区域面积/m²	占比
A1	定子加工区	735	
A2	办公台端盖加工区	54	
A3	转子前道线	637	
A4	滴漆房	507	56%
A5	转子后道线	539	
A6	端子前加工区	42	
…	…	…	
生产区域小计		6325	
B1	漆包线、端子存储区	87	
B3	垂直货柜存储区	81	
B4	铁芯存储区	13	
B5	转子线齐套区	523	16%
B6	注塑件存储区	38	
B7	蜗杆存储区	17	
B8	定子料存储区	213	
…	…	…	
仓储区域小计		1792	
C1	转子返修、磨焊棒区	30	
C3	电机测试及办公电机返修区	55	
C2、C4、C9	办公区	210	4%
C5、C8	更衣室	60	
C7	休息区	84	
…	…	…	
辅助区域小计		479	
其他(通道、卫生间等)		2660	
合计		11256	24%
整体布局利用率			100%

图 3-35　某企业智能工厂单层的区域划分

2. 物流动线规划

基于详细规划的各个区域，对生产物流动线进行详细的定义，包括每一类物料的流线和空间关系都需要匹配到详细工艺流程图上。图 3-36 是某企业生产物流动线图，包含到货物流路径规划、生产物流路径规划、产成品物流路径规划和逆向物流路径规划共 4 段动线，每段动线里都对不同的物料类别进行了定义。

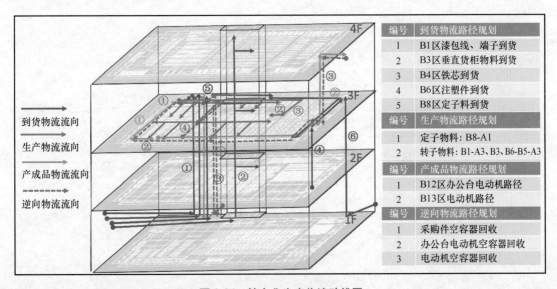

编号	到货物流路径规划
1	B1区漆包线、端子到货
2	B3区垂直货柜物料到货
3	B4区铁芯到货
4	B6区注塑件到货
5	B8区定子料到货

编号	生产物流路径规划
1	定子物料：B8-A1
2	转子物料：B1-A3、B3、B6-B5-A3

编号	产成品物流路径规划
1	B12区办公台电动机路径
2	B13区电动机路径

编号	逆向物流路径规划
1	采购件空容器回收
2	办公台电动机空容器回收
3	电动机空容器回收

图 3-36　某企业生产物流动线图

3. 建筑参数及详细内容

结合功能区域详细规划及物流动线规划，根据该层面的工艺需求配置建筑参数。图 3-37 是某企业详细工艺需求配置建筑参数参考。具体包括：①明确电梯位置、数量和开门方向；②贵重物资需要有围栏设置；③预留设备进场的吊装口；④工艺有气味的区域需要做工艺排风；⑤局部区域载荷加强；⑥特殊管道设置等。

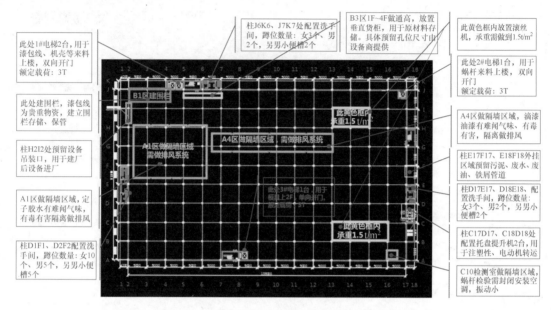

图 3-37　某企业详细工艺需求配置建筑参数参考

工厂在规划过程中，工艺需求转化为建筑参数的常见内容如表 3-9 所示。

表 3-9　工艺需求与建筑参数转化内容表

序号	建筑对接清单	需提供的参数	适 用 场 景
1	车间内独立地基区域	区域具体位置	高冲、精密仪器工模车间
2	行车区域	行车吨位、起吊高度、牛腿位置、行车方向	注塑车间、高冲车间
3	物流门清单	物流门长、宽、高	每栋厂房
4	吊顶区域	吊顶区域，吊顶高度	作业环境要求较好的车间
5	设备吊装口	区域、尺寸	2 楼以上大型设备安装
6	物流设备开孔尺寸	提升机、投料口开孔尺寸	每栋厂房
7	载荷	提供载荷要求，含局部加重	每栋厂房
8	柱网	柱网尺寸	每栋厂房
9	楼梯	楼梯位置、楼梯数量	每栋厂房
10	电梯数量、电梯参数	电梯尺寸、开门、吨位、行程	厂房内部

（续）

序号	建筑对接清单	需提供的参数	适用场景
11	连廊	连廊尺寸、区域	厂房间
12	防火分区	防火区域划分	每栋厂房
13	层高	工艺净高	每栋厂房
14	防火卷帘门区域	防火卷帘门尺寸	每栋厂房
15	自动化物流设施	水平度、不均匀沉降、加强筋距离等	立体仓库
16	卸货区域	液压调节板、凹槽坑位尺寸、叉车坡道	液压调节板装卸货时
17	雨棚	雨棚尺寸	卸货区等区域
18	生产相关设备位置	空压机房位置、气体管道	每栋厂房
19	水电气线路	工艺用水电气线路，废水、废气处理方式	每栋厂房
20	电力、暖通相关设施	配电间、空调机房位置等	特殊工艺需求
21	地坪	水磨石、水泥地板、金刚砂耐磨地坪、环氧树脂砂浆地坪等	每栋厂房
22	洁净厂房	洁净车间等级	电子等无尘车间
23	管网桥架	布置方式、高度等	车间内部
24	监控系统	强弱电走线建议、监控、网络等设施点位	车间内部
25	人员数据	各区域作业人员数量、男女比例	洗手间、疏散楼梯等配置
26	其他	基建需要完成的阁楼搭建、房间区隔等；输送线的走向等；自然排烟，排烟口等	—

3.6.4　物流设施配置

智能工厂并不是仅把一堆昂贵的设备堆放在一起，这种做法既不经济，也无法发挥设备的能力。依据智能工厂物流规划的需求，是要根据规划的价值导向，分析方案的各个场景，根据作业场景来选取合理有效的设备。智能工厂的设备都是联动的，设备的单机能力显得没有那么重要，更多的是要考虑整体的平衡性、匹配性和系统性。

在确定物流自动化场景的基础上，结合自动化设施选取的模型（图 3-38），选取最合适的物流自动化设备。

基础层：自动化设备选取的输入和分析过程，是设备选取的基础。需要结合产品的类型、尺寸、存储周期等数据，结合物理和信息的要素，最终落到载体、流体、流向这三个物流核心要素。

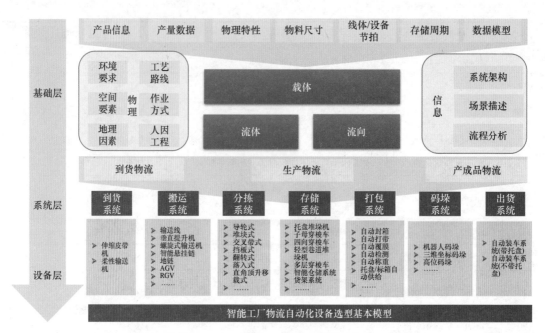

图 3-38　自动化设施选取的模型

系统层：确定具体场景的设备系统分类。一般智能工厂可以分为三段物流，即入厂物流、生产物流和成品物流，物流设备可以分为到货系统、搬运系统、分拣系统、存储系统、打包系统、码垛系统和出货系统。

设备层：确定场景需要应用的具体设备。即使在同一系统的设备中，根据基础层的信息不同，具体设备选型差异也较大；一个场景不局限于一种设备，需要细分到每个需要物流作业的物料特性。

载体是物流设备选型的基础，根据物料尺寸和自动化需求进行载体规划与选择。首先，要考虑载体的标准化，尽量选取国标的载体尺寸链和标准化的载体，如此可以充分利用社会现有资源，在设备采购和维护上都会节约大量时间和成本。其次，要考虑载体的纵向一体化和横向通用性，自动化设备去匹配较多的尺寸种类会增加系统的难度。再次，如果物料尺寸种类非常多，尺寸差距很大，不可避免地需要选择多种尺寸载体，则需要考虑载体的模组化，尽可能选取模组化的尺寸系列，比如，标准托盘是 1.2m×1.0m，可以选用两倍模组的托盘，即 2.5m×1.0m 或者 1.2m×2.1m。虽然尺寸是非标准的，但因为与标准尺寸有模组关系，在选取自动化物流设备的时候，不管是存储还是输送系统，都可以通过一套系统兼容。如图 3-39 所示，两种尺寸的托盘基于模组化的尺寸关系，可以使用一套系统进行运作，存储 1 个大托盘的货位可以存储 2 个小托盘，库内搬运系统一次可以搬运 1 个大托盘或者 1~2 个小托盘。

流向是影响动态物流设施选型的重要参数，一般包含距离、空间关系等具体指标。比如，长距离单点配送可以使用连续搬运系统，短距离多点配送可以使用离散搬运系统。

具体要选择哪种设备，以及设备参数要如何配置，要结合流体参数，一般包含物料的状态、流量、当量等具体指标。比如，在使用连续搬运设备时，需要根据物料的形态，选用皮带线或滚筒线；根据流量需求、配置输送设备的速度，选择输送设备的驱动类型和传动类型等。

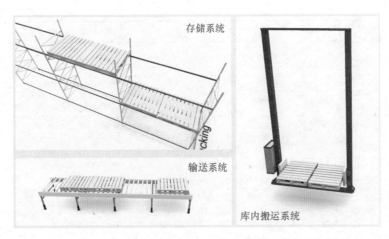

图 3-39　各系统间的物流载体关系

总而言之，物流技术的选择取决于作业场景，可以分为装卸货场景、搬运场景、存储场景、物流作业（分装、分拣、打包等）场景等。每个场景都对应一个或多个物流系统，需要考虑载体、流量、流向、作业环境、人因工程等要素，分析具体的场景应用。以搬运场景为例，如果不考虑流量、距离、空间关系等要素，不管每小时运输多少个单元，不管长距离还是短距离，不管应用环境的干扰性多复杂，都一味地采用 AGV 离散搬运形式，进行点对点搬运，可能导致 AGV 无法满足该环境下的流量需求，或者投资过大，或者因为 AGV 数量过多而导致调度系统异常复杂甚至失效等，最后可能得出的结论是 AGV 技术不行。但真的是 AGV 技术不行吗？实际上是应用时没有具体分析应用场景，导致设备选择与应用场景不匹配，即使再贵的 AGV 也无法发挥作用。

智能工厂规划项目中，一个场景不仅限于一种类型的自动化设备。比如，某家电企业，在总装配送环节一共有 9 款物料，其中 2 款物料流量占比 52%，其他 7 款物料流量占比 48%，并且 7 个工位的流量分布很不均衡。基于这种流动性及工位的具体情况，可以将流量占比 52% 的 2 个工位采用提升机+输送机的连续输送形式配送到工位；将流量占比 48% 的 7 个工位根据作业需求，采用 1 台 AGV 的离散输送形式配送到工位。不同的工位，物料流动性不同，匹配物流设施也不同，但要确保设备之间保持联动，出现问题时可互为备份，在保证配送及时性的同时，大大减少设备前期的一次性投入和后期的运营成本，达到系统最优。

根据使用需求，配置设备技术要求，主要为驱动模块的速度和加速度参数、安全装置及功能、通信的抗干扰能力以及其他辅助功能等。某项目在选取穿梭车设备时，对其技术参数要求如表 3-10 所示。

表 3-10　某项目选取穿梭车设备的技术参数要求

项目类别	技术要求
设备名称	穿梭小车
产品设计年份	／
型号	／

(续)

项 目 类 别		技 术 要 求
规格		/
型式		单货位可换层
自重/kg		/
驱动模块	行走驱动方式	矢量变频调速
	制动方式	/
	行走电动机功率/kW	/
	定位方式（X向）	激光测距
	定位精度/mm	≤±2
	空载 速度/（m/s）	≥3
	速度 加速度/（m/s²）	≥1.5
	荷载 速度/（m/min）	≥3
	速度 加速度/（m/s²）	≥1.5
安全装置及功能	故障报警功能	要求具有
	故障自诊断功能	要求具有
	穿梭车停车减速功能	要求具有
	穿梭车停车止档装置	要求具有
	提升机紧急减速功能	要求具有
	提升机紧急止档装置	要求具有
	提升机钢绳（或链条）张力检测装置	要求具有
	提升机超速防坠落系统	要求具有
	穿梭车防冲出装置	要求采用液压式
	防人员误入装置（栅栏）	要求具有
	机上控制急停装置	要求具有
	防止升降冲顶或冲底装置	要求具有
	断绳（链）、松绳检测功能	要求具有
	设置维护用爬梯或安全护笼	要求具有
	上位急停	要求具有
	用于检修和检测的通道	要求具有
	巷道端头设置急停装置	要求具有
	安全门机电联锁急停	要求具有
	各种安全距离	要求分别列出
抗干扰能力	无线电	抗干扰，说明措施
	电压波动	抗干扰，说明措施
	其他	抗干扰，说明措施

（续）

项目类别		技术要求
其他功能	货架局部变形自学习（人工调试）纠偏功能	如具备此功能应具体说明传感器配置，软件功能和检测验收方法
	货姿异常检测功能	要求具有
	速度控制	S 形
	过载保护功能	要求具有
	货位虚实探测功能	要求具有
	（取货）超限检测功能	要求具有
	其他	/
通信方式		无线
与 WMS 通信方式		以太网
与输送机联锁功能		要求具有
控制方式		拒绝使用专用电路板、单板机
操作方式		手动/本地自动/在线自动
机载人机界面		要求设置中文及英文人机界面
供电方式		防尘防溅安全滑触线，不少于五线或超级电容供电
电源规格		380/220V，三相五线制或三相四线 + 单相三线，拒绝二次变压，拒绝三相三线制 220/110V
单机噪声（高速）/dB		≤78
电动机		品牌与功率要求
主机颜色		/

在设备招标前，需要梳理出每类设备的技术参数，把设备需要实现的功能梳理清楚，部分功能可以以"负面清单"的方式呈现。比如，为了确保控制的稳定性和扩展性，表中的"控制方式"中写明"拒绝使用专用电路板、单板机"，那么采用 PLC 或者工业 PC 的控制方式都可以，不限制具体的设备实现形式。

梳理完技术参数后，还需要对设备的核心零部件品牌进行界定。物流自动化设备影响系统效率和稳定性的核心部件一般包含电动机、传感器、扫描器、高精度货叉、控制系统等，这些部件的技术含量较高，需要指定各自细分领域的优秀供应商。

3.6.5　物流流程设计

在详细规划阶段，通过对物流业务模式以及场景的归纳和梳理，将其具体化成物流流程，通过建立物流运作流程框架，并对末端流程的细化，输出物流运作场景方案，以确保物流规划可运营、落地。

1. 物流流程体系

物流运营流程体系一般可以采用链、段、块、线、点五级流程体系进行分级梳理和管理，如图 3-40 所示。

（1）一级流程　一级流程（链）按照价值链业务流程展开，是业务流程体系的主干，

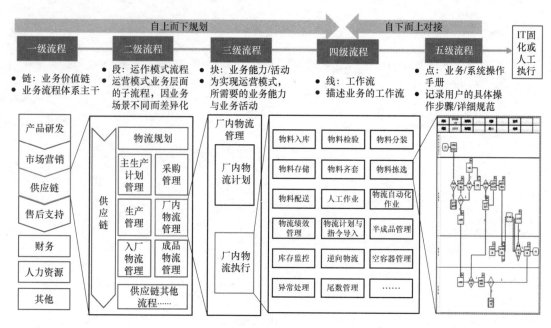

图 3-40　物流五级流程体系

包括产品研发、市场营销、供应链、售后支持、财务、人力资源等业务模块，各模块自成体系，逐级向下展开。

（2）二级流程　二级流程（段）是业务层面的运营子流程，按照业务模式和场景体现流程的差异化。物流流程一般包含在供应链的业务模块中，制造企业的物流流程是其供应链流程的主要构成，按照实物流和信息流分段。

（3）三级流程　三级流程（块）体现为实现有效运营所需要的业务能力或业务活动。比如，厂内物流管理可以分为厂内物流计划和厂内物流执行两个"块"；采购管理可以分为采购寻源、供应商管理、商务谈判、合同管理、采购执行等"块"。

（4）四级流程　四级流程（线）体现为各业务模块、节点的工作流，按照业务流程节点、业务场景、组织分工、作业单元划分等分解工作流。如图 3-40 所示，厂内物流执行可划分为数量不等的多个工作流，包含但不限于图中所列示的流程。此时需要结合企业管理的需要、企业文化、绩效要求等确定工作流划分的颗粒度和数量，避免过于简单或过于复杂。

（5）五级流程　五级流程（点）是对每一个工作流（四级流程节点）的进一步明确、规范，强调可操作、可管理、可规范、可固化等特性。比如，物料分装作业流程和分装作业指导书，需要对活动、时间、人物/组织、输入/输出、数据/文档、工具、标准等做出明确定义。

2. 物流流程设计

基于设定的作业场景，在进行物流流程设计时，需要考虑流程优化。ECRS 分析法是一种常用的流程优化工具。

取消（Eliminate）："作业要素能完成什么，完成得是否有价值？是否是必要动作或作业？为什么要完成它？""该作业取消对其他作业或动作是否有影响？"

合并（Combine）：如果工作或动作不能取消，则考虑能否与其他工作合并，或将部分动作或工作合并到其他可合并的动作或作业中。

重排（Rearrange）：对工作的顺序进行重新排列或同步化。

简化（Simplify）：工作内容和步骤的简化，也指动作的简化、能量的节省。

此外，类似的流程优化工具还有 5W1H、8D、PDCA 等。

如图 3-41 所示，利用 IE（工业工程）动作拆解的方式，记录某企业内一名物流拣选人员的工作内容。经过统计分析可知，该物流岗位的有效作业工作时间只占 36%，其他很多工作在流程设计上是可以被优化的。运用 ECRS 中的"取消"，从而使流程变得更为简化。

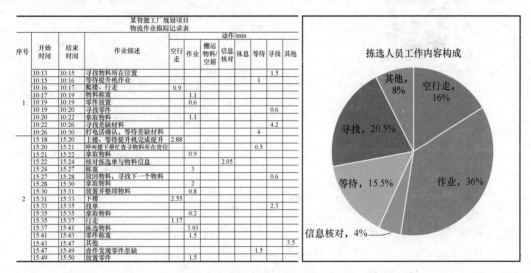

图 3-41　某物流拣选人员的工作内容分析

物流流程设计完成之后，可以通过流程工具进行绘制，常见的流程工具包括 VISIO、EPROS 等。如图 3-42 是某家电工厂托盘件整体运作流程，主要包括到货、入库、存储、出库和逆向物流五个场景。

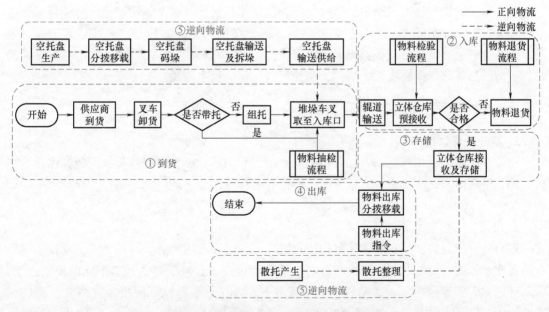

图 3-42　某家电工厂托盘件整体运作流程

如图 3-43 所示，将到货场景具化为详细物流流程，该流程主要包括供应商到货、叉车卸货、组托、堆垛车叉至入库口等活动。在详细物流流程描述中，可以对流量参数、包装参数等进行说明。此外，可以对流程中的关键点进行说明。比如，供应商到货，供应商需要按照物料包装标准到货（带托到货来料包装高度不超过 1250mm）；针对未带托物料，由人工按照包装标准码垛组托，并进行相关信息绑定等。

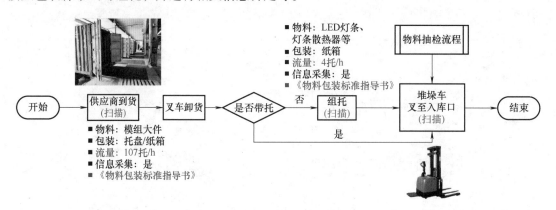

图 3-43　某家电工厂托盘件到货运作流程

详细规划对物流各区域细化到每平方米开展规划设计，并输出详细工厂布局图，以支撑下一步的方案验证，同时输出详细的投资预算，对外需要交付建筑设计院做施工图设计、物流设备商开展方案设计、软件商开展物流信息化设计等。

3.7　智能工厂物流方案验证

在详细规划的基础上，需要通过仿真技术对智能工厂物流方案进行验证，以便对方案进行优化及修正。工厂物流系统仿真是对实际物流运作场景建立一个系统模型，然后再基于这个模型做实验，在实验基础上分析系统特性，优化系统的目标参数，或者评估系统运行效率。企业可以通过计算机建模技术构建仿真模型，从而研究智能工厂物流规划中存在的问题，进而通过优化使得物流系统最优，避免运营过程中发生瓶颈。

3.7.1　物流方案验证的目的

1. 将问题具体化

物流系统是一个相对复杂、综合性强的系统，利用仿真模型可以将复杂问题具体化、将物流场景呈现清晰化，从而了解系统的可行性和可靠性，验证理论的正确性，寻找解决问题的方法。

2. 降低物流投资成本

进行物流规划后，涉及的往往是物流投资，如物流设备的购置，利用物流仿真技术可以对设备作业效率、设备的利用率进行分析，从而优化设备数量配置；针对不同的规划方案，可以通过方案的建模，在满足规划需求的条件下，寻找最小物流资源投入方案（相同物流资源投入产出最大的方案），以降低物流投资成本；此外，依靠数学模型可以解决一些常见的物流问题，如生产物料排队、缓存空间大小、出入库与库存能力评估等，从而避免人为经验过分放大系统能力带来的资源浪费。

3. 降低沟通成本

在物流规划中，一般涉及较多的物流新技术、新理念，企业管理人员或决策者对此相对陌生。规划人员与管理人员的沟通过程中，往往存在较多理解障碍。此时，利用三维动态仿真技术将规划方案进行直观呈现及表达，如直观动态地模拟堆垛机、货架系统、AGV 系统、往复式穿梭车系统、自动分拣系统等各环节的物料处理的作业流程，以及对叉车、托盘码垛机器人等设备的运动与时间的精确模拟，生成快速、流畅及专业的模型动画。模拟仿真可以帮助管理人员了解整个物流系统的运作流程，以此有效降低沟通成本、提高沟通效率。

4. 识别物流系统瓶颈

借助物流仿真技术，对从原材料到货、检验、入库、出库、成品入库、成品装车发运进行全面、综合性的分析。比如，对物流动线，尤其是物流主通道的流量进行测试，分析通道通行情况，判断其是否堵塞、是否有必要做分流，从而为方案优化提供支撑；又如，对配送方案的合理性进行验证，包括配送装载单元、配送频次、配送路径优化、缓存区大小、拣选拆包作业等设置是否合理，是否存在无法满足车间需求的情况等。通过物流仿真技术，找到系统存在的瓶颈，较为准确地评估系统运行的各项关键参数，为生产与物流系统规划提供决策与优化依据。此外，物流仿真技术中的三维动态模型对应方案的直观表达，可以帮助检查各个子系统空间位置的合理性，避免设备、通道、建筑等关键要素存在干涉。

采用仿真技术虽然可以解决规划中的某些问题，但它也并非是全能的，仍然存在一些不足。比如：

1）局部的最优化分析与求解并不能使整个物流系统的效率达到最优。例如，库存周期与响应时间就是一对矛盾的参数。

2）工厂物流系统是十分复杂的系统，涉及计划、物流、生产等多个要素，并且每个要素在实际运行过程中都可能有一定的波动，因此要对整个工厂的物流系统运用数学知识进行建模是非常困难的。

3）数学模型的求解结果是在一定的前提条件下成立的，在实际运作过程中，由于各种突发异常或者生产条件变化，会导致整个物流系统的运作发生较大的变化。

3.7.2　物流仿真分类

智能工厂的物流仿真根据其应用场景，主要分为以下三类：虚拟现实流程动画仿真、基于离散事件的物流系统数据仿真和物流系统运营仿真。针对不同的应用场景，一般选取不同的物流仿真技术。在物流规划中，主要选取虚拟现实流程动画仿真、物流离散事件数据仿真进行方案的验证。

1. 虚拟现实流程动画仿真

虚拟现实仿真技术主要展示物流系统的物理空间位置以及与生产线体等其他相关设施的相对关系、工厂物流运作场景展示等，主要用于方案规划物理空间验证、方案介绍与讨论以及对外介绍与宣传等。如图 3-44 所示，通过三维建模技术，将工厂物流规划中涉及的各个物流作业与物流自动化系统场景进行 1：1 尺寸的三维建模；在此基础上，根据物流系统运行的流程与逻辑，赋予三维模型动态的逻辑关系，从供应商到货到成品发运进行全流程动画直观展示，从而用来研究与优化物流方案，并提供立体、可视化的物流系统运作流程及逻辑。

图 3-44 虚拟现实流程动画仿真示意图

2. 基于离散事件的物流系统数据仿真

基于离散事件的物流系统数据仿真技术主要研究在多种约束条件下计算生产系统的综合产出、系统设施设备的负荷情况等，在生产系统布局优化分析、生产线平衡优化、物料配送方案优化、作业排序与生产调度、物流设备负荷等方面有较多应用。

如图 3-45 所示，基于离散事件的物流系统数据仿真是建立在对物流系统结构及流程分析的基础上的。它是通过对系统进行数学描述，也就是建立系统模型，采取合适的仿真方法，使该物流系统模拟实现的过程。通过仿真可以了解物料运输、存储的动态过程的各种统计性能，如运输设备的利用率是否合理，运输路线是否通畅，物料搬运系统的流动周期是否过长等。

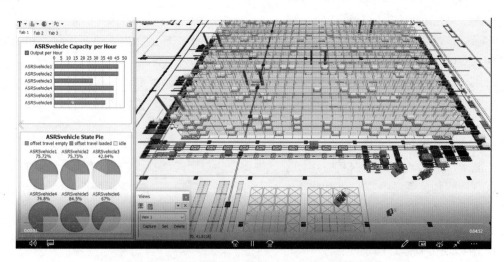

图 3-45 基于离散事件的物流系统数据仿真示意图

3. 物流系统运营仿真

物流系统运营仿真主要研究工厂运营基础数据与信息系统驱动下的生产物流系统运作分

析。例如，在新系统开发验证阶段，对信息系统设计开发的合理性验证（逻辑与算法的可行性）；又如，在工厂运营阶段，评估日常作业排产计划的合理性等。

如图 3-46 所示，物流系统运营仿真是建立在运作计划驱动下的物流系统仿真模型。它是通过对工厂生产全流程进行建模，以排程系统如 APS 的运作计划为驱动，以生产制造执行系统如 MES 的生产环境资源作为约束，并结合物流随机事件的动态调度策略来运行整个生产物流系统仿真模型，并进行分析优化的过程。通过大量的仿真实验，对规划的方案进行调整优化，使得工厂的运作效率达到最优。在运行阶段，也可以将生产物流仿真模型随时提取出来，然后针对生产运作的一些场景进行推演，精确地计算一些相关指标参数，来预测工厂的运作情况，从而为工厂的运营管理决策提供支持和依据。

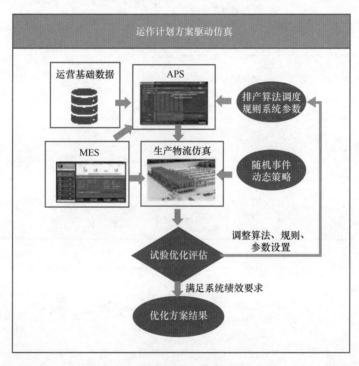

图 3-46　物流系统运营仿真示意图

3.7.3　主流物流仿真软件

国内物流仿真领域常使用的主流物流仿真软件的优势、主要应用点、应用领域等的对比分析如表 3-11 所示。

表 3-11　主流物流仿真软件对比

软　件	厂　商	优　势	主要应用点	应用领域
FlexSim	美国 FlexSim	既有丰富的分布函数，又有三维的图形显示，接口开放性好	三维图形与数据分析同时要求	汽车工业、食品、化学工业、造纸、电子、银行和财务、航空、政府、工程、运输等

（续）

软　件	厂　商	优　势	主要应用点	应用领域
Plant Simulation	德国西门子 PLM Software	丰富的函数，自带遗传算法等优化算法，良好的编程互动逻辑，开放的接口	复杂模型的优化求解，大规模定制化开发模型的应用	项目规划、物流仿真和优化制造厂、生产系统和工艺过程
DELMIA/Quest	法国达索	交互式面向对象建模环境，与机械设计软件有良好的互动	工艺参数、数控机床加工的物流仿真，可通过 Quest Express 与 MES、ERP 或生产系统连接，以 3D 动画显示，并以直方图、饼状图等方式显示统计结果	生产、物流
RaLC(乐龙)	日本人工智能株式会社	软件轻量化十分好，物流资源库模型丰富	对三维显示要求不高，要求模型尽可能小的物流仿真	物流、工业工程和制造业
ProModel	美国 ProModel	软件轻量化十分好，自定义功能强大	供应链物流、客户服务水平等方案优化	生产、物流
Arena	美国 Rockwell Automation	通用交互集成式仿真环境，图形化流程建模	主要应用于管理类物流问题的建模优化	制造业、物流及供应链、服务、医疗、军事、日常生产作业、各类资源的配置、业务过程的规划、系统性能评价、风险预测
Demo3D	英国 Emulate3D	强大的图形与动画展示能力，集成数据分析能力	对物流三维动画展示有较高要求	交通系统设计、供应链优化、仓库优化、分销需求规划的优化、事件物流与规划、库存管理、机场行李管理与安全
Factory Design Utilities	美国欧特克	强大的三维模型渲染与展示能力，与通用的绘图建模软件之间有良好的交互性	对三维模型的渲染要求较高	创建、发布、共享和管理工厂布局的 3D 内容，工厂设施布局、过程分析
Visual Components	中国美的（原属于芬兰 Visual Components）	离散物流模拟仿真，机器人离线编程	物流自动化系统仿真	离散事件模拟仿真、机器人离线编程、虚拟调试、人机协作仿真

3.7.4　物流规划方案验证案例

物流规划方案验证主要包括虚拟现实下的流程动画仿真以及基于离散事件下的物流系统数据仿真。现对其应用案例介绍如下：

1. 物流方案流程动画仿真

在某工厂物流规划中，其产品及生产模式相对复杂，对应的物流系统也需要适应不同产线（传统大线+Cell 线/柔性线），使得原材料的到货、存储、上线配送、空容器回收、成品下线、输送、码垛、存储等存在多种物流模式，物流系统场景相对复杂，如表 3-12 所示。

表 3-12　物流输送系统规划场景

编　　号	主要技术节点
A	料箱立体仓库
B	员工休息区和文化园地
C	精益道场
D	线圈盘自动化线
E	4.0 总装线
F	物料配送：输送线+提升机+AGV
G	自动束线
H	柔性线生产模式
I	点对点立体配送：EMS
J	成品输送线
K	成品码垛

借助常规的二维平面布局很难形象化地将方案呈现，尤其是在方案的沟通过程中，参与项目的人员较多，每个人对方案的理解均有不同，二维布局使得沟通成本较高。如图 3-47 所示，基于此，利用物流方案流程动画仿真，将整个系统涉及的模型按照 1∶1 搭建，展示出每个关键的物流作业场景，形象化、立体化地展示物流规划方案，使项目成员在短时间内对整个物流作业场景建立概念并熟悉运作。此种仿真方式极大地降低了沟通成本，并对方案中的关键环节进行分析以规避干涉点。

图 3-47　物流系统运作三维仿真模型

2. 物流方案数据仿真

在某工厂的物流规划中，规划了24m高的成品立体仓库，该立体仓库涉及多个环节，包括成品的入库、出库、盘点、验货等，同时各环节物流流量累加，物流流量较大。为确保系统的正常运行、规避设备瓶颈，特使用数据仿真进行验证。通过统计库区系统中输送机的输送流量数据，完成对托盘的输送能力测算，分析立体仓库系统设备在方案中的能力和效率，为成品立体仓库系统方案提供数据参考。

仿真过程中，主要包括以下步骤：

1）根据给定立体仓库区域布局，使用 FlexSim 搭建立体仓库和输送机的仿真模型。

2）根据给定的出入库流量需求，制定仿真模型的事件创建表，模拟托盘的生成和输送需求。

3）托盘入库、出库输送流程划分。

4）将托盘输送任务分发给仿真模型的存储、输送设备，模拟任务的执行。

5）记录模型中输送机在输送托盘过程中的相关数据。

6）多次重复运行，统计各方案的输送设备数据，进行结果分析。

通过实验结果统计，该立体仓库系统设备方案中，设备可以按照设计实验流量完成方案设计输送任务。存储区单台堆垛机能力能够达到要求。在流量实验中，立体仓库系统的输送能力有限，在流量增加到一定程度后，系统出现堵塞情况，可采用不同类型输送任务，使流量错峰完成，避免堵塞。该实验中堆垛机的实验仿真数据如图 3-48 所示。本案例所用仿真软件无中文版，因此图中为英文表述。

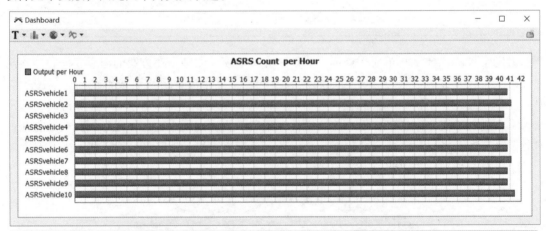

堆垛机完成入出库输送量

	Mean (90% Confidence)			Sample Standard Deviation	Min	Max
		Summary				
100%	321.87 <	322	< 322.14	0.56	321.09	323.02
105%	337.12 <	337.39	< 337.66	1.14	334.96	339.09
110%	353.7 <	354.13	< 354.56	1.81	351.04	357.26
115%	369.13 <	369.73	< 370.33	2.52	365.8	374.03
120%	384.97 <	385.75	< 386.54	3.28	380.66	391.56
125%	404.67 <	405.68	< 406.68	4.22	399.12	414.08
130%	399.13 <	400.2	< 401.27	4.5	392.66	408.91

图 3-48　堆垛机的实验仿真数据

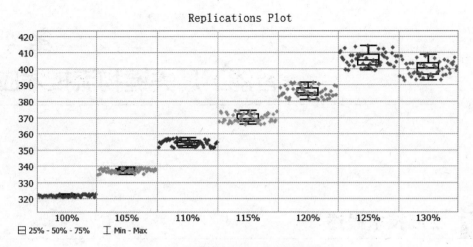

图 3-48　堆垛机的实验仿真数据（续）

参考文献

［1］深圳市安连信科技有限公司. 数字双胞胎解决方案［R］. 深圳：深圳市安连信科技有限公司，2018.

［2］周晓春. 现代仓库的装卸货平台系统［J］. 物流技术与应用，2003，8（5）：65-68.

第4章
智能工厂关键物流技术应用

4.1 物流技术概述

物流技术是指物流活动中所采用的科学理论、方法以及物流设施、物流设备装置与工艺的总称。智能工厂内的物流技术主要包括物流硬技术和物流软技术两方面。物流硬技术是指物料活动过程中涉及的各种包装单元技术、搬运技术、自动装卸货技术、存储技术、拣选技术、码垛技术等，比如货架、堆垛机、穿梭车、机器人（机械手）、AGV/AMR 等。物流软技术是指为构建高效率的物流系统而应用的物流软件、自动识别技术、多维监控及可视化技术、物流仿真技术等。

4.1.1 物流技术的发展阶段

随着科学技术的发展以及工厂对物流需求的变化，在工厂从传统工厂走向智能工厂的过程中，物流技术也随之发展。整个物流技术的发展历程大致可以分为五个阶段，如图 4-1 所示。

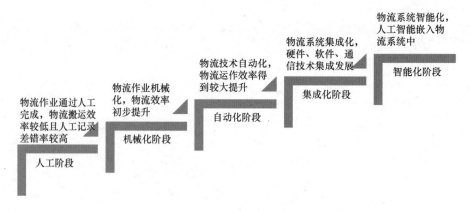

图4-1 物流技术的发展阶段

需要说明的是，尽管物流技术从其发展历程上可以分为五个阶段，但在智能工厂物流技术的规划、运用与实施过程中，需要考虑不同的运用场景，解决不同生产模式的差异，研究不同物料种类、属性及相应运用条件等因素，因此可能会同时选取不同发展阶段的物流技术。

4.1.2　物流技术的应用原则

物流技术的选取及配置，需要统一规划和科学决策，正确选择和配置合理的物流技术。在选取合理的物流技术时，不仅要考虑实际的使用场景，还要考虑投入的经济性等因素，以选取相对合理的物流技术。总的来说，配置和选择物流设施与设备应遵循技术先进性、经济合理性、运用可行性三大原则。

1. 技术先进性原则

技术先进性是指配置与选择的物流技术能反映当前科学技术的先进成果，在主要技术性能、自动化程度、结构优化、环境保护、操作条件、现代新技术的应用等方面具有技术上的先进性，并在时效性方面能满足技术发展的要求。物流技术的先进性是实现物流智能化所需要具备的基础条件。但先进性应以物流作业适用为前提，以获得最大经济效益为目的，而绝不是不顾现实条件和脱离物流作业的实际需要，片面追求技术上的先进。

2. 经济合理性原则

经济合理性原则不是指一次购置和建造费用低，而是指物流设施设备寿命周期内的整体成本低，特别是长期使用成本和维护费用低。任何先进物流技术的使用都受到经济条件的制约，低成本是衡量机械设备技术可行性的重要标志和依据之一。在多数情况下，物流技术的技术先进性与经济合理性之间可能会产生矛盾。在满足使用的前提下，应对技术先进与经济上的耗费进行全面考虑和权衡，做好成本分析，全面考查物流技术的价格和运行成本，选择整个寿命周期费用低的物流技术，以此取得良好的经济效益。

3. 运用可行性原则

物流技术的运用可行性包括系统性、适用性、可靠性、安全性、一机多用性、环保性等多个方面。

（1）系统性　系统性就是在物流技术配置、选择中用系统论的观点和方法，对物流技术运行所涉及的各个环节进行系统分析，把各个物流技术与物流系统总目标、操作人员、作业任务等有机、严密地结合起来，发挥各个环节的机能。系统性的考虑使得物流技术总体合理，能够发挥最大效能，以实现物流系统整体效益最优。

（2）适用性　适用性是指物流技术满足使用要求的能力，包括适应性和实用性。在配置和选择物流技术时，首先需要充分考虑物流作业的实际需要和发展规划相适应；其次需要符合物料的特征及物流量的需求，还要适应不同的工作条件和多种作业性能要求的灵活度。因此，物流技术的应用需要符合适用性原则，以使得物流技术功能充分发挥。

（3）可靠性　可靠性是物流技术选取的一项基本指标，是指物流技术在规定的使用时间和条件下，完成规定功能的能力。如果物流技术的可靠性不高，无法保持稳定的物流作业能力，则失去了物流技术的基本功能。同时，物流技术的可靠性与经济性密切相关。从经济上看，物流技术的可靠性高，就可以减少或避免因发生故障而造成的停机损失与维修费用的支出。但可靠性并非越高越好，因为提高物流技术的可靠性需要在物流技术的研发中投入更多的资金。因此，应全面权衡提高可靠性所需的费用开支与物流技术不可靠造成的费用损失之间的得失，从而确定最佳可靠度。

（4）安全性　安全性是指物流技术在使用过程中保证人身和货物安全的能力。它主要包括设备的自动控制性能、自动保护性能以及对错误操作的防护和警示装置等。在配置与选择物流技术时，应充分考虑物流技术的安全性，避免安全事故发生，保证物流作业顺利进行。

（5）一机多用性　一机多用是指物流技术具有多种功能，能适应多种作业的能力。配置和选择一机多用的物流技术，可以实现一机同时适应多种作业环境的连续作业，有利于减少作业环节，提高作业效率，并减少物流技术的种类。此种方式便于对物流技术的整体管理，进而充分发挥物流技术的潜能，确保以最低的投入获得最大的效益。例如，叉车同时具有装卸和搬运两种功能，因而应用领域较为广泛。

（6）环保性　物流技术的配置和选取需要具有较好的环保性，主要表现为物流技术噪声小、污染小。以噪声为例，若物流技术的噪声大，将极大影响现场的工作环境及参观效果。

4.1.3　物流技术的发展趋势

随着社会的发展以及智能工厂对物流技术提出更高的要求，物流技术发展呈现柔性化、高效化、信息化、系统化、集成化、绿色化的特点。具体表现如下：

1. 柔性化

在大部分行业中，客户对定制化产品的需求变得更加强烈。在这种背景下，未来物流技术将向柔性化方向发展。要想提高物流技术的适应性，从物流技术本身出发，在设计模块方面需要实现模块化，在功能应用方面需要实现标准化。在标准化、模块化的基础上，物流技术才能实现柔性化。

2. 高效化

智能工厂的关键物流技术将向高效化方向发展，主要表现为物流技术的运转速度、识别速度、运算速度等大大加快。在智能工厂中，客户响应时间越来越短，物流作业量不断增加，要在极短的时间内完成入库—存储—拣选—配送等任务，需要不断提高物流装备的运行速度和处理能力。

3. 信息化

物流技术将向信息化发展，RFID、大数据、云计算、云网络、区块链、AR/VR 等技术在智能工厂物流系统中将得到广泛应用。以 5G 技术为例，5G 网络以其广覆盖、低时延、高安全性、高行业赋能等特性，在智能物流领域将起到重要的推动作用。利用 5G 网络将生产设备无缝连接，并进一步打通设计、采购、仓储、物流等环节，使生产更加扁平化、定制化、智能化，从而构造一个面向未来的智能制造物流网络。

4. 系统化

只有当组成物流系统的设备成套且相互匹配时，物流系统才是最有效、最经济的。在物流技术单机自动化的基础上，利用计算机把各种物流技术组成一个集成系统，通过中央控制室的控制，与物流系统协调配合，形成不同机种的最佳匹配和组合，以取长补短，发挥最佳效用。

5. 集成化

智能工厂物流是物料流、信息流、资金流的统一，需要实现物流与信息流的高度集成。智能工厂的物流场景往往相对复杂，其物流系统中使用的也不仅是某种或某类技术，而是对多种技术的嵌入与融合，需要通过网络化、集成化的方式将技术进行串联。

6. 绿色化

智能工厂物流技术将向绿色化方向发展，主要包括可蓄能的技术设备、绿色环保材料、新能源动力等运用到集成设计方案中，如绿色存储设备、绿色分拣设备、绿色搬运设备以及绿色包装器具等。

4.2　物流技术分类

随着物流技术的蓬勃发展，各式各样的新型物流技术如雨后春笋般快速发展，在技术的选择上不能盲目追求高端、大气、上档次，而需要根据不同的场景、类型、生产模式选择合理的物流技术。对智能工厂物流技术的分类主要有三个维度，即以运用场景分类、以装载单元模式分类和以生产模式分类。

4.2.1　按运用场景分类

智能工厂物流系统一般分为三段物流，即入厂物流、生产物流和成品物流，根据每段物流的特点及具体场景，可能涉及的物流技术也各不相同。

1. 入厂物流场景

入厂物流主要包括原材料的发货、运输、卸货、收货等活动。针对智能工厂内的物流技术而言，厂内部分主要涉及卸货、收货环节。此阶段涉及的主要物流技术为智能物流搬运技术，如伸缩皮带机、无人叉车等。

2. 生产物流场景

生产物流主要包括外购件、自制件的拣选、齐套、配送及空容器回收等活动。智能工厂内的生产物流环节是整个工厂物流的核心环节，生产的顺畅与安定需要由物流拉通，生产物流的稳定与高效将带来生产的有序与高效。此阶段涉及的物流技术主要包括智能物流拣选技术、搬运技术、存储技术等。

3. 成品物流场景

成品物流包括产品下线后的打包处理、搬运、入库、存储、出库及装车发运等活动。此环节主要是确保生产的产品能够准确、高效、有序地出库与发运。本阶段涉及的物流技术主要包括智能物流打包技术、搬运技术、存储技术及成品装车技术等。

智能工厂内的物流技术选取与配置需要结合实际的场景进行合理的规划与运用，充分考虑产品的种类、尺寸、重量、特性、包装要求、存储要求、输送要求、搬运要求等因素。同时，在物流技术的选取上，需要清楚地了解每一种技术的运用要求及相应的参数，再结合相应使用场景进行合理的、灵活的应用。

4.2.2　按装载单元模式分类

结合产品包装的标准化、通用化、单元化等特点，智能工厂内的物流技术可按照输送及搬运货物单元类型进行分类，主要包括箱式类物流技术和托盘类物流技术。

箱式类物流技术即以欧标箱或邮政纸箱尺寸为基准；托盘类物流技术主要以国标、欧标、日标托盘尺寸为基准，各类物流设备或设施根据其尺寸进行设计与规划。箱式类物流技术主要包括箱式搬运、装卸、存储、拣选、打包技术等；托盘类物流技术主要包括托盘搬运、装卸、存储、拣选、打包技术等。

箱式及托盘类物流技术的运用需要结合产品的结构、特点、使用状态、尺寸以及对包装的要求等综合考虑。

4.2.3 按生产模式分类

随着市场竞争日趋激烈，企业的竞争优势逐渐从成本和质量转移到敏捷性及快速响应。在这种环境下，企业的竞争表现为如何以最快速度响应市场要求，满足不断变化的多样性需求。物流的敏捷性是制造敏捷性最重要的因素之一，企业需要通过协调自身的物流能力，以获取竞争优势。在敏捷性及快速响应的需求下，智能工厂内的生产模式不断发生变化，其相应的物流模式及物流技术也随之发生变化。

1. 规模化生产模式

在大规模、大批量制造的生产模式下，订单批量大、种类少，换产频次相对较低。物流表现为单批次存量大、流量大、物料种类相对稳定、波动小，选取的物流技术需适应大批量、低频次的存储及配送模式，主要趋向于标准化设施、连续输送、密集存储等，更加强调速度和效率。

2. 柔性化生产模式

柔性化生产模式表现为生产柔性化、小批量、定制化。此种情况下，订单批量相对较小，订单数量相对较多，换产频次高，要求物流技术能够适应小批量、高频次的存储及配送模式，物流技术主要趋向于设施定制化、离散输送、柔性存储，强调差异化和柔性化。

3. 大规模定制生产模式

大规模定制是一种集企业、客户、供应商、员工和环境于一体，在系统思想指导下，用整体优化的观点，充分利用企业已有的各种资源，在标准技术、现代设计方法、信息技术和先进制造技术的支持下，根据客户的个性化需求，以大批量生产的低成本、高质量和高效率，提供定制产品和服务的生产方式。其物流技术在集成化的前提下，需要考虑单个订单、单个物料的存储、搬运、配送、工位匹配，并结合实时的数据交互和识别技术，拉动智能单元和机器人对接技术柔性化。此外，物流技术还需要考虑按订单存储、下线装柜、按单发运等运作要求。因此，物流技术既要具备集约化、集成化、系统化的能力，又要具备数字化、智能化的能力，从而与生产设施融为一体，实现分布式制造的集成系统。

4.3 关键物流技术介绍

4.3.1 包装智能单元技术

1. 包装智能单元概述

（1）包装智能单元及单元智能化 在智能工厂的物流运作过程中，包装单元需要经过运输、搬运、装卸、存储、检验、拣选、配送、器具回收、追溯等诸多环节，各环节的流转过程要确保信息的有效和顺畅传递，因此需要包装单元具备"会说话""会听话""会指挥"的能力，以确保其在智能化运输、智能化搬运、智能化存储等物流运作中，能够代表物料与智能装卸设施、智能搬运设施、智能存储设施、智能拣选设施、工位机器人等设施设备进行对话，与相关联的设施设备进行信息交互。

基于此，包装智能单元主要是指在智能工厂中，包装单元可匹配、适应包括供应商装箱、送货、卸货、检验、存储、拣选、配送及工位对接全过程的所有工作场景，并与信息技术、视觉识别技术、工位机器人等进行有效对接，以实现其与全过程资源的智能化协同。

而包装单元智能化主要是指设计包装智能单元的过程，此过程需要进行合理化设计并遵循相关设计原则，以减少效率损失、降低智能化成本。

（2）包装单元化的使用场景分类　在智能工厂中，包装单元化随着物流智能化的要求迭代发展，根据使用场景，主要包括以下三类：

1）包装单元标准化：针对小件且通用物料的单元化包装，需要重点考虑符合人机工程学、物流包装合理化、有助于物流作业高效化等要素。比如在家电产品中通用性强的中小件物料，其特点为供应商每次到料批量大，且物料通用性强，在进行单元化包装规划时通常会考虑使用料箱（欧洲标准 D/H 箱）作为装载单元，并为每类物料制定相应的摆放规则，从而达到过目知数的目的。

2）包装单元数字化：包装单元作为信息传递的载体，通过在包装单元上加装智能感知与控制单元，实现对各工序间信息（物料信息、生产信息、品质信息、工位信息等）的采集、传递与追溯。

3）包装单元智能化：包装单元智能化更多的是强调包装单元在设计与应用时须满足与物流自动化设备对接的要求，比如在料箱的设计与选择上，与扫描设备对接时料箱四周须粘贴条码或嵌入 RFID，方便扫描设备能够快速采集信息，并向上位系统及时报告包装单元的运行状态；与穿梭车对接时，须考虑料箱的外形与凸台尺寸、加工精度、材质设计等满足穿梭车的搬运要求；与输送机对接时，须考虑底部整体平整且减少输送噪声的要求；与工位机器人对接时，须设计相应的隔衬或孔洞以方便机械手能够灵活、高效地抓取物料或产品。

2. 包装单元智能化设计的原则

包装单元智能化设计过程中，既要满足智能工厂全过程场景的要求，又要遵循包装单元基本规则。基于此，其设计过程中需要遵循与智能化匹配的原则以及一般原则，具体如下：

（1）与智能化匹配的原则

1）"会说话""会听话""会指挥"原则。包装智能单元需要"会说话""会听话""会指挥"，以表达"我是谁""我要去哪里""谁要怎么加工我"等指令，实现物料主动指挥生产。

2）物料在包装载体中的定位适合与工位机器人对接的原则。智能工厂中的包装单元应用场景拓展到线边工位，需要充分考虑物料的定位方式，以实现与工位机器人的匹配。

3）设备兼容原则。智能包装单元能够与不同的智能设施匹配、对接，以减少包装单元种类，使成本更低、运作更简单。

4）物料兼容原则。智能包装单元能够适应不同的物料种类，使物料种类变化的成本最低。

5）智能化成本合理原则。设计过程中，需要系统化地考虑智能化成本，不能为了智能化而智能化，以合理性为原则。

（2）一般原则

1）合理的包装模数。物料包装应符合尺寸链、数量链上的模数要求，依据生产节拍合理定制单元容器的存储数量。该模数应根据产品订单、产线排产规则、排产计划、物流计划等进行分析，以选择最合理的物料包装模数。

2）标准化。物料包装应符合国际物流标准或行业标准，能够为企业提供包装设计、选型、使用等方面的指引。

3）通用化。多种物料使用同一种容器，覆盖从供应商生产下线到主机厂的生产线边使用，达到存、取、运、搬一体化的效果。

4）单元化。对特定的物料必须给予特定的装载和摆放方式，以便于物料清点、交接清点、盘点清点过程中快速计量，达到过目知数的效果，从而大大节约过程中不必要的时间。

5）符合人机工程学。物流运作过程的安全、方便、合理，有助于降低物流运作的劳动强度。

6）安全的要求。有合适的强度和刚度，保护物料品质，具体包括作业人员的安全和物料质量的安全。

7）合理的成本。采用可周转、可重复使用的容器，并避免物料过度包装。

8）具备可拓展性。柔性化、模块化的设计，以适应未来不同产品、不同物料特性等的场景需求，使未来使用场景变化的成本最低。

9）环保的要求。对资源充分利用，同时尽量减少废品、废料等的产生。

3. 包装智能单元的典型应用场景

包装智能单元在智能工厂的运营中，需要参与物料流动的整个过程，包装单元智能化使物料可与各物流运作节点进行信息对接，以实现"对话"的目的，如表4-1所示。

表4-1　包装智能单元的典型应用场景

应用场景	对话目标	对话内容	对话方式
装箱及码垛	机器人	装箱标准和码垛方式	视觉识别、NFC、RFID、条码等
物料/成品装车	装车设施、运输车辆、智能装车系统等	物料相关信息、订单信息、车辆信息	视觉识别、NFC、RFID、条码等
物料/成品运输	MES/WMS/TMS 等系统	实时定位、位置信息交互	GPS 数据传递
物料/成品入厂	门禁及入厂物流系统	物料相关信息、订单信息、物料卸货区域及车位等	视觉识别、NFC、RFID、条码等
物料/成品卸货	智能卸车系统	物料相关信息、订单信息、物料卸货区域及车位等	视觉识别、NFC、RFID、条码等
检验（到货检、过程检和成品检、发运检）	智能检测系统	物料及产品检测信息	视觉识别、NFC、RFID、条码等
物料/成品入库	MES/WMS/WCS、智能输送系统等	物料相关信息，如物料数量、订单信息、货位信息等	条码、RFID 等
物料/成品存储	MES/WMS/WCS、智能存储系统等	物料相关信息，如物料数量、订单信息、库存信息等	条码、RFID 等
物料/成品拣选	MES/WMS/WCS、智能拣选系统等	物料相关信息，如物料数量、订单信息、拣选指令等	条码、RFID 等
物料配送	MES/WMS/WCS、智能配送系统等	物料相关信息，如物料数量、物料使用点、配送指令等	条码、RFID 等

（续）

应用场景	对话目标	对话内容	对话方式
物料使用	作业机器人、智能接驳设备等	物料相关信息，如物料数量、位置信息等	视觉识别、NFC、RFID、条码等
器具回收	器具管理系统	智能包装基础信息，如数量、尺寸、供应商分配等	条码、RFID 等

4.3.2　智能物流搬运技术

智能物流搬运技术根据设备的不同可分为连续搬运和离散搬运两类。连续搬运是指能连续不断地搬运货物，在工作过程中，设备不停地作业，物资可连续不断地被搬运，涉及自动导引小车（AGV）、输送机输送系统、地链输送、智能悬挂链、空中悬挂小车、垂直提升机等。连续搬运主要用于同种大批量散装或小件杂货，在装货点和卸货点固定的场所运用较多。离散搬运是指在一定时间内只能进行一次搬运过程，在工作过程中，有满和空两个阶段，是周期性、循环的工作过程，如搬运 AGV 等。离散搬运有较强的机动性，装卸地点可在较大范围内变动，主要适用于货物不固定、流量变化大的各种货物搬运。此外，在成品装货发运环节，还包括自动装车系统，主要用于成品的快速装货。

1. 自动导引小车（AGV）

自动导引小车（Automated Guided Vehicle，AGV）是一种以蓄电池作为动力源，装有非接触控制导向装置的无人驾驶自动化搬运小车，是一种自动导向的小车。它能够通过上位机控制小车并植入控制程序，最终通过计算机发布指令，并在其监控之下实现无人驾驶，自动沿着上位机规划的路径行驶，到达指定的地点，完成一系列的作业任务，然后等待下一个指令。AGV 由以下几个部分组成：车体机械结构、驱动单元、通信单元、举升单元、定位导航单元、蓄电池与充电系统。其空载运行速度可达到 100m/min，运输能力可以从几千克到几十吨，具有控制系统相对简单（与 AGV 数量和场景复杂度相关）、施工和系统构成容易等优点。

AGV 在智能工厂中有着广泛应用，比如，在一些大型的柔性生产制造系统和自动化搬运系统中用来组成高效、稳定的物流系统，或者在工厂中进行货物装卸及搬运，尤其适用于不适合工作人员进入的工作场所。此外，AGV 还是一种非常有发展空间的物流输送设备，特别是在柔性制造系统（FMS）和柔性装配系统（FAS）中应用广泛，是一种极为有效的物料运输设备。AGV 示例如图 4-2 所示。

2. 输送机输送系统

输送机输送系统适用于底部是平面的物品输送，如各类箱、包、托盘等物品，散料、小件物品或不规则的物品则需放在托盘上或周转箱内输送。输送机输送系统主要由辊筒或皮带、机架、支架、支腿、传动装置和驱动装置等部分组成。常见的输送机输送系统按照输送货物的载具，可以分为箱式输送系统与托盘输送系统。输送机输送系统具有输送量大、运转速度快、效率高、柔性相对较差、能实现多种共线分流的特点。

此外，在输送过程中，一般需要实现分流、合流功能，因此输送过程中需要配备分拣设备。常见的分拣设备主要包括以下三种形式：交叉带式、斜导轮式和顶升移载机。

图 4-2 AGV

（1）交叉带式 由主驱动带式输送机和载有小型带式输送机的台车（简称"小车"）连接在一起，当"小车"移动到所规定的分拣位置时，转动皮带，完成把货物分拣送出的任务。因为主驱动带式输送机与"小车"上的带式输送机呈交叉状，故称之为交叉带式分拣机。

（2）斜导轮式 斜导轮式分拣设备通过转动着的斜导轮，在平行排列的主窄幅皮带间隙中上升、下降时，达到分拣商品的目的。

（3）顶升移载机 顶升移载机是输送线中以垂直转运方式改变物品输送方向的设备，主要由顶升机构、移载机构、检测装置、减速机等部件组成。根据输送要求，顶升移载机有多种形式，常用的有滚筒线顶升移载机、链条式顶升移载机、平移机、带式顶升移载机等。

输送机输送系统在工厂中应用较为广泛，在原材料及半成品入库、配送以及成品下线输送等环节应用较多。比如，某家电智能工厂的成品下线环节采用了输送机输送系统，成品下线后由辊道自动输送到成品存储区进行码垛存储，过程中自动进行合流与分流的操作。通过成品辊道输送，不仅减少了成品地面物流流量和缩短了人工搬运距离，而且极大地提高了其运作效率，如图4-3所示。

图 4-3 成品辊道输送

3. 地链输送

地链是一种完全安装在地下、智能、耐用的运输系统，适合长距离、大货量、非标及重货的输送。链条由固定数量的推进链节组成，可适用于不同类型的运输车。其关键参数包括主链长度（输送距离）、弯道与弯道间的最小长度（换向点的最短距离）、弯道与弯道间的最大长度（换向点的最长距离）、推进链节间距、链条速度（输送速度要求）、最大载货尺寸与重量。地链输送具有速度稳定、运载效率高、安全性高、柔性相对较弱等特点，如图4-4所示。

图 4-4　地链系统

4. 智能悬挂链

悬挂链技术是一种三维空间闭环连续输送系统，适用于车间内部和车间之间物品的自动化输送。而智能悬挂链在此基础上，结合 RFID 等信息识别技术，通过物流信息系统的实时监控与分配，除完成输送外，还可以实现产品与物料的自动分拨与分配。其关键参数包括悬挂链线体长度（输送货物的距离）、悬挂链线体高度（货物的使用高度、车间的空间利用情况）、悬挂链输送速度（货物的输送流量要求），调速方式主要分为变频调速和无级调速。相较传统悬挂链技术，智能悬挂链技术具有可分拨、速度更快、维修简单便捷、无尘无油污、噪声小、运行环境安静和稳定等特点。

目前，智能悬挂链具有的分拨优势及其他特点，使其在智能工厂中开始得以应用。比如，某家电智能工厂采用智能悬挂链进行某注塑件外壳的输送。该塑料件外壳形状不规则、流量大，此外，该智能工厂的地面流量整体偏大，经综合评估，选用智能悬挂链技术。此智能悬挂链由一条主线构成，配合的每条生产线上有多条支线，通过吊具上的 RFID 实现自动识别、分拨，可以很好地解决搬运、配送问题，如图4-5所示。

5. 空中悬挂输送系统

空中悬挂输送系统通常包括环形轨道、平移道岔、上件工位、下件工位、维修工位、自行小车等。其中，自行小车一般由车架、驱动装置、车载控制器等组成，如图4-6所示。根据空中悬挂输送系统的功能要求设计其轨道线路，设计需包含道岔的分流、合流，上件工位、下件工位、维修工位的位置、数量，各工位点的动作要求、动作时间和自行小车的数量配置。在空中悬挂输送系统中，其控制系统处于核心地位，控制系统的优劣直接影响着整个系统的输送性能。

图 4-5　智能悬挂链

图 4-6　空中悬挂输送系统

空中悬挂输送系统是一种重要的智能化物流输送系统，在汽车装配等行业已经得到了广泛应用。近年来，随着现代企业生产车间朝着自动化、信息化、智能化方向发展，空中悬挂输送系统以其节省空间、输送灵活、工作安全可靠等优点，被越来越多地应用于车间生产物流中，市场需求呈扩大趋势。

6. 垂直提升机

垂直提升机是一种对物料进行连续垂直提升，将不同高度的物料输送到相应使用点的垂直搬运技术。它可用于箱式、托盘类等物料的搬运，主要包括连续式提升机、往复式提升机、螺旋式提升机等。其关键参数包括安装环境、最大输送高度、输送货物尺寸、升降速度、输送开口方向。垂直提升机具有占地面积小、噪声小、结构简单等特点。

垂直提升机可以充分利用垂直空间，解决物料垂直搬运的问题，因而具有广泛的应用场景，如图 4-7 所示。比如，包材泡沫的搬运是工厂的一贯痛点，其价值低但体积大，流量也相对较大。某智能工厂泡沫规划存储在二层，到货至存储环节采用了垂直提升机进行跨楼层的垂直搬运。泡沫到货后，由卸货人员投放到垂直提升机输送线上，经垂直提升后，由二层工作人员拿取并放置在周转车上进行暂存。此种方式使得泡沫卸货时间由原先的 1h 缩短到 15min，极大地提高了卸货效率；垂直搬运同时还减少了泡沫的来回搬运，节约了人力成本。

图 4-7　垂直提升机

7. 智能夹抱车装卸货系统

在此系统中，智能夹抱车通过在仓库安装定位模块、在传统夹抱车的基础上加装压力传感器与计数器、定位模块、车载显示器，并将这些模块、设备与信息系统连接，实现仓库内部所有的库位、夹抱车、禁止区域等全部利用信息系统进行集成优化管理。

其主要作业过程为：信息系统通过路径优化以及现场作业调度情况综合判断得到作业任务，并将出入库任务通过车载显示器推送给夹抱车作业人员，作业人员根据系统推送的行驶路线将夹抱车开至对应的库位，并进行取放货作业，系统通过传感器自动感知取放货的情况。通过此系统的应用可以合理分配仓库夹抱车的作业负荷，并且通过优化作业路线提高整个仓储系统的作业效率。此外，通过车载显示系统可以降低夹抱车作业人员找货的难度。

智能夹抱车装卸货系统的主要参数包含货物夹抱要求（货物的包装状况、夹抱面的受力状况）、有效夹抱范围（货物尺寸）、最大起升高度（货物的移动高度）、夹具载荷（货物重量）。

8. 自动装车系统

自动装车系统是由自动备货系统、自动装车系统、属具自动回收系统及其控制系统和物流信息系统构成的自动化系统。它主要适用于集装箱车辆装车，可以完成装车货物备货、集装箱车辆到货后自动装车，最后进行空载具的自动回收并开始下一轮的自动备货等动作。自动装车系统具有节省人力和相关成本、提高月台利用率、提高车辆使用率、降低货物和设备损耗率等特点。

自动装车系统如图 4-8 所示。整个系统的作业流程包括：通过物流信息系统对出货的货物顺序以及装车顺序进行优化排列，下发给整个控制系统，整托货物在①经过算法排序后进入自动备货系统，通过拆垛机器人将整托货物拆垛同时码放于②处的属具上，直至码放完成一车为止；待③处的车辆到达后，由自动输送系统将属具上的整车货物推送至车厢内；接着通过装置④配合输送系统将属具从车内移出，通过属具输送系统将属具移送至⑤处，整个系统完成一次装车。

图 4-8　自动装车系统

自动装车系统的主要参数包含车型参数（车厢尺寸决定装载货物量的大小以及货物的装载顺序）、装车顺序（根据货物订单的卸车顺序、货物尺寸、空间利用率等因素综合计算出装车顺序）、装车效率（整个系统单位时间内可完成货物装载的体积数）、码垛速度、最大臂展半径、重复定位精度、适应温度、控制硬件、桁架移动速度等。

随着智能工厂生产效率的不断提高，生产完成的成品如何及时快速地发运成为多数制造企业面临的难题。在厂内的成品装车空间已经无法扩展的情况下，只有通过减少车辆在厂时间，充分利用现有的装货空间，提高效率以时间换空间，此时自动装车系统很好地解决了此问题。仓库根据装车计划拣选货物并备货至备货区，当车辆快到达装货平台时，自动装车系统开始备货将货物码放至装车属具上，此时只需要 30min 即可将整个集装箱的货物装完。在装本车的同时，备货系统还可以准备下辆车的货物。

4.3.3　智能物流存储技术

智能物流存储技术需要满足存储灵活与安全、快速识别和定位库存中的物料等要求，使得库存数据精准、信息实时更新及可视化。智能物流存储技术主要包括堆垛机立体仓库系统、多层穿梭车系统、KIVA 系统、货柜存储系统、立体单元存储以及其他存储技术，如机器人配套环形货架、Autostore、无货架式垂直立体仓库等。在实际应用过程中，需要根据货物的特点、存储要求、应用场景，选取不同的存储技术。

1. 堆垛机立体仓库系统

堆垛机立体仓库系统主要是由高层立体货架、堆垛机、输送系统、信息识别系统、计算机控制系统、通信系统、监控系统、管理系统等组成的自动化系统，如图 4-9 所示。堆垛机立体仓库系统充分利用存储空间，通过计算机可实现设备的联机控制，以先进先出的原则，迅速准确地处理物品，合理地进行库存管理及数据处理，同时还可持续地检查过期产品或查找库存产品，防止不良库存，提高管理水平。随着土地成本的增加和空间利用率的制约，堆垛机立体仓库系统以其自动化程度高、存储率高、占地面积小、空间利用率高的特点，在工厂中得到了越来越广泛的应用。

堆垛机作为整个立体仓库的核心设备，可通过手动操作、半自动操作和全自动操作实现货物的搬运。堆垛机由叉车、桥式堆垛机演变而来，主要用途是在高层货架的巷道内来回穿梭，

图 4-9　堆垛机立体仓库系统

将位于巷道口的货物存入货格，或者取出货格内的货物运送到巷道口。堆垛机是一种在仓储场所中集存取、运送、堆垛于一体的专用起重机。堆垛机按照不同维度的分类如表 4-2 所示。

表 4-2　堆垛机按照不同维度的分类

分　类	类　型	特　点	用　途
按结构分类	单立柱型巷道堆垛机	1. 机架结构是由 1 根立柱、上横梁和下横梁组成的 1 个框架 2. 结构刚度比双立柱差	一般适用于起重量在 2t 以下、起升高度在 16m 以下的仓库
	双立柱型巷道堆垛机	1. 机架结构是由 2 根立柱、上横梁和下横梁组成的 1 个矩形框架 2. 结构刚度比较好 3. 重量比单立柱大	1. 适用于各种起升高度的仓库 2. 一般起重量可达 5t，必要时还可以更大，可用于高速运行
按支撑方式分类	地面支承型巷道堆垛机	1. 支承在地面铺设的轨道上，用下部的车轮支承和驱动 2. 上部导轮用来防止堆垛机倾倒 3. 机械装置集中布置在下横梁，易保养和维修	1. 适用于各种高度的立体仓库 2. 适用于起重量较大的仓库 3. 应用广泛
	悬挂型巷道堆垛机	1. 在悬挂于仓库屋架下弦装设的轨道下翼沿上运行 2. 在货架下部两侧铺设下部导轨，防止堆垛机摆动	1. 适用于起重量和起升高度较小的小型立体仓库 2. 使用较少 3. 便于转巷道
	货架支承型巷道堆垛机	1. 支承在货架顶部铺设的轨道上 2. 在货架下部两侧铺设下部导轨，防止堆垛机摆动 3. 货架应具有较大的强度和刚度	1. 适用于起重量和起升高度较小的小型立体仓库 2. 使用较少

（续）

分　类	类　型	特　点	用　途
按用途分类	单元型巷道堆垛机	1. 以托盘式单元或箱式单元进行出入库 2. 自动控制时，堆垛机上无驾驶员	1. 适用于各种控制方式，应用最广 2. 可用于"货到人"式拣选作业
	拣选型巷道堆垛机	1. 在堆垛机上的操作人员从货架内的托盘单元或货物单元中取少量货物，进行出库作业 2. 堆垛机上装有驾驶室	1. 一般为手动或半自动控制 2. 用于"人到货"式拣选作业

2. 多层穿梭车系统

多层穿梭车系统主要是由立体货架、穿梭车、提升机、输送系统、信息识别系统、计算机控制系统、通信系统、监控系统、管理系统等组成的自动化系统。根据搬运货物的尺寸不同，多层穿梭车系统主要可以分为托盘式穿梭车系统及箱式穿梭车系统。

穿梭车是整个系统的核心设备，它是物流系统中一种执行往复输送任务的小车，基本功能是在物流系统中（平面内）通过轨道上的往复运动完成货物单元（主要是托盘和箱子）的输送。相较提升机的垂直输送、AGV 无轨道的水平运动、堆垛机的三维输送，穿梭车以有轨道、平面内运动为主。主要的穿梭车形式有两向穿梭车、四向穿梭车、子母车。其中，普通的两向穿梭车只能完成往复运动，有的两向穿梭车也可以依靠提升机完成换层；四向穿梭车可以完成平面内 x 方向和 y 方向的运动，换层则通过提升机完成；还有一种子母车，母车完成巷道内 x 方向的运动，子车可以完成 y 方向的运动。

（1）托盘式穿梭车系统　托盘式穿梭车系统主要用于密集存储，如图 4-10 所示。其收货系统主要包括输送机、提升机；存储系统则包括货架、穿梭车、提升机等；发货系统包括输送机、拣选系统等。根据穿梭车的具体形式，托盘式穿梭车系统包括穿梭板系统、子母穿梭车系统、四向穿梭车系统等。对托盘式穿梭车系统来说，与传统的堆垛机立体仓库相比，其存储密度一般可以提高 30%~50% 不等。此外，其最大的优势表现为四向穿梭车不受空间形状的限制，几乎可以在任意的空间中布置，相较而言，托盘堆垛机运行时则相对刚性。此类密集存储技术一般在存储品项低、存量需求大、流量需求不高的物流场景中广泛应用。

图 4-10　托盘式穿梭车系统

（2）箱式穿梭车系统　箱式穿梭车系统采用立体料箱式货架，实现货物在仓库内立体空间的存储，如图4-11所示。入库前，货物通过货架巷道前端的提升机将料箱送至某一层，然后由该层内的穿梭小车将货物存放至指定的货格内；当货物出库时，通过穿梭车与提升机的配合实现完成。该系统的核心在于通过货位分配优化算法和小车调度算法的设计，均衡各巷道之间以及单个巷道内各层之间的任务量，提高设备间的并行工作时间，发挥设备的最大工作效率。箱式穿梭车系统适用于多种应用场景，与传统的存储方式比较，穿梭车系统存储效率更高，拣选更为准确，对人的需求也大幅度降低。在智能工厂中，越来越多的小件物料采用箱式穿梭车系统进行物料的存储、拣选、配送一体化，极大地提升了物流运作效率。

图4-11　箱式穿梭车系统

3. KIVA系统

KIVA系统由多个举升搬运货架单元的机器小车组成，如图4-12所示。货物开箱后放置在货架单元上，通过货架单元底部的条码将货物与货架单元信息绑定，仓库地面布置条码网格，机器小车应用两台摄像机分别读取地面条码和货架单元底部的条码，在编码器、加速计和陀螺仪等传感器的配合下完成货物搬运导航。此外，机器小车不支持移动与转向同步，转向时需要固定在原地进行。在智能工厂中，KIVA系统对于存量需求小、体积小、拆零拣选、柔性存储的物料有较为广泛的应用场景。

图4-12　KIVA系统

4. 货柜存储系统

货柜存储系统主要包括水平旋转式货柜和垂直式货柜系统。

（1）水平旋转式货柜　水平旋转货柜通过让货架如同"旋转木马"一样旋转至进出库口，货柜运行时自动进行路径优化和寻找最佳存储位置，真正实现"货到人"和智能化管理，如图 4-13a 所示。水平旋转式货柜能充分利用有限的空间，提高物流效率。

（2）垂直式货柜　垂直式货柜的工作原理与水平旋转式货柜的工作原理类似，通过货架的移动实现货物的进出库。不同的是，垂直式货柜通过货架层的垂直旋转或升降完成作业，充分利用了仓库空间的高度，如图 4-13b 所示。此外，货柜可以做成相对封闭的环境，对于有恒温恒湿存储要求的物料，如电子盘料、焊材等较为适用。

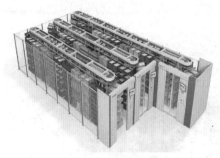

a) 水平旋转式货柜　　　　　　　　　　b) 垂直式货柜

图 4-13　货柜存储系统

5. 立体单元系统

KIVA 系统中的 AGV 实现地面搬运，多层穿梭车系统中的穿梭车实现货架轨道上的搬运，引用细胞（Cell）技术构建的立体单元系统则是以上两者技术的融合，如图 4-14 所示。当在货架或提升机上时，立体（细胞）单元小车按照传统多层穿梭车的工作方式在轨道上运动；当离开货架到达地面时，可以切换至 AGV 的工作方式在地面运行。在地面上的导航方式不同于 KIVA 系统，采用的是基于无线传感网测距、激光测距仪测量和推测航行法的传感器融合技术。无线传感网实现信息通信以及全局定位，而激光测距仪测量和推测航行法实现位置跟踪和定位精度校正，相比 KIVA 地面标签配合惯性导航的方式更加灵活。该系统将立体货架存储空间与地面平面存储空间无缝连接在一起，代表了可扩展、高柔性化的小车群体技术的未来发展方向。因其建设周期短、灵活性高、扩展性强，在智能工厂的线边库有较好的应用场景。

图 4-14　立体单元系统

6. 其他存储技术

其他存储技术主要包括机器人配套环形货架、Autostore、无货架式垂直立体仓库等。

（1）机器人配套环形货架　机器人配套环形货架由工业机器人搭配环形货架和输送线组成，如图 4-15a 所示。机器人根据控制系统的指令，夹取指定的货物完成进出库作业，在智能工厂的工序间暂存库及线边库有较好的应用。

（2）Autostore　Autostore 是一套高密度的自动化料箱存储系统，料箱存放于立式货架内，从地面垂直向上堆叠，所有的存取动作都由货架顶端的多台机器人完成，如图 4-15b 所示。机器人配备了提升装置，可以向下抓取料箱，而货架既用于料箱存储，同时又是机器人运行的轨道。此智能物流存储技术存储密度大、空间利用高，但目前而言成本也相对较高，需要综合平衡使用。

（3）无货架式垂直立体仓库　无货架式垂直立体仓库是一个不用货架，将料箱直接从地面向上堆叠的仓储系统，如图 4-15c 所示。存储区上方安装了高架龙门架，可以装载多个抓取机械手，机械手可以对存储区内的料箱进行操作。当然，此种系统需要上下料箱之前可以嵌套，以节约空间并保证其稳定性。

  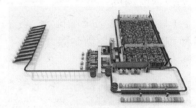

a) 机器人配套环形货架　　　　　b) Autostore　　　　　c) 无货架式垂直立体仓库

图 4-15　其他存储技术

4.3.4　智能物流拣选技术

拣选作业是指根据拣选作业清单，将需求货物按照型号和数量进行拣选，并放在指定容器或位置中。拣选方式多种多样，一般包括传统拣选方式以及现在通用的拣选方式；而根据拣选过程借助的不同工具，拣选技术又分为手持移动终端拣选、语音拣选、灯光拣选、AR视觉拣选、AS/RS 拣选、类 KIVA 机器人拣选等。

1. 传统拣选方式

（1）传统"人到货"分拣方法　分拣对象不动，通过分拣人员或者相应设备移动到分拣对象位置来拣取货物。这种分拣方法的作业系统构成简单、柔性高，但劳动强度高、补货不方便。

（2）分布式"人到货"分拣方法　与传统"人到货"分拣方法不同，分布式"人到货"分拣方法中，分货作业区被输送机分开，拣出的货物可以直接由分拣人员放至输送机上，自动输送至集货点。这种分拣方法的劳动程度相对较低、拣货效率相对较高，但柔性较差、补货不方便。

（3）"货到人"分拣方法　分拣人员不动，分拣对象"移动"到分拣人员面前，供不同的分拣人员拣取，拣出的货物集中在集货点的容器中。这种分拣方法分拣效率高、工作面积紧凑、补货容易，但其分拣周期较长、柔性较差。

（4）闭环"货到人"拣货方法　物料容器放在固定位置，输送机将分拣单元送到拣选区，分拣人员根据拣货单拣取货架中的货物，放到载货容器中，然后移动分拣单元，再由其他分拣人员拣选，最后通过另一条输送机将拣空后的分拣单元送回。这种分拣方法拣货路线短、拣选效率高、系统柔性好，但作业时间长、出货和返回处理复杂。

2. 现在通用的拣选方式

（1）拣选式　拣选式又叫摘果式，其拣选作业由分拣人员或分拣工具巡回于各个存储点，将单一订单所需的全部物料取出，完成配货任务。拣选式配货可采用单一分拣法，准确程度较高、机动灵活。

（2）分货式　分货式又叫播种式，首先对同一批次的订单合单，将同一批次不同订单共同需求的同一货物的数量进行累计，如此类推，将完成该批量订单所需的所有货物汇总统计，随后由分拣人员或分拣工具从存储点取出该品种货物所需的总数量，送到拣选位，分拣人员按顺序将同一货物按订单需求量放在各订单的货位上，随后再分拣出下一种共同需求的货物，如此反复进行，直至将该批次订单需求的全部货物取出并分放完毕。

3. 主要物流拣选技术

根据借助的不同工具，主要物流拣选技术包括以下六种：

（1）手持移动终端拣选　手持移动终端拣选是目前最常见的拣选方式之一，即分拣人员使用手持设备扫描条码获取信息，完成拣选作业。该技术需有无线网络覆盖整个拣选作业区。拣货位商品可以是一位一品，也可以是一位多品。此种技术拣选准确性较高、造价和维护成本较低、灵活性强，但通常需要分拣人员熟悉货物位置，以便于快速拣选。

（2）语音拣选　目前语音拣选技术已非常成熟，近年来应用广泛。语音拣选系统将WMS的指令转化为语音播报给分拣人员，分拣人员根据语音指令到达相应的货位，拣取货品，并通过口头语音应答来确认拣选作业的完成。其最大的优点是利用耳机等可穿戴设备，解放了分拣人员的双手，适合大件商品拣选、冷库环境拣选等。

（3）灯光拣选　灯光拣选是一种基于SKU管理的拣选技术，市面上常见的灯光拣选大多结合电子标签使用。在每个货位安装提示灯，指示分拣人员到达哪个货位、拣选什么货品、数量是多少。灯光拣选适用于小型商品拣选，拣货位固定一位一品。其优势是效率和准确率高、不依赖员工的熟练程度，但布局建设完成后不易更改。

（4）AR视觉拣选　AR技术已经开始应用于仓储作业。员工佩戴AR眼镜，由眼镜的导航功能导航至拣选货位。所有的作业信息全部投影在AR眼镜上。AR视觉拣选与语音拣货一样，解放了分拣人员的双手，同时又具备条码复核能力，保障拣选质量与库存数据同步。但AR视觉拣选目前在国内智能工厂中还鲜有应用案例。

（5）AS/RS拣选　AS/RS（自动化立体仓库）拣选是借助WMS和WCS（仓库控制系统）技术，通过堆垛机、穿梭车从高位货架按订单需求拣选。这种方式更节省人力，且高效、精准，但初期的基建成本、设备成本投入大，建成后不易更改，且对货物的包装、货品的品类有一定限制。

（6）类KIVA机器人拣选　使用类KIVA机器人拣货，机器人在接到拣货指令后，找到指定的货架，并将该货架运送到指定的拣选台。这是典型的货到人拣选方式。

目前智能拣选技术的种类较多，在实际应用时需要根据智能工厂物流环节的特点及实际需求选取合适的拣选方法。选取拣选方法时，可以从以下几个维度综合考虑：

1）作业流程：需要拣选物料的来源、去处、是否暂存、暂存时间等。

2）货物/物料特性：物料的包装尺寸、重量、存储与输送要求。

3）SKU 数量：物料的库存保有单位（SKU），即物料的种类多少。

4）拣选批量：单次拣选物料的品类和数量。

5）拣选频次：在单位时间内拣选物料的次数。

拣选技术在智能工厂中的应用相对广泛。比如，装配工艺环节一般需要用到螺钉、螺栓类的标准小件，这些物料品项多、拣选频次高，传统存储方式导致找料耗费大量人工、作业效率低下。某智能工厂创新性地将智能立体仓库与流利式货架进行结合设计、综合应用，将此类小件物料存储在料箱立体仓库中，拣选时则由立体仓库自动出库到流利式货架上进行灯光拣选。利用信息系统对流利式货架的水位进行监控，由料箱立体仓库中的穿梭车自动补货至流利式货架，人工根据生产作业要求从流利式货架中拣选所需要的物料，如图 4-16 所示。

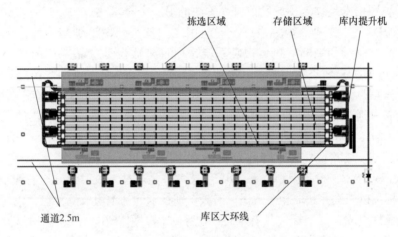

图 4-16　料箱立体仓库与流利式货架组合的拣选系统

4.3.5　智能物流软技术

在关键物流技术中，除了硬技术外，软技术也是至关重要的。关键物流软技术包括智能识别技术，物流装备接口与自组织技术、大数据技术、多维监控及可视化技术、物流系统虚拟技术、集成控制技术等。

1. 智能识别技术

智能识别技术是指以标识技术为基础，通过获取标识载体承载的标识信息，实现标识对象信息获取的技术。它是信息数据自动识读、自动输入计算机的重要方法和手段，也是物流信息技术中的核心技术。

智能识别技术近几十年在全球范围内得到迅猛发展，初步成为一门包括条码识别技术、磁条磁卡技术、集成电路卡（IC 卡）技术、光学字符识别技术、射频识别（RFID）技术、语音识别技术及图像识别技术等在内，集计算机、光、磁、物理、机电、通信技术为一体的高新技术学科。主要的智能识别技术包括条码识别技术、语音识别技术、图像识别技术与射频技术。

（1）条码识别技术　将条码识别技术应用于零件仓库的管理系统中，可以节省手工书写、输入票据的过程，可以很大限度地提高管理效率。此外，用条码管理零件仓库，还可以解决零件仓库信息陈旧等问题,以及可以解决票据信息的抄写错误问题,提高质量服务,减少人工操作上的失误。

(2)语音识别技术 语音识别技术是指用语音去指挥和控制机器,让机器"听懂"人的语言,并根据其指令去完成各种各样的任务。语音识别以语音为研究对象,它是语音信号处理的一个重要研究方向,是模式识别的一个分支,涉及生理学、心理学、语言学、计算机科学以及信号处理等诸多领域,甚至还涉及人的体态语言(如人在说话时的表情、手势等行为动作可帮助对方理解)。其最终目标是实现人与机器进行自然语音通信。

现有的较为先进、成熟的语音技术,以"解放双眼、解放双手"的操作方式提高了操作人员的生产力,与扫描或读取屏幕相比更加容易且更有效率,并能够给工厂带来更高的订单准确率、更少的库存量以及更佳的员工效率考核结果。此种技术正逐渐成为物流管理的"利器"。许多组织还将语音化仓库视为智能工厂物流管理的一个重要模块。除了条码识别技术外,语音识别技术是物流领域目前重点关注的另一个技术热点。

(3)图像识别技术 机器视觉最广泛的应用之一就是图像识别与定位,实际上就是用机器代替人眼来做测量和判断。机器视觉系统是通过机器视觉产品(即图像摄取装置,分为 CCD 和 CMOS 两种)将被摄取目标转换成图像信号,传送给专用的图像处理系统,得到被摄目标的形态信息,根据像素分布和亮度、颜色等信息,转化成数字化信号;图像系统对这些信号进行各种运算来抽取目标的特征,进而根据判别的结果来控制现场的设备动作。图像传感器或者 CCD、CMOS 相机作为图像获取装置,与物流设备结合应用越来越广泛。图像识别技术正悄然改变着产品定位、拣选方式,大大提高了作业效率。

(4)射频识别技术 射频识别技术(RFID 技术)是通过无线射频方式进行非接触双向数据通信,对目标加以识别并获取相关数据。射频识别技术的基本组成部分包含以下三种:电子标签,由耦合元件组成,每个标签具有唯一的电子编码,附着在物体上标识目标对象;阅读器,读写标签信息的设备,分为手持式和固定式;天线,在标签和读取器之间传递射频信号。当物品携带的电子标签进入阅读器的工作范围内,接收到阅读器发出的识别信号时,会将自身存储的电子信息调制后反射给阅读器,使阅读器获得物品的相应信息。

射频识别技术在物流系统中具有很大的优势:利用 RFID 技术与器具系统结合,闭环应用于物流系统中,可以有效降低成本。在智能工厂的物流系统中,除了基于条码的自动识别技术广泛应用外,电子标签辅助拣选系统也有一定的应用。将 RFID 技术与器具系统相结合,使每个器具上都装有一个 RFID 芯片,货物的信息及位置信息就能得以确定。

RFID 技术可应用于以下几个方面:

1)入库管理。处理信息中心发来各种调度指令,并进行相应的入库处理,主要包括入库类型、货物验收、收货单打印、库位分配、预入库信息、直接入库等功能。

2)出库管理。对货物的出库进行管理,主要包括出库类型、货物调配、拣货单打印、拣货配货处理、出库确认、单据打印等功能。

3)库存管理。对库存货物进行管理,主要包括库位调整处理、盘点处理、调换处理、退货处理、包装处理及报废处理等功能。

4)货位导航。出入库及盘库时可以清晰地记录货物所在位置,可以实现在计算机的二维画面上显示库存,从而提供对现有仓库库存情况的各种查询方式。

(5)RFID 技术与条码技术的结合应用 现有的仓储物流大部分采用条码作为仓储管理

智能化方式，虽然其智能化程度比以前大大提高了，但仍需要耗费大量的人力、物力。如果将 RFID 技术与条码技术相结合，可有效解决与仓库及货物流动有关的信息管理，不仅可以提升物流作业速度，还可以查看所有物料的流动信息。与条码技术相结合，也是 RFID 在现阶段应用的一种方式。可以将条码贴在物品上，将射频电子标签贴在存放物品的器具或叉车上，电子标签存有器具或叉车上所有物品的信息，并将阅读器安置在仓库的进出口。每当物品入库时，阅读器自动识别电子标签上面的物品信息，并将信息存储到与之相连的管理系统中；当物品出库时，同样由阅读器自动识别物品信息，并传送到管理系统，由系统对信息进行出库处理。

随着智能工厂不断发展，与之配合的智能物流发展迅速，物流效率不断提升，由高新技术代替传统人力已经成为不可逆的趋势。在自动识别领域，将条码扫描器、手持移动数据终端、车载移动终端和工业打印机等自动识别设备有效地应用于物流运输、仓储、配送、包装、装卸等基本活动环节，通过对大量数据的识别、采集及管理，实现货物运输过程的自动化运作和高效率优化管理，是智能物流的最好体现。

2. 物流装备接口与自组织技术

（1）接口技术　接口技术可以将计算机与外围设备连接在一起，实现数据采集、监测、遥控等功能。目前常见的接口有并行接口、串行接口等。

物联网终端的智能识别设备和传感检测设备等本身就具有数据采集能力，而且都提供了标准的通信接口。所以，这些智能识别设备和传感检测设备可以通过接口技术直接接入监控系统，与中央控制系统进行通信，实现远程数据采集、监测和控制等功能。通过设备接口，可以实现设备与计算机等互相通信，从而实现远程监控与智能化控制，这对设备接口标准提出了很高的要求。自动化仓库常用的硬件接口与通信接口如下：

1）硬件接口：USB 接口或 CSI 总线接口、RJ45 网络接口、RS-232 串行接口、电源接口。

2）通信接口：以太网通信接口（RFID 读取器），协议类型为 TCP/IP；RS-232 串行总线通信接口，协议类型为 RS-232 串行通信协议，使用 RS-232 标准；提供与外部客户服务、内部员工服务以及各种服务网关的接口（如 WAP、SMS、PDA）。

（2）自组织技术　自组织理论是自 20 世纪 60 年代末期建立并发展起来的一种系统理论，它的研究对象主要是复杂自组织系统的形成和发展机制问题，即在一定的条件下，系统是如何由无序走向有序、由低级有序走向高级有序的。协同系统的有序或者高级有序的方式称为"自组织"，过程称为"相变"，状态称为"涨落"。把影响系统有序的关键因素称为序参量，非关序参量支配着各子系统的行为，它们之间的协同竞争通过各子系统的相关作用表现出来，又为各子系统所支持，从而影响和决定系统自组织的程度与方向，进而决定系统的有序程度。

自组织理论应用于自动化物流，即要建立不受外部因素约束和控制的物流系统，实际上是一种资源自动地由无序向有序转变、由低级有序向高级有序转变的过程。物流系统在此基础上不仅需要完成物体实质在时间和空间上的转移，还需要完成加工、包装、运输、存储及物流信息处理等多项功能，在不借助人工的前提下，完成指定的任务，将自组织技术融合到物流仓储中，可大大减少人力、物力。比如，要在设备监测、设备运转、货物跟踪的过程中，根据精确的自组织算法，将设备监测数据、设备运转数据融合，然后从融合的数据当中提取特征向量，运用模式识别的方法进行处理，最后将多个传感器的处理数据在决策层进行再融合，为自组织算法提供原始数据。

3. 大数据技术

（1）基于大数据的物流设备数字化技术　如今数据已经渗透到每个行业和业务职能领域，逐渐成为重要的生产因素，而人们对海量数据的运用预示着新一波生产率增长和消费者盈余浪潮的到来。具体运用需要通过快速获取、处理、分析，从中提取具有价值的、多样化的海量交易数据、交互数据与传感数据，所涉及的数据量规模巨大到无法通过人工在合理时间内完成信息的采集、处理、管理，并将其整理成为人类所能解读的信息。

大数据是从海量数据中提取出的有用数据，且这些数据存在一定的关联，具有分析价值。其核心技术可分为处理技术和分析技术两类，如模式识别技术、数据挖掘技术、分布式数据库技术、信号处理技术和云计算技术等。目前，大数据技术已普遍应用于各种信息系统中。使用大数据技术对企业经营、发展过程中所产生的大量数据进行挖掘、分析，有助于企业提升工作效率，改善决策过程，推动企业管理工作的开展。

利用大数据技术，可以有效提升物流设备的数字化技术水平。从广义的物流来讲，大数据可以整合物流系统资源，如原料采集、生产制造、物流配送等，找出资源最优配送的路径和方式；在仓储物流方面，针对每个运输节点进行数据分析，可以找出最佳存取货方式，提升出入库效率。

（2）基于大数据的物流服务决策技术　基于大数据的物流服务决策关键技术包括数据仓库、联机分析处理（OLAP）、数据挖掘和数据分析工具等。其中，数据仓库是一个面向主体的、集成的、时变的、非易失的数据集合，支持管理部门的决策；联机分析处理主要通过多维的方式来对数据进行分析、查询和报表；数据挖掘和数据分析工具可以帮助决策者分析处理物流数据，提高物流决策的总体效率，合理发货，降低库存成本。

应用大数据技术分析货物数据可从以下五个方面考虑：①货物分类。比如把货物按进货地或出货地分类，可以有效地组织运力，减少运输成本。②货物库存估计与预测。可根据既有连续数值的相关属性资料，估计出某一种货物存取时间的规律或周期，以便于组织调度货物。比如，药品仓库中，感冒药一般在春、秋季出入库频繁，因为人们在春、秋季容易患感冒。③货物聚类。货物没有明确的分类标准，可根据对象的一些相似特征进行分组。④货物间的关联。关联是指要找出某些事物或资料中同时出现的东西。比如，汽车零件仓库中，随着一些零部件的存取，会发生与之相联系零件的存取。⑤货物存取的描述。大量货物的存取刚开始难以找到规律，对复杂的数据可提供简要的描述。

物流决策系统中数据挖掘发现的货物规则是动态的，会随着新数据的添加而变化，所以要及时更新数据库。而数据库更新成本较高，数据挖掘信息系统与物流其他系统集成度低，导致很多企业不愿意投资，而且物流行业缺乏高水平、高素质的数据挖掘人员。目前数据挖掘工具大都是国外产品，能否适合我国物流管理的特点还有待实践检验。

4. 基于可视化技术的多维监控

目前物流中存在以下监控盲点：①无法观察货物从入库、储存、移位到出库的全过程，可能存在暴力装卸、监守自盗等不良现象；②管理人员不能准确获取信息，缺少运输过程的全程跟踪，容易引发与客户的法律纠纷。尽管这些仍是少数情况，但这些问题的出现影响了行业的整体形象，给物流管理带来了很大的隐患，也由此催生了基于可视化技术的多维监控系统。

可视化又称视觉化，是指利用计算机图形学和图像处理技术，将数据转换成图形或图像在屏幕上显示出来，并进行交互处理的理论、方法和技术。它涉及计算机图形学、图像处理、计算机视觉、人机交互、计算机辅助设计等多个领域，成为研究数据表示、数据处理、决策分析等一系列问题的综合技术。可视化包括科学计算可视化和信息可视化。

目前物流管理中常用的可视化监控技术有视频监控、车载设备、RFID 技术、3S（GIS、GPS、RS）等。整个物流过程包括生产过程、仓储管理、配送运输和货物追溯等步骤，每一个步骤都需要相应的监控技术来跟踪和控制，以保证整个物流过程信息的流畅和准确，所以这就涉及多维监控。利用多维监控体系可以对每一个系统的运行状况进行实时监控，全面保障各个环节物流信息的交流和传输，提高工作效率和整个物流管理的水平。

物流监控正是基于可视化技术发展起来的先进技术手段，它的可视化体现在全流程可视、全资产可视、实时可视和双向可视，工厂和客户都可以通过监控系统方便地查询各自所需信息。在智能工厂中，对仓库到货检验、入库、出库、调拨、移库移位、库存盘点等各个作业环节的数据进行自动化采集，跟踪整个过程的进行，以保证各个环节数据的输入速度和准确性，对计划存储、流通的有关物品进行相应的可视化监控管理，及时准确地掌握库存和物品的位置、状况等信息，合理保持和控制企业库存，实时生成准确的库存报告，提高库存的利用率。

以堆垛机立体仓库系统为例，仓库运行的同时，对系统中各种运作设备的状态进行实时监控，动态显示堆垛机和出入库传输设备以及各货物的运行位置，显示所有任务的当前运行状态，以便于及时发现设备和各个环节中存在的问题，保证货物的安全性，同时，更精确地进、销、存控制大大提高了仓库的工作效率。可视化技术同样可以应用于仓库的货物分拣流程。传统分拣货物的时候，操作人员驾驶叉车从一个货架点到另一个货架点，费时又费力、效率低下；把可视化技术运用在叉车上，再将叉车控制系统和远程控制系统通过网络连接起来，不仅可以解放人力，实现分拣自动化，而且可以实时监控货物的分拣状态，大大提高仓库的运作效率。

5. 物流系统虚拟技术

物流系统虚拟技术广义上讲是一种通过运作与管理实现资源配置优化、集约最优的物流方式；狭义而言，物流系统虚拟技术是指通过建立仿真模型、数据库，通过模拟场景，实现物流设备之间通信、运行的仿真，通过人机交互在仿真平台上实现布局、路线设计合理，以达到配送效率最高的目的。

虚拟现实（VR）技术是一种模拟人类视觉、听觉、力觉、触觉等感知行为的人机交互技术。该技术是在数字图像处理、计算机图形学、多媒体技术、人机接口技术、计算机仿真技术及传感器技术等众多技术的基础上发展起来的一门多学科交叉技术。VR 技术具有沉浸感（Immersion）、交互性（Interaction）的主要特征。沉浸感是指计算机所建立的三维虚拟环境能使人产生身临其境的体验。交互性是指人可以通过专用设备来对虚拟环境中的对象进行观察和操作。VR 技术可以广泛运用在物流系统仿真中，在仿真系统的支持下，使用者可以实时地对复杂系统的仿真过程进行控制和评估。

6. 物流系统集成控制技术

一般对物流系统的集成控制基本都会涉及以下几个方面：成本控制、质量控制和流程控制。

成本控制主要是指物流系统在满足一定客户服务水平的前提下，与成本之间寻求平衡状态。成本控制贯穿于整个物流系统，涉及物流子系统、信息子系统以及运营子系统等。

质量控制主要是针对物流系统所要实现的服务目标。物流系统只有对其各系统运行流程进行严格的质量控制，才有可能达到较高的服务水平，因此必然要对物流系统主要涉及的运行过程进行全面的质量控制。

流程控制主要在于整合物流系统各环节的内容及各环节间的交接关系，形成业务的无缝衔接。较为完整的物流系统涉及原材料的采购、存储、分拣分装、配送、信息衔接等整个流程，这就必然造成其流程在时间、空间上的巨大跨度。针对物流系统流程的特殊情况，进行流程控制就是尽可能缩小这种跨度，从而实现物流系统的最佳运行状态，达到系统最优组合。

计算机与通信技术相结合产生了计算机网络，计算机网络与控制系统相结合产生了现场总线控制系统。以现场总线作为通信连接的纽带，将现场控制设备连接成可相互沟通信息、共同完成自控任务的功能强大的控制网络。工业企业可充分利用既有的局域网和互联网将控制网络与信息网络的资源整合在一起，提高了企业信息化和综合自动化水平，也为生产控制和企业管理决策带来一种新的模式。

现场总线控制系统采用分层式网络结构，集成了现场设备层、过程监控层和信息管理层，通过局域网或以太网将物流信息反馈给远程客户，实现了从货物入库到分拣出库的全程集成控制，使各个系统之间可以互相沟通信息，便于企业决策者整合分析物流信息，更好地协调、控制各个环节的工作状况。同时，基于现场总线的信息集成系统能够进行管理，实现对仓库的合理调度，控制物流成本；对设备的实时监控便于及时发现各个环节存在的问题，保障了每个流程的工作质量，大大降低了物流环节的出错率；过程监控实现了从货物采购到分拣出库一系列流程的全程跟踪，缩小了各个环节在时间、空间上的跨度，以达到物流系统的最佳运行状态。

4.4 智能工厂物流系统集成

1. 物流系统集成的含义

物流系统集成是指将物流端到端过程中的软件、硬件与通信技术组合起来，为客户解决信息处理问题的业务。集成的各分离部分原本就是一个个独立的系统，集成后的整体的各部分之间能彼此有机和协调地工作，以发挥整体效益，达到整体优化的目的。物流系统集成不是简单的设备及软件组合与拼凑，而是通过集成化、系统化的思维及前后过程信息化的互联互通，最终实现集成式的整体方案。物流系统集成包括物流功能集成和项目管理集成。

物流功能集成是针对到货、入库、存储、出库、拣选、配送、容器回收及成品下线、输送、存储、发运等全过程的软件、硬件与通信技术等资源的集成。

项目管理集成是将物流系统集成的过程中的各个子项目，如方案设计、技术选型、采购、实施安装、调试、交付、运维等，形成一个项目集，对其范围、进度、成本等进行一体化的协同和管控。

2. 物流系统集成的原因

（1）由物流系统具有的系统化属性决定　如果把世界上所有类型的汽车放到一间屋子里，从中挑选出最好的零件，最后将这些来自不同车型和品牌的零件组装成一部汽车，能因此组装出世界上最好的汽车吗？答案是否定的。因为结果往往不取决于任何单一零件独立工作的优劣，而是它们组合在一起形成成完整系统的表现。物流系统中的各类物流设备同样有类似的匹配要求，比如互联互通及协同提升，这其实就是组成物流设备"生存与运作"的生态圈。因此，物流系统的系统化决定了其需要采用集成化的方式整合其物流资源，从而确保系统运行相对稳定、高效，实现物流系统一体化运作。否则，即使采用了全球顶尖的制造设备、检验设备、立体仓库、输送机、AGV、装配机器人等，实际运作时也未必能产生最优效果。

（2）由物流系统具有的项目集属性决定　物流系统集成可以理解为交钥匙工程，类似于家庭装修的整装形式。物流系统集成除了物流功能集成外，还包括项目管理集成。而物流系统由多个子项目构成，各个子项目相互关联、互有接口，综合性强。比如，在箱式穿梭车系统的安装中，穿梭车的进厂需要在货架安装完毕后进行，各类设备的进厂及安装需要涉及不同厂家、不同系统。此过程若缺少优秀的项目集管理，极可能造成范围、进度、成本超出基准的风险。因此，物流系统本身具有的项目集属性决定了物流系统需要通过集成化实现资源调度及进度把控，以确保整体的物流系统效果符合预期。

（3）可规避物流系统建设中的误区　在物流系统建设过程中，往往容易出现以下误区，如缺乏系统化、一体化的思维，缺乏场景化研究，未针对物料进行流动性分析等。而通过物流系统的功能集成和项目管理集成，可以较好地规避此类误区。主要的误区如下：

1）缺乏系统性、一体化思维。在方案设计阶段，此问题表现为：①流程分段规划。比如，先规划完入库活动，再规划存储及出库活动，导致前后物流之间存在断点，运作不畅通。②分工设计。物流系统规划与设计时分包给不同的企业或个人，由于各企业或个人规划或实施标准不一，导致整体方案无法进行有序连接。③分时间段规划。比如，今年规划一部分，明年再规划剩余部分，由于规划的时间差异、规划的人员及原则不一致，导致最终物流前后之间存在差异。在方案落地阶段，问题表现为采用割裂式的分段招标模式，由于每个设备商产品不一致，信息对接口可能存在差异，最终导致供应商之间相互推诿，无法有效对接。

2）缺乏场景化研究。制造企业物流因其特殊性，在不同场景下选取的物流技术差异较大。例如，前面提到的入厂物流、生产物流、成品物流三段物流中，每段物流所运用的物流技术各有特点，缺乏场景化研究，就容易导致设备性能无法发挥、集成方案落地困难等。

3）未针对物料进行流动性分析。每个物料因其包装、尺寸、用量的不同，呈现出不同的流动性。比如，对于某些大件物料，体积大、单元包装数量相对较小、流动性较强，选用的物流技术需要可匹配其高流量需求；而对于某些小件物料，流动性相对偏弱，选取的物流技术可能是人工的或者半自动的。在选取物流设备商时忽略了流动性分析，就容易导致设备能力不匹配或者能力富余等问题，影响系统的整体运作。

3. 物流系统集成原则

为确保物流系统合理有效、系统最优，在物流系统集成过程中，需要遵循以下原则：

（1）尊重规划方案的原则　物流系统集成需要尊重规划方案。一般而言，规划方案是在充分调研企业实际情况后，基于企业的战略定位，经多方讨论和论证后确定的，方案具有相对的客观性和合理性。因此，物流系统集成时需要尊重规划方案，并在此基础上深刻理解方案。

（2）高可靠性和安全性的原则　可靠性和安全性是方案和物流设备设计的首位。比如物流系统的关键设备，如输送机的所有关键元器件，如电动机减速机、可编程逻辑控制器、变频器等需要采用可靠性高的产品。在系统设计和软件设计方面，充分考虑系统的自恢复能力和冗余设计，确保系统具有强大的抗干扰能力。

（3）预留迭代升级原则　物流系统集成需要遵循预留迭代升级的原则，在方案规划、系统能力冗余、项目实施等方面充分考虑系统的迭代升级，以支持企业业务拓展、产能提高以及智能工厂功能的增加。

（4）可行性、系统性和完整性原则　物流系统集成中选取的技术应是在多个工程案例中使用过的成熟、先进技术，以确保其可行性；同时，物流系统集成需要充分考虑物流技术的系统性和完整性，避免因遗漏而导致系统无法运行。

（5）先进性和实用性原则　物流集成技术既要有很高的先进性，又要有很强的实用性，避免项目实施过程中的盲目性和不必要的损失。

（6）综合成本最低原则　物流系统集成需要在选取高性能设备的基础上，同时符合一定的价格优势，为企业提供具有良好性能价格比的集成技术和服务。

（7）有效运营原则　物流系统集成需要以有效运营为原则，充分重视智能工厂的物流逻辑和作业场景需求，选取可支撑有效运营的物流技术，并通过项目管理助力智能工厂建设及运营全过程。

4.5　智能工厂物流技术资源

4.5.1　物流技术资源分类

智能工厂物流规划与落地离不开物流技术链上相关方的参与。相关方可分为三类主体：物流咨询公司、物流集成商、物流设备及软件商。三方各具核心能力，充分发挥各自的资源优势，共同打造智能物流。

（1）物流咨询公司　在智能工厂物流规划过程中，物流咨询公司是最先参与的相关方。其主要的职责包括五个方面：①对各个物流环节的数据进行收集、归纳、整理、分析、环境考察与评估，对各个物流场景进行研究并最终输出物流概念方案；②根据概念设计方案，结合实际运作场景对其使用技术进行选择并输出初步方案，考虑到每个场景可能会有多种物流技术的选择，这需要从场景匹配度、技术适合性、运作稳定性、操作方便性以及经济性等方面对物流技术进行评比，选择最优的物流技术方案；③智能工厂物流技术详细方案设计，考虑到各个场景的物流技术已基本定型，物流咨询公司需要将相应的物流技术及设备布置于建筑图纸内，布置过程中需要考虑每个场景下其空间结构的符合度，最终输出一版详细的物流方案设计图；④为了确保智能工厂更好地落地，在选择集成商时，物流咨询公司需要参与关键物流技术的制定、技术招标文件的编制及对集成商技术的评估等；⑤在智能工厂物流系统的建设过程中，物流咨询公司需要对其实施辅导。

（2）物流集成商　物流集成商主要提供项目系统设计、整体实施、安装调试以及培训支持与运维管理等系统服务。它将各类来自上游供应商的零散设备或控制系统等集成，满足制造企业定制需求，制定切合企业实际及现场应用的解决方案，帮助制造企业智能物流从规划到落地。

（3）物流设备及软件商　物流设备及软件商分别提供硬件设备（装卸货设备、叉车、AGV、输送设备、拣选设备、堆垛机、货架、穿梭车、扫码设备等）的生产与加工，以及相应软件系统（WMS 系统、WCS 系统）的开发。

4.5.2　物流技术资源选择

考虑到智能工厂内物流系统的复杂化，在选择物流技术资源时需要进行全面、综合评估。其评估维度主要有以下几点：

1. 系统规划能力

如前所述，物流系统的规划是一项系统性的复杂过程，涉及物流、基建、产品、制造、信息等不同维度，同时对入厂物流、生产物流和成品物流三段物流进行合理规划。选取的物流技术资源需要具备系统规划能力，否则容易造成规划的方案以偏概全、关键环节遗漏、未考虑迭代升级等重大问题。

2. 智能制造行业经验

一般而言，不同细分领域的物流有其不同特点。比如，电商行业的物流强调速度，但场景相对简单、逻辑性要求不高，受外界如电商促销等因素影响较大。而制造行业的物流相对更加复杂、逻辑性更强。比如，其强调定时定量地与工位对接的配送能力，并且涉及入厂物流、生产物流、成品物流等不同物流环节。因此，不同的行业要求使得其物流技术相关方拥有不同的核心能力及擅长领域。基于此，技术资源相关方是否具有智能制造行业经验显得尤为重要。否则，选取的物流技术资源不专业，可能会使得到的方案存在误导或者不客观，最终无法满足运作需求。

3. 物流技术整合及运用能力

在选择物流集成主体时，物流技术整合及运用能力是最基本的要求。对于企业而言，选择可靠、值得信赖的集成商至关重要。因此，在选择物流集成商时，首先要考虑其物流技术整合及运用能力，具体表现为关键核心设备是否自制，比如，堆垛机、穿梭车是否自制？集成能力及垂直整合能力是否满足要求，如下游的设备商是长期合作还是临时寻源？过往案例是否丰富？尤其关注是否有与企业需求物流技术相似的案例。通过对涉及的各个方面进行评估，以此判断企业的物流技术整合及运用能力。

4. 软件开发及应用能力

对于智能工厂的物流系统而言，其系统根据企业的特殊场景详细规划，对应软件方面也需要较多定制化开发，因此根据用户所需提供高质量的应用软件产品，是集成商解决方案的特色之一。鉴于此，物流系统集成商是否具有软件技术实力，是否有足够的专业软件开发人员是关键。一个项目进展顺利与否在很大程度上并不取决于软件在最初就多么完善，因为几乎所有的大型信息化系统具体到某个项目时都要进行一些二次开发或调整，关键是系统集成商最终能在多大程度上理解开发需求的业务合理性，进行二次开发，并保障系统的可靠运行。目前企业所用的管理系统各有不同。对于项目经验丰富的集成商而言，过往项目积累了较多的软件开发经验；而经验较少的集成商，实力可能相对薄弱。集成商选取不当可能会影响整个项目的进程和可靠性。此外，有的企业在系统运行一段时间后，可能会涉及系统的更换或者有新的业务需求产生，此时也需要集成商有强大的软件开发和扩展升级能力，从而及时响应企业的需求。

5. 发展规模及经济实力

除了硬件和软件技术评价之外，对发展规模及经济实力的评估也尤为重要。发展规模及经济实力主要包括业务范围、公司注册资本、公司成立时间、连续几年的年度营业额、服务领域、公司总人数、核心技术人员人数、软件团队人数等。综合评估涉及多个方面，进而判断集成商的发展规模及经济实力。比如公司的人员结构问题，智能工厂的物流系统往往涉及集成商的市场营销、研发设计、软件开发、设备生产及采购、项目管理、安装及售后等多方人员，如果公司总人数偏少、核心人员及软件团队人员过少，则很容易让人对其整体实力产生怀疑，进而对其技术实力提出疑问，毕竟人员及团队是保障项目落地的第一步。

参考文献

[1] 于英. 物流技术装备 [M]. 北京：北京大学出版社，2010.

[2] 张智勇，杨磊. 物流系统仿真 [M]. 北京：北京交通大学出版社，2011.

[3] 姜金贵，宋艳，杜蓉. 管理建模与仿真 [M]. 北京：机械工业出版社，2017.

[4] 尹军琪. 穿梭车系统及其应用概述 [J]. 物流技术与应用，2017，22（5）：98-100.

[5] 刘敏. 物流设施与设备 [M]. 北京：北京大学出版社，2008.

[6] 刘丰根. 物流园区物流设备选型及数量优化研究 [D]. 长沙：中南大学，2007.

[7] 王继祥. 中国物流技术装备选型基本原则分析 [J]. 物流技术与应用，2020（1）：44-45.

[8] 邱伏生. 物流装备企业进入制造业物流的路径建议 [J]. 物流技术与应用，2018，23（9）：138-142.

[9] 陆大明. 中国物流仓储装备产业发展研究报告 [M]. 北京：机械工业出版社，2018.

第 5 章
智能工厂物流运营管理

5.1 智能工厂物流运营管理概述

5.1.1 智能工厂物流运营管理的关键地位

智能工厂物流运营管理是对智能工厂物流运作过程的计划、组织、实施和控制，包括对工厂物流运作的运营、评价和改进，以实现工厂物流战略绩效的管理活动。物流运营管理对企业经营活动起到至关重要的作用。

企业经营水平主要通过净利润、投资回报率和现金流三个绩效指标衡量，其中现金流尤其关键。现金流决定企业的兴衰存亡，比任何指标更能反映企业的健康状况和盈利水平，尤其在遭遇经济周期下行、重大灾害、地缘政治风险等情况时，"现金为王"成为企业经营的普遍共识。

对于制造企业而言，工厂物流运营管理决定了其库存资金、应收账款和应付账款的周转，尤其库存资金和现金流呈此消彼长，从而决定了企业运营的现金周期和现金流状况。另一方面，工厂物流运营管理也与其交付水平、运营效率、运营成本、有效产出等直接相关，从而对企业的净利润、投资回报率等产生极大的影响。

5.1.2 智能工厂物流战略绩效

基于智能工厂的战略及定位，工厂运营需要聚焦于经营绩效，而物流战略绩效对工厂经营绩效有很大影响。物流战略绩效指标主要包括订单准交率、订单交付周期（OTD）、库存周转率（ITO）、库存资产比、物流货损货差、物流成本和客户满意度等。

1. 订单准交率

基于智能工厂以交付为中心的运营使命，智能工厂以订单交付为驱动，订单准交率成为智能工厂物流运营最重要的指标和竞争力表现。在传统工厂的物流运营过程中，由于手工作业和人工管理，真正属于生产加工的时间不超过总过程时间的5%，其余95%的过程时间都处在搬运、停滞、等待等状态，造成生产物流过程极大的过程效率损失。在智能工厂中，低效的手工作业和人工管理大部分被智能化设施和信息系统替代，同时，由于通过物流数字化、智能化不断消除物流断点，一般可以实现上述95%的搬运、停滞、等待等过程时间大幅降低（平均降低30%~50%，优秀的企业可以实现降低80%以上）。基于此，物流过程的稳定性大幅提升，实现了对物流过程的量化管理，针对订单准确承诺和兑现承诺的能力大幅提升，从而实现了交付准时率的提升。除此之外，由此还能实现综合成本的降低、对订单响应速度和交付柔性的提高等。

2. 订单交付周期

订单交付周期（OTD）是指工厂从接到订单到交付订单的时间。它与订单准交率共同体现了工厂交付服务能力。订单交付的稳定性、速度和柔性往往成为企业参与市场竞争的决胜因素。订单交付周期一般包括接单与计划周期、物料供应周期、生产制造周期、成品交付周期、实际可承诺周期等关键周期，还取决于工厂采取的供应策略（MTS、ATO、MTO、ETO 等）。在物流运营管理过程中，企业需要通过选择合理的供应策略、加强交期管理、识别订单优先级、完善需求拉动的"倒排计划"、实现订单履行过程透明化、建立订单异常响应机制等，加强对订单交付周期的管理，以实现订单交付的稳（交付稳定）、准（说到做到）、快（快速响应）。

3. 库存周转率

库存周转率（ITO）是销售成本和平均库存价值的比值，用以衡量企业产品销售的效率、库存利用的流动性和速度。库存周转率的大小体现了企业流动资产的运营效率和盈利能力。企业往往用总库存资金周转率来呈现和衡量库存周转率水平，但这仅仅是库存周转结果的呈现。在物流运营过程中，由于同一时期的不同 SKU（最小物料及产品单元，代指每一个物料、在制品和成品）的周转规律和特征不同，同类物料在不同的物流场景下其周转表现也不同，因此，企业往往需要采用库存数量来计算每一个 SKU 的周转率，呈现每一个 SKU 的周转质量和效率，以及每一类产品的盈利能力和周转效率，由此找到针对不同 SKU 的运营和改善的机会。库存周转率颠覆了传统观念对销售与盈利的认知。一个产品即使利润很低，但在高库存周转率的支撑下，也能呈现极佳的现金流和盈利表现；反之，在低库存周转率的情况下，即使产品的毛利很高，企业也可能面临现金流和低盈利的压力。

4. 库存资产比

库存资产比是企业库存资金与总流动资产的比值，反映企业流动资产的流动效率。库存是流动资产中流动性较差、变现能力较弱的资产，在制造企业中占有非常大的比重。企业推动精益物流运营有利于优化库存结构、降低库存，从而降低库存资产比。精益管理水平越高的企业，其库存资产比越低，其资产流动性也越强，因此对企业的现金流产生积极影响。

库存管控的重点在于分析和优化库存结构。一方面，结合产品特征和交付策略，定义合理的原材料、在制品和成品库存的相对占比，通常情况下，如果是订单驱动生产的 MTO（按订单生产）模式，则原材料库存相对较高，如果是成品库存满足需求的 MTS（按库存生产）模式，则成品库存相对较高；另一方面，需要定义每一个 SKU 的库存标准，设定每一个 SKU 的最低库存、最高库存和安全库存，以此作为库存管控过程中遵循的数量准则。

5. 物流货损货差

物流货损货差是指在制造企业物流过程中，因包装、装卸、运输、存储、搬运、交付等作业不妥善，而导致的货物损坏、缺失或丢失。智能工厂中的物流数字化、自动化、智能化水平越高，人工参与作业和管理的过程越少，物流过程的连续性、可视性、可控性就越高，将大幅降低物流货损货差。

6. 物流成本

物流成本是指与物流相关的开支总和。制造企业的物流成本大约相当于企业营业额的

5%~10%。传统的会计核算往往把各环节的物流成本计入该环节的特定成本中，如采购成本、制造成本、销售成本、管理成本等，导致企业无法准确地核算物流成本，因此也无法进行有效的管控。基于智能工厂物流的精益化、数字化发展，在进行物流规划时，便能够合理设定各环节的成本参数，从而形成物流成本的基准和标准。在智能工厂的物流运营管理过程中，通过对物流成本进行有效的核算和监控，准确识别和控制运营过程的成本差异，能有效减少额外的物流成本以及由此产生的机会成本。

7. 客户满意度

客户满意度是指客户期望值与客户体验的匹配程度，是对企业输出的产品、价格、质量、交付、服务等方面的综合评价，也是企业最终输出的客户体验。有效的物流运营管理决定了企业的交付、质量、成本等方面的表现，从而有利于提高客户体验和满意度。

5.1.3　智能工厂物流运营管理的三个维度

智能工厂物流运营管理主要聚焦于以下三个维度：物流价值流打通、内部物流系统集成和外部协同联动，如图 5-1 所示。

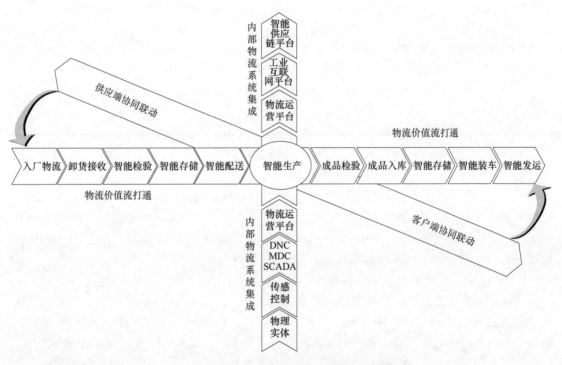

图 5-1　智能工厂物流运营管理的三个维度

1. 物流价值流打通

（1）工厂物流作业流程的打通　智能工厂物流运营管理需要致力于减少物流过程中的流程、实体、信息的断点，以物流计划为核心，保证发运计划、稳定生产计划、狠抓齐套计划、拉动供应商到货计划，打通入厂物流、厂内物流和成品物流的运作逻辑和流程，从而实现物流的一体化运作和管理。

物流作业流程的打通是物流运营管理的首要任务，其有效性决定了智能工厂物流运作的效率、交付、成本、库存、质量等方面的表现。在物理上，需要借助智能单元化技术、智能物流存储技术、智能物流拣选与搬运技术等，尽可能将整个物流过程连接起来，实现工厂端到端的连续流；在信息上，需要借助智能物流信息平台，实现实时数据采集、系统与实体的双向通信、智能物流计划与协同等，实现物流过程的自感知、自决策、自调适。

（2）物流与其他业务流的打通　智能工厂必须将物流的逻辑纳入整个工厂的运营管理逻辑中，强调物流与产品、市场、研发、需求、采购、生产、销售等业务流程之间的打通和协同。基于此，智能工厂的物流运营管理应致力于打通以下三个主体业务流程：

1）订单履行端到端流程。从订单生成—交期管控—订单履行—产品交付—款项回收的整个过程，强调客户协同和订单管理。

2）需求到交付流程。从需求产生—计划—采购—生产—交付的整个供应链过程，强调全过程的计划协同和执行。

3）物料请购与采购执行流程。从需求计划—请购—订单—回货（含齐套）—付款的物料计划与采购全过程，重点强调供方协同和物料计划。

三个主体业务流程涉及的物流、产品流、信息流、资金流、工作流及时间流的打通、整合和集成，决定了企业的现金周期和资金周转率、库存周转率、交付周期和交付速度、供应链效率与成本等核心绩效指标的具体表现。

2. 内部物流系统集成

内部物流系统集成将实现以下要素的集成互联：

1）物流设施：自动化立体仓库、输送线、悬挂链、AGV智能搬运小车、穿梭车、叉车等。

2）生产设施：数控机床、机器人、机器、生产线等数字化设备或非数字化设备。

3）物料：物料、半成品、成品、模具、刀具、工装等。

4）人员：操作人员、管理人员、外部协同人员、设施维护人员、决策者等。

5）信息系统：企业资源计划（ERP）、制造执行系统（MES）、仓库管理系统（WMS）、高级计划与排程系统（APS）、供应商关系管理系统（SRM）、客户关系管理系统（CRM）、可编程逻辑控制器（PLC）、分布式数控（DNC）、加工数据收集与设备状态管理（MDC）、数据采集与监视控制（SCADA）系统等不同层级的信息系统和应用。

6）业务流程和逻辑：计划、采购、物流、生产等。

该系统集成不再是传统的信息系统集成，而是包括系统与系统的深度集成、实体与实体的广泛互联（设备网络化管理系统、工业物联网系统等）、信息技术与物理实体的深度融合，人和物理实体被充分纳入系统中且能在系统与实体间实现无障碍的双向通信。在智能工厂中，所有需要纳入系统中的人和物理实体，都需要具有网络通信功能。参与其中的信息系统和实体构成了一个"会说话、会听话、会行动，有沟通、有协同、有指挥"的人-信息-物理系统，从而实现整个物流体系的自主管理。

智能工厂物流过程中的各个物料单元、物流设施、人员、信息都将接入系统，与供应链上的所有元素进行对话和交流，实现人、机、料、法、环、数的互联互通和数据共享，进而实现数字化、网络化和智能化管理。

3. 外部协同联动

智能工厂的物流运营管理需要打破企业和企业之间的业务壁垒，实现包括信息、数据、风险、资源等信息、数据、状态的有限共享和协同。建立与供应商、客户（包括经销商、贸易伙伴、电商平台等）之间基于数据透明的协同机制，在供应端实现寻源、采购、送货、结算等业务的数字化和智能化，在需求端实现预测、订单管理、分货补货、库存部署等业务的数字化和智能化。

5.1.4　智能工厂物流运营管理的三种范式

智能工厂物流运营管理聚焦于提升物流战略绩效指标，有精益化物流、数字化物流和智能化物流三种基本的物流范式（传统物流不作为基本范式），如图 5-2 所示。三种范式具有逐级迭代的关系，通常情况下，数字化物流必须以精益化物流为基础，智能化物流必须以数字化物流为基础。在智能工厂的实际运营中，智能工厂物流未必一定需要全面实现智能化物流，而是要根据运营管理的需要，在不同的场景、不同的时期可能具备不同的范式特征，另外，精益化工厂、数字化工厂在局部场景中也可能具有物流智能化的要素。因此，三种物流范式往往在智能工厂中同时存在。

图 5-2　物流运营管理的三种范式

1. 精益化物流

精益工厂需要精益物流运营以支持精益生产的要求，也是向数字化、智能化工厂迭代必须具备的条件。处于精益物流阶段的工厂，能够与精益生产进行有效的融合，具有持续改进的机制，广泛采用具有尺寸和数量标准模数的包装容器，对各类表单、标准能够及时更新和应用，初步具备关键节点的物流计划。其主要关注点在于流线化和细胞化布局、动态在线盘点、物流模数、物料单元化、物流计划、物流与生产安定化、成品库存管理等方面。

精益化物流的主要特征包括：物料包装标准化；物流作业标准化；强调推拉结合的 JIT 物流（通过物流信息系统的精确计算，提前向供应商发出准确的零部件需求信息，以实现在生产线上某工位、某个时刻需要某种零部件时，该零部件准时送达）；实现工厂物流价值链的打通，减少物流断点。

传统物流分散、割裂、粗放、被动，缺少合理的管理逻辑，现场呈现"地摊式"。从传统物流向精益化物流转变，重点需要从以下几个方面进行运营提升：

1）推动物料包装标准化、物流器具有轮化、物流现场规范化。

2）制定物流过程的作业、时间和库存标准，逐步形成物流标准工时。

3）建立物流计划，实现物流运作的均衡化、稳定化和高效率。

4）优化物流作业流程，拉通工厂物流价值链，减少物流断点（包括物理断点、信息断点和逻辑断点，精益化物流更强调减少信息断点和逻辑断点），降低物流过程的库存、浪费和效率损失。

5）形成专门的物流管理组织，实现从被动到主动的物流管理。

2. 数字化物流

数字化物流强调人、机、物全面在线互联，价值链协同互联，物流过程的可视化和透明化，智能调度和差异管理等。处于数字化物流阶段的工厂，在精益物流的基础上实现物流数字化和自动化，如物流过程、库存数量和库位信息等的数字化管理；构建精细化物流计划，并通过数字化拉动供应商按需供货或取货；局部使用自动装卸货、自动分拣、自动入库、自动化立体仓库和 AGV 自动搬运配送等物流设施。其主要关注点在于局部仿真应用、数字化物流计划、物流自动化系统、实时盘点、车辆调度、下线直发等方面。

数字化物流的主要特征包括：强调人、机、物、流程、数据等要素之间的互联和协作，物料、设备都需要有合适的标签、标签读取设施或传感器，使得物流数据能够实时采集和传递，同时，物流管理逻辑、流程和规则都植入物流运营管理平台，通过平台汇聚更大量级的物流数据分析指标、监控差异、形成指令、指挥运转，实现物料和设备"会说话、会沟通、会协同"。

精益化物流向数字化物流转变，重点需要从以下几个方面进行运营提升：

1）将人、机、物等资源要素全面联网，实现实体与系统之间的双向通信。

2）实现物流全过程数据采集和互联互通，实现全面状态感知和反馈。

3）建设物流数字化运营平台，实现智能计划和调度。

4）实现物流数字化绩效管理，实现自动差异预警和调整，广泛的数据及分析结论用以支持决策和简单的自主决策。

5）物流关键节点智能化要素导入。

3. 智能化物流

智能化物流实现从物料入厂到成品发运的实物流、信息流打通，基本实现物流全过程运作无人化。智能物流是在精益物流和数字物流的基础上，为实现高效交付、低成本运营而构建的人机协同、机机互联的生产-物流系统。比如，运用仿真技术、虚拟制造技术和数字孪生技术，提前模拟、评估未来的生产物流状况，实现风险自动预警；没有严格的生产区域和物流区域区分，生产加工已经嵌入物流过程之中；工厂与客户、供应商、第三方物流之间实现信息高效协同，按照最佳的数量、路线进行柔性配送和存储，并且不断优化库存部署。其主要关注点在于全流程仿真、人机物互联互通、智能顺引、物流大数据分析与决策、智能配送、一键盘点、智能装柜等方面。

智能化物流利用数字孪生技术对物流运营、订单履行进行先期验证、仿真、预警，以提前识别运营和交付可能存在的问题，进行先期预防和优化。通过对不同的生产和物流策略、物流资源进行模拟仿真和评估，快速做出有关供方交付、库存资源、自有物料存储、个性化订单配套需求、配送资源、工序排序以及智能物流设施等的优化方案，实现工厂运营效率和盈利能力最大化。

智能化物流的主要特征包括：智能物流技术和设施得到充分应用，在智能工厂中串联物流、基建、产品、制造、信息五个维度，使之实现完美匹配，智能物流和智能生产也因此高度融合；智能物流运营管理平台与工业互联网高度融合，计划、采购、生产、物流等业务真正一体化自主运营，实现工厂的高度"自治"；数字孪生、边缘算法、群体智能、机器学习、人机协同等改变了数据产生和知识沉淀的量级，使得智能工厂具有一定的"思考决策能力"和"学习能力"；具有较强的处理制造系统复杂性、不确定性问题的能力。

数字化物流向智能化物流转变，重点需要从以下几个方面进行运营提升：

1）智能包装单元和智能物流设施导入，并与智能生产设施对接，生产与物流融为一体，实现物流的实时追踪、自动规划、无人操作。

2）采用高级算法进行物流智能化运营平台升级，根据供需变化自动调整生产和物流计划，实现自动风险预警与决策调整、工厂资源智能配置与调度、设施的预见性维护等。

3）应用数字孪生、大数据、人工智能等技术，实现生产、物流、交付、库存等运营过程的计划、执行与差异的智能化管理。

5.2　智能工厂物流管理组织

智能工厂物流管理组织本质上服务于智能工厂的运作，因此，该组织的定位必须契合智能工厂物流的规划与运营及其未来发展趋势，有效支撑企业的发展愿景及价值导向。伴随着物流范式的升级、物流管理的复杂度提升，从精益化物流到数字化物流、智能化物流的升级转型，与之相匹配的物流管理组织必然各具特色，由此形成匹配精益化物流、数字化物流和智能化物流三种范式的管理组织。需要注意的是，由于管理组织需要结合企业文化、授权结构、职能层级、人才结构等综合设计，是一个不断创新、不断发展的过程，并没有完全标准的组织配置，因此，物流范式和物流管理组织形式并非严格一一对应的关系。

5.2.1　精益化物流管理组织

从传统工厂向精益化工厂过渡的过程中，其精益化往往以精益生产为主，注重生产效率的提升。为了更好地服务于生产，此时的物流也逐步向精益物流迈进。精益物流模式的初级阶段是"后补充式"的物流方式，即通过看板的形式拉动零部件的供应。此时，物流职能逐步从生产中脱离出来，形成专门的生产物流职能，对材料仓库、物料配送、器具管理等进行统一管理，如图 5-3 所示。但在此时的工厂组织中，物流总体上还是呈现分散管理的形式，采购物流在采购部门，生产物流在生产部门，成品物流在销售部门，物流规划与设施在工程部门，没有形成专业的物流组织，其物流管理组织定位较低，价值导向不明确，大多数工厂理解的物流就是物料管理和搬运，比如很多工厂仅仅设置物料组、仓库组一类的班组，对物流管理职能基本不重视。在这样的环境中，物流自然难以呈现其应有的价值、发挥其应有的作用。

随着精益化工厂的成熟，人们越来越意识到精益生产必须以精益物流为前提，物流能力

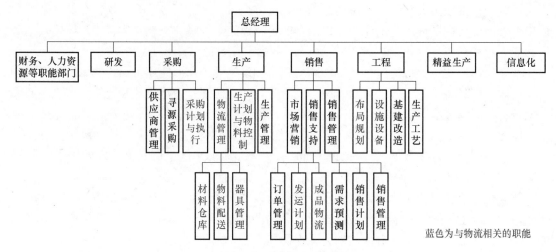

图5-3　精益化物流管理组织参考架构（一）

欠缺成为工厂发展的巨大约束。此时，为了匹配物流能力专业化发展和提升，使之能够获得足够的发展资源（特别是人才资源），将分散在采购、生产、销售、工程各部门的物流相关职能进行整合，形成统一的物流部门，如图5-4所示。此时，精益的物流模式已经由"后补充式"的看板拉动，升级为"前补充式"的推拉结合的JIT物流；组织开始强调物流计划，初步形成物流计划职能，但是没有与其他计划形成联动；开始形成物流规划与改善职能，逐步形成精益物流改善能力。但此时物流对整个供应和交付过程的管控能力依然很弱，计划职能依然分割在各个部门，部门各自为政，完成本职工作，但是无法保证总体的战略绩效最优。

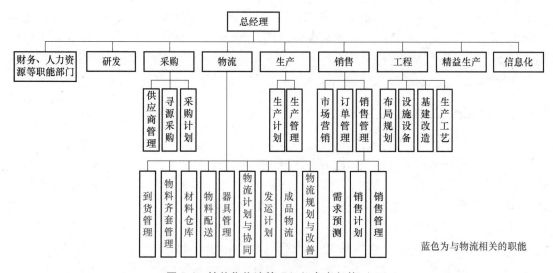

图5-4　精益化物流管理组织参考架构（二）

5.2.2　数字化物流管理组织

基于数字化的物流管理组织强调计划中心和数据中心，物流成为企业运营管理和战略绩效管理的中心，如图 5-5 所示。

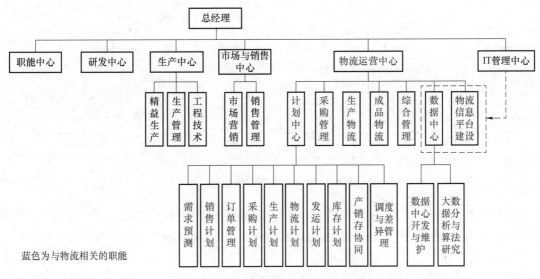

图 5-5　数字化物流管理组织参考架构

　　数字化工厂致力于打造基于数字化的价值链协同，对订单接收、计划排程、物料采购、物料到货入库、生产制造、成品入库、分拣发货、运输交付、逆向物流等整个物流运作过程进行集成管理，由此带来物流战略绩效的提升。因此，数字化工厂需要打造一体化的计划中心，将需求预测、销售计划、订单管理、采购计划、生产计划、物流计划、发运计划、库存计划、产销存协同等进行整合集成，应用数字化技术和算法打造智能调度和差异管理能力，以实现价值链的拉通与协同。

　　数据是数字化、智能化工厂发展的核心资源。数字化工厂通过人、机、料、法、环、测的全面互联，实现数据的实时、准确采集和传递。所有静态数据（如产品的参数、型号、加工工艺、物料清单、设备资产等数据）和动态数据（某个订单的履行状态、库存量与齐套率、物流运作过程等相关的数据）都被纳入数据中心统一管理。数据中心全面负责数据管理、数据分析、绩效管理、数据输出、差异管理、决策支持等相关工作，如此才能实现工厂运营过程的可视化、透明化，才能对运营绩效进行实时监控和差异分析。

　　在此基础上，以交付为中心的物流运营管理平台建设成为企业信息化建设的重中之重，数据中心和物流信息平台建设职能也纳入物流运营中心（IT 管理中心进行矩阵式管理），实现工厂运营的闭环管理。

5.2.3　智能化物流管理组织

　　一个规划良好的智能工厂就像是一个"盒子"，只需要关注其"输入"和"输出"，"盒子内部"的运作已基本实现智能化（自感知、自决策、自调适），而智能工厂的生产和物流已经高度融合，实现了"智能工厂物流中心化"。智能工厂本身即物流中心或供应平台，其主要职能包括采购与供应商管理、智能工厂运维、订单管理与交付、物流信息平台建设、数据中心（数据资源管理与应用）、技术资源管理与应用、供应资源管理与配置等，如图 5-6 所示。

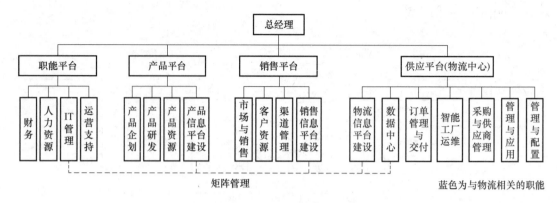

图 5-6　智能化物流组织参考架构

首先，智能化物流组织强调工厂的自主管理与运作。智能工厂是高度自治的工厂，其生产计划、到货计划、检验计划、配送计划、齐套计划、库存计划、发运计划等由智能化的信息系统所替代，而智能工厂的内部物料流通，如装卸、搬运、存储、拣选、配送、成品入库和存储、成品出库装车等实物流过程也由智能物流设施自主完成。智能工厂物流运营的职责发生了根本性的变化，传统的物流运作和管理被替代，取而代之的是对智能化体系的构建、运维、优化以及对数据的管理、分析和应用。

其次，智能化物流组织强调技术资源的统一管理和应用。与智能工厂相关的技术资源，如信息技术、物流技术、物流设施、物流规划、网络布局、智能单元化包装和器具设计、大数据应用、流程技术、检测技术、识别技术、智能化设备应用和维护、项目管理等都将被整合，以实现专业化能力的提升。

最后，智能化物流组织强调"输入"和"输出"的管理职能。由于智能工厂对应的上游供应和下游客户未必实现了智能化，因此，采购端（输入）的到货计划、供应商管理、供应商排产等可能需要更多的人工介入，特别需要保证其能够满足智能工厂运营的要求；销售端（输入）的订单接单、评审与协同也未必是智能化的自主管理。另外，订单交付、成品发运、交付过程跟踪等处在复杂、多变环境下，也需要有相应的组织职能。当智能化未在上下游实现生态化打通时，物流体系的运营逻辑依然是"保证发运计划、拉动供应商到货计划"。当智能化在横向上实现上下游企业间的集成，此时供应商—智能工厂—客户之间形成互联互通的智能生态圈，所有的客户资源、产品资源、供应资源、技术资源和数据资源都将在跨企业的智能运营平台上统一管理和协同，这将进一步对其管理组织产生颠覆和影响。

5.3　智能工厂物流运营管理要点

理想情况下，物流运营计划、执行和差异管理等均由智能化物流系统自动完成，但在实际运作过程中，即便是已经成为被普遍认同的智能工厂，也未必匹配了完全自动化、智能化的物流系统。在不同的应用场景下，精益化、数字化、智能化三种物流范式通常并存，并且处在不断优化迭代的过程之中。因此，本章后续内容在描述物流运营管理的要点时，重点基于物流运营管理的逻辑和方法进行论述。

5.3.1　智能工厂物流计划管理

1. 智能工厂物流计划概述

（1）智能工厂物流计划的内容　智能工厂物流计划是在智能工厂物流运营过程中，与实物流相关的一系列物料及产品流动的规划、计划、协同的集合，包括到货计划、收货计划、检验计划、齐套计划、工位配送计划、成品发运计划、库存计划等。智能工厂物流计划是智能工厂物流运营管理的核心，物流计划协同采购计划、生产计划和物料计划，实现各项计划之间的有效联动，形成准确的物流作业指令，以指导各物流环节作业。

（2）智能工厂物流计划的作用

智能工厂物流计划是物流运营管理从传统到精益化、数字化、智能化的重要基础，其重要作用主要体现在以下方面：

1）实现价值链的打通。物流计划串联物流运作过程的各个环节，并向上游协同供应商，向下游配合终端需求，由此形成一条环环相扣、串联互通的价值链，从而产生时间流、物料流的拉动。

2）保证物流绩效达成。物流计划既是物流作业效率要求、物流绩效指标要求和各项标准的综合输出，又是各项绩效的保障，计划的合理性和执行的有效性共同决定绩效表现。

3）实现物流各环节的精确管控。智能工厂物流计划是以生产作业计划为拉动，基于各个环节的作业规范和标准，倒排各个节点上的物流计划，安排合理的开始时间和结束时间，由此才能进行各个物流环节的协同运作和差异管理。在物流运营过程中，通过不断优化物流作业，以及不断修正标准作业和时间，使得计划和执行逐渐趋于一致，可以进一步提升物流全过程的精准管控能力，提高物流运作效率。

4）实现物流均衡化运作。智能工厂物流计划致力于实现物流时间、数量和资源的平衡，实现物流作业和物流量在每个分支、每个节点、每个时间点上的均衡性。均衡性是提高资源利用率、提升物流作业效率的根本保障。

2. 智能工厂物流计划的编制

（1）物流计划的逻辑　对于智能工厂而言，最担心停工待料导致无法交付，而绝大多数制造停产主要是因为采购业务和入厂物流管理不善，容易导致陷入"巧妇难为无米之炊"的窘境。智能工厂物流计划以订单交付为导向，其核心是"保证发运计划"，由此必须"稳定生产计划"和"狠抓齐套计划"，并"拉动供应商到货计划"，如图5-7所示。

"保、稳、抓、拉"和差异管理是物流计划管理的核心要点。

1）保——保证发运计划。保证发运计划，实现有效交付，提高客户满意度。主要包含按照订单交付周期倒排计划、按照订单交付时间预约装车/装柜，以有效响应客户的预约到货通知（ASN）等。

2）稳——稳定生产计划。稳定生产计划，实现安定生产和智能制造。主要表现为资源匹配实时监控和检讨、作业执行率保证、强调均衡生产，减少各类偏差带来的库存增加和断点浪费，推动安定生产，精益生产和精益物流协同，以总装作为作业依据，提高计划达成率和直通率。

3）抓——狠抓配套计划。狠抓配套计划，实现信息配套和实物配套的协同，从而保证生产的可行性。配套计划包括外购件配套计划和自制件配套计划。外购件配套计划不仅仅是

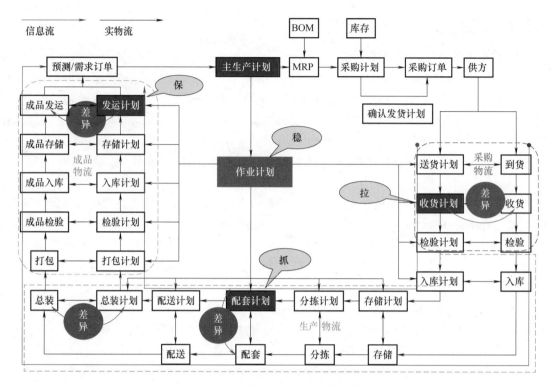

图 5-7　智能工厂物流计划的逻辑

保证供应，而是强调有效供应，以作业计划需求的齐套数量作为采购—到货—收货的依据，并且必须具备实施盘点和提供结果、实时监控和可视化的能力。针对自制件配套计划，管理者一般基于效率、成本、人员、换模等考虑，更加偏向于大批量生产，但也由此造成了库存失控、无效制造的风险，遇到订单取消、延期等变数时，将带来较大的运营压力。在智能工厂运作过程中，自制件将作为内部供应商进行严格的协同配套和数字化管理，避免由此带来对制造全过程的冲击。此外，信息配套与实物配套相互协同，以实现物料流在厂内的全过程实时监控、实时预警和实时响应。

4）拉——拉动供应商到货计划。拉动供应商到货计划，供应商不再任意地大批量生产，而是基于采购方的物料需求计划和要货计划倒排其生产计划，实现采购方计划和生产计划之间的连通，在双方认同的供应策略逻辑下实现按需生产；第三方物流或供应商基于采购方的要货计划和既定的运输路线取货或送货，统一调度、精确管理，不再是"多拉快跑"的模式；收货入库环节推动"快速检验"或免检，以保证采购物流的及时性和有效性，提高检验效率，降低物料检验环节时间和检验库存，实际上，如果检验计划和到货物流计划没有协同好，那么检验将成为采购物流中的最大瓶颈。

5）差异管理。物流计划将整个物流过程的各个作业环节进行有效协同和串联，消除了信息孤岛，使各环节按照计划执行即可满足整体的需求。在图 5-7 中，其实物流过程（外圈），通过计划流（内圈信息流）的连通，实现各物流节点紧密联系。节点都具有各自的计划和执行，其监控运营的重点在于对计划与执行之间的差异管控，从而实现信息流和实物流的一致性，确保每个环节能够按计划执行，最终实现有效交付。需要说明的是，未必每一个智能工厂都需要对其所有物流节点进行严格的计划与执行管控，而是需要根据企业的实际情况定义关键环节。比如，上述"保、稳、抓、拉"四个环节是大部分制造企业的关键环节，其他节点更多是通过"拉动"进行管理。差异管理包括对差异的感知、预警、反馈、分析、判断和自我调适等，是智能工厂未来实现量化管理、实时管理、可视化管理、PDCA 管理、主动管理、数据管理的主要落点，也是最终实现数字化、智能化的重要表现。

（2）物流计划的编制方法　物流计划是基于各环节作业标准时间的动态作业排程。如图 5-8 所示，基于各环节的作业模式形成标准作业，物流各节点都应该有相应的作业标准和时间标准，从而定义各场景下（需要考虑资源配置的影响）作业的标准时间，如分拣时间、库存时间（库存标准）、检验时间、接收时间、运输时间、备货装车时间等。标准时间如同产线的节拍，只有基于标准时间才能输出合理、可行、可监控的物流计划，并使得时间流的拉动变得合理、科学。

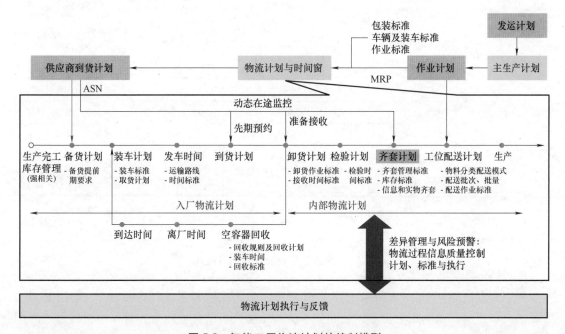

图 5-8　智能工厂物流计划的编制模型

标准时间的设定与运营的绩效导向和精度相关。比如，仓库物料的库存天数决定了物料到厂的提前时间，而库存天数又决定了库存周转率。如果设定的物料库存周期大，则厂内存储空间需求就大，相应的到货提前期就会长，到货时间的容差度就可以相对宽裕，但此时库存周转率也就会较低。

标准时间的设定还与作业资源配置相关。比如，物料接收时间取决于相应的资源配置，如叉车卸货和人力卸货、一台叉车卸货和两台叉车卸货、一人卸货和多人卸货的卸货时间是不一样的。所以在物流规划的过程中，需要对各个节点的标准作业、资源配置进行规划和设定，才能保证标准的合理性，从而确保物流计划是可行的。

图 5-8 呈现了物流计划编制的基本做法：

1）根据订单交付需求、成品库存计划或者成品发运计划编制主生产计划，从而生成工厂或车间的作业计划。

2）基于作业计划拉动，结合每种物料的配送规则和配送标准时间，生成工位配送计划，明确每种物料的配送时间、批次、批量和配送组合。

3）根据工位配送计划拉动，按照各环节的标准时间和规则，倒排各环节的计划，如齐套计划、检验计划、卸货计划、到货计划、发车计划、装车计划、供应商备货计划，具体如图5-9所示。

序号	环节	作业名称	作业开始时间	作业结束时间	所需时间(min)	完成日期	管理要求	备注
1	配达计划	作业计划	16:00	18:00	120	2020-8-24	可视化监控	精确到小时的作业计划
2		物料上生产线	15:30	16:00	30	2020-8-24		生产开始前10~30min内配送到工位
3		拣选备货	14:30	15:30	60	2020-8-24		物料拣选备货时间为60min
5		配套检查	11:30	12:00	30	2020-8-24		针对每一个作业提前4h进行配套检查
6	内部物流管理	仓库存储			2天	2020-8-22	标准化管理	物流基地物料存储时间，通常为1~3天
7		接收入库	16:30	17:00	30	2020-8-22		规定接收入库时间
8		来料检验	15:30	16:30	60	2020-8-22		确保检验的及时性
		卸货作业	15:00	15:30	30	2020-8-22		规定卸货作业时间
9	供应物流计划	供应商到货	14:30	15:00	30	2020-8-22	可视化监控	指定供应商到货时间
10		供应商运输在途	12:30	14:30	120	2020-8-22		供应商在途时间
11		供应商发货	12:00	13:00	60	2020-8-22		监控供应商发货时间，保证到货的准时性
12		供应商打印指令	9:00			2020-8-22		供应商根据系统自动生成的时间表打印指令
13	供应商监控	供应商存储			2天	2020-8-20	库存监控	对供应商库存的监控以确保物料供应
14		供应商生产			1天	2020-8-19	进度监控	对供应商生产的监控以确保物料供应

图5-9 智能工厂物流计划倒排模式

4）根据物流计划形成各环节的作业指令（通过单据或者系统指令传递），如指导每一个配送人员或者设备配送的指令，装卸货人员、检验人员的作业指令，货车司机的发车时间和货车的装载数量，供应商的备货、装车、发车时间等。

智能工厂物流计划需要设定不同物流环节的时间容差（精度），如工位配送需要精确到"分"，物料的库存计划、物料到货计划精确到"小时"或"天"，检验计划、卸货计划、装车计划等精确到"小时"或"分"，供应生产精确到"天"等，从而定义物流计划的精确度，并设定差异识别的灵敏度。

物流计划涉及物料需求、标准时间、作业经济批量、时间容差、资源配置、计划变动、执行差异、计划之间的联动等各种复杂、动态的参数，手工编制物流计划比较烦琐，而且难以支持物流的精细化管理，因此需要针对每一个计划设计算法，将其固化到信息系统或者工业软件中，由软件提供支持，或者直接由系统输出物流计划。在智能工厂的物流运营体系中，系统不仅能够根据既定的条件自动生成物流计划，还能够识别各环节计划与执行之间的差异，并自主调整后续的计划及相关计划，使得总体运作符合系统效率最优的原则。

（3）物流计划的应用 制造企业物流计划制订及其管理的逻辑是一致的，但其关键环节的选择、计划的精度、需要考虑的维度等，在不同行业的智能工厂中表现各有不同。企业整车厂因其混线生产、零件多、准时化等特征，以及汽车行业的成熟度，其物流计划和运作体系具有较强的代表性和参考性。下面以某汽车企业的物流计划及其管理为例，详细描述物流计划的编制和应用，以便于读者进一步理解物流计划的具体操作方法。汽车行业物流计划的逻辑和方法对于其他制造企业同样适用，只是具体参数、计划周期、计划精度、关键节点和实施条件有所不同。

1）生产计划对物流计划的影响。该企业根据接收到的销售及预测计划，同时结合现有成品车库存，制订下个月的生产计划，月计划正常情况下一般仅做小幅调整。按各车型的比例均衡排产至每日生产计划，比如某车型下个月需求为 220 辆，下个月工作日为 22 天，则该车型在下个月的主生产计划中，每天生产量为 10 辆，这样就实现了下个月每天排产总量、车型数量的均衡性。接下来考虑具体生产顺序的排程。

汽车行业普遍采用混线生产的方式，对物流过程提出很高的要求。不同的车型，尤其是高低配车型在产线上的混流，使零部件需求波动大，如果不加以规划和优化，其零部件从供应商生产到上线的整个过程将非常复杂。该企业采用"目标追踪法"进行排产顺序的锁定。至关重要的是，通过科学的混线排程，实现各零部件的使用速率尽可能一致。

该企业的排产算法是以物流均衡化为导向的方法。这里的物流均衡化不仅仅是物流总量的均衡，而是每一种零部件（每一个 SKU）的使用速率尽可能保持一致，也即生产对每一种零部件的需求尽量均衡，由此使得每一种零部件的配送、拣选、补货、入厂、供应商生产的速率也保持一致。当单个零部件的需求均衡性得到了保证，则总的物流均衡性也将得到最大化的保障，从而使得物流资源的规划和安排、供应商生产组织、库存的部署等均处在较为稳定的环境中。

2）物流计划编制与执行。

① 物流计划编制。基于均衡化的生产计划，可以形成均衡的物料上线需求拉动，并通过总装上线—出齐套区—入齐套区—物料检收—货车卸货—货车入厂—货车取货—供应商备货—取货计划下达的物流链拉动各个节点的作业，形成均衡的生产物流计划。

该企业每天生产 720 辆车，划分为 36 个时区，则每个时区生产 20 辆，每个时区约 25min（白晚班双班生产）。因此，可以认为是以 20 辆车为单元均衡的流动，且每 20 辆车中，每一种车型的数量和每一种物料的使用数量大致相等。如图 5-10 所示，当某单元的 20 辆车 12∶00 开始进入生产虚拟序列（上线顺序），经过 2h 排队、3h 车身加工、3h 喷涂加工，将于 20∶00 进入总装线开始生产。

经过系统规划和管理优化，在内部物流运转流程中，等待卸货、卸货、验收、入齐套区、出齐套区、上线等环节的标准作业时间均为 30min。由此形成如表 5-1 所示的针对某作业单元的内部物流作业计划。

表 5-1　针对某作业单元的内部物流作业计划

物 流 环 节	计划开始时间	计划结束时间	标准时间（min）
配送上线	19∶30	20∶00	30
出齐套区，进入待配送区	19∶00	19∶30	30
入齐套区	18∶30	19∶00	30

（续）

物 流 环 节	计划开始时间	计划结束时间	标准时间（min）
验收	18：00	18：30	30
卸货	17：30	18：00	30
等待卸货	17：00	17：30	30
循环取货（入厂）	15：00	17：00	120

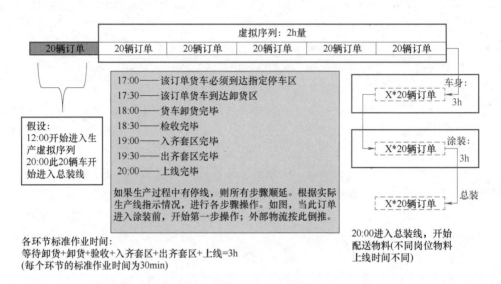

图 5-10　某汽车企业基于总装需求拉动的物流计划

系统按照上述逻辑制订每个作业单元的物流计划，并通过系统实时传递给各环节的相关作业人员。当生产出现异常导致停线时，根据设定的计划调整规则，系统将自动调整生产作业计划，同时更新各环节的物流作业计划，确保每一个环节的作业都是协同、同步的。对于数字化、智能化工厂而言，其物流计划的生成和管理逻辑是完全一致的，在合理的逻辑基础上，数字化、智能化能进一步提升物流计划与执行管理的实时性、可视性和自管理、自调适、自决策属性，针对计划与计划之间、计划和执行之间、执行和标准之间的差异，进行自我监控、预警、协同和调适。

② 物流计划执行。各环节按照物流计划作业：

取货司机领取相应的取货计划（通过计划单或者手机 App 获取取货指令），15：00 发车开始取货，取货周期为 2h，于 17：00 准时到达工厂，按照车辆调度指令进入相应的车位，挂车厢留在车位等待卸货。司机领取新的取货指令，开始新一轮的取货作业。

卸货调度系统生成卸货指令，要求 17：30 之前必须到达指定卸货口。使用厂内专用牵引挂车头将停在车位的车厢送达卸货口。卸货人员开始卸货，并于 18：00 之前完成卸货，按照空容器装车指令至指定的空容器装车车位，作业人员将相应的空容器装上车厢，由厂内牵引挂车牵引至空车暂放车位。

验收人员按照验收标准，核对计划、单据、托盘标签、时间、数量等，核对无误后物料可进入齐套区。18：30 开始，作业人员根据计划指令，将每托盘物料搬运至指定的齐套区。

作业人员通过查看托盘标签或扫描托盘的方式，获得每一托盘物料应该进入哪个齐套区的指令。要求作业人员在 19：00 前完成。

19：00 开始，作业人员按照系统指令，将齐套区内的托盘物料进行拆分，进入相应的小件拣选、大件分装的区域，19：30 前完成各项分拣、分装作业，达到可配送上线的状态。配送人员按照系统自动发送的配送指令，在指定的时间内将物料配送至工位，并回收相应的空容器，将空容器送至空容器存放区。

3）拉动入厂物流计划（供应商到货计划）。该企业以稳定的生产计划为前提，将每天的计划均分为 36 个时间段，对应地在物流区域设置 36 个物料齐套区。由于已经对计划做了均衡化的排程，每个时段内车型的生产数量、每种零部件的需求数量都是均衡的，因此其入厂物流和内部物流流转、配送也都实现了均衡化。该企业的入厂物流采取的是循环取货的模式，在此基础上，对每个供应商的取货次数和取货量进行规划，由此生成每条线路的物流取货计划。

假设日生产数量为 720 辆，日排产计划按照 36 个时区划分，则每个时区的产量为 20 辆，由此对应备货齐套区的 36 个齐套区。36 个齐套区循环使用，原则上每个齐套区对应暂放一个时区的物料。在实际运作过程中，为了缩小齐套区的面积，由于已经将物料总量控制在 1 天以内，实际使用 27 个齐套区循环使用来满足 36 个时区的物料齐套暂存需求。

该企业的入厂物流采取标准托盘单元尺寸装载的模式，其周转箱尺寸和托盘尺寸完全匹配，大件料架尺寸同样按照托盘单元尺寸进行设计。其标准托盘尺寸为 1.2m×0.8m×1.0m = 1m³（物料与托盘高度总和为 1.15m）。

该企业入厂物流计划的计算过程如下：

第一步：物流订单分割。根据日计划计算单一供应商日供货体积（货量）。A 供应商共供应 30 种物料，其货量为 8m³；B 供应商共供应 20 种物料，其货量为 16m³；C 供应商共供应 50 种物料，其货量为 36m³。以每个订单基准货量 1m³ 为标准，按照图 5-11 取货订单分割对照表的标准计算，订单分割数量与 36 个时区和齐套区都需要形成匹配关系，因此以 36 的约数作为分割订单数的标准，按照相应的货量可拆分的订单数为 1、2、3、4、6、9、12、18、36。A 供应商的货量为 8m³，可拆分为 9 个订单（每个订单对应 4 个时区的需求），每个订单货量约为 0.89m³；同样，B 供应商可拆分为 18 个订单（每个订单对应 2 个时区的需求），每个订单货量约为 0.8m³；C 供应商可拆分为 36 个订单（每个订单对应 1 个时区的需求），每个订单货量约为 1.4m³。如此，按照计算结果完成组托，托盘打包完毕后打印货垛标签、物料标签。托盘打包时需保证托盘货垛整托，如有不平整，必须用空料箱填平，并在空箱上做上空箱标记。

第二步：划分取货线路，计算每条线路的取货次数。根据供应商的距离及日供货体积，将 N 家供应商划分为 M 条线路。比如，A、B、C 三家供应商划分为一条线路，该线路上每天的取货量为 74m³，取货车辆的装载量为 28m³（剔除托盘和可能的空箱，实际装载量约为 26m³），计算每天取货次数为 3 次。

根据生产计划的稳定性，对供应商的到货可设计物流中心或集装箱甩挂中心，根据计划或物流中心的物流量向供应商进行推拉结合的要货，供应商根据需求进行备货，若是能满足整车的供应商则采用整车的方式进行配送，但大多数厂家均非整车，因此为使得整体供货过程最优，在实际应用过程中，采用短途 milkrun（循环取货）及长途周边 milkrun+长途整车

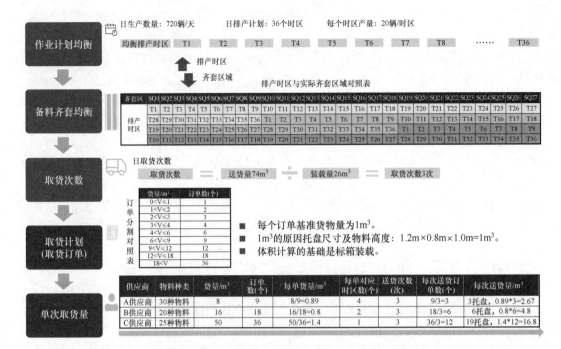

图 5-11　某汽车企业入厂物流计划的计算逻辑和举例

运输的模式。整体 milkrun 的设计关键在于取货路线模型设计，模型设计完成后可将模型编程，导入软件运输管理系统，实现整体路线规划的最优化。

通过以上路线规划整体的 milkrun 路线，继而确定最小的投入车辆数，并根据路线时刻要求编制取货路线及时刻表，如图 5-12 所示。同时，需要考虑根据节拍安排车辆；充分利用运力，合理调配路线，提高车辆利用率；预留应急车辆，应对异常（如急件、交通拥堵、车辆故障、交通事故等）。

第三步：计算供应商每次取货的订单数。根据取货次数，计算供应商每次取货的订单数，打印该供应商的供货清单。A 供应商供货订单数为 9 个，则每单货量为 0.89m³，每天取货 3 次，每次取货量为 3 个订单（约 3 托盘）。同理可得，B 供应商每次取货量为 6 个订单（约 6 托盘），C 供应商每次取货量为 12 个订单（约 19 托盘），合计 28 托盘。

第四步：安排车辆进行取货。根据日到货车辆数，合理安排车辆到货时间；根据物流计划，打印物料标签、货垛标签、供货单、集货表等。供应商在指定的时间窗口内完成组托打包，取货车辆在指定的时间窗口上门取货。

5.3.2　消除物流断点

物流运营管理应致力于物料及产品在价值链上的快速周转，尽可能减少物料及产品在仓库、暂存区、工序间、车辆上等各节点的等待时间。基于"智能工厂物流中心化"的原则，通过精益物流和精益生产的有效配合，结合自动化、数字化、智能化的物流装备应用，在智能工厂内部尽量消除物理上和信息上的断点，打造连续流，能够极大地提升运营效率，由此对实现智能工厂物流运营的战略绩效产生极大的作用。同时，消除物流断点也是传统物流转向精益化、数字化、智能化物流的必由之路。

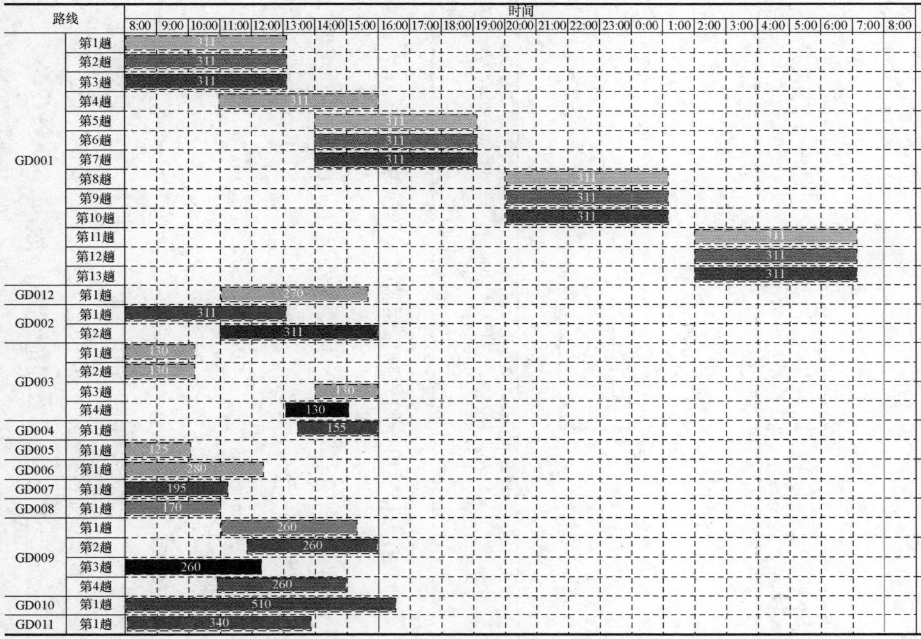

车辆	班次	运输路线	取货地区	作业时间(h)	利用率	车辆需求（辆）正常需求	车辆需求（辆）备用车	总需求
货车1		GD001	广东省东莞市	20.7	86.39%	3		17
货车2	3	GD001		20.7	86.39%			
货车3		GD001		20.7	86.39%			
货车4		GD001 GD003	广东省东莞市	7.4	91.88%		3（广州&佛山地区1辆、东莞地区1辆、惠州地区1辆）	
货车5		GD003 GD012	广东省佛山市 广东省广州市 增城区	6.7	83.33%	11		
货车6		GD002 GD004	广东省东莞市 广东省佛山市	7.8	97.08%			
货车7		GD002 GD005	广东省东莞市 广东省佛山市	7.3	90.83%			
货车8	1	GD003 GD006	广东省佛山市	6.8	85.42%			
货车9		GD007 GD009	广东省佛山市 广东省广州市	7.6	94.79%			
货车10		GD008 GD009	广东省广州市	7.2	89.58%			
货车11		GD009	广东省佛山市 广东省广州市	6.5	81.25%			
货车12		GD003	广东省深圳市	4.3	54.17%			
货车13		GD011	广东省广州市	5.7	70.83%			
货车14		GD010	广东省广州市 广东省惠州市	8.5	106.25%			

图 5-12　取货路线规划

下面以某家居企业通过物流价值流优化，消除物流断点为例进行介绍，呈现制造企业物流范式升级的过程逻辑和运营绩效的提升。该案例表现为生产流线的优化，但其生产方式并没有发生根本的变化，本质上是物流运营优化的结果。

1. 第一阶段背景：传统物流阶段

该企业过去以传统的手工作业为主，生产作业方式、车间布局往往以功能集中排布为主，主要生产工艺包括木工下料、海绵下料、订架、贴绵、裁剪、缝纫、胶套、包制—打包等。其布局基本按照每种工艺作为一个车间进行布局。在计划排产方面，每个工序都需要有独立的生产周期和提前期，工序和工序之间缺少信任感和安全感，只能通过半成品库存来缓冲信任的缺失。如图 5-13 所示，由于每个工序都是独立的车间，而且每个工序内部又有基于工种和设备的不同工作岛，因此物料在工艺路线的流转过程中，一台设备加工完后需要等待一段时间，再流转到下一台设备，一个车间加工完成后，半成品需要存放 1 天，才能流转到下一个车间。产品从开工到完工需要 8 天，而这个过程中，其中有效作业时间比例仅为 0.16%。

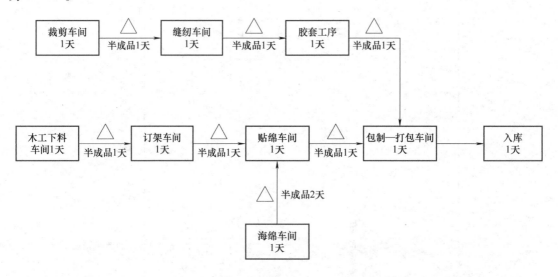

阶段	布局模式	关键路径工序数(个)	批量	关键路径上下料点(个)	大件搬运节点(个)	在制品及半成品库存(件)	生产周期(天)	节拍(min/件)	关键路径有效作业时间(min)	有效作业时间比例	大件总搬运距离/m	日搬运当量(次·m)	关键路径占地面积/m²
第一阶段	功能布局	5	48	10	4	384	8	10	50	0.16%	1200	57600	6340

图 5-13　第一阶段物流运营模式和绩效

在这样的场景下，该企业的物流运营将产生极大的效率损失和不确定性。理论上 8 天可以交付，但过程中可能出现缺料、找不到部件、计划调整、员工挑单等问题，现场的在制品、半成品越积越多，生产周期越来越长，事实上很多产品的生产周期达到 10~15 天。

2. 第二阶段优化：基础能力提升

该企业确定了以物流为主线的改革路径后，采取的措施是进行物料清单、工艺路线、计划排程、物流器具、齐套管理等基础工作的优化。其主要目标是：不对现场布局进行大幅调整，先通过优化计划排程、狠抓物料（含半成品）齐套率、保障作业达成率等措施，逐步实现计划和执行的同步，并逐步压缩工序之间的半成品库存。物料包装及周转器具的优化，是物料管理、齐套管理的基本前提，是物流管理优化的基础，因此先期对其主要的物料包装和周转器具进行了优化设计，如图 5-14 所示。

图 5-14　物料包装及周转器具优化

图 5-15 为该企业第二阶段运营模式和特征参数。通过基础管理的提升，在相同产出的前提下，在制品和半成品库存降低了 37.50%，生产周期缩短了 37.50%，有效作业时间比例提升了 62.5%，关键路径占地面积缩小了 22.71%。

3. 第三阶段优化：精益化物流

当企业具备了较好的物流管理基础后，开始将不同加工工序整合进行流水线的建设，如图 5-16 所示。由于家具的生产制造过程主要是依靠人工（技能工），其流水线的建设主要通过工作台、输送线、滚筒线、轨道等设施实现产品制造过程中流动的便利性。通过精益产线规划项目，订架—贴绵—胶套—包制—打包等工序规划为一条流水线，随之而来的是班组管理、精益文化、线体管理、现场管理、员工管理、技能管理、多能工、物料配送、流水线计划管理、工时管理、效率管理、品质管理、线平衡等方面的同步变革和提升。对于裁剪、缝纫、下料等相对独立的前工序，在供需内部也同时进行相关的优化以提高前工序的交付水平。通过流水线的设计和实施，相较第一阶段物流运营状况，在制品及半成品库存降低了79.17%，生产周期缩短了 62.50%，有效作业时间比例提升了 168.75%，日搬运当量减少了75.00%，关键路径占地面积缩小了 71.60%。

上述流水线更适合生产批量较大的订单或者爆款产品，线体切换难度较大、各工序之间的协同性要求高，且由于流水线节拍较慢（10min/套），单个供需作业周期长，因此难以做到动作和工时标准化，对员工的技能甚至情绪要求都比较高，难以实现较高的平衡率。为了进一步匹配家居产品定制化、小批量、多产品的需求特征，该工厂进一步进行流水线体的柔

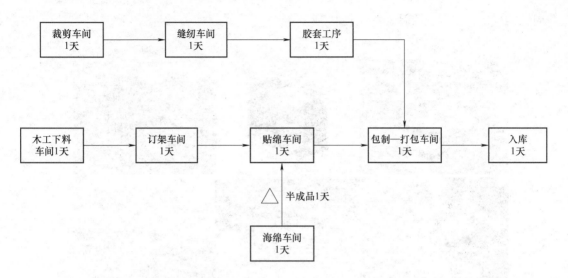

阶段	布局模式	关键路径工序数(个)	批量	关键路径上下料点(个)	大件搬运节点(个)	在制品及半成品库存(件)	生产周期(天)	节拍(min/件)	关键路径有效作业时间(min)	有效作业时间比例	大件总搬运距离/m	日搬运当量(次·m)	关键路径占地面积/m²
第一阶段	功能布局	5	48	10	4	384	8	10	50	0.16%	1200	57600	6340
第二阶段	功能布局	5	48	10	4	240	5	10	50	0.26%	1200	57600	4900
第二阶段相较第一阶段优化幅度						−37.50%	−37.50%			62.5%			−22.71%

图 5-15　第二阶段物流运营模式和绩效

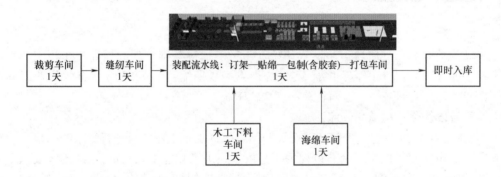

阶段	布局模式	关键路径工序数(个)	批量	关键路径上下料点(个)	大件搬运节点(个)	在制品及半成品库存(件)	生产周期(天)	节拍(min/件)	关键路径有效作业时间(min)	有效作业时间比例	大件总搬运距离/m	日搬运当量(次·m)	关键路径占地面积/m²
第一阶段	功能布局	5	48	10	4	384	8	10	50	0.16%	1200	57600	6340
第二阶段	功能布局	5	48	10	4	240	5	10	50	0.26%	1200	57600	4900
第三阶段A	大装配流水线	3	1	6	1	80	3	10	50	0.43%	300	14400	1800
第三阶段A相较第一阶段优化幅度						−79.17%	−62.50%			168.75%		−75.00%	−71.60%

图 5-16　第三阶段 A 物流运营模式和绩效

性化改造，将一条大流水线体改造成为如图 5-17 所示的 A、B、C、D 四条细胞线。从大流水线到柔性线体的改造，进一步降低了在制品数量和生产周期，并可以同时生产 4 种产品。另外，对每一条线体的人员数量进行柔性化配置，生产任务多时可以增加人员，生产任务少时可以减少人员。同时，在这个阶段，对前工序车间也进行了相应的优化，进一步缩短了前工序的准备周期。

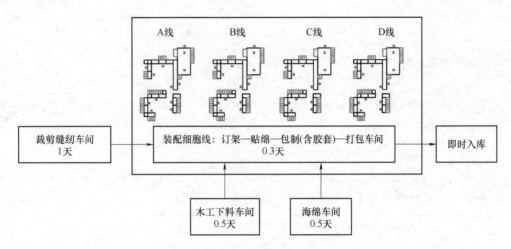

阶段	布局模式	关键路径工序数(个)	批量	关键路径上下料点数(个)	大件搬运节点(个)	在制品及半成品库存(件)	生产周期(天)	节拍(min/件)	关键路径有效作业时间(min)	有效作业时间比例	大件总搬运距离/m	日搬运当量(次·m)	关键路径占地面积/m²
第一阶段	功能布局	5	48	10	4	384	8	10	50	0.16%	1200	57600	6340
第二阶段	功能布局	5	48	10	4	240	5	10	50	0.26%	1200	57600	4900
第三阶段A	大装配流水线	3	1	6	1	80	3	10	50	0.43%	300	14400	1800
第三阶段B	细胞线	2	1	4	0	14	1.3	40	80	1.60%	300	14400	1800
第三阶段B相较第一阶段优化幅度						−96.35%	−83.75%			900%		−75.00%	−71.60%

图 5-17　第三阶段 B 运营模式和绩效

4. 新一代工厂：物流数字化、智能化升级

随着该企业的业务规模不断扩大，其第二代工厂、第三代工厂均以物流为主线进行规划，基于此，该企业正在探索和规划其未来工厂的形态和模式。如图 5-18 所示的新一代工厂运营模式，通过输送线、自动化库、机器人、AGV、悬挂链、RGV、提升机等物流设施，将装卸货场、各仓库、各功能区域、各工序、各产线等进行有效连接，逐步实现工厂物流的数字化、智能化。在新一代工厂运营模型中，需要尽可能减少人工对物流过程的参与，其目的不在于物流过程中的少人化，而在于通过这种方式降低物流的不确定性，实现整个物流过程的快速流通和在线管理。在整个物流系统中，自动化仓库不仅仅用于存放物料，更是物流过程中的连接和缓冲节点，是工厂实现数字化、智能化的重要设施。

5.3.3　库存控制与管理

库存控制与管理需要制定差异化的库存管控策略，不同的物料和产品具有不同的流通属性（距离、交期、供需关系、可得性、品质、需求波动等），因此要避免"一刀切"的库存管理方式，而应针对每一类物料和产品设定合理的、差异化的库存策略。库存的标准设定和流转模式决定了智能工厂的经营效益。

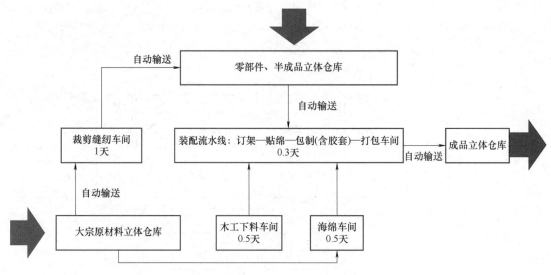

图 5-18　新一代工厂运营模型

1. 原材料库存管理与控制

原材料库存取决于采购批量和供应商到货周期（或者采购周期），同时与质量合格率、供应商送货的稳定性等变数相关，是采购入厂物流、生产、物料齐套等计划与执行的结果。

（1）物料供应策略　物料供应策略决定了库存标准的设定。首先，供货距离是物料可得性的主要因素之一。因此，一般而言，供货距离越远，物流的提前期越长，则库存标准越高；供货距离越近，物流的提前期越短，则库存标准越低。另外，物流量越大，供货的频次越高，库存标准就可以偏低；物流量越小，供货的频次越低，库存就需要略高。需要说明的是，上述逻辑并非因果关系，而是相关关系，具体需要结合企业的各种业务场景进行定义。图 5-19 为某智能工厂设定的物料供应策略矩阵。

供货距离

		可优化			
远	优化供应商布局	3天/次、LT=3天 7天/次、LT=3天 7天/次、LT=7天		7天/次、LT=3天 7天/次、LT=7天 14天/次、LT=3天	
		按天到货		按天到货	
中	可优化 JIT到货	2h/次、LT=4h 4h/次、LT=4h …	1天/次、LT=1天 1天/次、LT=2天	2天/次、LT=2天 3天/次、LT=3天	
			按天到货	按天到货	
近	JIT到货	2h/次、LT=4h 2h/次、LT=2h 1h/次、LT=2h 0.5h/次、LT=1h …	JIT到货 4h/次、LT=4h 8h/次、LT=8h …	1天/次、LT=1天 2天/次、LT=1天	
	大		中	小	物流量

策略代码	到货提前期	频次
H0201	LT=2h	1h/次
H0302	LT=3h	2h/次
D0101	LT=1天	1天/次
D0301	LT=3天	1天/次
D0303	LT=3天	3天/次
D0307	LT=3天	7天/次
D0707	LT=7天	7天/次
D0314	LT=3天	14天/次
…	…	…

注：LT此处特指到货LT，即到货提前期，此处定义为最早到货时间距离生产时间的时间差。

图 5-19　某智能工厂的物料供应策略矩阵

图 5-19 中，策略代码中的首字母 H 代表按小时到货、D 代表按天到货；中间两位数字代表到货提前期（LT），即相应的物料应该提前多长时间到货；后两位数字代表到货频次，即多长时间到一次货（也可理解为到货批量，在循环运作的情况下，n 天到货一次，则一次到货的量就为对应 n 天生产所需的物料量。）

具体每一种供应物流策略定义了多个标准和运作方式。如图 5-20 所示，以 H0201 为例，最早可提前 2h 到货，最晚需提前 1h 到货，并且按 1h/次滚动到货。基于这种到货策略，仓库的最高库存为 3h 使用量，最低库存为 2h 使用量。具体来看 11：00—12：00 的物料需求，供应商应在 8：00—9：00 接收到物料供应计划（如果工厂的计划、生产都稳定，物料计划的发放时间可以更早），然后开始准备物料送货，这个过程一般包括接收、打印送货单、备货、装车、运输，并于 9：00—10：00 将该批次物料送达。需要注意的是，此处为一个时间段，最早不能早于 9：00 送达，最晚不能晚于 10：00 送达。在实际管理过程中，时间段可以天或者小时为单位进行划分，采用时间段管理实操性更强，避免因为较小的异常情况（如轻微堵车）而导致后续一连串的运作调整。

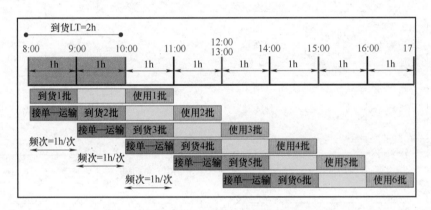

图 5-20　H0201 策略对应的运作方式

在对供应商的供应物流策略进行分析时，可根据此矩阵进行分类，然后按类别进行差异化管理。在制定供应物流策略时，企业应综合考虑，根据供应商的实际情况制定不同的供应物流策略。比如，对距离近且物流量较大供应商采用 JIT 模式，可减少库存占用；对物流量较小及距离较远的供应商，可以适当降低到货频率。对每一家供应商进行供应物流策略分类分析之后，需要将相关参数和标准定义输入信息系统中，方便日后管理以及信息系统的数据读取、精准计划和实时监控。

（2）原材料安全库存设定　在对供应商、物料进行供应策略分析的时候，还有很多其他因素需要考虑。比如，供应商地位、关系、主导权等方面。如果是特别强势的供应商，或者在供应链中占主导地位的供应商，企业往往很难要求其按照自己的规划进行改变。又如，物料品质方面。如果某供应商所供应的某种物料不良率较高、品质的一致性较差，企业往往就会多备一些安全库存，避免因品质异常导致停产。在实际管理过程中，往往采取经验系数的方式设定安全库存，并在实际运作过程中灵活调整系数。

假设 $Q_转$ 为正常周转所需库存，$Q_安$ 为应对各种异常需要准备的安全库存，则企业应该设定的库存标准如下：

$$Q = Q_{转} + Q_{安}$$
$$= Q_{转} + Q_{安1} + Q_{安2} + Q_{安3} + \cdots + Q_{安n}$$
$$= Q_{转} + Q_{转}\,k$$
$$= Q_{转}(1+k)$$

式中，k 为安全库存系数，可以根据历史数据推理得到，或者采用德尔菲法由专家共同确定，并通过一段时间的运行，在实践中进行调整。

在以时间周期为单位的库存标准中，可以通过适当放宽库存可用周期，使之涵盖安全库存的需求。

（3）原材料库存标准设定　企业有了基本的物料供应策略规划后，针对每一种物料匹配合适的供应策略，同时将形成每一种物料的库存标准，如表5-2所示。

表5-2　结合物料供应策略的库存标准设定

序号	物料类别	物料名称	供应商距离	供应物流策略	策略代码	最高库存	最低库存	送货频次	送货批量
1	A	物料小类或物料名称	1h 路程（30km）以内	JIT：到货 LT=2h 频次=1h/次	H0201	3h	2h	1h/次	1h
2	B	物料小类或物料名称	1h 路程（30km）以内	JIT：到货 LT=3h 频次=2h/次	H0302	5h	3h	2h/次	2h
3	C	物料小类或物料名称	300km 以内	按天到货：到货 LT=1 天 频次=1 天/次	D0101	2 天	1 天	1 天/次	1 天
4	D	物料小类或物料名称	300km 以内	按天到货：到货 LT=3 天 频次=1 天/次	D0301	4 天	3 天	1 天/次	1 天
5	E	物料小类或物料名称	3 天路程以内	按天到货：到货 LT=3 天 频次=3 天/次	D0303	6 天	3 天	3 天/次	3 天
6	F	物料小类或物料名称	3 天路程以外	按天到货：到货 LT=3 天 频次=7 天/次	D0307	10 天	3 天	7 天/次	7 天
7	G	物料小类或物料名称	3 天路程以外	按天到货：到货 LT=7 天 频次=7 天/次	D0707	14 天	7 天	7 天/次	7 天
8	H	物料小类或物料名称	3 天路程以外	按天到货：到货 LT=3 天 频次=14 天/次	D0314	17 天	3 天	14 天/次	14 天

库存标准是物料库存管理的重要输入，为企业进行库存的运营和控制提供了量化的标准。库存标准作为一个重要的参数，在采购管理、入厂物流计划、物料齐套管理、库存监控和处理等方面都需要应用这个标准，通过这些运营管理的手段，将每个物料的库存控制在库存标准范围之内，既能够满足生产需求，又不会产生过多的、超出标准范围的无效库存，这也正是原材料库存管理与控制的关键所在。

2. 在制品、半成品库存管理与控制

在制品库存（尤其是多工序离散制造零部件）取决于工序周期、生产批量、转运时间、生产班次、上下工序制造节拍、物流协同模式、包装单元、上线模式以及过程中的质量、时间、数量的变数等。

在制品和半成品库存控制的关键在于缩短生产周期，即从生产开始投料到最后一件产品完工入库的时间。生产周期越短，生产体系的灵活性越大，各节点的响应速度就越快，节点库存就会越低；生产周期越长，生产过程中的变数就越多，生产计划管理就越复杂。

制造企业需要不断压缩其生产周期，可通过价值流优化、流线化布局优化、流水线生产、单件流改善、小批量生产、模组化应用、业务外包等方式来实现。在制造企业中，生产周期有理论上的最优值，但从众多企业的实际情况而言，生产周期永远都有压缩空间。比如，有的企业从几十天压缩到十几天，从 10 天压缩到 3 天，从 3 天压缩到 1 天，甚至压缩到几个小时，由此带来在制品、半成品库存的大幅下降。具体逻辑和方法可以参照 5.3.2 描述的案例。

3. 成品库存管理与控制

成品库存取决于预测准确性、交付周期、存储周期、发运频率和频次、库存损失等因素，是交付策略、库存周期、订单承诺与履行、需求预测、供应链计划、生产执行等协同的结果。成品库存管控的关键点在于成品交付策略和成品库存标准设定两个方面。

（1）成品交付策略　企业采取何种订单交付策略，一方面取决于产品及市场需求特征，比如，越是标准化的产品越适合现货生产，越是个性化的产品越适合接单后再组织交付；另一方面取决于行业竞争态势、行业总体服务水平与企业的风险偏好，比如，如果竞争对手提供的都是现货服务，企业就很难实现按订单生产，除非企业具有其他竞争优势，如更优质、更有特色的产品或更低的价格等。需要特别强调的是，企业并非采用单一的订单响应策略来服务顾客，而需要采用合理的组合策略。如果单纯采用 MTS（按库存生产）策略，就会面临大量的库存呆滞风险；如果全面采用 MTO（按订单生产）策略，就会受到市场大幅波动的影响。因此，一般 MTS 和 MTO 相结合能产生较为理想的效果：一部分标准化、销量大、需求稳定的产品采用 MTS 策略，这部分产品 SKU 较少但销量占比大，合理设置库存有利于实现快速交付，提升客户满意度，同时还可以通过库存调节需求，实现均衡生产；而另一部分差异大、销量小、波动大甚至定制化的产品则采用 MTO 策略，可以极大地降低企业预测、备货、库存管理等的复杂度和风险。

图 5-21 是某企业针对其所有产品设定差异化订单交付策略的分类矩阵。首先需要针对其所有的产品，通过采集过去半年的销售数据，进行需求数量、需求连续性和波动性分析。在此基础上，将所有产品分成九个象限。其中，对 A 类中连续需求和间断需求的产品，由于其需求量大、需求波动性相对较小，市场竞争往往比较激烈，如果缺货将造成较大的机会成本，而且这类产品一般为畅销品，库存呆滞的风险也比较小，因此采取 MTS 策略，确保

现货交付且保持较高的服务水平；对于需求量小且需求波动大的产品，其往往具有定制化或者其他特殊属性，客户为了获得这类产品一般愿意等待一段时间，另外，这类产品不适合备库存，库存呆滞的风险较大，因此采用 MTO 策略。

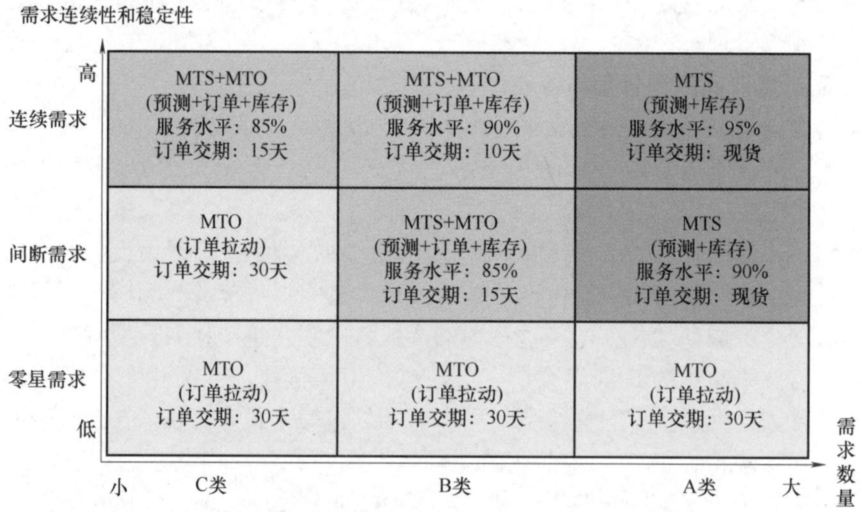

图 5-21　某企业差异化的订单交付策略

该企业采用 MTO 和 MTS 两种策略的生产方式。其中，MTO 表现为订单交期更长，需要30~40 天；MTS 表现为库存更高，需要满足 1~1.5 个月需求的库存。将两种模式的优缺点进行结合互补，采用 MTS+MTO 策略。其具体的特征是：通过预测驱动备一定的成品库存，但并不能满足现货的需求。比如原本需要 1.5 个月成品库存以满足现货交付，现在将成品库存设定为 1 个月，此时，当接到客户订单后，如果有现货库存，则可以现货交付；如果没有现货库存，则一般情况已经有部分产品在生产过程中，此时，订单交期在 0~10 天波动。这样，既降低了完全按 MTS 策略生产的成品库存，又缩短了完全按 MTO 策略生产的订单交期。

（2）成品库存标准设定　在确定了产品交付策略的基础上，进一步设定成品库存标准。比较实用、简单的库存标准模型是最高最低库存模型。

1）周转库存是为满足补货周期内客户订单平均需求数量的库存。周转库存取决于补货周期长短，补货周期又取决于计划频率和批量。周转库存标准的设置需要综合考虑需求预测、补货周期、补货批量等。

2）安全库存是为应对需求波动和不确定性而设置的库存。安全库存是相对变数而言的，即在保证周转库存的情况下为应对变数而"额外"设定的备货。安全库存相当于仓库的最低库存控制点或者补货预警点。

3）最高库存是周转库存与安全库存之和，是为控制库存而设置的最高库存量控制点。正常情况下，产品的库存不应该超过最高库存控制点。

这里需要规避几个传统的误区：①该模型中的库存标准不是固定值，而是结合需求、补货周期、波动和服务水平的算法，并结合不同的物料和产品属性进行差异化设定，不能"一刀切"；②库存标准是一个动态值，随着相关参数的变化而变化，比如每周、每月或每季度需要更新；③随着企业供应链管理能力的提升和库存的不断降低，结合企业淡旺季、新品季、促销季等市场风格的切换，需要不断调整相关参数，因此库存标准需动态调整；④不能仅仅关注库存金额，库存金额主要作为库存汇总和结果监控，实际在定义库存标准、监控库存和调整库存的过程中，必须关注每个 SKU 的库存数量，从数量的层面进行管控。

　　下面以一个案例介绍库存标准的设定：某产品生产交付周期为 30 天，其交付策略为 MTS+MTO 模式，客户服务水平期望为 90%，客户订单交期最长为 15 天。该产品过去 6 周的销量如表 5-3 所示。

表 5-3　某产品过去 6 周的销量表

	1 周	2 周	3 周	4 周	5 周	6 周	平均周销量
销售数量（件）	2500	1800	1200	2455	1856	1780	1932

　　1）计算周转库存：

周转库存周期=生产交付周期-客户订单交期=30 天-15 天=15 天

周转库存=周转库存周期×平均日销量=15 天×1932 件÷7 天=4140 件

　　2）计算安全库存：在实际运营过程中，对于需求较连续、生产周期较长的产品，一般采用如下常用的安全库存公式，也可以采用德尔菲法设置经验值，重点在于运作过程中，结合实际情况和库存表现进行相关参数的优化调整。

$$安全库存(SS)=Z\sigma(L)^{0.5}$$

式中，Z 为服务水平对应的 Z 值系数，如表 5-4 所示，90%服务水平对应的 Z 值系数为 1.28（95%服务水平对应的 Z 值系数为 1.64）；σ 为 1~6 周需求的标准差，可以在 Excel 中通过公式 STDEV（1~6 周需求）进行计算，结果为 485 件；L 为周转库存周期，即安全库存需要覆盖这个周期范围内的波动，第一步中计算周转库存周期为 15 天。

$$安全库存(SS)=Z\sigma(L)^{0.5}=1.64×485 件×(15 天÷7 天)^{0.5}=1164 件$$

　　因此，该产品这一阶段的库存标准为

最低库存=安全库存=1164 件

最高库存=周转库存+安全库存=4140 件+1164 件=5304 件

表 5-4　服务水平对应的 Z 值系数查询表

Z	0	0.01	0.02	0.03	0.04	0.05	0.06	0.07	0.08	0.09
0.8	0.7881	0.7910	0.7939	0.7967	0.7995	0.8023	0.8051	0.8078	0.8106	0.8133
0.9	0.8159	0.8186	0.8212	0.8238	0.8264	0.8289	0.8315	0.8340	0.8365	0.8389
1.0	0.8413	0.8438	0.8461	0.8485	0.8508	0.8531	0.8554	0.8577	0.8599	0.8621
1.1	0.8643	0.8665	0.8686	0.8708	0.8729	0.8749	0.8770	0.8790	0.8810	0.8830
1.2	0.8849	0.8869	0.8888	0.8907	0.8925	0.8944	0.8962	0.8980	0.8997	0.9015
1.3	0.9032	0.9049	0.9066	0.9082	0.9099	0.9115	0.9131	0.9147	0.9162	0.9177
1.4	0.9192	0.9207	0.9222	0.9236	0.9251	0.9265	0.9279	0.9292	0.9306	0.9319
1.5	0.9332	0.9345	0.9357	0.9370	0.9382	0.9394	0.9406	0.9418	0.9429	0.9441
1.6	0.9452	0.9463	0.9474	0.0484	0.9495	0.9505	0.9515	0.9525	0.9535	0.9545
1.7	0.9554	0.9564	0.9573	0.9582	0.9591	0.9599	0.9608	0.9616	0.9625	0.9633

（续）

Z	0	0.01	0.02	0.03	0.04	0.05	0.06	0.07	0.08	0.09
1.8	0.9641	0.9649	0.9656	0.9664	0.9671	0.9678	0.9686	0.9693	0.9699	0.9706
1.9	.0.9713	0.9719	0.9726	0.9732	0.9738	0.9744	0.9750	0.9756	0.9761	0.9767
2.0	0.9772	0.9778	0.9783	0.9788	0.9793	0.9798	0.9803	0.9808	0.9812	0.9817
2.1	0.9821	0.9826	0.9830	0.9834	0.9838	0.9842	0.9846	0.9850	0.9854	0.9857
2.2	0.9861	0.9864	0.9868	0.9871	0.9875	0.9878	0.9881	0.9884	0.9887	0.9890
2.3	0.9893	0.9896	0.9898	0.9901	0.9904	0.9906	0.9909	0.9911	0.9913	0.9916
2.4	0.9918	0.9920	0.9922	0.9925	0.9927	0.9929	0.9931	0.9932	0.9934	0.9936
2.5	0.9938	0.9940	0.9941	0.9943	0.9945	0.9946	0.9948	0.9949	0.9951	0.9952
2.6	0.9953	0.9955	0.9956	0.9957	0.9959	0.9960	0.9961	0.9962	0.9963	0.9964
2.7	0.9965	0.9966	0.9967	0.9968	0.9969	0.9970	0.9971	0.9972	0.9973	0.9974
2.8	0.9974	0.9975	0.9976	0.9977	0.9977	0.9978	0.9979	0.9979	0.9980	0.9981
2.9	0.9981	0.9982	0.9982	0.9983	0.9984	0.9984	0.9985	0.9985	0.9986	0.9986
3.0	0.9987	0.9987	0.9987	0.9988	0.9988	0.9989	0.9989	0.9989	0.9990	0.9990
3.1	0.9990	0.9991	0.9991	0.9991	0.9992	0.9992	0.9992	0.9992	0.9993	0.9993
3.2	0.9993	0.9993	0.9994	0.9994	0.9994	0.9994	0.9994	0.9995	0.9995	0.9995
3.3	0.9995	0.9995	0.9995	0.9996	0.9996	0.9996	0.9996	0.9996	0.9996	0.9997
3.4	0.9997	0.9997	0.9997	0.9997	0.9997	0.9997	0.9997	0.9997	0.9997	0.9998

当企业针对每个产品设定了库存标准，就可以非常清晰地识别每个产品库存是否合理，从企业、节点、类别等各个层面进行库存结构的分析以及机会和风险的识别，如表5-5所示。高于最高库存的产品是可削减库存的重点，表中对应的可削减库存为3800万元；低于最低库存的产品是需补充库存的重点，表中对应的需补充库存为1500万元；慢动和呆滞库存是待处理库存的重点，表中对应的待处理库存为1100万元。总体来看，理论上库存可降低3400万元（-3800万元+1500万元-1100万元＝-3400万元）。

表5-5　某企业的库存结构分析结果

库 存 结 构	SKU 数量	超标库存量（件）	超标库存金额（万元）
高于最高库存	240	19600	3800
低于最低库存	80	8000	1500
库存正常	120	/	/
慢动和呆滞库存	100	5000	1100

5.3.4　入厂物流管理与运营

1. 入厂物流管理概述

入厂物流是指按照一定的规则和要求，将物料从供应商处转移到采购商工厂指定位置的运作和管理过程。入厂物流涉及面广，包括入厂物流计划、车辆配载、车辆调度、运输过程监控、快速有序卸货、仓库快速接收、与厂内物流系统衔接、物料尾数管理、来料包装和品质管理等过程和节点。

入厂物流管理以协同、均衡、标准、经济为导向,以供应商、采购方的各项物流资源整合为手段,对包含供应商在内的采购、计划、库存以及人、机、料、法、环等进行系统性规划和管理,通过流程标准化及信息系统建设实现供应商与采购方的有效协同整合,确保工厂安定生产、总体物流成本降低、入厂物流服务水平提升、入厂物流管理良性循环等目标达成。

具体而言,入厂物流管理的内容具体包括以下几个方面:

(1) 入厂物流策略规划　明确入厂物流在企业中的定位和价值导向,梳理入厂物流发展策略和路径。

(2) 生产计划与物流计划联动模式设计　建立供应端计划协同体系,包括作业计划与物流计划联动、物流均衡化、物料齐套计划、物料到货计划、预约到货模式、物流计划体系、作业计划刚性等。

(3) 入厂物流体系运营方案设计　包含供应布局地图与分析、供应商物流量测算、供应商物流模式分类、直送模式设计与物流计划排程、集中仓管理模式 (VMI) 与运作流程设计、上门取货模式设计与取货计划排程、供应商物料运输方式设计、装卸货方式规划、装卸货位管理模式设计、窗口时间设计、车辆调度与管理方案设计、各环节作业流程和作业标准化设计等。

(4) 物流成本分析与剥离　包含供应物流成本构成分析、供应物流成本测算与统计模式、物流要素价格调研、供应物流标准成本设置、供应商物流 A/B 价方案、供应物流成本剥离方案等。

(5) 物流外包设计　包含物流外包策略分析、第三方物流 (3PL) 引入分析与设计、外包价格定义、物流外包与费用结算模式设计、物流外包技术标准设定、物流服务供应商选择、承包商管理规范、3PL 的 KPI 定义与评审模式设计、货损与索赔模式、退出机制等。

(6) 应急物流模式设计　包含应急物流场景设定、应急物流方案、应急物流流程、应急物流担当与协调模式、应急物流信息需求分析等。

2. 入厂物流运作模式

入厂物流管理必须结合物料的供需关系、地理位置、供应距离、供应源集中度、供应数量与体积、品质稳定性、供应频次、供应商等级等参数,对物料的到货采取不同的入厂物流运作模式。如图 5-22 所示,入厂物流运作模式一般可以分为三种:供方直送、循环取货和中心集货。

(1) 供方直送模式　由供应商点对点直接送货到工厂的指定位置。这种方式的管理逻辑相对简单、过程相对受控、点对点沟通、责任明确,但由于每个供应商各自送货,导致人员、车辆、物流设施等资源浪费,且容易导致多家供应商同一时段到货,产生拥挤。一般情况下,大件、供货量大、频次高、品质水平稳定、供应商距离较近、供应商等级较高的物料采用供方直送模式。供方直送模式管理的重点在于按照需求拉动的送货通知单、基于均衡到货的送货量,对到货时间、满车到货、预约到货、到货准时率进行管理。对符合条件的物料和供应商采用供方直送模式,能够降低供应链整体库存水平;有效匹配厂内卸货资源,提高资源利用率;固定送货量或送货频次,提前准备厂内卸货资源,减少供应商等待时间。

(2) 循环取货模式　这是指对同一区域的供应商到货,通过运输量和物流资源整合,

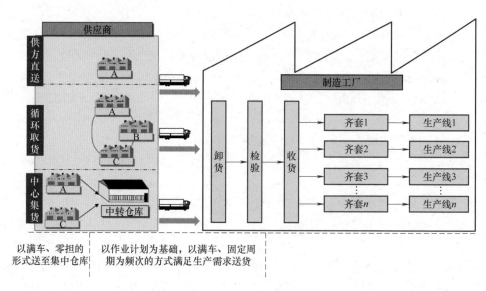

图 5-22　三种入厂物流运作模式

合理规划路线，使之实现供应链资源最优的一种管理模式。该模式一般表现为由指定的第三方物流公司负责多家供应商的物料到货，物流车辆按照物流计划和规划的路线到供应商处取货，根据一次到货量大小，每条路线上可以有多家供应商，也可以只有一家供应商。循环取货模式的目的就在于通过统一规划、统一管理和资源整合，达到提高装载率、提高运作效率、削减库存、提高物流质量的目的，最终实现物流总成本的降低。另外，在循环取货模式下，供应商只需要负责按照计划准备好物料、等待车辆取货即可，供应商可以将更多的资源投入生产管理中以保证及时交付，有利于提升物料的满足率。

（3）中心集货模式　这种模式是在工厂内部、工厂周边或者异地供应商集群地建立物流中心，供应商统一将物料送至物流中心进行集货，统一进行到货管理、仓储管理、库存控制和齐套管理等，再按照各车间、各产线的需求拉动进行准时化配送。该模式可以规避入厂物流运作过程中存在的以下问题：远距离供应商集群内的多家供应商各自送货，导致资源浪费严重；很多远距离供应商在工厂周边租用仓库，存放周期较长的物料，反而导致成本和库存增加；所有供应商都将物料送至车间，导致工厂物流管理混乱，存在较大的安全隐患；各车间都需配置仓库、物流设施、物流人员、检验人员和检验设施等，资源分散，不利于管理；物流资源分散在各个地方，不利于实现物流自动化等。中心集货模式和循环取货模式的目的和作用有异曲同工之处。

工厂在进行入厂物流规划时，需要结合自身情况及运作过程中存在的问题，进行综合分析，选择合适的入厂物流模式，也可以采取将其中的两种或三种入厂物流模式组合的方式。比如：某些大件物料的物流量较大，且供应商自身的物流能力较强，可以采取供方直送模式；某些近距离、物流量小的供应商，则可以采取循环取货模式；对于远距离供应商，如果供应商比较集中，则可以在供应商聚集地建立物流中心进行集货，再通过干线将货物运输到工厂，如果供应商比较分散，则可以在工厂周边或厂内建立物流中心进行集货。而无论采取何种模式，入厂物流首先强调的都是统一规划、统一计划、统一管理，以入厂物流计划为牵引进行运作。

3. 预约到货管理

预约到货是通过系统规划和信息系统建设，对供应商到货进行预先精确排程，明确到货数量、时间、地点的一种管理方法。预约到货能够统筹管理所有供应商的到货时间，从而避免波峰波谷的不均衡，减少供应商车辆的等待时间，提高供应商车辆的周转率。同时，还促使工厂更合理地安排卸货资源，提高资源利用率以及收货效率。另外，还能够使工厂对物料齐套、库存控制等工作前移，从而提升物流管理的预见性，减少突发异常情况的发生，实现生产的安定有序。

预约到货需要在总体规划的基础上，以物流计划为牵引，并做到与生产计划的联动。通过与供应商信息打通、智能道闸、过程数据采集、车辆和月台调度管理、空容器回收管理等软硬件系统的支持，实现对到货过程的有序、动态、可视化管理。具体表现为供应商或者由供应商委托的第三方物流公司，在发货之前，通过信息系统提前将要发货的信息传递给工厂，发货信息包括但不限于供应商信息、物料信息、车辆信息、时间信息等，工厂据此可以提前安排到货顺序、统筹收货资源等。虽然是由供应商向工厂预约，但背后的依据则是工厂的物流规划和物流计划。预约到货模式规划的关键是如何在生产计划和采购订单的基础上，按照一定的规则给供应商下达送货通知，由供应商创建送货单，并据此对装车、发货、运输、进厂、卸货入库、出厂等一系列的信息传递和物流活动进行规划。整个过程涉及采购、物流、仓库、现场运作等多个部门以及供应商的协同运作管理。

4. 入厂物流运营管理智能化

（1）入厂物流智能化的要点　入厂物流是涉及所有物料、供应商、线路、车辆、人员等要素的庞大而复杂的系统，仅依靠简单算法和人工，无法规划所有的资源并获得较好的综合效益。要想实现入厂物流的精细化管理，就需要投入大量的管理资源，这就促使入厂物流必然要向信息化、数字化、智能化的方向发展。

在面对计划可能发生调整（插单、延后、异常停线、换线生产等）、供应商供货量波动（同一个物料今天 A 供应、明天 B 供应；同一个供应商今天量大、明天量小）、物流线路不固定（因供应商变动导致取货路线不固定）、车辆满载率难保障等情况下，入厂物流智能化需要解决的问题是搭建一个或几个数学模型和算法。结合入厂物流的状态数据以及生产作业计划、物料需求计划、采购订单、库存与齐套信息等，该模型和算法可以自动生成合理的动态入厂物流计划，并能够对风险进行预警，同时针对风险可以形成及时的、灵活的调整指令，以实现准时供应、均衡到货、库存较优、物流成本较低、资源利用率较高的目标。

也就是说，系统基于该算法可以生成明确的指令。比如：某供应商几点几分需要准备好多少物料，几点几分需要发车、几点几分需要到货；或者某司机几点几分需到 A 供应商处取货、几点几分需到 B 供应商处取货。该指令是基于大数据模型和算法得出的最优方案，入厂物流环节涉及的所有人员只需要按照该指令执行，如有异常则如实反馈，不再需要反复确认计划、电话沟通、计算时间、协调资源等。在这个过程中，关键的资源都将量化进入系统，系统以此进行多因素约束的排程计算。系统以实现资源综合利用率最高为目标，当资源空闲时，可主动预警；当局部资源不足导致无法正常完成作业时，系统将采取向前或向后平滑的方式进行调整或给出调整建议。

除此之外，与供应商之间的信息系统拉通、入厂物流全程可视化和异常监控、车辆的智能调度、物流资源的智能分配等，都将成为入厂物流智能化的重要组成部分。

（2）入厂物流智能化典型应用场景　以下为入厂物流智能化的典型应用场景：

1）智能工厂系统根据生产计划自动运行 MRP，结合预先设定的采购提前期和原材料库存标准，生成带有明确到货时间的、准确的物料需求计划。采购方的供应商管理系统（SRM）可根据已有的供应商管理数据，自动寻源、锁定供应商，同时根据先期对供应商的ABC 分类评估和预设的采购比例，自动分配订单给供应商。供应商通过系统直接接收物料需求信息（计划或订单），自动生成生产计划。供应商的实时生产进度和库存状况在采购方系统中实时可见，采购方系统通过预设的规则提前预警供应商生产进度延期、库存过高或过低等物料供应风险，并通过 App 或系统向采购方、供应商等相关人员发出实时预警信号，直到问题被处理并解决为止。

2）物流计划系统按照生产作业计划、生产执行进度、厂内原材料库存标准和齐套管理要求、实时库存数据等自动生成入厂物流计划。该计划具有明确的时间、数量、地点、路线等方面的参数。最为关键的是，该入厂物流计划结合到货批量、车辆参数、物料单元参数等，生成合适的装载方案，以确保较高的车辆装载率、装卸货作业效率等。入厂物流计划与生产计划实时联动，当生产计划发生调整时，系统能够快速形成相应的供应商生产计划、入厂物流计划等计划的合理调整方案。

3）供应商在交付前的某个窗口时间，通过授权登录 ASN 界面下载指令，打印表单（携带条码或者 RFID 标签）。由于采购方和供应商之间实现了数据的互联互通，该计划制订过程中没有人为干扰，而且所有供应商对于同一家采购方的表单（或者指令格式）都是标准的、符合行业或者国际要求的。供应商按照表单要求的时间和数量进行备货，等待第三方物流公司提货，此时含有条码的单据卡或者 RFID 嵌入智能化的包装单元中（带有条码或者RFID 标签的周转箱或者托盘），实现信息与实物的对应。

4）参与直送取货或循环取货的第三方物流公司也在对应的信息系统中获取取货信息，并在相应的时间内打印取货表单（包含供应商、发货地点、物料、线路、时间、目的地等的准确信息）。按照取货指令，第三方物流公司在指定的日期和时间到达供应商发货区域，取货之后根据表单中的指令进行运输，最终按时到货。整个取货和运输过程都在系统的实时监控之下，如果过程发生异常，系统将实时预警，并且在必要的时候调整后续计划指令。

5）根据系统的指令，采购方会结合 ASN 信息提前安排卸货位及相应的卸货资源，确保送货车辆能够顺利入厂和快速卸货，减少车辆等待时间。采购方卸货人员根据卸货作业时间要求实时卸货。卸货过程、卸货时间、车辆在厂时间等都在系统的实时监控中。

5.3.5　厂内物流管理与运营

1. 厂内物流运营管理智能化

（1）厂内物流智能化的要点

1）信息流和实物流全面上线。生产物流数字化、智能化的发展，主要体现在信息流和实物流从"线下流动"到"线上流动"的转变：一方面是实物流从人工、托盘、周转车、货架等"线下"流动，转变为自动化仓库、AGV、输送线、悬挂链等全面"线上"流动；另一方面是信息流从手工抄写、单据打印、人工传递、人工统计数据等"线下"流动，转变为自动采集、自动分析、自动预警、自动传递、终端自动接收和显示等全面的"线上"流动。

2）物料流动过程融为一体。在物流全面"线上"流动的环境中，仓库（物料存储区域）的定位发生了变化，不再是简单存放物料的地方。自动化仓库（存储技术）成为与各种自动化、智能化输送设备连接的必备要素，成为节点之间的缓冲和衔接器，成为实现厂内物流全面数字化、智能化的必备条件。在智能工厂中，可以将原材料、半成品、成品合并建成自动化仓库，这个仓库成为整个工厂的"心脏"，为所有环节的运作输送"血液"；也可以将自动化仓库（存储技术）嵌入物流的各个节点，比如在来料检验、物料存储、齐套暂存、前工序半成品、工序在制品等节点上应用自动化仓库（存储技术），实现上下节点之间的打通。这些仓库可能规模很小，有的可能是自动化立体仓库，有的则是自动化平面仓库，分散在工厂的各个位置，但能够实现统一的管理，形散而神聚。

（2）数字化检验管理　检验成为物流过程中的一个节点，而不是需要等待的一个断点。检验包括来料检验、过程检验、成品检验等。在传统工厂中，检验往往独立于物流过程之外，检验过程具有极大的不确定性。在工厂智能物流体系中，检验被纳入物流整体过程中，检验计划被纳入总体物流计划中，抽检比例、检验标准时间、检验类型等都被定义到系统中。无论是零部件还是原材料，当物料或产品被接收进入物流体系中，将实现自动抽检，被抽检的物料或产品通过自动输送设施输送到检验工位，检验判定完成后可自动进入下一个节点，实现通过式快速检验。在某些工厂，为了实现检验作业的均衡化，建立了拉动式检验模式：物料批量到货后直接进入待检库存储（库存周期较长），检验人员根据生产计划需求拉动配送、齐套拣选和检验作业，系统自动生成检验计划以指导检验作业。

（3）生产和物流融合　某些智能工厂面向产品多样化、需求个性化、生产定制化、交付柔性化等方面的要求，工厂内部的生产和物流充分融合，形成"智能工厂物流中心化"的布局和运营逻辑。图 5-23 为某智能工厂的概念布局图，其最大的特征在于生产和物流浑然一体。该工厂没有严格意义上的产线，取而代之的是具有不同功能和工艺特征的加工中心。加工中心由不同的设备和加工单元构成，所有的加工单元之间通过物流路线进行连接。

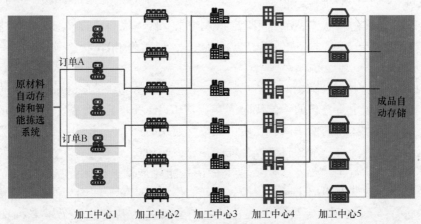

图 5-23　智能工厂的生产和物流高度融合

生产过程中，针对某一个产品并没有一条完全固定的产线，而是以 AGV 作为载体，按照生产计划排程的顺序和路线，按照原材料出库—加工中心 1—加工中心 2—加工中心 3—加工中心 4—加工中心 5—入库暂存—装车发运完成整个生产过程。某些产品需要按照顺序经过每个加工中心，某些产品不需要经过某个加工中心，则由系统指挥 AGV 直接跳过进入下一个加工中心，以此实现生产的高度柔性化。但某一个生产单元或某一条线路上发生异常或者拥堵时，系统可以立即对后续生产计划和线路进行重排。由于不同的产品需要经过不同的工艺路线，不同产品工艺路线之间多有交错，由此形成一个错综复杂的加工网络。如图 5-23 所示，系统通过运算，规划订单 A 和订单 B 各自的加工路线，通过 AGV 完成工序间的对接和物料配送。

该智能工厂通过强大的计划排程和 AGV 调度系统，使得每个加工中心（包括其中的每台设备或加工单元）的负荷是合理、均衡的，每个订单或每个产品的加工周期是符合标准周期要求的，整个生产网络过程中的半成品数量是合理可控的……这些参数、指标和整个生产动态过程通过虚拟的数字孪生工厂得以实时体现和监控。

（4）管理内容和形式的转变 在工厂智能物流环境中，尽管管理的逻辑是一致的，但管理的内容及形式已经发生了翻天覆地的变化。传统工厂内的物流作业都需要通过单据传递指令，如拣选单、配送单、交接单、检验单等，智能工厂则通过信息系统自动传递所有信息和指令；传统的物流作业，如搬运、配送、盘点、理库、账务处理等，大部分被智能物流设备代替。此时，人的作用更多地体现在不断优化物流管理逻辑、不断优化系统的逻辑和算法，这些优化的目的不再只聚焦于人均产出、物流当量等传统指标，而是通过优化不断提升库位周转率，提升自动化物流系统的运作效率，降低物流系统的能耗，提高物流设施的有效产出等。

（5）厂内原材料物流智能化典型应用场景 与智能工厂匹配的原材料厂内物流智能化表现应符合（但不限于）以下场景的描述：

1）入厂物流到货、卸货后，将带有条码或 RFID 标签的物料单元放置到收货端的输送线上（也可能是与 AGV 匹配的物料接收暂存货位），针对周转箱、托盘单元、非标单元等不同的物料单元，匹配有不同类型和尺寸的输送线和暂存货位，在输送线上自动完成扫描、物料验收、物料抽检和物料接收。抽检的物料通过专门的检验口排出物料，直接通过 AGV 或者输送线输送至检验室进行检验。

2）基于系统对物料状态的智能化管理，物料检验与物料入库流通的过程同步进行，系统对每一个物料单元待检、检验中、检验合格、不合格等状态进行精确的标识和识别。

3）物料按照规划好的路线和逻辑进入仓库（包括暂存位、排序区域、物料超市等）等物料区域，这些区域也有各自的货位代码（条码或 RFID 标签），形成货位-物料的实时捆绑和对应。系统将结合物料的使用区域、使用工位、使用时间、尺寸大小、配送类型、存放周期等参数进行运算，为每一个物料分配合理的存放或暂放位置，使得整个物流系统运作尽可能实现效率最高、物流当量最小、响应速度最快、能耗最低。比如：物料进入立体仓库以后，周转快的物料放置在距离出库口较近、较低的位置；直配上线的大件物料直接进入规划好的线边的排序上线区域；需要拆零拣选的物料直接进入待拣选区域或者拣选流利式货架上。

4）系统按照设定好的物料齐套管理规则，生成实时、动态的齐套管理信息，对可能存在的风险和缺料进行预警，并自动传递给相关人员进行解决。当物料确定不齐套时，系统可自动生成相对最优的生产计划调整建议，尽可能多地满足客户需求、尽可能少地产生多余的库存。

5）系统根据总装工位的计划执行情况和工位库存的实时管理，形成对应操作人员、机器人、作业设施和作业时间的数字化拉动需要。由于系统全面自主管理且运算能力远远强于人脑，系统可以对每一个工位、每一种物料单独生成配送计划和指令，这些指令通过系统传递给相关的自动化仓库、输送线、拣选设备、AGV、搬运机器人等，智能物流系统将需要的物料准时、准量地配送到工位。

6）当智能化的包装单元（带有条码或 RFID 标签的周转箱或者托盘）中物料使用完后，该表单被专门收集起来，通过条码阅读器读取上述关联数据，将被使用后的物料数据实时传输回系统，计划、采购、物流、制造、财务部门以及供应商进入后续作业。

7）可回收的物料包装将被分类、分供应商存在指定位置。系统具有专门的空容器管理模块或者 App，结合供应商的包装需求、空容器暂存数量、车辆信息等，将自动安排车辆回收空容器，将空容器返回供应商处，实现容器的高效循环。

（6）厂内成品物流智能化的典型应用场景　厂内成品物流是智能工厂厂内物流的重要构成，以此完成智能工厂交付的使命，并与客户、交付网络等形成联动和对接。此处仅对成品发运出厂环节的场景进行描述：

1）发货方系统根据客户订单、订单优先级、生产计划和库存数据生成成品发运计划，以确保成品物流均衡化和交付的有效性。系统根据维护好的承运商信息和承运规则，将成品发运计划发布给承运商，计划中应体现具体的承运数量、仓库装货时间和到货交付时间要求等。

2）承运商在系统中接收成品发运计划（承运计划），按照计划时间提前安排承运车辆，并将车辆信息、司机信息和确认的到车时间录入系统，与发货方形成确认的装货发运预约信息。

3）系统结合发运计划和承运车辆信息，形成具体的装车计划（一般为次日装车计划），包括装车顺序、装车图等，以确保装车作业有序、高效、高装载率；系统按照次日装车计划进一步确认成品库存的齐单情况，如果存在缺货，则需与生产计划协同，优先满足发货需求。

4）发货方发货系统根据装车计划安排具体装车位，承运商车辆入厂前便能获得具体的装车位和装车时间的信息，该信息根据每个装车位的实际进度进行实时的更新，确保和承运商之间信息的无缝对接。

5）按照装车进度的拉动，发货方系统指挥自动化立体仓库、输送及搬运设备等自动提前完成备货，承运车辆按照预约时间到车后，直接按系统指令进入装车位，按照装车图要求装车，系统对备货效率、装车效率、到车及时性、发货装车位利用率等进行实时监控。

6）针对整车、零担运输，结合全国物流网络、客户网点等信息等，系统自动规划出合适的运输和配送路线，运输和配送过程实现全程实时监控和查询。

2. 厂区物流管理

（1）厂区物流管理概述　　厂区物流管理的主要对象包括厂区的原材料、成品及其他装卸货车辆管理，厂区内的人车分流，装卸货区域管理，跨厂房物流、物流门进出管理等。对于制造企业而言，厂区物流管理主要应聚焦于工厂与入厂物流、成品物流之间的衔接、协同和精细化、数字化管控。

一般情况下，制造企业的进出厂车辆主要是运送供应商物料的车辆（包括供应商自送、3PL及自取）和工厂成品发货的车辆，除此之外可能还包括运输厂区内食堂及商店等生活物资的车辆，员工通勤车辆以及快递车辆等。对于大多数工厂厂区，尤其是规模较大的厂区，一般办公区、生活区、生产区等不同功能区域分区规划，而且不同功能区往往都有各自专用的大门。

厂区车辆管理不仅仅是完成对车辆进出厂的简单登记处理，还包括对车流量均衡性、厂内车位预约、入厂车辆识别和自动抬杆放行、厂区路径指引、装卸货时间、在厂时间进行管理等，同时将车辆从入厂到出厂的整个物流过程中的信息清晰准确地记录下来，以便在需要的时候对过程进行追溯、对数据进行分析和处理，从而指导工厂物流管理的不断优化改善。

智能道闸管理系统已经被广泛应用，将其安装于物流出入口，用于监测、控制车辆的出入。当车辆经过智能道闸进厂时，智能道闸通过智能相机读取车牌信息，通过将智能道闸系统与企业的物流计划系统或预约系统对接，读取计划中的数据，如图5-24所示。工厂物流门口的道闸系统与预约到货系统进行关联，供应商只需在发货时发送ASN，系统即可根据各环节作业标准时间（如运输时间）自动计算供应商车辆到达厂门口的时间，智能道闸自动识别、检测、判断后抬杆放行。当供应商车辆到达的时间超出系统规定时间的，智能道闸不会自动放行并提示异常，重新安排入厂时间或人工介入。

卸货车位作为入厂物流过程中的一项重要资源，也需要对其状态进行实时更新及管理，主要包括空闲、已预约及已占用三种状态，并且需要与智能道闸系统、预约到货系统进行系统对接和数据交换。

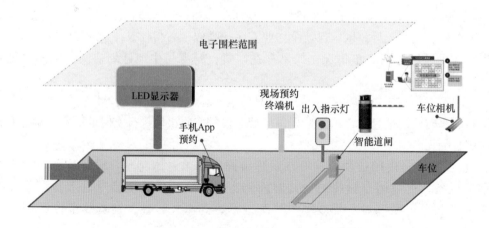

图5-24　预约到货入厂逻辑示意图

（2）厂区物流运营管理　下面以某工厂的厂区物流的零部件入厂管理为例，详细介绍厂区物流的运营。

某工厂进行产能扩充的改造，需要将产能从 200 万提升至 400 万～600 万，但其厂区物流是物流运作瓶颈，产能在 200 万时已经造成产出受限、"乱象丛生"。该企业采用专人在各物流出入口值守，对入厂车流量进行了详细的统计（事实上对于智能工厂而言，这些数据都应该是实时采集的）。如图 5-25 所示，该企业日到货车流量标准差为 9 辆，且与日产量波动相对匹配，说明每日到货具有一定的均衡性。到货车辆平均厂内停留时间为 62min，近

分类	平均日到货车流量(辆)	日到货车流量标准差(辆)	标准差系数	平均厂内停留时间(min)
总装零部件	121	6	4.96%	66
包装材料	34	4	11.76%	68
钣金零部件	11	1.5	13.64%	53
合计	166	9	5.42%	62

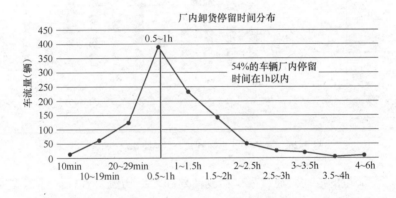

	9月2日	9月3日	9月4日	9月5日	9月6日	9月7日	9月8日	9月9日	9月10日
车流量(辆)	207	147	170	169	173	126	159	169	166
产量(×100)	59.17	82.05	96.64	103.02	87.06	97.17	70.35	85.79	94.57

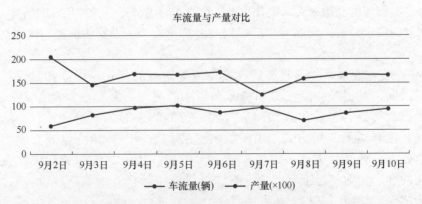

图 5-25　某工厂供应商送货车流量现状分析

一半的车辆厂内停留时间超过 1h，主要原因是卸货效率低、车辆排队等待时间长、卸货区域相对拥挤、没有相对规范的管理等。

对全体样本数据按时段进行分析，如图 5-26 所示。平均每天每时段有 13 辆送货车辆入厂，最高时段有 22 辆车入厂，最低时段有 6 辆车入厂，时段标准差高达 5.5 辆（标准差系数为 42%），物流车辆入厂时段非常不均；另一方面，0—8 点、19—24 点、12—13 点非正常工作时间均有送货，不利于仓库卸货的管理。需要通过制订到货计划，明确供方到货时段并严格管控，一方面，尽量减少非正常工作时段到货车流量；另一方面，从计划层面均衡时段到货车流量，将各时段到货车流量标准差控制在 2 的水平。其具体做法如下：

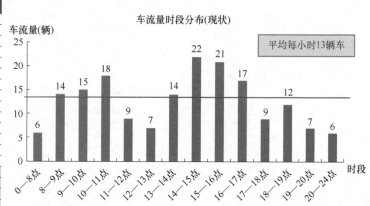

时段	零部件到货车流量(辆)	包材到货车流量(辆)	钣金到货车流量(辆)	合计到货车流量(辆)
0—8点	4	1	1	6
8—9点	10	2	2	14
9—10点	10	3	2	15
10—11点	13	4	1	18
11—12点	6	2	1	9
12—13点	5	1	1	7
13—14点	9	4	1	14
14—15点	17	4	1	22
15—16点	15	4	2	21
16—17点	13	3	1	17
17—18点	7	1	1	9
18—19点	5	2	5	12
19—20点	4	1	2	7
20—24点	3	2	1	6
平均值	9	2	2	13
标准差	4.3	1.2	1.1	5.5
标准差系数	47.78%	60.00%	55.00%	42.81%
合计	121	34	21	176

图 5-26 某工厂供应商到货车流量时段分布

1）减少入厂车流量的波动。通过入厂物流计划和入厂物流管理的提升，逐步降低入厂车流量的波动，使得各时段的到货车流量尽可能均衡。如图 5-27 所示，该工厂预计可以将时段到货波动率从 50% 左右降低到 16% 左右，如果按照管理现状，当产能达到 400 万时，峰值每小时入厂车辆将达到 40 ~ 50 辆，优化后峰值每小时入厂车辆仅为 28 辆；当产能达到 600 万时，峰值每小时入厂车辆将达到 60 ~ 70 辆，优化后峰值每小时入厂车辆仅为 41 辆。波动率的降低，大大减少了产能扩充对厂区物流资源的扩充需求，使得卸货位、卸货设施、卸货人员等各类资源的利用率大幅提升，工厂物流能力大幅提升，使用有限的资源能够满足未来更高产能的需求。否则，即使工厂规划产能扩充再多，没有物流能力的支撑也只能是徒劳。

2）提高卸货作业效率。通过卸货方式和卸货流程的优化，提高卸货作业效率、缩短车辆卸货时间，是提升物流能力和资源利用率的另一重要措施。如图 5-28 所示，某企业对多种到货物料的包装方式和卸货方式进行卸货工时的测量和计算，结合不同的物流场景规划出合适的卸货方式。由于物料包装、车辆、卸货场地等方面的差异，同一个工厂也存在多种卸货方式。该工厂建立了不同卸货方式的卸货标准作业和标准时间。差异化的标准作业和标准时间制定是卸货能力持续提升的基础，也为后续精细化、数字化的卸货管理奠定了基础。

时段	车辆数 (现状)(辆)	管理提升后 车辆数(辆)	400万产能的 车流量(辆)	600万产能的 车流量(辆)
0—8点	4			
8—9点	10	12	22	33
9—10点	10	13	24	35
10—11点	13	14	26	38
11—12点	6	8	15	22
12—13点	5			
13—14点	9	12	22	33
14—15点	17	13	24	35
15—16点	15	15	28	41
16—17点	13	13	24	35
17—18点	7	12	22	33
18—19点	5	9	17	24
19—20点	4			
20—24点	3			
平均值	9	12	22	33
标准差	4.3	2.0	3.7	5.5
标准差系数	50.17%	16.71%	16.49%	16.73%
合计	121	121	224	329

图 5-27　某工厂未来供应商到货车流量测算

3）优化卸货作业流程。该工厂通过来料卸货流程的优化，大幅缩短了来料车辆的卸货时间，提升了卸货位的周转效率，同时也大幅减少了卸货流程中的浪费和效率损失。如图 5-29 所示，通过预约到货的方式，车辆提前将 ASN 发送给工厂，工厂通过调度系统预先指定卸货车位并分配卸货资源，车间按照预约时间对送货车辆到厂后直接通过物流门道闸自动识别放行，到达卸货位后马上可以开始卸货。另外，卸货的同时进行物料扫描接收，减少了人工交接的过程。在空容器出厂的环节，改变原来先装车后清点开单的方式，由系统自动开出空容器出厂单，按照出厂单所示种类和数量直接装车后出厂。经过流程的优化，来料车辆总卸货时间（从入厂到出厂全过程）缩短约 62%。

3. 物料齐套管理

（1）物料齐套管理概述　无论是精益化、数字化还是智能化物流，其运营的关键任务都是确保生产所需物料在合适的时间达成齐套。物料齐套是指物料的数量刚好满足生产任务单（生产计划单、生产工单等）。根据产品 BOM 表计算出来的需求数可分为信息齐套和实物齐套。信息齐套是指信息系统里库存数量能够满足生产任务单的需求。实物齐套是指在工厂中的各物料经过人工分拣、齐套后，实际物料确认能够满足生产任务单的需求。物料齐套管理是在合理物料管理策略的基础上，根据生产需求特点分析，设定物料齐套检查的逻辑并进行实时监控，及时解决物料异常问题，以保证生产的顺利进行。

（2）齐套管理的逻辑　物料齐套管理强调时间上的准时性和数量上的准确性（并且是合格物料）。从有效库存的角度来看，物料过多、提前送货都会导致库存，增加库存成本；物料过少、延后到货或者缺少某个物料，就会导致延期生产、延期交付，同时还会造成计划变动、停线损失、交付损失等，造成运营成本和机会成本增加。

某工厂 A 产品的生产周期为 1 天。5 月 15 日，系统记录 A 产品有三个订单：订单一的

带托盘到货+叉车卸货　　　　人工+尾板卸货　　　　人工+平台卸货

带托盘到货+叉车卸货	
叉车/牵引车行驶速度	1m/s
叉车提叉速度	0.15m/s
叉车降叉速度	0.35m/s
观察时间	5s
提升高度(起点)	0.1m
地面堆码提升高度	0.25m
卡车装卸提升高度(终点)	1.5m
叉车转弯时间	5s
叉车卸货后放置货物平均距离	8m
宽放时间	10s
叉车卸一托盘货物的时间	60s
卸车时间	18min

条件假设：9.6m车厢，一次运输托盘量为16托盘，共计D箱=16×25=400箱

卸货效率影响因素：

第一位：集装化运输单元。

第二位：卸货平台。

第三位：卸货工具。

不带托盘+人工+托盘台车+尾板	
托盘台车上尾板	5s
尾板上行时间	15s
托盘台车进车厢	10s
卸25箱(一单元)时间	125s
搬运上尾板时间	20s
尾板速度	0.15m/s
尾板下行时间	15s
下车时间	5s
宽放时间	20s
卸一托盘货物时间	215s
整车卸货时间	65min

带托盘+液压托盘车+尾板	
液压车上尾板	5s
尾板上行时间	15s
液压车进车厢	15s
对准、取物	10s
搬运上尾板时间	20s
尾板速度	0.15m/s
尾板下行时间	15s
下尾板时间	5s
宽放时间	15s
卸一托盘货物时间	100s
整车卸货时间	30min

不带托盘+人工+托盘台车+平台	
托盘台车准备时间	10s
卸25箱(一单元)时间	125s
平台托盘台车搬运出车厢时间	15s
宽放时间	10s
卸一托盘货物时间	160s
整车卸货时间	48min

带托盘+液压托盘车+平台	
液压车进入车厢	10s
对准、取物	10s
搬运出车厢时间	15s
宽放时间	10s
卸一托盘货物时间	45s
整车卸货时间	14min

图5-28 某工厂卸货方式分析与规划

需求数量为200件，要求交货时间为5月16日；订单二的需求数量为400件，要求交货时间为5月18日；订单三的需求数量为400件，要求交货时间为5月19日。从ERP系统导出生产A所需物料的可用库存如图5-30所示，虽然总物料数量有9568件之多，但是由于A9物料仅有100件，因此5月15日A产品的物料齐套数量只有100件，无法满足订单一200件的需求。从完美订单交付的角度而言，其针对订单的物料齐套率为0%；从库存数量的角度而言，9568个库存中，仅有生产100件的1500个库存是有效了，无效库存占比为84%。显然，这些库存是在过去的运作过程中，因为物料多到货或者早到货而导致。

上述物料齐套分析是从在库可用库存的角度进行的相对静态的分析，仅考虑在库可用库存数量，而没有考虑时间维度。工厂在实际运作过程中，往往需要结合在途库存（采购订单的预计到货时间）进行动态的监控和分析。

如图5-31所示，与A产品相关的在途物料均定义了到货时间。假设物料均能如期到达工厂且合格，5月17日总齐套数量为400件，可以补充5月16日订单一的欠货，但仍然无法满足5月18日订单二的需求（A8、A1、A2均有缺料）；5月18日总齐套数量为500件，

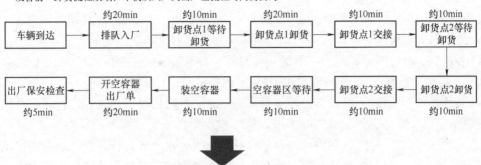

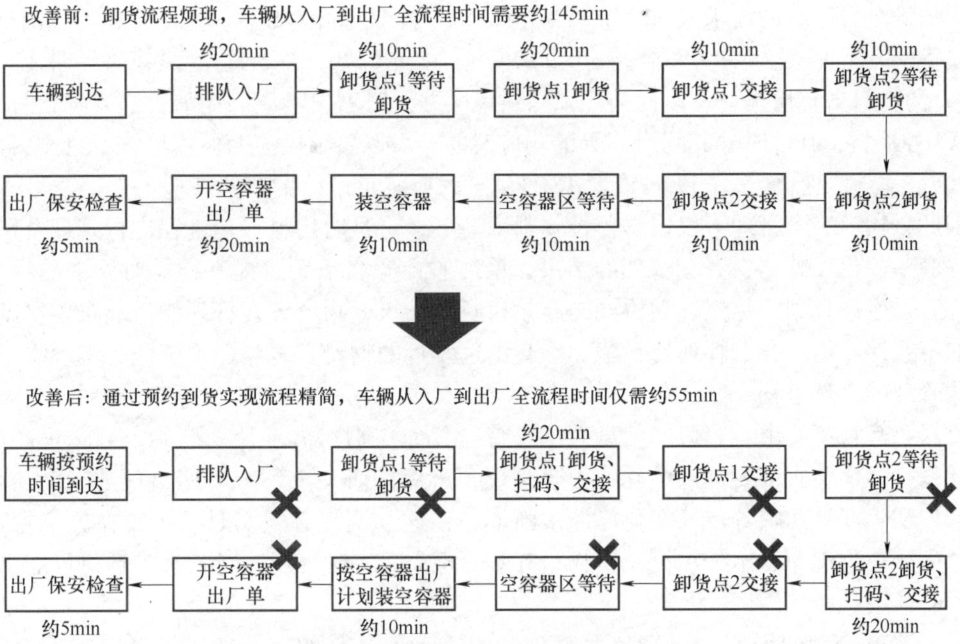

改善前：卸货流程烦琐，车辆从入厂到出厂全流程时间需要约145min

改善后：通过预约到货实现流程精简，车辆从入厂到出厂全流程时间仅需约55min

图 5-29 某工厂来料卸货流程优化

物料	可用库存(件)	BOM数量	可满足生产数(件)
A1	1000	2	500
A2	500	1	500
A3	700	1	700
A4	468	1	468
A5	750	1	750
A6	750	1	750
A7	700	1	700
A8	400	1	400
A9	100	1	100
A10	1000	1	1000
A11	1500	1	1500
A12	2000	2	1000
A13	1200	1	1200

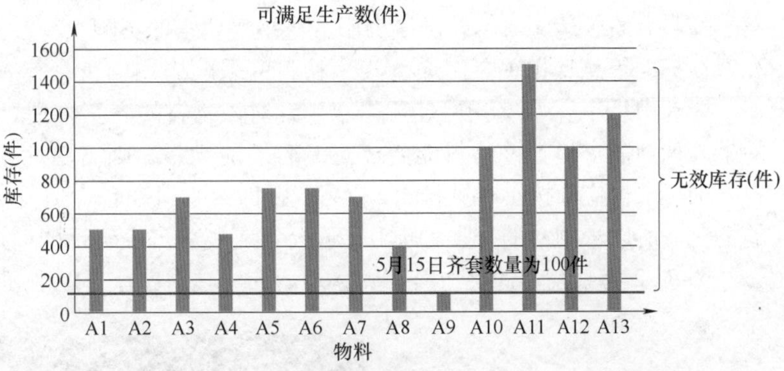

图 5-30 用齐套的观念审视物料库存

物料	可用库存(件)	BOM数量	在途库存(件)	到货时间	可满足生产数(件)
A1	1000	2	1000	5月19日	1000
A2	500	1	500	5月19日	1000
A3	700	1	300	5月17日	1000
A4	468	1	600	5月17日	1068
A5	750	1	300	5月17日	1050
A6	750	1	300	5月17日	1050
A7	700	1	300	5月18日	1000
A8	400	1	800	5月18日	1200
A9	100	1	800	5月17日	900
A10	1000	1			1000
A11	1500	1			1500
A12	2000	2			1000
A13	1200	1			1200

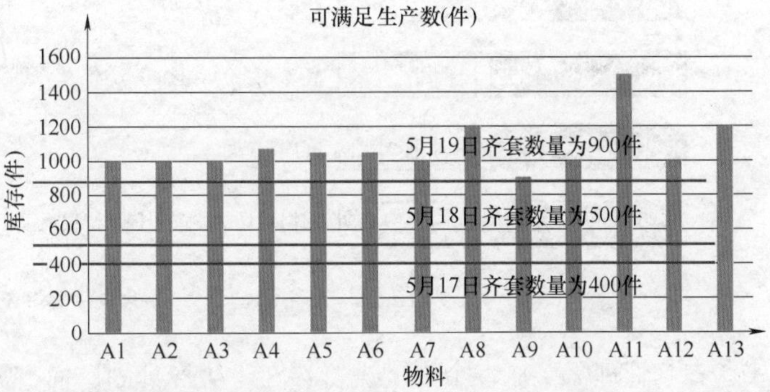

图 5-31 从时间维度审视物料齐套情况

仍然无法满足订单二的需求（A1、A2 缺料）；5 月 19 日总齐套数量为 900 件，可以满足订单二的欠货，但无法满足订单三的需求（A9 缺料）。由此可见，在 5 月 15 日审查 5 月 15 日—5 月 19 日的物料齐套情况，可以提前预知缺料风险并及时做出响应。比如，当发现 5 月 18 日 A1、A2 各缺料 100 件时，其间有 3 天的响应时间，可以要求供应商原本应该 5 月 19 日到货的 A1、A2 物料提前至 5 月 17 日或者 18 日到货，以满足订单生产的需求。

因此，物料齐套管理不仅仅是监控物料齐套率，更是对物料齐套过程进行管理及风险预警。齐套率仅仅反映物料齐套管理的结果，单纯监控齐套率无法提升物料对生产的满足率。物料齐套是生产计划与物流计划协同与有效执行的结果，物料齐套管理能力取决于物流过程管理的有效性。物料齐套管理旨在建立一套由远及近的物料实时监控系统，是实现物料供应数字化管理的必然过程。

物料齐套管理要求有完善的信息系统支持。首先从物料需求计划开始，到主生产计划、作业计划，各个层次都要进行准确的齐套管理，避免任何一个环节可能出现的遗漏；其次，需求计划和生产计划随着市场变化可能不断调整，这种调整必须实时地体现在齐套管理中；最后，生产和物流动态始终在更新，物料齐套管理需要实时呈现最新状态，针对可能出现的问题实时预警。

（3）齐套管理的维度　尽管齐套管理致力于确保物料的齐套率，尽量削减无效库存，提升库存的有效性，但也并不意味着每一种物料都要做到同时到货，且到货数量刚好满足接下来的生产需求。齐套管理过程中还需要考虑工厂面临的实际情况，如供需关系、供应商距离、物料品质、运输成本、供应商服务水平等要素的影响。物料齐套管理与物料的分类管理和库存标准等息息相关。例如，某个物料的采购周期较长，其库存标准设定的数量可能较多，能够满足工厂 1~2 周的使用需求，针对该物料的齐套管理要求，则是基于未来 1~2 周的生产计划需求检查该物料能否满足，若不能满足，则需启动采购流程；而对于另一种物料，则要求供应商按小时进行 JIT 供货，此时，物料齐套管理需要考虑在途库存和供方库存的情况。所以，物料的分类管理和库存标准是物料齐套管理的前提。

图 5-32 为某企业优化物料齐套管理后，建立的齐套管理维度和库存标准对照规则。

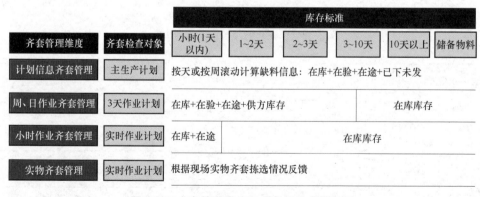

图 5-32　齐套管理维度和库存标准对照规则

齐套管理需要从多个维度进行：在主生产计划层面，需进行物料信息齐套的检查，以检查一段时间内需要的物料是否都进行了采购下单，是对采购作业的监控和修正；在周作业层面，根据物料的回货周期不同，短周期物料需进行信息齐套检查，长周期物料需进行实物齐套检查；在日作业层面，需要根据生产线的排产及物料上线需求，进行物料的分拣及实物齐套检查；有些物流管理精细化程度较高的企业，还有小时作业层面的实物齐套管理。

1）主生产计划层面。计划信息齐套管理是针对主生产计划（一般计划期为 1~3 个月）进行的物料齐套检查和管理。需要结合在库库存、在验库存、在途库存、已下采购订单等数据，按天或按周滚动计算缺料信息，主要检查有没有中期的缺料风险，并针对可能出现的风险进行防范和处理。这些风险一般包括采购订单未及时下达、供应商未回复交期、供应商回复交期不满足需求、因计划变动和插单导致的需求变动等。

2）周、日作业层面。周、日作业齐套管理是针对当天或未来几天的作业计划进行的物料齐套检查和管理，具体检查天数需要结合企业的实际情况制定。比如，可得性很好、交付周期很短的物料，检查 1~2 天的计划就可以满足管理需求；可得性较差、交付周期较长的物料，则需要检查 3~10 天的计划。周、日作业齐套管理需要结合库存标准进行分类。比如，针对库存周期在 3 天以内的物料，需要考虑在途库存、在验库存、在库库存和供应商在库库存，只要供应商已经生产完毕，就能够较大限度地保障齐套供货；针对库存周期在 10 天以上或者战略储备的物料，一般要求必须在库才能计算齐套，所以在齐套检查时仅考虑在库库存即可。周、日作业齐套管理主要检查和解决短期缺料风险，如供应商应生产未生产、应到货未到货、到货不合格、非正常生产领用等情况可能导致的短期缺料风险。

3）小时作业层面。小时作业齐套管理是结合实时作业计划，针对即将上线生产的任务单物料齐套性进行的检查和管理，要求所有物料必须在库且合格。对于 JIT 物料，应将在途库存纳入小时作业齐套管理。小时作业层面一般需要进行实物齐套管理，对即将上线生产作业的实际在库库存齐套情况进行最后的检查，实物齐套管理一般与物料拣选同步进行。

对于自制件而言，一般视同外购件纳入齐套管理体系，只是供应商是前道工序或者内部单位而已。自制件和总装的对应关系不同，其齐套管理的维度也有所差异。如有些自制件完全对应总装需求拉动生产，其库存标准按小时设置，通过现场物料超市进行自制件的齐套管理；有些自制件由于无法与总装对应，需大批量生产以减少换型次数、提高设备利用率，其库存标准普遍设置为 1~7 天不等，此时，自制件自然同样应纳入齐套管理范围。

（4）采购与到货的齐套管理　物料齐套管理的目的是确保有效供应。假设某产品有 A、B、C、D、E、F 6 个零部件，其采购到货周期分别为 A5 天、B10 天、C15 天、D20 天、E25 天、F30 天。生产计划本月 1 日显示，本月 30 日需要生产某个产品。传统的采购往往无法通过系统对需求进行精细化的管理和计划，采购为了"保证供应"，减少工作量和降低失误的可能性，直接在 1 日按照"齐套下单"的原则将所有物料需求生成采购订单并发布给供应商，供应商也"按照要求"准时生产和交付，于是效果如图 5-33 所示。由于物料提前采购和到货导致了大量的无效库存，图中阴影区域就是库存，而这部分库存通常直接进了采购方的仓库（也可能是在供应商的仓库）。此时，采购完全达成了其业务的指标，能够保证生产，但库存压力居高不下，管理成本随之上升。

而在物料齐套管理的逻辑下，企业通常需要采用计划倒排模式，根据生产需求时间和采购到货周期倒推物料的下单时间，形成精益化、数字化采购，以保证采购—到货的有效性。如图 5-34 所示。

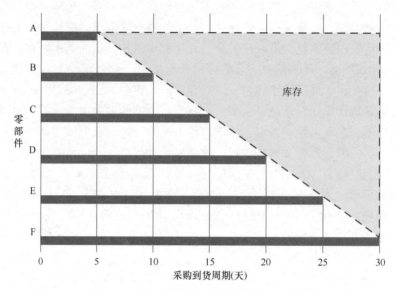

图 5-33　传统采购保证供应带来的库存压力

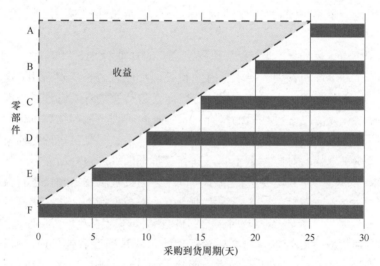

图 5-34　齐套采购与到货带来的收益

如图 5-34 中所示，主生产计划在 1 日发出提示，而在 30 日正式生产，根据各自不同的交付周期进行倒排。此时，需要协同采购计划、作业计划、到货计划、物料齐套管理，对可能发生的过程差异进行实时监控和响应，形成"计划—信息—采购—物流—生产"的一体化管理，确保每一个物料在合适的时间下单和到货，并在设定的提前期内实现物料齐套，过程中并没有多余的、无效的库存。图 5-34 中的阴影部分即为相较传统采购管理带来的收益。

（5）物料齐套监控与预警　物料齐套管理的执行需要具有明确的齐套计划和标准，制定相关的管理流程和规则，清晰定义相关各部门或岗位的职责等。

物料齐套监控与预警需要从两个方面进行，如图 5-35 所示。首先从物料的层面，实时监控每种物料是否能够满足需求，将每种物料在计划期内每一天的供需情况进行对比以识别差异。另外，如果某种物料有缺料风险，需要基于预先建立的作业优先级、物料库存分配规则、作业调整规则等，判断可能缺料的具体作业，以便于精确地对缺料影响进行评估，并做出快速、合理的响应。

计划齐套

物料	在库(件)	在验(件)	在途(件)	内容	12日	13日	14日	15日	16日	17日	18日	19日	20日	21日	22日	23日	24日	25日	26日	27日	28日
A	1000	200	1200	采购订单(件)						1500		2000			1500			2000			2000
				计划需求(件)	400	400	800	400	1000	400	800	600	1400	800	600	400	400	400	400	400	400
				虚拟库存(件)	2000	1600	2300	1900	900	2500	1700	1100	2700	400	-200	1400	1000	600	2200	1800	1400
		max	min	最低库存标准(参照)(件)	1600	1600	2200	1800	2200	1800	2800	2800	2800	1800	1400	1200	1200	1200	1200	800	
	库存标准(天)	6	3	最高库存标准(参照)(件)	3400	3800	4000	4600	5000	4600	4600	4200	4000	3000	2600	2400	2400	1600	1200	800	400

作业齐套

物料	类别	在库(件)	在验(件)	在途(件)	供方库存(件)	当天需求(件)	D+1需求(件)	D+2需求(件)	D+3需求(件)	3天虚拟库存(件)
A	库存标准小于3天	156	600	600	2000	400	400	800	400	1356
B	库存标准小于3天	3000	1200	1200	0	2000	2000	2000	2000	-2600
C	库存标准大于3天	3000	可显示	可显示	可显示	560	800	400	800	440
D	库存标准大于3天	4000	可显示	可显示	可显示	340	1200	1200	1200	60
E	库存标准大于3天	2500	可显示	可显示	可显示	470	600	1200	400	-170
F	库存标准大于3天	2000	可显示	可显示	可显示	380	450	350	350	-380
G	库存标准大于3天	2500	可显示	可显示	可显示	340	400	800	800	160
H	库存标准大于3天	2000	可显示	可显示	可显示	0	0	1200	1200	-400

小时作业齐套

物料	类别	在库(件)	在验(件)	在途(件)	2h需求(件)	2h虚拟库存(件)	缺料任务单号	4h需求(件)	4h虚拟库存(件)	缺料任务单号
A	小时到货物料	156	600	600	800	-644	RW011、RW012	1200	156	
B	小时到货物料	1000	1200	1200	2000	-1000	RW011、RW012	4000	-600	RW011、RW012
C	按天到货物料	3000	可显示	可显示	560	2440		1120	1880	
D	按天到货物料	4000	可显示	可显示	340	3660		680	3320	
E	按天到货物料	2500	可显示	可显示	470	2030		940	1560	
F	按天到货物料	800	可显示	可显示	380	420		760	40	
G	按天到货物料	2500	可显示	可显示	340	2160		680	1820	
H	按天到货物料	2000	可显示	可显示	0	2000		400	1600	

异常预警

2h作业齐套										
序号	作业号	线体	作业数量	缺料种类	齐套率	缺料名称	缺料数量(件)	责任人	处理措施	备注
1	RW011	A线	400	2	98%	A	400			
2	RW011	A线	400	2	98%	B	400			
3	RW012	B线	400	2	98%	A	244			
4	RW012	B线	400	2	98%	B	400			

图 5-35　物料齐套监控与预警

对于每一维度的物料齐套监控，都要有明确的负责方、协同方、被告知方和主动关注方，强调负责方对齐套检查和异常处理的归口管理。比如：主生产计划信息齐套监控旨在确保物料采购下单的准确性和及时性，应该由采购部门负责；周、日作业齐套监控旨在规避短期缺料风险，应该由专门的物控部门负责，对于每天的物料齐套信息和异常，有必要知会并协同采购部门、计划部门针对异常进行处理；小时作业齐套和实物齐套旨在上线前的最后确认，应该由现场的车间调度和相关作业人员负责，协同采购和计划部门共同对缺料进行快速的响应和调整。

物料齐套管理的有效性通过物料齐套率体现。齐套率是指某一段时间里，物料齐套的生产工单（作业）数量占总的生产工单（作业）数量的比例。齐套率是反映物料齐套管理水平的重要指标。齐套的物料才是有效的，不齐套的物料就是无效库存。所以，在物流日常管理过程中，齐套率是一个需要实时监控与不断提升的指标，齐套率越高，则物流管理的有效性越高。

（6）数字化管理　齐套管理往往因为场景复杂、数据来源广、实时变化性等，在人工或者传统软件辅助的情况下，很难实现有效的管控。在智能工厂环境下，物料齐套管理需化繁为简，通过信息系统实现齐套管理的数字化。以作业计划和排产为齐套的管控对象，在系统中设定不同维度的齐套管理逻辑和算法，自动匹配计算，支持多场景灵活切换和规则、算法更新，实现物料齐套的实时监控。还可以通过对生产工单的分析和生产环境等因素的分析，设置工单优先级等，建立优化模型，主动给出物料齐套模拟评估，引导排产和异常提前处理。基于信息系统，形成自动计算、匹配、模拟、评估、调整、优化的智能物料齐套管理。

4. 物料配送管理

（1）物料配送模式　物料配送管理是物料从仓库按照一定的规则流转到生产线岗位的过程，是厂内物流最重要的环节，是物流对生产服务的最终呈现。

准时化（JIT）物料配送有利于解放车间员工生产力，提高生产效率。生产线员工无须为了物料未到位、物料差缺、寻找物料等情况浪费大量时间，能集中精力进行生产。准时化物料配送也保证了物料数量的准确性，以时区为单位，使缺料问题得以提前暴露，能极大地减少由于物料异常导致的停线。

常用的物料配送模式如下：

1）定量配送。定量配送是指结合线边工位空间和配送容器的容量，确定合适的配送批量的配送模式。定量配送适用于体积较大的任务式配送物料，按定量配送的原则进行时区分解，对同一作业的物料，分成几个时区进行小批量配送。比如某个作业需求物料为400件，一次配送100件，分4次配送完成。每次配送需根据线边消耗量产生拉动信号，通过MES管控线边库存或者按灯系统，或者通过空箱进行拉动，发出配送信息。定量配送原则上坚持整车或整箱配送，除非有尾数需求，否则不进行拆零配送。

2）补充式配送。补充式配送是指在线边设定固定的放置批量，根据生产消耗进行补充的配送模式。补充式配送适用于体积较小、通用性强的物料，一般以5h或者10h为周期进行补货。比如某个通用物料一天的需求量为2000件，其包装单元为1000件每单元，可在线边设置最高库存2000件、最低库存1000件，当线边消耗完1个单元，则生成1个单元的配送拉动信息。也可以采取按计划推动补仓的方式，系统根据要求时段内的作业计划生成补仓式物料配送汇总清单，配送人员根据清单进行拣选和补货作业。

3）按作业配送。按作业配送是指基于产线每一个作业的物料需求进行配送的模式。按作业配送适用于体积小、品项多、通用性差的物料，原则上按照每个作业需求量一次性配送到岗位。因为作业与作业之间的物料通用性较差，一般严格按照作业需求量配送，尾数需要清点清楚。对于连续作业之间的通用小件物料，也可以工位为单位进行整合配送。比如，某个作业对某物料的需求量为400件，则按照作业拉动一次配送400件。

4）按台套拣选配送。按台套拣选配送是指按照生产一台或几台产品所需的物料进行拣选，将整套物料放置在一辆配送台车上配送到产线的配送模式。该模式常用于固定位置加工的生产模式，如飞机、轮船、机车等大型产品的生产；也适用于汽车、货车、发动机、工程机械等生产节拍较慢的流水线，物料配送上线后，通过动力装置使物料跟随流水线同步流动。

5）排序配送。排序配送是指物料按流水线上加工产品的顺序排序、连续配送或输送到工位的配送模式。该模式强调按照生产顺序进行物料的排序，可以以件为单位排序上线，也可以按照生产循序对物料进行分拣，将同一个工位一定数量、不同型号（可能颜色不同、功能不同、体积不同或有微小结构差异）的同一种物料分拣放置于一辆物流台车上，按顺序配送至工位。

（2）物料配送技术选择　从配送技术选择而言，企业可以采用人工、机械、自动化、智能化等多种配送方式及其组合，比如选择牵引车、叉车、AGV、RGV、输送线、悬挂链等多种物流技术及其组合。但各种方式和技术的选择，都取决于运营逻辑和模式的合理规划。

在一个具体的工厂中，基于不同物料类型和场景选择配送模式，从而决定采取何种配送技术，在智能工厂中也同样是多种配送模式和多种配送技术并存的。表5-6为不同配送场景下可选择的智能化配送技术，由智能仓储、智能拣选和智能配送的设施和系统沟通智能配送系统，实现物料从仓库—拣选—工位配送的智能化，是智能工厂物流智能化的重要表现和核心构成。其前端通过智能装卸、智能检测、智能搬运和入库等与入厂物流相连，后端通过工位对接技术、人机协同、工位机器人对接等与工位相连（不排除特殊环节、特殊物料、特殊场景采用人工作业或人工介入），从而实现原材料从入厂到上工位全过程的智能化。

表 5-6　不同配送场景下可选择的智能化配送技术

配送场景	配送位置	物料特征	适用技术与设施		
			存　储	拣　选	配　送
中小件整箱配送	定点配送	物流量较大，位置固定	小件料箱自动化立体仓库	立体仓库自动整箱拣选	连续输送工位对接
	多点配送	物流量较小，位置可能变动	小件料箱自动化立体仓库	货到人（或AGV）整箱拣选	AGV配送工位对接
大件整车配送	多点配送定点配送	物料体积大，使用专用器具或托盘、周转车存放	大件自动化立体仓库	货到人拣选+人工分装立体仓库自动整箱拣选	AGV配送工位对接
排序配送	单件排序配送定点配送	大件物料且切换频繁	大件自动化立体仓库异形件专用仓库	货到人拣选人工拣选	RGV配送智能悬挂链连续输送
	批量排序配送多点配送	中小件物料且切换频繁	小件料箱自动化立体仓库+流利式货架	货到人拣选人工拣选	AGV配送

（续）

配送场景	配送位置	物料特征	适用技术与设施		
			存 储	拣 选	配 送
按单台套配送	某个工段或某条产线	满足定制化需求，每台产品需要的物料可能都有差异	小件料箱自动化立体仓库+流利式货架	智能拣选人工拣选	AGV配送线边同步
补充式配送	多点配送	通用、低值、易耗、小件	小件料箱自动化立体仓库+流利式货架	货到人拣选人工拣选	人工配送

（3）物料配送计划与物料配送时序表　物料配送计划是结合生产作业计划以及各环节作业时间标准进行各节点的时间推移，其重点在于制定各节点的标准作业时间，按照生产计划时间进行拉动倒排，如表5-7所示。实际操作时，小件物料提前1~2个工单开始拣选，大件物料提前1个工单开始拆零拣选，配送时间原则上比作业时间提前30min，同时以生产实时进度进行拉动。需要比作业开始时间提前6h完成物料的信息齐套检查。若物料未准时齐套，需要确认作业是否能够按计划进行，可能需要提前调整生产作业计划。

物料配送计划根据实时生产进度滚动运算，原则上每生产完工一个任务自动运算一次。因此物料配送计划是动态计划，需要实时调整和管理。

表 5-7　物料配送计划

作业号	产品	计划数量（件）	计划开始时间	计划结束时间	信息配套检查结果	配送数量	配送完成时间	计划配送上线时间	完成拣选时间	拣选时间/min	开始拣选时间	拣选单打印时间	信息配套检查时间
ZY201904015	A	400	10：30	13：30	是	400	10：20	10：00	7：00	30	6：30	6：00	4：00
ZY201904016	A	200	13：30	14：30	是	200	13：20	13：00	10：00	30	9：30	9：00	7：30
ZY201904017	A	400	14：30	16：30	是	400	14：20	14：00	11：00	30	10：30	10：00	8：30
ZY201904018	B	400	16：30	18：30	是	400	16：20	16：00	13：00	30	12：30	12：00	10：30
ZY201904019	B	400	18：30	19：30	是	400	18：20	18：00	15：00	30	14：30	14：00	12：30

结合线边空间规划、物料配送模式和物料配送计划，生成物料配送时序表。物料配送时序表用于明确每一次配送应如何配送、配送多少、何时配送的问题，是物料拣选、配送作业的指导书。如表5-8所示，配送时序表可以以单据的形式呈现，提前打印成纸质文档传递给配送人员，作为配送指令和作业指导书；也可以在系统中按照相同的逻辑生成，分拆成更详细的作业任务，通过系统发送给相应的作业人员，作业人员可以通过移动终端接收指令，并逐一完成作业。

表 5-8　物料配送时序表（拣选配送清单）

××公司拣选配送时序表				
作业号	ZY201904030	生产日期	3 月 8 日	
产品代码	C	生产开始时间	8：30	
产品名称	c	生产结束时间	15：30	
生产线体	Y 线	生产数量	1000 台	

		建议拣选时间	3 月 7 日 16：00
		建议配送时间	3 月 7 日 17：00

物料编码	物料名称	BOM	单位	来料单元化器具	来料单元化试装量	最小包装量	配送方式	配送模式	配送容器	一次配送单元数	配送器具	单次配送量	配送间隔时间/min
001		1	个	D	20		AGV 配送	定量配送	D	4	流利架补料车	80	27
002		1	个	H	320	10	人工配送	定量配送	H	1	010 配送小车	320	107
003		1	个	H	300	50	人工配送	定量配送	H	1	010 配送小车	300	100
004		1	个	H	460		人工配送	定量配送	H	1	010 配送小车	460	153
005		1	个	D	160		人工配送	定量配送	D	2	010 配送小车	320	107
006		1	个	D	20		AGV 配送	定量配送	D	4	流利架补料车	80	27
007		1	个	D	60		人工配送	定量配送	D	3	09 配送小车	180	60
008		1	个	D	60		人工配送	定量配送	D	3	09 配送小车	180	60
009		2	个	D	400	50	人工配送	定量配送	D	1	09 配送小车	400	67
010		1	个	D	180	5	人工配送	定量配送	D	1	09 配送小车	180	60

不同的物料配送模式，生成的物料配送时序表和作业任务的逻辑是不同的。下面是某企业的物料配送时序表（拣选配送清单）生成逻辑：

1）补充式配送模式：

① 根据作业计划及物料消耗情况，自动生成各产线 5h 拣选配送清单，有最小包装量的，拣选数量依据最小包装量生成。

② 信息系统需要自动关联前后作业对应工位物料的通用性。

③ 若拣选配送上线物料使用时间超过 300min（5h），在下一个 5h 生产中继续使用。

④ 拣选配送清单按照工位顺序生成，相同工位的物料优先排列在一起。

⑤ 拣选配送清单可打印或发送到手持终端（PDA）。

2）按作业配送模式：

① 根据作业计划和配送作业标准，自动生成 2h 拣选配送清单，拣选数量依据作业计划排产量生成。

② 对于作业小单，拣选配送清单能够自动合并任务进行配送（同一个工位的同种物料可以根据配送批量要求一次性配送上工位，但要求按任务放置和标识）。

3）定量配送模式：

① 定量配送物料，按照单元化数量，自动生成整车或整箱拣选配送清单。

② 结合作业排产数量，拣选配送清单能够自动拆分配送时区，并且尽可能实现各时区

配送数量的配套性。

③ 拣选数量依据最小包装量生成。

④ 对于作业小单，拣选配送清单能够自动合并任务进行配送。

5. 物流器具管理

物流器具管理包括物料包装器具、搬运器具、工位器具、存储器具等。器具在物流过程中不断循环周转，无论是为了实现工厂运作过程的稳定、高效，还是实现物流的数字化、智能化发展，工厂一般均需要投入大量的物流器具。物流器具是企业财产的重要组成部分，将物流器具视同物料管理是工厂管理中的应有之意。物流器具管理重点从以下几点进行考虑。

（1）物流器具盘点　需要对所有的物流器具进行分类，制订盘点计划后，对每种器具进行定期跟踪抽查，做到每个月或几个月将所有器具盘点一次。一般采用在器具经过的区域进行标注统计的方法，对有唯一码的器具进行唯一码登记，或者在年中或年末大盘点时统一进行。其盘点过程与物料的盘点方法一致，重点是对循环过程的所有环节均盘点到位，如果器具在工厂与供应商之间流通，需要安排人员到供应商的工厂进行抽盘，以确保数据的准确性。在智能工厂中，由于物流器具自身带有 RFID，在通过遍布工厂的信息采集点时均能够留下记录，因此通过系统对实时数据的采集，可以实现随时盘点和核对差异，并且统计每一个器具的利用率和流通性。

（2）物流器具点检保养　标准的料箱、围板箱、铁箱一般无须进行严格的点检保养，器具点检保养一般针对结构较为复杂、造价较高的专用器具进行，以提高器具的使用寿命和使用效率。工厂需要根据器具的易损部位及功能结构，对每一种器具制定点检表，制定负责人定期依据器具点检项目对器具进行点检，发现异常器具及时送至器具维修区并填写器具异常记录表。同时，工厂要制作器具种类清单，根据各部件维护需要的时间列出保养时间及计划，由负责人进行定期维护保养，保养完毕后在器具保养表上签字，并将器具保养表在班组园地公示，便于管理者监控器具保养运行状态。在智能工厂中，针对每一个器具（尤其是成本较高或者维护要求高的器具）在系统中形成点检保养记录，从而减少人工记录的麻烦。系统可以根据历史保养记录，维护在系统中的器具状态，主动提醒相关人员对器具进行点检保养。

（3）物流器具维修及投入　器具在点检及运行过程中发现异常，若无法使用，需要放置到器具维修区，由器具维修人员进行维修，管理人员需要跟踪维修的进度和状态，以免实际运行的器具数量不足而影响生产，对无法维修的器具要进行报废申请。一般情况下，对无法维修或维修费用大于投入费用的60%时，应及时进行报废申请。

由于器具在使用过程中有损耗，如报废或丢失，同时随着生产规模的扩大，企业要定期对投入器具的数量进行测算，及时投入新的器具，以保证物流和生产的顺利进行。

（4）数字化物流器具管理　在智能工厂环境下，要通过物流器具管理系统的开发，实现器具的全面数字化管理。一方面，所有的器具都要实现联网，器具必须有标签、RFID 等可读取标识，以实现信息互通；另一方面，结合上述管理要求，需要在系统中设置相应的器具档案、表单和点检、盘点、维修维护的应用模块。在物流器具管理系统中，能够对器具进行收发存管理、器具流转过程实时监控、器具状态管理、器具利用率监控、器具投入量评估、器具主动运维等，实现对器具的主动维护和管理。

5.3.6 物流风险与应急管理

对于智能工厂而言，正常情况下的物流运作和管理均可以自主完成，但由于物流系统软件、硬件本身可能出现异常，以及智能工厂之外的环境因素变化可能造成物流风险，智能工厂处在巨大的不确定因素当中。在应对风险能力方面，系统不具备人的灵活性和柔性，一旦发生风险，将导致比传统工厂更大的损失和机会成本。因此，智能工厂物流运营尤其需要重视物流风险与应急管理。

1. 物流风险管理

由于市场存在巨大的不确定性，比如客户和消费者需求越来越难以预测和把握、客户和消费者对交付和服务的要求越来越高、频繁开展促销活动导致线上线下需求剧烈波动、产品更新换代越来越快、为满足个性化需求而导致产品品类越来越多、产供销信息不透明、库存过高导致对新品销售的冲击、库存过低导致供应链脆弱等，多种不确定性叠加导致企业预测不准、供需错配，使得智能工厂物流运营存在各类风险。

面对这些可能发生的风险，一方面，企业要贯彻以防为主的策略，因为风险一旦成为现实，就一定会造成损失，所以企业需要通过物流规划和管理优化，打造自身的物流运营能力和对风险的预见性，用企业能力的确定性来应对各种不确定性；另一方面，针对常见的风险或者过去发生过的风险进行经验积累和沉淀，形成风险清单，比如通过 FMEA（潜在失效模式及后果分析），制定应急方案，更重要的是，需要通过持续改善降低这些风险的影响程度或发生概率。物流风险管理可从以下几个方面入手：

（1）建立企业物流风险清单 对于智能工厂物流运营而言，除了特别重大的疫情、自然灾害等，大部分的风险都曾经在本企业或者其他企业发生过，因此可以结合企业的实际形态、特点、管理经验、管理水平等预先建立物流风险清单，并且在后续物流运营过程中不断修正和补充。比如，随着智能工厂物流管理水平的提升，有些风险出现的概率很低或者造成的影响很小，则可以从清单中剔除；对于新出现的风险或者发生的问题，可以加入清单。常见的物流风险如下：

1）自然灾害（包括地震、台风、龙卷风、暴雪、暴雨、洪水、泥石流、山体滑坡等）。

2）火灾、爆炸等突发事故（对厂区内部及临近区域、库房、车间、设备、车辆、危险品等有针对性地设置应急措施）。

3）恶性治安事故（包括利用枪械、利器、生化物品、爆炸物等袭击企业工业设施、标志性建筑、人群集散地等，袭击、劫持重要来访领导、外宾及大规模袭击、劫持员工，造成重大影响和危机的）。

4）运输中断（包括车辆故障、车祸、翻车、拥堵、交通管制、翻船、海关扣押等）。

5）能源保障事故（包括生产所需的电、水、煤、油、气等资源中断）。

6）财产安全事故（包括盗窃、抢劫、挪用公款、会计档案欠安全、网络故障、财务数据失窃、病毒与网络攻击、操作失误、财务状况谣言、资金短缺等）。

7）信息系统保障事故（包括网络中断、网络攻击、SAP/ERP/WMS/MRP 等软件瘫痪、信息系统故障、IT 设施遭到破坏等）。

8）人力资源事故（包括工伤事件、职业病危害、工作期间食物中毒、劳动纠纷、集体罢工、集体上访、暂时性停工、集体裁员、短期大批量招工、紧急订单的用工不足、集体旅游、培训、会议中突发事件等）。

9）物流过程异常（包括到货延期、包装不良、标签错误、数量不足、设备故障、紧急订单、紧急采购、紧急配送、紧急检验、EDI 中止、ASN 信息错误、批量退货、盗抢事件等）。

（2）识别风险的优先级 为了降低管理的复杂度、节约管理资源，不是对所有的风险都要进行严格管理，因此需要针对上述风险清单识别其优先级。识别物流风险常用的工具是FMEA。FMEA 以严重度、发生率和可探测度三个参数针对每种风险进行量化评估，每个参数分为 1~10 个等级，可以采用德尔菲法或者直接测算法等进行取值，对应取值的测算和评估，具体如表 5-9 所示。

表 5-9 FMEA 评价计分标准

评价风险等级	严重度（S）	发生率（O）	可探测度（D）
1	没有	几乎没有	几乎一定
2	非常小	微小	非常高
3	较小的	非常小	高
4	非常低	较小	中高
5	低	偶尔	中度
6	中	中度	低
7	高	频繁	非常低
8	非常高	高	微小
9	可能的致命问题	非常高	非常微小
10	未知的致命问题	几乎一定	几乎没有

严重度是风险发生后将导致最严重后果相应的值。比如，风险发生影响到物流安全或合规情况，建议严重度参数值为 9~10；风险发生导致供应链丧失基本功能，不能正常运行，建议严重度参数值为 5~8；风险发生后供应链虽然可运行，但效率下降，导致顾客非常不满意，建议严重度参数值为 4~7；供应链可运行，但不能完全满足要求，可能导致顾客不满意，建议严重度参数值为 3~4。

发生率是风险发生的概率，可以通过历史数据进行概率分析，或者由组织内、外部专家评审得出相应的概率值。在概率值评估过程中，要使用一致的发生率评估和排序的规则。发生的概率越大，则相应的取值越大。

可探测度用于衡量风险发生是否可监控、可识别。如果风险易识别，又能够及时采取措施进行防范，相应的风险影响就会较小；如果风险不容易识别，则风险随时可能变成现实，风险的影响就会较大。按照探测的难易度排序，风险的存在和变化能马上识别，则可探测度取值为 1，风险发生不可识别，则取值为 10。

最终，通过风险优先系数（RPN）对每一风险进行排序：RPN = 严重度（S）×发生率（O）×探测率（D）。在单个 FMEA 范围内，这个值的取值范围可以在 1~1000，工作组应优先对 RPN 值高的风险进行管控。具体确定风险优先级时，需采取严重度和 RPN 值相结合的方式，RPN 代表总的优先级，但对于物流运作而言，严重度是一个更为重要的参数。比如：当严重度为 10 且 RPN>10 时，为第一优先级；当严重度为 8-9 且 RPN>36 时，为第二优先级；当严重度为 1~7 且 RPN>100 时，为第三优先级；如果客户有具体要求，需要按照客户要求执行。具体 FMEA 如何应用和操作，目前已经相当成熟，读者可以通过相关资料进一步学习。

（3）针对风险制定应急方案　针对可能发生的风险，必须有相应的应急方案，以保证当物流发生计划外的事件时，供应仍可持续。应急方案是为了避免供应链中断（如装配线停止、劳动力不足、财务压力、物流安全等），支持工厂快速、有序地恢复正常的业务流程。当发生紧急情况时，应急方案必须预先确定明确的责任人，如果责任人无法履行，则一级替代责任人、二级替代责任人也需要明确定义。而且，应急方案必须包含一个预先确定的方案，方案中应至少包括关键内部/外部联系人、抑制措施、返回正常操作的恢复步骤和负责执行的关键人员的身份，以及问题解决以后应该做何种分析和改善。组织应定期审查、测试并验证其应急方案是否有效，对所有相关人员展开培训，以确保方案能够在问题出现后快速和有效执行。

（4）风险规避　除了制定应急方案之外，风险管理应更加重视风险的规避。

首先，通过物流管理体系搭建、流程梳理、规则定义、各节点基础能力提升等，逐步降低风险发生的概率。比如，不断培养和提升供应商的交付水平、响应速度、小批量生产、计划、设置合理库存水平等方面的能力，物料短缺、品质不良等问题就会迎刃而解，风险发生的概率也会降低。

其次，对过去经常发生的风险进行针对性的改善，将改善方案固化到正常的流程之中，这样不确定性的风险就会变成确定性的应对能力，风险发生的概率也就降低了。比如，某工厂由于来料包装数量差异、生产料废等导致经常出现零星缺料，在包装和料废问题暂时无法解决的情况下，工厂针对经常出现零星缺料的物料设定了一定的安全库存，专门用于零星缺料的情况，再发生零星缺料的概率就大大降低了，而这个安全库存将被固化到库存管理流程或者尾数管理流程中。类似的策略包括与供应商和客户建立战略合作伙伴关系、实现信息集成和过程数据透明化、提升物流管理的内外部协同性、打造精敏物流体系、建立供应商快速响应机制、建立柔性线专门应对小批量或定制订单等。这些策略都是通过提升能力来降低风险的影响程度，或者降低风险发生的概率，或者提高风险的可探测度，最终降低 RPN 值。

最后，企业通过数据的采集、分析，提前预见风险，或者风险发生时能够马上识别并传递给相关人员，也即提高风险的可探测性，降低可探测性参数的数值。比如，在传统的管理中，工位产生废料后，需要等到订单生产结束后通过清点才能清楚地知道少了多少物料，然后再通过补料流程把物料补充上线，结果就会造成停线损失（需要等欠缺的物料补充到位后完成本订单的工作）。如果企业能通过工位库存的数字化，实现对工位库存的动态管理，当报废产生以后，通过传感器直接采集数据或者人工触发信息，将报废信息传递给车间和配送人员，这样配送人员就能提前知道该工位会缺料，提前就可以做好相关准备并及时补充到位。

（5）对突发重大风险的管理　除了企业运营过程中比较普遍、日常、能预计的风险，可以通过风险管理和应急机制实现有效应对，企业还面临其他不可预计的突发重大问题，主要包括重大自然灾害、重大公共安全事故和重大疫情、地缘政治风险（如国际博弈）等。此类问题和风险，对于一家企业而言，难以及时有效地预计，即使有一定的预见性，单个企业也没有能力做出足够的应急处置。因此，企业应从以下几个方面培养应对重大风险和危机的能力：

1）建立针对重大风险制定应急处理办法的机制。当风险发生时，企业能够快速响应和行动，从基层到高层再到企业最高管理者，能够在第一时间快速协同行动，针对风险的影响进行评估并果断采取有效措施，充分授权全员防范和行动，尽量降低风险对企业运营的影响。必要时对企业战略、策略、商业模式和经营目标等进行适当的调整，避免后续运营过程中出现战略、策略和目标导向上的差异和矛盾。

2）在企业经营方面，企业要始终致力于打造组织能力和组织凝聚力（命运共同体），预留合理的现金流和可靠的资金来源等。这些措施是从战略层面应对可能发生危机的长期举措，也就是人们经常所说的"危机意识"。这些长期举措需要在企业经营过程中固化为战略定力，长久坚持，才能有利于企业灵活、坦然地应对突发风险。

3）从战略上重视物流能力建设，不断夯实物流运营基础、提升物流运营效率、提高库存和资金周转率、缩短交付周期等，以确保企业面对危机时能快速应对。物流响应速度越快、越灵活，企业应对风险的能力就越强。

4）企业在进行物流网络布局时，不能单从成本和效率的角度考虑，而必须考虑到风险防范的因素，将供应资源、产能资源、数据资源、客户资源等进行合理的分配，在全国甚至全球范围内规划相对有利于风险控制的布局。

5）龙头企业、链主企业致力于打造生态链，并建立该生态链整体面对危机时的应急处理机制，在应对危机时，整条生态链能快速协同，做到未雨绸缪、有备无患。

6）在危机过程中，时刻保持对客户和供应商的高度关注，必要时安排一对一责任人跟进，尤其是针对高风险客户、重点供应商，要及时了解其动态，明确后续可获得的资源，协同应对危机。如果预计可能出现问题，需要由更高层管理者进行协同，建立快捷的信息通路，使高层迅速切入、解决问题。

7）企业需要建立危机过程中可能出现的风险和问题清单，并不断更新动态、评估风险、快速应对。

8）减少不必要的焦虑和等待，马上行动、全体动员。在政策允许的前提下，不惜一切代价、团结一切可以团结的力量，进行企业的自救。对于制造企业而言，最重要的就是危机后快速复工复产。重大危机不能预计，对于危机覆盖范围下的企业的影响基本上是一致的，但是，不同的应对态度和策略却能决定企业的生死，以及危机过后是否能够快速复原，甚至实现超越。毕竟，对于某些企业是"危"的，可能恰恰是另外一些企业的"机"。

2. 应急物流管理和机制

（1）应急物流管理概述　应急物流是针对可能出现的突发事件已做好预案，并在事件发生时能够迅速付诸实施的物流活动。其特征为突发性和不可预知性、需求的紧急性、时间的紧迫性、满足紧急需求的弱经济性和非常规性。应急物流有国家层面的、区域层面的和企业层面的。如今国家应急物流整体机制和运作在不断完善，但是对于企业、工厂而言，应急物流的概念可能还比较模糊。

应急物流的场景包括台风、地震、洪水、暴雨、火灾等自然灾害，紧急公共卫生事件，工厂内外发生的造成生产与物流运作中断的严重事故，如停水、停电、资源断供、交通突发事件、设备严重故障、大批量质量事故等。

应急物流针对可能会影响工厂正常运作的场景，建立良好的应急物流预案，让工厂物流具备一定的应急反应能力，并在有限的约束条件下降低应对紧急场景的成本。在智能工厂物流运营中，应急物流管理要求物流运作组织必须包含一个预先确定的方案，当发生紧急情况时，立即实施这一解决方案，而且这一职能系统必须定期进行测试和验证。

目前大部分的制造企业、工厂都缺乏应急物流管理意识，缺乏系统化的应急物流机制，缺乏稳定的应急物流组织，缺乏行之有效的应急物流方案。一旦发生紧急情况，工厂的风险特别大。

（2）应急物流管理的要点 应急物流管理的主要内容包括梳理工厂可能会遇到的应急物流场景，针对每个场景设置对应的应急物流管理流程，设置合理的应急物流组织及响应机制，对应急物流的相关内容进行相关人员的培训及定期的演练测试。

应急物流管理非常强调事前、事中、事后管理的概念。事前要做好应急物流预案设计、培训、演习（有条件的话）；事中要快速响应，并严格执行应急物流预案的标准流程（针对应急物流场景的）；事后要总结应急物流事件，更新应急预案、流程与标准等，记录整个处理过程，作为后期培训的案例。

应急物流根据事件发生对工厂的影响程度及发生的概率等，对应急物流的各种场景进行等级分类。这样做的目的是根据不同应急等级设计合理的应急物流组织、流程标准等，而资金等资源的投入也相对合理。工厂的应急物流场景包括厂外场景（如供应商突发事件、运输中途突发事件等）和厂内场景（如停电、气站异常等）。

对于工厂而言，可根据自身实际情况，以统一的标准来定义应急物流的影响程度，如资金损失、生产制造的停滞时间等举例如下：

一级：重大事故类，如天气等重大自然灾害，严重影响供应商生产、供货等物流运输过程。一般企业、供应链、安全部门等应设置响应机制及应急处理流程。

二级：日常的突发事件，如供应商或第三方物流运输途中堵车、发生意外（车祸、车辆事故），生产或物流设施设备的重大事故等。

三级：超乎异常管理的紧急事件，如物料或成品的大批量不合格。

（3）应急物流管理机制 应急物流管理的关键在于建立应急物流组织与流程标准，明确职责与处理流程。应急物流的发生是概率事件，所以不需要为此设置独立的组织，而是在现有组织中，根据工厂应急物流管理的需求，成立一个临时组织，该组织只有在应急事件发生后才明确产生。

1）成立应急组织。成立以总经理为组长、各部门及分厂领导共同组成的应急处理工作小组。应急组织可以根据应急物流的等级分类来区别设置，整体原则为应由部长级以上领导负责，倡导快速响应，可跨级沟通、跨部门反馈。根据事件的影响程度，还可能需要更高层的管理者参与或主导。

2）建立响应机制。接警—确定响应等级—启动应急方案—执行方案—应急结束（恢复正常生产）。应急物流响应的各环节需建立标准响应时间。例如：每个环节在问题发生后15min 内反馈，2h 内未解决的，问题升级反馈；应急协调未能解决的情况，由负责部门在1h 内会同部门领导上报企业高层，高层及时协助参与决策或亲自解决。如果工厂发生了应急事件，会影响对客户的交付，因此应在出现应急情况后立即向客户报告相关情况和应急措施计划，与客户协商沟通。响应机制中最基础和最关键的内容之一是通信联络方式，应急小组相关人员的联系电话等信息需定期更新。

3）设计应急预案。这是应急物流管理中最关键的一步，需要工厂相关人员集中精力一起制定。工厂对每个应急物流场景都需要有相应应急预案，对应急预案的要求是合理的、经济的、可落地执行的、有效的。如应急预案中涉及应急物资，对应急物资的管理也需有一定标准。

4）应急程序培训。培训是应急情况发生时能够快速、低成本应对处理的重要保证。关于应急程序的培训，需作为工厂培训中的一个重要部分。对应急预案实施的各环节所涉及的人员需要进行定期培训、考核，使其充分掌握应急预案知识、流程，有条件的可以针对某些预案进行不同程度的演习（如消防演习）。培训的过程也是在不断宣传与强化应急物流管理的意识，使工厂全员都具有这种应急理念。

5）应急预案持续优化。应急预案需要持续验证，并根据工厂情况、业务流程调整或者发生事件的经验总结进行不断更新、完善。

5.4 智能工厂物流人才

5.4.1 物流人才的现状与需求

1. 物流人才的现状

由于物流工程是一项囊括采购、生产、运输、仓储、包装、国际贸易、计算机等功能的管理性工作，物流工程人才应该是复合型的，不仅要懂得生产工艺、物流工程专业知识，还要对所在岗位涉及的其他专业技能能够熟练运用，具有广博的相关知识，包括跨国贸易和通关知识、仓储运输专业知识、财务成本管理知识、安全管理知识和法律知识等。现代物流装备从生产上属于技术密集型产业，相关的设计与研究人员需要掌握生产运营管理、物流管理、信息技术、物联网等多门知识。

我国目前物流工程人才缺乏，主要因为物流工程和技术应用人才的教育培养没有跟上经济发展的需要。定位物流工程专业培养目标、加强物流工程专业师资力量、优化物流工程专业课程体系是目前各高校正在积极推进的工作。

受我国物流工程领域的管理体制条块分割、分业管理现状和传统教育模式的影响，虽然有不少院校设置了物流工程管理和物流工程等相关的专业，但培养目标不明确，人才的培养受到了较大的局限。在目前的高等教育体系中，大部分高校都开设的物流管理专业，只有不足100家高校设立了物流工程专业，其中985、211院校尤为缺少，因而导致了物流工程专业人才的培养速度和物流装备领域高速增长的人才需求之间不匹配。现有高校的物流工程师资力量大多是从宏观经济工程学、管理科学、营销学、交通运输学专业的教师转移过来的，物流工程专业水平总体不高，尤其是针对智能制造的物流技术应用的场景研究方法论非常贫乏。

2. 物流人才的需求

在智能工厂环境中，物理系统是主体，是制造活动的执行者和完成者。在这个过程中，拥有人工智能的信息系统作为制造活动信息流的核心，主导并帮助人对物理系统进行必要的感知、认知、分析决策与控制，使物理系统尽可能以最优的方式运行。整个过程中人是关键：一方面，人是物理系统和信息系统的创造者，无论信息系统如何智能，其解决的问题、目标和方法都是由人掌握的；另一方面，人是物理系统和信息系统的使用者和管理者，系统的最高决策和操控都由人把握。此外，从经营和运营的角度来看，需要基于全局、情感、权衡、取舍等做出决策，是一个复杂的过程，而系统只能提供数据和决策支持，最终还需要管理者综合判断、做出决策，如企业战略、产销协同、应急处理等问题的决策。

与商业物流和物流企业物流人才需求不同的是，制造型企业需要更多的物流工程人才，既要懂得工业工程的相关要求，又要精通物流技术研究与应用，包括每一个工位、每一个物料、每一个信息的协同和作业场景分析，因此需要具有系统观、流动观、精益观和运营观的综合性技术人才。

零部件集散中心和车间配送中心（到工位）以及下线后产成品集约存储与发运的物流设施高度自动化，建设前需要大量的工程技术人员分析、设计，建成后需要大量的工程技术人员维护和管理；装卸搬运设施、车间配送设施、大小件物料和成品的自动化立体仓库、流量测试、自动定位和检测等物流载体的设计、维护，也需要大量的工程技术人员。这种逐渐向集信息化、自动化、智能化和集约化于一体的现代制造业物流发展的趋势使得我国工业企业急需大批物流工程技术人才。

5.4.2　智能工厂物流人才的能力结构

智能工厂物流人才需要具备架构、建设、使用、维护、优化智能工厂物流系统的能力，需要能够接受和运用新的理念、方法、技术和工具，能够系统性地规划智能工厂的物流系统，能够运营智能工厂以达成交付、周转、盈利等方面的战略绩效，并逐步实现其数字化、智能化的迭代升级。作为智能工厂的物流人才，需要"懂技术、懂运营、懂规划、懂数据、懂应用"（精通其中一项或者多项），具体而言，需要具备顶层设计能力、物流规划和系统化架构能力、专项技术及应用能力、运营管理能力、项目管理和落地能力等，如表 5-10 所示。

表 5-10　智能工厂物流人才能力参考矩阵

能　　力		物 流 人 才							
		工程师			管理类			操作类	
		系统级	设备级	关键技术级	决策层	执行层	实施层	操作人员	维护人员
顶层设计能力	物流战略规划								
	物流组织设计								
	物流策略制定								
	物流能力规划								
	运营管理策略与逻辑								
物流规划和系统化架构能力	工厂物流布局规划								
	物流动线规划								
	物流设施配置与选型								
	物流管理体系架构								
	物流网络布局								
	信息系统架构								

（续）

能　力		物流人才							
		工程师			管理类			操作类	
		系统级	设备级	关键技术级	决策层	执行层	实施层	操作人员	维护人员
专项技术及应用能力	物料包装技术及应用								
	物料存储技术及应用								
	物料搬运技术及应用								
	物料配送技术及应用								
	智能识别技术及应用								
	数据分析及算法								
	信息技术及工业软件								
	动态仿真技术及应用								
运营管理能力	计划管理								
	采购管理								
	库存管理								
	生产管理								
	物流管理								
	订单管理								
	销售管理								
项目管理和落地能力	项目管理								
	团队管理与协作								
	沟通								
	投资概预算								
	资源整合与管理								

顶层设计能力是针对企业供应链、物流高层管理人员而言的，具体包括物流战略规划、物流组织设计、物流策略制定、物流能力规划、运营管理策略与逻辑等方面的能力。在大部分制造企业甚至智能工厂中，物流规划和运营往往都会成为短板，而企业管理者往往不具备物流的顶层设计能力和专业度，因此更需要物流人才站在企业的高度及价值链的宽度上，系统性地思考物流顶层设计问题，为智能工厂的有效运营保驾护航。

物流规划和系统化架构能力是为了达成顶层设计的战略和目标，所应具备的工厂物流布局规划、物流动线规划、物流设施配置与选型、物流网络布局、信息系统架构等方面的能力。一方面，无论是传统工厂改造升级还是新建智能工厂，每个行业、每个企业都有其特定的产品、环境和文化特征，其规划和实现路径也有所不同；另一方面，智能工厂物流系统需要一次规划、分步实施，不能一蹴而就，这就需要企业的物流人才具备基于整体和未来的规划和架构。

专项技术及应用能力需要熟悉智能制造、智能工厂、工业互联网等方面的知识和特征，需要了解各项物流技术并知道如何应用，具体包括物料包装技术及应用、物料存储技术及应用、物料搬运技术及应用、物料配送技术及应用、智能识别技术及应用、数据分析及算法、信息技术及工业软件、动态仿真技术及应用等方面的能力。随着技术日新月异的发展和应用，物流人才不能墨守成规，需要广泛与相关设备的研究者、制造商、集成商等进行交流，了解专项技术的发展前沿和应用实践，了解相关技术在制造业和行业同行的应用情况和效果。

运营管理能力具体包括计划管理、采购管理、库存管理、生产管理、物流管理、订单管理、销售管理等方面的能力，能够主导或者参与企业供应链运营管理与协同。工厂的规划和改善是为了有效运营和交付，物流作为价值链端到端打通的主线，物流运营管理是工厂运营管理和供应链运营管理的核心所在。在工厂运营中，物流不能作为被动执行的职能，而应该主动参与到运营的规划、架构、梳理、改善过程之中；而事实上，对于制造企业的经营绩效，如交付、库存、成本、效率等方面，物流起到了决定性的作用，物流优则经营优。因此，物流人才必然需要更主动、更积极、更广泛地参与管理和协同，企业对物流人才的定位也需要重新定义。

项目管理和落地能力是针对物流改善人员而言的，由于物流的端到端、跨职能、跨学科属性，物流规划和管理的优化提升往往不是依靠某一个人或某一个部门的努力就能成功的，也不是短时间内能够速成的。因此，制造企业往往通过大大小小的项目的方式推动改善和变革，无论是布局、流程、设施、包装、运营还是信息化、数字化、智能化的提升，都需要通过短则 3~6 个月、长则 3~5 年的持续有序、有组织、有协作的推动。这就需要相关主导人员除了具备较强的业务能力之外，还要掌握项目管理和落地能力。

5.4.3　智能工厂物流人才的培养

1. 建立智能工厂物流人才的培养机制

在智能制造和"互联网+"时代，制造业物流人才培养应该被重新定义。随着移动互联网对物流行业的不断渗透，无论是院校、科研单位，还是"智能制造物流+互联网"的创新型企业，都必须懂得顺势而为，才能跟上时代发展。物流人才的培养也要注重这些技术的应用，探索新的人才培养机制。智能工厂物流人才的培养是一个系统化的工程，单靠某个企业、单位、学校不可能完成，而必须是企业、高校、政府、培训机构部门进行联动，组建立体人才培养互动平台，真正构建"四位一体"式人才培养模式。

（1）借鉴国外发达国家经验　发达国家的物流教育与人才培养已形成一套比较明晰的框架，为了满足不断发展的物流企业的需求，国外相对成熟的物流教育体系为其物流行业培养了一批批物流专业人才。随着我国制造企业和智能制造的发展，对制造型物流人才需求加大，人才匮乏已经成为制约行业和企业发展的重大瓶颈。智能工厂物流包含了多种学科的知识和先进理念，合格的智能工厂物流人才必须是具有规划能力、应用能力、创新能力、决策能力、综合分析能力等的复合型人才，才能满足智能工厂物流发展的要求；只有构建好多维目标体系，才能为我国智能工厂的物流发展培养和储备好人才。

因此，可借鉴发达国家的先进经验，构建智能制造物流工程人才教育模式，提高物流工程专业师资水平，组织智能物流工程领域的专家、学者、制造业专家共同研究编写物流工程教学教材，建立一支教材编撰的专业队伍，构建完善的教材体系，引进、借鉴国外教学成果和经验，推进我国物流工程教育模式的国际化发展。

（2）建立产学研立体联动机制　开展产学研合作，创新产业合作体系和运作模式。目前在物流装备产业中，设施供应企业已经逐步成为创新的探路者和领头羊，但在制造企业中，物流基础技术领域还存在短板，人员配置还存在不足。

在培养智能工厂物流人才的战略目标下，企业需要根据发展需求和行业特色，积极主动吸引人才、联合培养人才，建立企业占主导地位的产学研立体联动机制。当前在高校内一直提倡产学研联动的教育模式，但是这种模式并没有真正实现校企合作，很多只是流于形式。以企业为主体，由企业牵头建立产学研教育基地，利用高校丰富的教育资源，并投入一些研发项目以纵向课题或者横向课题的形式与高校合作，同时政府部门完善企业和高校的效益和评聘制度，吸引更多的企业与高校进行合作，真正实现产学研用一条龙。

（3）以高校为龙头建立多维培养机制　在人才培养上，高等院校要着眼于加快以智能制造需求市场为导向的物流学科专业调整和人才培养，面向需求，改革供给结构，改善培养条件，培养创新型人才。同时，在物流人才有效培养上建立一套现代物流人才的创新培养模式，既要建立国际化、综合化的教学课程体系，又要面向智能制造物流技术与应用市场培养多层次的专业人才；还要打造高素质的师资力量，鼓励教师深入进行理论学习与实践。

高校是培养人才的主体，拥有大量的教育资源、师资力量。增强校企合作办学的主动性，及时调整物流学科体系，优化课程，以适应时代的发展。要将校企合作落到实处，应以科研项目为载体，通过项目合作，优势互补、资源共享、互惠互利、共同发展，参与各方的共赢才能使校企合作深入，形成长效机制。同时，高校会同企业技术研发人员成立智能物流研发中心，吸引更多的学生参与到项目研发中。为了激发学生的参与兴趣，学校和企业联合推出有关智能工厂物流领域的竞赛项目，并投入一定的奖励基金，使学生在参赛过程中培养创造能力、创新能力、决策能力和综合分析能力。

（4）健全认证体系，孵化培训机构　为了智能工厂物流人才的培养，必须建立金字塔式培养层次。培训机构是面向大众的培训，为企业培养了大批物流方面的中层和基层人才，但是培训机构参差不齐，培训内容也没有规范的课程体系。为了规范培训机构，必须依靠认证制度，利用认证水准倒逼培训机构整体划一、规范培训内容、激发培训热情。认证制度要制定严格的社会选拔标准，为了未来高级物流人才的培养奠定基础。培训机构的职责使学生了解物流各个基本环节的操作与管理，掌握物流信息的基本流程，了解各物流管理岗位需要的技能，掌握物流设备的原理与基本操作，培养关于物流系统的设计能力和整体认知能力。考核内容要考虑能够激发社会人员的学习兴趣，培养动手能力；面向行业的综合应用性实践，紧密结合物流行业技术的发展，培养其在物流行业的应用设计和管理的综合能力。培训机构要以提升能力、应用为先作为宗旨培训学生，为我国未来孵化物流高层次人才。

（5）政府充当推手，催化良性互动政策产生　政府加大信息化基础设施建设，转变职能充当推手。政府在物流战略中，要从制度上更好地发挥市场在资源配置中的基础性作用，确保企业的市场主体地位，不干预企业的生产经营活动；同时，根据企业、高校发展需要以及市场规律，制定良性互动政策；发挥电子政务平台作用，加强与高校和社会培训机构的互动，真正建设成以企业为主体、高校为龙头、政府为推手、培训机构为辅助的"四位一体"的复合型人才培养机制。

2. 制造企业内部对智能工厂物流人才的培养

对于制造企业而言，目前面临对物流人才需求日益紧迫和合格物流人才供应将长期不足的矛盾。很多制造企业的物流被分割成几段，分别由采购、生产、销售等职能部门进行管理，重视物流的企业可能设置了物流部长、物流经理的岗位，但很少设置物流总监岗位。出现这样的情况，是因为行业整体高端物流人才的缺失，企业很难引入符合能力要求的人才，也正因为如此，当前企业的物流人员无法证明物流的价值，企业对物流的重视程度较低，由此形成"二律背反"。在当前物流人才存在较大缺口、物流人才能力参差不齐、智能工厂物流人才尤其稀少的环境下，对于制造企业尤其是大型制造企业而言，不能寄希望于外部引入坐享其成，而需要树立对物流新的认知，重视物流并重视企业内部的物流人才培养，建立物流人才培养机制。

（1）企业需要制定与物流战略相匹配的物流人才战略　当企业有了物流战略，并且确定了数字化、智能化的发展方向，就需要制定与之相匹配的物流人才战略，建立一体化的物流管理组织，并致力于物流人才梯队建设。鉴于智能物流与传统物流之间的区别，相应的人才需求也有天壤之别。智能物流中，人才的重要性将更加凸显，全新的物流体系需要物流人才对其进行架构、优化和应用。企业具有清晰的物流人才战略和人才晋升机制，有利于引入人才、培养人才和留住人才；相反，在不重视物流、没有物流人才梯队规划的企业中，也不会有高水平物流人才为之服务，即便是有，由于企业无法为人才提供足够的空间和舞台，最终也无法发挥其作用。

（2）引入外部专业资源进行人才培养　制造企业物流经过 20 多年的发展，形成了一批具有较高专业度的行业专家和培训、咨询服务机构。他们始终坚持对制造企业物流体系、方法、技术、应用等方面前沿研究和应用实践，具有高超的见识和广阔的视野。对于制造企业，尤其是致力于打造智能工厂的企业而言，这无疑是一笔丰富的无形财富，应更多地引入外部专业资源进行企业内部的人才培养。企业可以在内部开设物流大讲堂，邀请相关专家进行培训和分享；同时，通过在内部形成针对专家培训内容的探索、讨论和实践机制，促进团队的能力提升。企业也可以与培训机构、咨询公司合作，组建企业内部的物流人才培养部门，科学设计系列课程和实践项目，在企业内有组织、有系统、分批次地开展人才培养，并推行持证上岗，甄选人才。

（3）积极参与行业论坛、行业展会、游学活动和标杆工厂交流　在发展智能制造和智能工厂的热潮中，相关技术的迭代与应用日新月异，相关行业协会、咨询服务机构和游学机构经常会组织行业发展论坛和展会、智能工厂游学活动等。企业应该鼓励物流人才积极参与，了解行业发展的前沿信息，向国内外优秀的企业学习，这非常有利于物流人才的能力提升。另外，企业也可以通过组织、参与行业内外的相互交流学习，为物流人才提供更多的学习和交流机会。否则，物流人才每天的主要工作对象就是物料以及相关的计划、存储、分拣和配送、运输等，或者管理相关的人员和现场，处于"低头拉车"的状态，很少走出去学习和参观。俗话说"见识优于聪明"，如果物流人才没有足够的见识和视野，不了解行业的发展动态和成就，也就无法清楚地看到企业的物流应该走向何处，看不到自己和别人的差距。

（4）与专业知识和技术提供商交流　物流是一个跨学科、高度综合的专业，而经过多年的发展，针对制造企业物流已经形成了非常专业的分工，包括各类设备的研发和制造机构、培训和咨询的服务机构、整体方案实施的集成商、信息系统的开发和实施服务商等，这些机构在各自的领域中都有丰富的知识积累和实践经验，因此，企业的物流人才可以通过与这些专业机构交流和沟通以获取知识。

参考文献

［1］ 宫迅伟，邱伏生，等. 采购 2025：数字化时代的采购管理 ［M］. 北京：机械工业出版社，2019.

［2］ 卓弘毅. 什么是物流控制塔？为什么我们需要 TA？［EB/OL］. （2018-06-08）［2020-03-12］. https://www.sohu.com/a/234709176_170557.

［3］ 唐隆基. 数字化供应链控制塔 4.0 ［EB/OL］. （2018-08-27）［2020-03-15］. http://www.logclub.com/articleInfo/Mjc0LWM3Nzk4NmYw.

［4］ 颜家平，席哲. MMOG/LE 体系剖析与应用价值：MMOG/LE 与制造业供应链及物流管理系列连载之一 ［J］. 物流技术与应用，2017，22 （9）：148-151.

［5］ 王国华，董绍华. 制造业物流系统规划设计、运作与控制 ［M］. 北京：机械工业出版社，2006.

［6］ 李海军. 智能物流人才培养机制研究 ［J］. 德州学院学报，2016，32 （2）：100-102.

［7］ 邱国良. 智能制造人才培养路径探索 ［J］. 现代企业，2019 （5）：23-24.

第 6 章
智能工厂物流信息平台构建

6.1　智能工厂物流信息平台概述

智能工厂物流信息平台是以工业互联网、大数据、云计算、5G 移动无线网络、人工智能、机器人、智能物流技术等软、硬件新技术为基础，为智能制造过程中原材料、在制品或者成品（采购物流、生产物流和成品物流）的包装、运输、装卸搬运、存储、流通加工、配送、信息处理等提供智能服务和智能决策的信息平台。它不仅将企业、用户、货物、设施紧密联系在一起，而且将流程、数据和订单结合起来，使物流信息平台连接变得更加多维度、立体化、多元化且更有价值。

由于制造过程涉及多个环节和要素，智能工厂物流信息平台是通过处理物流业务相关的数据或信息，为物流作业提供作业指示和进行数据分析的人机一体化系统。

智能工厂需要按照客户要求适时交付，因此智能工厂物流信息平台需要实现物料流动实时数据的采集与管理，基于实时数据实现供需双方的精准匹配，依据生产作业要求实现物流与作业工位的智能化联动。

由于企业战略、产品和供应链策略的不同，不同类型的企业对物流信息化有着个性化的价值导向。从智能工厂物流规划和运营升级路径的角度，需要思考信息平台战略框架和制造物流供应链发展导向相结合，以业务和应用场景、技术条件、过程瓶颈、约束条件等作为前提条件，在规划中创新，在创新中应用。

6.1.1　物流信息平台的发展

企业不同、产品不同、工艺不同，不同迭代升级阶段的工厂物流信息平台的表现方式也有所不同。

工厂升级阶段通常可分为精益工厂、数字化工厂、智能工厂，所以，不同阶段的物流信息平台也有覆盖面、联通程度、技术应用场景以及软硬件设施的差异，可以相应地分为精益物流信息平台、数字化物流信息平台和智能物流信息平台。

1. 精益物流信息平台

精益工厂需要精益物流运营及其信息平台以支撑精益生产要求。由于精益生产发源于汽车行业，所以汽车行业精益物流信息平台的发展具有较强的代表性。

汽车企业为了提升生产和物流环节的精益水平，压缩中间环节的存货量，实现生产制造环节的"零库存"，自 20 世纪初开始，精益物流模式由过去的"后补充式"升级为"前补充式"，即通过物流信息系统精确的计算，提前向供应商发出准确的零部件需求信息，以实现当生产线上某工位、某个时刻需要某种零部件时，该零部件可准时送达。其基本原理为：制造商和销售商在新品推广和市场预测等数据的基础上，提出年度生产计划、月度生产计划，明确当前月份生产的产品种类和数量；信息系统根据"平准化、均衡化"原则，形成总装产品型号排列的"虚拟生产线"，再根据各个产品系列、型号的物料清单（BOM）计算出对应的物料和零部件需求，并通过网络提前释放给对应的供应商拉动生产；物流服务商安排集货车辆和路线，收货、检验、存储、拣选配送等部门进行收货和配送，并处理后续的空容器管理和财务管理；过程中总的信息需要通过不同环节的条码扫描来确认作业达成并汇报给信息平台。

这种精益物流过程主要是推拉结合，人工参与较多，时间和数量的控制过程中容易产生管理偏差和物流效率损失，需要有强大信息系统的支持。

2. 数字化物流信息平台

数字化物流信息平台是在达成精益之后，建立在一定信息技术结构基础上，逐步开始物流业务数字化的过程。从动态的视角来看，物流过程体现为端到端的业务流过程，它涉及业务流程的不同阶段、不同参与者、具体工作内容、业务时效表现等。端到端的数字化就是实现业务流程透明，促进供应链上下游之间的业务协同，保证供应链的高效衔接和有序运转，从而提升整体效率。

（1）让物流设施具备"灵魂"　在数字化时代，数据已经成为企业的核心资源，通过对大量积累的数据进行分析，能够驱动业务网络的智能运转。业务网络的智能化主要体现在数据的分析和自主决策。数据分析的过程就是提取数据所蕴含的价值的过程，自主决策则是智能化的更高级阶段，通过算法辅助决策，让物流设施具备"灵魂"。

（2）让物流数字化成为主要纽带　数字化工厂需要物流管理运营率先实现数字化、一体化，并且成为数字化工厂运营的主要纽带。在这种工作场景下，无人运输装卸、自动配送、RFID识别调度、智能存储等作业形式替代了部分人工作业。同时，以信息传递为主要功能的物流信息已经无法满足这种新形势的需要，必须升级为集信息传递和调度指挥为一体的智能调度中心，实现实时传递生产信息并指挥调度智能装备进行有序作业。

（3）物流与生产相互促进　一些先进的制造企业在推行高柔性生产方式的同时，要求物流环节继续保持从项目规划到实施全过程的高效率。物流体系通过应用仿真、数字孪生、虚拟现实/增强现实（VR/AR）等信息技术手段进行方案优化、状态监控和结果验证等工作，较好地满足了物流体系高效化的要求；另外，物流信息技术进步也促进了生产模式的变革和升级，推动生产方式达到新高度。这种双向促进带动了体系中的各要素不断向前、和谐发展。

3. 智能物流信息平台

（1）形成闭合环路　智能物流信息平台需要搭建实时物流运作（计划）规划和执行的闭合环路，将虚拟生产-物流系统和现实生产-物流系统对应起来。具体而言，就是集成PLM系统、制造运营管理系统、物流管理系统以及生产设备和物流设备系统。物流过程计划发布至物流执行系统之后，利用智能物流信息平台生成详细的作业指导书，并与生产-物流设计与运营全过程进行关联，保证整个过程都实现精准的响应和更新，甚至还能从生产-物流环境中收集有关生产-物流执行情况的信息。

在实践中，很多企业已经通过研究和应用优化算法开发适合自身发展特性的软件。这些软件或者独立作业，或者有机协同，集合成有鲜明企业特色的信息系统。在当前形势下，尽管供应链体系中的主流依旧是生产模式要求物流模式及其信息系统与其保持同步，但是，随着人工智能（AI）、区块链、云计算、大数据、3D 打印和 5G 等前沿技术的开发及其在信息领域的不断尝试应用，由此逆向引发的生产模式和物流模式的变革已经初见端倪。

（2）先期验证、仿真、预警　从订单到执行交付，智能物流信息平台也需要具备必要的先期验证、仿真、预警能力。建立物流与制造过程智能对应、联动的协同模型，其具备所有物流过程（包括生产工位物料运作）的细节，并可在整个物流-生产过程中针对每一个订单、每一个物料、每一个工位进行实时仿真和验证。当验证过程出现问题时，只需要在模型中进行修正即可。比如，当物流效率不能确定时，可以通过输入关联参数，寻找运营瓶颈，然后调整相关的设施基准参数，确保全过程数据的一体化；又如，机器人在抓取物料时发生干涉，可以通过调整工作台的高度、反转装配台、输送带的位置等来更改模型，然后再次进行仿真验证，确保机器人能正确达成任务目标。

（3）全要素联动以实现自感知、自决策和自调适　随着现代产品功能复杂性的增加，其制造过程也逐渐复杂，对制造所涉及的所有过程均有必要进行完善的规划。在智能物流信息平台中，对需要制造的产品、作业方式、物流流动方式、关联资源以及物料周转、作业地点等各个方面可以进行系统规划，将各方面关联起来，实现设计人员和制造人员的协同。一旦发生流动要素变更，可以在智能物流信息系统中方便地更新流动过程，包括更新面向制造的物料清单和对应的新工序，为工序分配新的配送模式、设施或人员，为工位配送调整新的物料时间和数量等，并在此基础上进一步将完成各项任务所需的时间以及所有不同的工序整合在一起进行分析和规划，直到产生满意的流动过程方案。

为了保证制造系统中物流过程的所有环节都准确无误，在智能物流信息平台中对不同的生产和物流策略进行模拟仿真和评估，结合大数据分析和统计学技术，快速做出有关供方交付、库存资源、自有物料存储、个性化订单配套需求、资源配送、工序排序以及智能物流设施等的优化方案。调整策略后，再模拟仿真整个生产-物流系统的绩效，进一步优化，实现所有物流资源利用率的最大化，确保所有工序上的所有设施和人都尽其所能，实现效率和盈利能力的最大化。

生产-物流体系不断向智能化升级，必然要求信息系统实现同步的融合和升级，以满足制造系统的需要，而这种同步升级必将带来信息系统复杂性、功能性和运行效率的大幅提升。

6.1.2　智能工厂物流信息平台的特征

相对于"以制造为中心"的推动式视角，"以客户为中心、以交付为中心"是从拉动式视角来看待客户需求和满意度，所有的逻辑和关键绩效指标也随之发生变更。制造企业物流作为交付的"桥头堡"、制造的"水龙头"、采购的"缓冲器"，必然成为智能工厂的核心纽带，其物流信息平台则将成为指挥智能工厂物流有效运作的"大脑"。

智能工厂物流信息平台通常表现出五个特征。

1. 物流能力"IP化"

从工业互联网的角度来看，智能工厂以信息平台作为一个"节点"，代表的是"服务型制造"的一个"IP"。通过交付能力的网络化表现，体现智能工厂在生态圈的影响力，以及与互联网、物联网无缝连接的能力。智能工厂逐渐互联网化，需要让消费者能够随时通过网络化（移动）平台看到其产品、产能和服务能力，甚至看得到具体订单执行过程，个性化的产品还包含个性化的服务，以体现"服务型制造"的具体要义。这就要求企业物流信息平台具备瞬时连接、快速接单、快速制造、精准承诺、适时交付的能力。

2. 物流能力可体验化

智能工厂的物流能力将与产品一道成为消费者体验的必要组成部分，体现智能工厂面对个性化需求的敏捷性能力，强调以消费者为中心，以及连接各项资源的能力。

成品交付物流涉及门店、物流服务商、物流网络布局、库存布局、成品发运计划和成品库的规划和运营，对不同的区域、门店、消费者、产品等有不同的响应策略，为此需要具有集成信息、集成资源、线上线下结合、人单合一、有效兑现承诺等方面的能力。从消费者的角度而言，智能工厂物流信息平台（及后续的物流配送）代表的是"能否有效交付"的供应链，往往将消费者满意度具体化为口碑和品牌。

3. 物流过程质量可视化

规划智能工厂时，通常以物流作为主要纽带，带动信息化的同步规划；生产运营中，物流的有效性是智能化生产的前提和服务的保证。物流过程涉及外购件、自制件、前置工序等众多环节，制造进度受到物料、人员、设施、库存、质量、效率、能源等要素变化的影响。制造工艺涉及原材料、半成品和成品不同的加工技术和设施，具体到精准加工、精准配料、精准控制库存、精准补料、退料、包装、搬运、存储、输送、拣选、总装等工艺过程。上述过程都需要通过物流信息平台和制造信息平台实时协同、"推拉结合"，实时采集、汇总、分析和传递数据，成为智能制造系统决策的关键部分。从智能工厂经营的角度而言，智能工厂物流信息平台代表的是固定资产的经营有效性和流动资产的周转效率。现金流和库存的此消彼长，往往决定了企业的盈利能力。

4. 供方交付能力显性化

供方交付能力显性化体现为在响应订单拉动的要求下连接供应商的能力。供应商的有效到货是支持智能生产的一个必要条件，对供应商采购、生产、交付、运输、包装、到货、卸货、检测、容器具管理、逆向物流等方面的数据管理和有效协同，决定了入厂物流规划和运营的有效性。入厂物流是工厂规划之后的一个关键要素，规划时在图纸上难以显现出来且容易被忽略，从而导致工厂交付运营后出现物流阻塞的状况。物流信息平台对入厂物流的有效管理和监控，决定了智能工厂生产的有效性。智能工厂物流信息平台代表了后勤保障、有效供应的能力。

5. 物流能力柔性化

根据个性化订单配合生产要求实现柔性化转换的快速反应能力，智能工厂生产系统柔性化越来越重要。未来"柔性生产系统"在成组技术的基础上，以多台数控机床或者数组柔性制造单元为核心，通过自动化物流系统将其连接，统一由主控计算机和相关软件进行控制和管理，组成多品种、小批量和混流生产的自动化制造系统，即由统一的信息系统、物流系统和数字加工设备组成，能适应加工对象变换、高效率制造中小批量多品种产品的自动化制造系统。其中可能涉及机器柔性、工艺柔性、产品柔性、维护柔性、生产能力柔性、扩展柔性、运营柔性，但是，所有的柔性都必须由柔性物流系统来连接和贯穿，以保证横向、纵向和端到端的柔性集成能力。从智能工厂柔性的角度而言，智能工厂物流信息平台代表的是人、机、料、法、环、测"以点带面、点面结合"的实时互通、协同和响应能力，也是个性化制造、交付能力的具体表现。

一方面，物流系统不仅仅是"物的流动"，更主要的是工厂物流信息平台中伴随着物流表现出的信息流通，以及通过物流将产业链各环节之间的供应、生产、销售串联起来，真正实现物流系统基础上的综合效益叠加。另一方面，作为流动资产（现金流、原材料库存、在制品库存、成品库存、应收应付款项等）的载体，企业物流的效率决定了库存周转率和现金流量，从而决定了企业的盈利，而智能工厂物流信息平台正是这个盈利系统最直接的监控和调度工具。

6.1.3　存在的问题和挑战

智能工厂物流信息平台在构建过程中通常容易存在以下问题：

（1）缺乏信息化战略　企业期望建设智能工厂和智能物流体系，但是尚未做好智能化/信息化的战略准备。由于没有数字化、智能化、信息化的战略导向，绝大多数传统企业的IT经理都不知道自己的任务和使命是什么，不能给智能工厂物流信息平台提供任何发展、优化和突破的新思路和新动作，甚至成为信息化升级的障碍。通常情况下，企业会根据不同时期、不同部门的信息化需求，逐步引入 ERP、MES、WMS、APS 等软件系统，这些系统往往难以形成有效的功能覆盖。

（2）物流流程基础薄弱　一些企业往往在没有推动计划—物流—生产模式、流程的优化之前，就配合软件公司要求各个业务部门上线，结果成了标准软件指导业务整改。物流流程未经过规划与优化的企业，意味着尚未做好融合先进软件的准备，于是企业通常模仿和借鉴标杆，获得关于"某同行业企业用某软件不错"的信息，盲目导入软件，结果导致事倍功半。

（3）物流基础参数缺失　物流基础参数缺失或者不准确，无法做到信息与实物一一对应，更无法通过物流信息平台来驱动智能物流设施的运转。制造企业在精益化、智能化升级时，物流管理数字化水平往往成为制约信息化的一个主要瓶颈。具体而言，缺少物流参数、没有包装和作业标准、无法实现实时量化管理、信息流和实物流脱节、缺少物流计划、盘点效率低且账实难一致等问题，是制造企业迭代升级过程中普遍存在的问题。

（4）物流数据逻辑不清晰　未建立本企业的信息管理维护和数据处理的逻辑能力，软件能力与数据能力不匹配。在数字化、智能化升级过程中，绝大多数企业都不清楚其"大数据"到底需要哪些数据。在设计流程时，忽略了时间和数量的参数设计；在进行质量管理时，除了质量的基础数据之外，并未设定该数据的流转时效和相关价值；在设定产能时，并没有梳理计划—物流—生产执行过程的数据逻辑，因而无法进行计划和执行之间的差异管理；价值链上各个部门的 KPI 并没有按照企业总体战略绩效指标分解，而是按照各自利益最大化来设定和博弈的。此时，企业往往希望通过软件公司完成物流业务和数据逻辑的梳理，但事实上软件公司对企业业务和数据逻辑的理解未必能比企业自己的团队更清楚。

（5）软件协同无法匹配业务需求　没有使用物流信息管理平台的企业，其物流管理通常采用手工模式，容易导致现场混乱、数据缺失、库存管理相对无序。随着制造技术、规模、产品能力、信息技术等的发展，制造企业逐渐认识到信息化的重要性。企业不同时期导入了各类系统，如 OA、ERP、PLM 等，这些系统在各自的领域都发挥了积极作用。但由于市场环境变化和生产管理理念不断更新，孤立、单纯地依靠这些"模块性质的系统"，尚不能帮助企业系统性地实现高效运营，因此很多环节还处于不实时、不可控、不科学的状态中，主要表现为割裂、人工介入处理、数据缺失、淡化、错位等。比如，如何实现人、机、料、法、环、测的统一调度；如何实现计划和实际生产的密切配合；如何保证生产物料对制造的实际配套要求；如何协调自制件、前置工序的生产和库存；如何使企业和生产管理人员在最短时间内掌握生产现场的变化，从而做出准确判断和快速应对；如何提前预知瓶颈问题的发生，从而做到早期预警和启动应急物流；如何保证生产计划得到合理而快速修正；如何提高当天作业计划达成率；如何识别真实的产能；如何控制原材料库存、在制品库存和成品库存等。

虽然 ERP（企业资源计划）和现场自动化设备都已经相当成熟了，但 ERP 的服务对象是企业管理的上层，对车间层的管理流程一般不提供直接和详细的支持，也做不到实时抓取数据和实时响应。在 ERP 中几乎忽略了物料计划和物流计划及其过程监控，同时，尽管车间拥有众多高端数字化设备，也在使用 CAD、CAM、CAPP 等软件，但在信息化管理方面，特别是车间生产现场管理部分，如计划、排产、派工、物料搬运、齐套管理、配送至工位、容器具管理、现场空间管理、物流质量和制造质量等，还采用传统的管理模式，影响和制约了车间生产能力的发挥。

（6）缺乏过程偏差管理和应急物流能力　在智能工厂物流的实际运营过程中，面对各类变数，可能有偏差数据统计和可视化通知，通知的对象是操作团队或者监控团队。但是，往往不能保证偏差数据抓取、通知的实时性和真实性，从而难以保证应对的及时性和有效性，导致制造过程系统的累积误差。比如，供应商端出现了诸如停电、堵车、交通事故、批量不合格等因素导致的问题，主要是通过打电话、发传真（而不是系统）等方式告知管理人员；仓库端找不到物料时，会通过人工当面沟通或者对讲机通报；制造端发生设施故障导致计划变更时，会通过开会或者对讲机沟通……都无法保证全过程的数字化，容易导致无法交付、无法追溯、无法查询。

智能制造需要的偏差管理，是通过智能化的数据抓取方式，直接通过系统传递给关联系统或者智能设施，"看"偏差数据的可能不是人，而是整个供应链系统，实时进行有效反馈和处理，形成自组织、自反馈、自调整的职能运作体系。

（7）缺乏懂物流业务的 IT 人才　目前行业缺乏智能物流支撑智能制造发展的 IT 人才，懂得智能制造、智能物流、智能供应链的 IT 人才更是凤毛麟角，尤其缺少既熟悉相关业务，又懂相关 IT 知识和软件应用的 IT 人才。由于专业人才的缺乏，企业对智能物流技术、信息化技术缺乏信心和创新，容易导致企业的信息化工作"邯郸学步"，软件反而可能成了企业智能化发展的桎梏。

6.2 智能工厂物流信息平台的构建策略

6.2.1 "一体两翼"的发展路径

智能工厂物流信息平台的建设和发展，伴随着企业智能工厂的建设和发展同步进行。不同发展阶段的建设和发展切入点、着力点、目标都不一样。从企业运营、参与竞争以及"两化融合"的大趋势角度而言，可以采用"一体两翼"的发展路径，如图 6-1 所示。

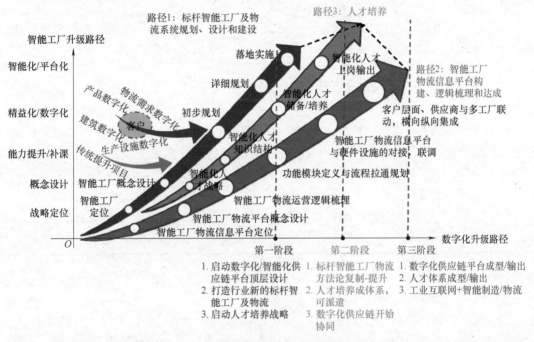

图 6-1 "一体两翼"的发展路径

"一体两翼"的模式就是以培养智能化（物流）人才为核心目标（一体），以建设标杆智能工厂为抓手，以同步建设物流信息平台为台阶（两翼），从而保证智能制造迭代升级的有序性和有效性。

经过多年智能化迭代升级的实践经验，绝大多数企业管理者都认识到，任何花钱可以买到的软硬件技术，都未必能代表企业的核心竞争力。深厚的企业文化、技术的积累与沉淀、组织过程资产、数据化和智能化等，才是企业真正的"内功"。这些能力需要由企业人才梯队掌握，因此，对企业智能化物流人才的培养将成为智能工厂物流信息平台有效规划、运营和维护的战略诉求。

人才培养需要经历场景培训、技术涉猎、场景优化设计、技术分析应用和总结提升，需要在标杆智能工厂的建设过程中接受可应用性和相关理论的洗礼，同步进行智能物流运营和信息平台的梳理和实践。

从路径的角度而言，路径 1 是标杆智能工厂及物流系统规划、设计和建设过程；路径 2 是智能工厂物流信息平台构建、逻辑梳理和达成；路径 3 是人才培养的战略、知识结构和培养方案与实践过程，如图 6-1 所示。路径 1 和路径 2 是过程，路径 3 是关键目标，终极目标是横坐标所示的数字化升级路径和纵坐标所示的智能工厂升级路径。

从数字化升级路径的角度而言，可以分为三个阶段（或者多个阶段）：第一阶段以建设智能化工厂为切入点，同步启动数字化物流信息平台顶层设计和人才培养的框架方案；第二阶段是在工厂建设完成设备安装、调试、大联调、试产和量产后，基本上可以提纯出企业智能化升级的方法论和相关运营标准，初步建立运营体系，同时人才团队也基本上完成了第一轮学习的过程，具备了人才输出、提升、派驻的条件；在第三阶段，智能工厂方法论、物流信息平台、人才梯队逐渐成熟，可以探索导入工业互联网、研究工业大数据、5G 技术、人工智能、物联网等新技术，为智能制造再次赋能。

从智能工厂升级路径的角度而言，一般需要经过战略定位、概念设计、短板弥补（能力提升、补课）、精益化、数字化、平台化，再到智能化的过程。

6.2.2　物流信息平台构建的切入点

物流信息平台构建可以采用"以点带面、点面结合、以终为始"的切入方式。

智能工厂规划本身是项目性质偏向的工作，等到工厂建成、交付使用之后，真正的挑战是运营，而物流运营是其中最大的挑战之一。传统制造工厂物流可以通过人工、场地、库存、延迟等模式来缓解物料信息缺失、准时交付、库存周转率等方面的压力，并且通过定期的盘点来检查物流管理过程中的偏差（盘点对于解决问题于事无补，却大为影响企业经营效益）。与传统工厂物流不同的是：包装必须是标准化、智能化的，否则无法实现人、机、料、法、环的"对话"；计划需要契合统一的逻辑关系，否则无法精准到货、精确配送、精准生产；制造设施需要实现互联互通，否则上下道工序、工位无法实现流线化对接，作业任务容易产生冲突；物料流动和库存管理需要有序流动、实时监控、实时周转、实时盘点、实时预警，否则无法实现与生产设施的联动；信息必须实时抓取、实时传递、实时分享、实时分析和决策，否则无法实现智能化制造……智能制造的系统化运营是工厂建设的终极目标，而物流运营系统从建设到能力的获得需要有一条学习曲线，是一个逐渐提升的过程。

智能制造需要将全价值链打通，不仅需要智能制造相关设施逐渐到位，而且智能工厂运营管理的"内功"需要同步跟上。而"内功"关键之处又在于代表流动资产运营管理的物流流程的一体化，如图 6-2 中虚线范围部分所示。所以，衡量一个智能工厂规划是否合理的现实评价角度，是该企业是否可以"转起来"，并最终有效交付产品给客户。

在实践中，企业构建物流信息平台，通常从包装与物流基础标准、订单与计划梳理、智能物流设施导入、智能化工位连接、关键环节差异管理和物流信息平台六个方面切入，如图 6-2 所示。

1. 包装与物流基础标准

物流基础比较薄弱的企业，一般首先需要做好每个物料的包装设计，做到包装单元化、通用化、标准化，并在此基础上扩展搬运标准、存储标准、运输标准、配送标准、工位暂存标准等。只有使各个基础环节标准化，才能够实现物流数字化、参数化，为后续的流程梳理提供良好的基础（可以直接作为基础数据导入物流信息系统）。本环节涉及产品结构、物料尺寸、BOM 分解、质量要求定义、包装模式切换、容器具管理流程等，过程烦琐，但是非常必要，一旦忽略，规划出来的智能工厂物流将徒具形式，而无法实现物流信息的数字化，

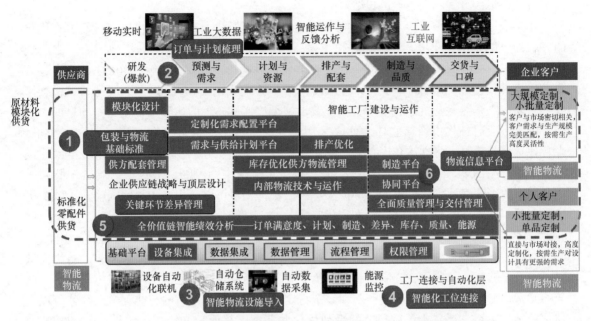

图 6-2　物流信息平台构建的切入点

物流信息平台的建设也容易导致"两张皮"的结果。比如，家电行业从包装基础入手，容易提升物料的标准化、可识别程度，提高可流动性，减少过程中的暂存，强化条码化（或RFID）的数据抓取，为后续的信息化打好基础，同时减少各环节库存。

2. 订单与计划梳理

企业运营和交付主要围绕订单与计划来展开，可以说，订单和计划是企业运作的"牛鼻子"工程。只有订单和计划的逻辑清晰，才能够合理调动各项制造资源，从而使所有的数字化节点、参数、数据"顺理成章"。具体包含订单预估、订单来源、客户信息、交付周期与相关要求，并由此集成主生产计划，细化为各项作业计划，具体包含发运计划、总装作业计划、齐套计划、库存计划和供应商到货计划等。本环节逻辑严密、专业要求度高，是企业生产-物流运营的核心，直接主导了物流信息系统的主要脉络，可以作为物流信息平台建设的逻辑基础。

由于涉及运营管理的动态化、不同企业管理逻辑的个性化等，一旦忽略了订单与计划逻辑，容易导致企业计划变化频繁、制造资源调度无方、产生巨大浪费、库存居高不下、订单交付无法兑现客户承诺、客户满意度降低等严重后果。比如，家居行业、家纺行业从订单与计划入手梳理客户订单，并对产品、订单、客户进行 ABC 分类，针对不同的 SKU 设计不同的库存控制、物流达成路径和交付模式，从而定义针对该业务的软件信息逻辑导向。

3. 智能物流设施导入

对于物流基础较好的企业，通常通过设施规划与智能物流系统来拉通实物流通的价值链，减少断点，消灭过程中的停顿、浪费、搬运、确认、往返、数据错失，避开平面布局的纵横交错以及"最小搬运距离"陷阱，实现立体化贯通、逻辑化配送与流通，做到全过程没有断点、无人干涉、自动运作、实时数据、实时盘点。本环节建设涉及物料管理的信息-物流系统，不同的智能化物流设施配置直接决定了 WMS、WCS 等系统的逻辑和运作，也决定了数据采集的方式和采集点的设置。

在实践过程中，由于涉及各类智能物流设施，在选择技术、设施、供应商时需要有优化的方案（一般是由专业化设计公司提供方案，然后集中讨论技术选配和落地方案，之后选择合理的集成商，而不是多方采购、凭经验集成）；同时，智能化设施投资往往比较大，需要考虑投资收益（ROI）的科学测算。一旦操作不慎，轻则需要反复调试、改造、试错、修改参数，造成企业运营机会成本；重则导致设施无法连贯，无法达到系统化运作的目的。比如，电子行业通过建设料箱立体仓库，采用柔性化程度很高的多穿车（或者四向穿梭车）来管理货位与物料，将立体仓库与入厂物流、检验、存储、分拣、SMT（表面组装技术）设备、电子产品部装、总装等连通起来，大大减少了过程中的停滞、等待、物流台车装卸搬运、上下道工序交接确认过程的效率损失。由于小件物料可以采用空中封闭式输送，减少了风雨、沙尘的影响，也充分利用了立体化空间。

4. 智能化工位连接

在过去的发展过程中，企业已经形成了运营经验和管理惯性，当需要寻求智能化突破时，未必能够彻底颠覆原有的制造系统平衡，而是逐渐以点带面地导入关键工位和环节智能化的元素，然后逐步完成集成业务。在一个特定的工厂，关键环节的智能化突破往往可以起到"破冰"效应，带动上下游环节的系列优化和匹配，从而拉开智能化工厂建设和物流信息平台构建的序幕。比如汽车行业的钣金、注塑工序，通过智能悬挂链保证了中间产品的暂存、搬运、JIT/JIS顺序配送，提高了空间利用率，提高了输送拣选效率，降低了成本；发动机到货采用智能化快速卸货装置替代叉车装卸作业，保证了物料质量、安全，提高了作业效率，同时降低了成本；远距离入场（小件物料偏多）物流采用智能化物流输送体系，大大减少了空间占用，提高了拣选、配送、点检的柔性化和快速化程度，保证精益的同时实现了数字化和智能化。

5. 关键环节差异管理

通常智能工厂的物流战略绩效包含具体的参数指标，集成为企业级的大数据，如交付准时率、库存周转率、OTD交付周期、客户满意度、订单达成率等。在物流与交付战略绩效的基础上，分解物流运营各个阶段的部门级、产线级、工艺工序参数、作业标准参数等。并不是所有的环节参数最终都会影响数据和指标，对于企业物流运营而言，监控好关键参数成为保证有效运营的通常做法。日常运营的关键参数在智能工厂物流运营过程中通常会作为过程参数出现，但是，差异参数却通常会成为阻碍运营的断点，甚至影响整个物流信息平台的数据质量。

传统制造工厂业务过程的数据统计是离散型的，各部门协同共享的联动性较差，信息不能及时传递和共享，形成信息孤岛，过程中的异常信息未及时记录、存储，不能进行实时数据统计、分析，而且大量数据都是人工统计的，导致统计结果滞后，管理事后控制，不能实现预先控制和及时管理。尤其是定期的报表，通过人工编制、邮件发送或打印传递等，容易造成管理被动和事后控制，而不能做到事先预防。

未来数据需要实现量化管理、实时管理、可视化管理、PDCA管理、主动管理等，要求实现目标和过程的差异管理，尤其是关键过程的差异管理。这涉及所有的物流运营过程。关键是企业要界定关键环节，并且有基本的参数设置，难点是需要实时监控关键环节的数据变化、偏差范围、预警机制和响应级别。这既有数据的梳理，又有偏差的叠加和分析判断，对于系统而言是极大的挑战。而对于差异的实时感知和反馈、调节，才是智能化的具体体现。比如，在工程机械总装过程中，物流系统提前预警某零部件尚在检验过程中，不能进入分拣和工位配送程序，物流信息平台需要同时向检验部门、物流部门、生产部门、采购部门发送预警，通过人机协同分析响应时间，实时调度备用库存或者启用应急物流，也有可能调整作业顺序等，这需要所有的数据支持。

6. 物流信息平台

大部分企业都愿意直接选择好的物流信息平台来提升工厂的数字化、智能化水平，希望一劳永逸地解决数据化的问题。如上所述，这看似简单的问题，却需要大部分业务数据、物流基础、智能资源、运营逻辑等充分到位，才能有效达成。也就是说，物流信息平台是基于各项基础业务有保证的前提下"水到渠成"的成果。从规划到建设，再到实际运营，可以是以终为始的拉动式资源配置和达成路径，也可以是迭代升级模式的推动式的"做加法"的路径，关键是企业需要有战略定力和战略耐心，而不是盲目导入、被软件绑架。

上述路径和切入点，不同的企业会有不同的选择，但是从结果而言，都是建设和达成物流信息平台，可谓"殊途同归"，最终都需要与智能生产设施对接与联动，成为智能制造的重要组成部分。从系统的角度而言，都是为了提升交货准确率和缩短交付周期，势必需要提高供应商到货准时率和物料齐套率，同时减少供应链过程中的效率损失，提高人均产出效率和现场办公效率，从而提升物料周转率。其支撑要素包含生产计划和物流计划联动体系、供应商到货管理体系、物流运行过程的监控机制、物流运行关键物流指标、优化数据手工统计工作量和作业逻辑、信息及时采集、传递和可视化、计划和实际运行的目标偏差管理、异常和风险预警机制。

6.2.3 参与构建和达成的物流信息平台主体

随着各类技术的不断发展，人们对智能工厂物流信息平台也处于认知不断更新和技术迭代升级的过程中。物流信息平台从规划到构建，主要通过以下途径：

1）传统软件供应商。传统的 WMS、MES、APS、TMS 等软件供应商在原有的信息模块基础上加入智能化元素，成为信息平台解决方案提供方。除非有特殊约定，这类企业通常不提供源代码，而是提供软件本身和实施辅导服务，少数企业愿意做二次开发。这类软件供应商的优点是了解企业物流，能够基本满足物流流程梳理，保证核心模块能够运营；缺点是不懂智能制造，不清楚企业未来发展趋势和导向，无法将智能化要素合理地嵌入软件逻辑，容易导致软件实施后反而约束了整个智能制造系统发展以及智能制造物流的运营。即使同样都是 WMS 供应商，有些主要是为第三方物流服务，他们对于智能工厂物流可能存在短板，比如不理解物料齐套计划和齐套率的要求，只是按照物流公司的模式来理解物流的相关功能和环节，容易产生误导。也有少数 MES 供应商号称可以解决智能工厂物流信息系统的问题，但事实上由于 MES 本身的逻辑和边界限制，无法解决制造物流的逻辑和系统问题，当然也无法指挥智能物流设施运作，更无法支撑以交付为导向的物流体系。

2）智能化物流设施集成商。绝大多数物流设施集成商都有自己核心的智能化设备和与之相匹配的驱动软件，如 WMS、WCS、PLC 等。这类软件的优点是软、硬件能够合理匹配，默契联动，支撑物流系统的智能化运作，如果先期规划合理，那么物流信息平台可以合理地实现联调和后续运作；缺点是设施集成商通常只是被动地参与既定的物流技术方案招投标以及后续的实施服务，一般不主动为制造企业梳理物流管理流程，更不具备参与先期顶层规划的能力。智能化物流系统（包含软、硬件）通常都是由甲方提供了系统方案之后，根据合同来制造、进场、安装调试和落地，然后推动物流信息平台的同步运营。对于来自供应商的物料包装方式、装卸货方式和效率、配送到工位的模式和节拍、空容器管理模式等，往往不会扩展纳入物流运营系统中。解决方案是从工厂概念设计开始，就思考需要何种技术和信息平台能力，必要时需要设施集成商在满足其核心能力的软、硬件系统的基础上，做柔性化设置和开发，以保证系统和平台的合理性和有效性。

3）自主开发。有实力的大企业发现外购软件不符合其自身战略发展需求，且功能和软件能力覆盖面无法触及其业务领域，需要重新开发，于是决定自己成立软件团队，根据自身经验开发物流信息平台。它们通常会从关键功能工序工位入手，延伸到智能化产线，再到数字化工厂，继而延伸到整个供应链物流系统，直到集成了供应商、客户、第三方物流服务提供方等。这种方式的优点是满足了个性化需求，源代码自有，按照企业发展战略和节奏推动，成本相对低廉，能够培养和锻炼团队，一旦成功后可以向外（如供应商）推出关联服务，并逐渐往工业互联网方向发展；缺点是时间跨度太大，软件稳定性无法保证，并且与外购智能设施的对接有一个磨合的过程，这个过程可能会成为运营团队的新的痛点。在此期间，通常会邀请专家或者专业的物流咨询公司来做顶层设计和解决方案，参与指导智能工厂规划设计、物流规划方略、信息平台顶层设计、框架构建、逻辑梳理、业务整理、参数设定、智能化设施对接、应急物流信息设定、过程差异对接等重要工作，然后通过项目团队明确需求、写代码、建设、上线、运营、检讨、总结和提升优化。

智能工厂物流信息平台正处于发展过程中，无论采用何种实现途径、应用深度如何、技术成熟度如何、技术成长完整性如何，都是出于迭代升级过程中智能制造的发展需求，不能脱离制造的本质，需要实现物料/产品的可制造性、可流动性和精益化智能化，从而实现精准生产和交付。

6.3　智能工厂物流信息平台的基本架构

6.3.1　物流信息平台构建的维度

无论从哪个环节入手打造智能制造平台，都要落实到产品质量、交付期、成本、效率等实际问题上。

智能工厂所有的计划、排程、物料、配送、进出库、包装、生产、运维、能耗管理等，都必须考虑设备因素。在智能制造大环境下，让生产设备、物流设备、检测设备、物流载体和物料本身实现互联互通、系统集成、数据集成，尤为重要。

企业对物流"快、柔、稳、精"的目标要求越来越明确，无论是生产指挥和物流管理，还是智能工厂中的智能排产，都要求供应链能够更精准、高效地配套生产需求，以此来实现生产与物流各环节人、机、料、法、环、测的全面互联互通，建立生产与物流、交付、上下游企业之间的大生态管理，源源不断地挖掘数据价值，进而更好地实现降本增效和转型升级。

智能工厂需要通过物流信息平台来协同拉通企业内部和企业之间的价值网络，实现网络化制造的纵向集成和横向集成，以及端到端的全流程集成。

1. 价值链拉通集成

纵向集成就是解决企业内部信息孤岛的集成。在智能工厂物流层面，纵向集成主要表现在以订单需求导向的成品交付物流为拉动主线，实现成品下线、包装、生产总装、物料齐套、检验、存储、到货、入厂等过程的计划、执行、实物流动过程和绩效数据等的集成，完成有效交付。

由于智能化制造能力是迭代升级的过程，在实践的过程中，工业互联网可能尚未最终打通，所以不同企业的信息化过程和切入点不尽相同。但是，因为目前制造业的主要价值创造过程仍然在工厂，所以企业大都从制造本身出发，主攻车间层面，即精益工厂或数字化工厂的升级改造，以提升工厂的数字化水平来提升生产效益和交付能力。另外，由于工厂边界的模式和逻辑优化相对容易实现，更容易体现降本增效的可见效果，为企业的后续决策提供数据和信心。

智能工厂需要实现有效交付，如果一个企业能够高度纵向集成，则可以完全控制从原材料到产品零售的生产过程。

2. 企业之间价值网络的横向集成

横向集成是指企业之间通过价值链及信息网络来实现资源整合。在智能工厂物流层面，横向集成主要表现在企业之间的订单信息、交付要求、产品发运要求与日程、中途物流运输与配送、库存与存储中心、物流网络的管理等业务和信息的集成。

横向集成将企业内部的物流、生产等过程和企业之间的订单流、物料流、信息流的交换过程（即价值网络）通过各种信息系统集成在一起。在工业互联网技术保障下，企业之间的横向集成将在全球范围内进行。

横向集成使同一层的数据和信息共享，使业务和供应链集成，使不同业务模块的相关活动自动触发，使平台上的各业务子系统信息互通、资源共享，保证了智能工厂里动态生产配置的实现。

价值网络也包含所连接的实体之间的商业价值链。横向集成需要解决的问题包含但不限于商业模式、不同企业之间的合作形式、商业活动的持续发展、由价值链连接的企业之间的商业秘密保护、标准化策略、中长期的员工培训计划等。

3. 网络化集成

网络化集成是指围绕客户价值进行的集成，围绕企业核心形成竞争优势，也因此能够提供最佳客户体验。在智能工厂物流层面，它往往上升为智能供应链的一个支撑要素，主要表现在对客户交付响应能力，以及成品按照不同渠道流向、物流配送、分拨、成品库存、终端交付、物流质量体验等业务和信息的集成。

智能产品的生产过程包括设计和开发、生产计划、生产工程、产品和服务五个阶段。每个阶段都有物料、零部件或成品转移和流动的过程，都需要相应的数字终端设备支持，这些终端的数字信息通过接口进入企业互联网/物联网平台并被集成在一起，从而进入生产工程数据库或生产云。于是，各阶段的数字信息在数据库中融合、交互，生产工程实现了端到端的数字集成。当然，实现这一切的基础是对物理世界（包括工厂、车间、产品、设备等）进行相应的升级。最后，小批量多品种的生产系统完全不同于传统的大批量生产系统，需要企业经营者站在更高的层面进行深入的理解，才能制定出对企业真正具有价值的对策。

无论是企业之间价值网络的横向集成和网络化的纵向集成，还是端到端的全流程集成，都需要实现物流管理平台的智能化。智能工厂物流信息平台的搭建和实现，将打造智能供应链，为智能物流、智能生产、智能制造的更新升级打下良好的基础。同时，制造业模式变化也将倒逼供应链物流信息管理技术的提升和物流信息平台的建设。

6.3.2 构建原则

1. 顶层设计的原则

工厂智能化战略定位驱动软件顶层设计。未来的智能制造、智能物流、智能供应链迭代升级，不仅仅是大企业的事情，更是中小企业发展的应有之义。既然迟早都要推动智能制造，那么企业应尽早配合智能制造战略设立智能化的信息实现路径。领先的企业通常会设立首席智能制造官，由此集成信息、物流、基建、生产设施、物流设施、产品等的相关信息，并以物流和交付为主线进行顶层设计。以终为始，才能够重新定义物流信息平台的概念设计、关键功能、绩效、系统化的功能模块和实现路径，避免盲目采购和开发一些未必适用的软件，更为关键的是能够趁早做到"壮士断腕"，淘汰不合理甚至成为桎梏的软件。

2. 尊重业务的原则

构建物流信息平台需要基于智能化物流业务，强调三个"有利于"：是否有利于业务发展；是否有利于关键绩效的提升，帮助企业提高盈利能力和周转率，从而获得核心竞争力；是否有利于实现客户价值。在这三个要素的指引下，结合信息技术，物流信息平台更容易达到为企业赋能的目的。

3. 作业场景优先的原则

制造业物流信息平台不仅要支撑战略发展要求，还要有效落实到具体的应用场景，因为这些地方才是大数据的具体来源，当然也是数据错误的来源。重要的物流作业场景有收货场景、分装场景、检验场景、存储场景、分拣场景、配送与输送场景、工位物料使用场景、成品盛装、成品存储、成品发运场景等。作业场景数字化、智能化水平决定了物流的有效性和生产的有效性，从而决定了整个智能工厂运营的有效性。

4. 推拉结合的原则

以交付作为拉动，协同制造—物流—供应链一体化逻辑设计。制造企业供应链与商业物流、物流企业最大的不同之处，就是制造企业有制造计划、有生产计划、有物料齐套计划和要求，这些需要全过程处于"同一频道"。制造企业虽然也强调效率，但是更强调保证效率的全价值链过程的有效协同和管理。所以，企业需要重新梳理基于满足智能制造的价值型供应链逻辑，由于未来是以交付为中心的制造，所以需要建立推拉结合系统（如很多企业推行的"积放链系统"）。从拉动层面的角度而言，从订单交付拉动制造计划和实际装配、物料齐套，继而拉动供应商到货；从推动层面的角度而言，从预测、市场投放引导开始，进行数据分析后，由主生产计划分解为物料需求计划和采购计划，根据库存策略和采购策略，形成采购订单，从而推动供应商的采购生产和交付。两者需要实时协同、全过程通畅，此时的物流信息化绝不仅仅是采用什么软件，而是能够从两个维度切入供应链和交付能力的管理，并且在这个基础上以特征参数和KPI为切入点，梳理企业大数据管理逻辑，把握软件脉络。

5. 系统性原则

不要拘泥于既有的软件功能界面和名称，而需要强调系统性有效性，必要时重新定义软件平台的功能和名称。由于历史原因，软件的发展都是逐步完善和扩展而来的，从 MRP（物料需求计划）到 MRP Ⅱ（制造资源计划），到 ERP（企业资源计划），还有 APS（高级计划与排程）、MES（制造执行系统）、WMS（仓库管理系统）、TMS（运输管理系统）、WCS（仓库控制系统）、SRM（供应商管理系统）、CRM（客户关系管理系统）……这些系统可能来自不同的软件供应商和不同的时期，它们的不同功能也体现了供应链发展的历史路径。但是，未来（智能化）的智能工厂物流信息平台不再是多个功能软件的叠加，而是一体化、互联化的。所以，需要重新定义未来软件系统的功能甚至名称，以便企业信息平台上线时更加理性和清晰。比如，传统的供应商到货通常放在 SRM 中，由采购部门管理，但是未必能够支撑精益生产和智能制造，那么未来需要重新定义其到货窗口时间的管理归属（拉动式）；又如工位配送模式，通常需要与详细作业排程和仓库管理软件一起实现（如果是自动化立体仓库，还有 WCS）；另外，容器具管理也容易成为各个模块软件的缝隙……所以，适应供应链一体化的信息平台有必要做更多的思考和具有打破部门界限的思维。

6. 创新的原则

强调互联互通，期待适度创新、导入新技术。所谓互联互通，不仅仅是人、机、料、法、环、测的互联互通，还有与智能物流设施的对接、与智能制造设施的对接、与智能检测的对接、与供应商的对接，并且强调实时数据。此时，数据量是海量的、多维度的，不仅需要移动信息、无限信息，还需要更多的信息导入深度学习、智能算法、5G 技术和人工智能（AI）技术、智能物联网技术、云计算技术甚至区块链技术。在新技术的加持下，物流信息平台将有更大的发展动力和发展空间。

7. 迭代升级的原则

只有趋势，没有定势，需要有升级计划。鉴于物流过程的复杂性、动态性和多维度的特点，物流信息平台发展需要以终为始，一次规划，分步实施，制定达成路径，不断迭代升级。既然智能工厂没有终极定义，那么物流信息平台的建设和优化也可以说是没有止境的。

8. 拉通价值链的原则

重视和建设智能物流系统，提高物流信息化水平。面对智能制造，整个智能供应链体系下的智能物流系统应该是智能化的物流装备、信息系统与生产工艺、制造技术与装备的紧密结合。智能物流可以打通整个供应链链条，在运输过程中可以将信息全面地记录下来，还可以实现运输总成本最低，这个数据可以返回给供应链环节上的每一个使用者，这样数据的共享就产生了价值。智能物流可以有效地缩短供应链的反应时间，提高供应链的反应能力，增加智能供应链的抗风险能力和柔性能力。智能物流是整个供应链链条降本增效的必要手段。智能物流能大大降低供应链上各个企业的成本，提高企业的利润，供应链上的各个企业通过智能物流相互协作、信息共享，物流企业便能更节省成本。智能物流是所有行业普遍共享的，所以一定是协同的、智能的，是智能供应链下的产物，是各个行业未来所必需的能力。智能物流是实现智能供应链落地的必要条件。

总之，供应链上有长远战略的企业，通过交付体系拉通，构建物流信息系统，整合智能机器、数据存储与显示、决策系统和生产设施，通过物联网、工业互联网、云计算等信息技术与制造技术融合，构成智能供应链平台，实现软硬件制造资源和能力的全系统、全生命周期、全方位透彻的感知、互联、决策、控制、执行到服务化，使得从采购物流、生产、销售、终端物流到服务，实现人、机、物、信息的集成、共享、协同与优化，最终形成生态圈。

6.3.3 构建方法

智能工厂物流信息平台的构建需要从整个企业运营系统的高度入手，最终为实现有效精准交付的目标赋能。不同企业的物流平台信息化，需要在原有的制造经验和方法论累积的过程中进行优化和整合，重新梳理业务脉络，甚至颠覆式地创新业务逻辑，才能够梳理出合理有效的物流信息平台构建的方法论和路径。

物流信息平台的构建通常需要通过物流业务框架搭建、物流信息化需求梳理、搭建系统模型和IT实现四个基本步骤（此处对第一、二步进行详细阐述，第三、四步将在后面小节详细阐述）。

1. 物流业务框架搭建

物流业务框架搭建是企业价值流畅通、执行高效的关键。

（1）物流业务梳理　物流业务梳理包含物流管理业务现状诊断与要素、瓶颈分析，归纳所有物流业务模式和业务全景描述，业务模式与物流作业场景组合。物流业务梳理需要从多个维度有条不紊地开展：自上而下观全貌、横向纵向理结构、以终为始串业务、注重实效定边界、强调场景描细节。企业通过流程治理，驱动终端业务标准化，改善业务断点，完善组织绩效体系。

（2）目标流程及物流框架定义　目标流程及物流框架定义主要在于拉通业务视图，建立物流业务流程框架，从而梳理物流业务能力框架。业务视图是业务和信息化分析的"作战地图"：一般从总体业务视图开始，以管理诉求与业务痛点为主线进行跨领域端到端的流程串接，需要直观展现端到端业务活动全景，同时需要突出业务主线，明确业务活动的关联；然后需要确认业务方案，聚焦业务主线流程拉通，要能清晰地展示业务关系、业务边界，需要会同业务一起分析业务断点和影响，促进业务改进提升和分析；最后是数据方案，建立业务活动的数据分析，并识别流程断点和爆炸点。

（3）业务流程端到端拉通　端到端的物流流程体系，包含优化计划、流程参数、组织绩效等；关键环节定义，包含物流作业场景，与制造、检验等的协同功能，输入输出的关键作业要素等。

业务流程端到端拉通旨在建立精益生产-精益（智能）物流联动体系，以保证物流信息平台的有效落地和实施。智能工厂物流运营首先是基于精益生产的需求拉动，智能化的物流设施、制造设施可以嵌入平准化的物流运营体系之中。物流设施和生产设施的布局模式影响运营方式，从而影响其联动模式。所以，建立精益生产-精益物流逻辑显得尤为重要。具体包括：构建有序规范的生产运作体系，建立效率监控体系和效率提升方法，质量体系落地，实物质量提升，打造可视化、可参观性的生产现场，智能物流顺畅运作，梳理效率损耗的主要原因并进行针对性的改善，以期建立规范的智能化工厂生产-物流管理日常体系，在迭代升级过程中分析速赢点，缩短升级周期。

（4）详细业务流程　详细业务流程包含岗位职责、单据表格、操作规范；物流设施介入，如检验、卸货、搬运、流转、存储、分拣、配送和打包等。它是对具体物流及相关业务详细作业的定义。

（5）搭建物流业务框架　从一个完整的制造企业综合运营信息平台的角度来看，智能制造系统包括的内容非常丰富，大致可以分为12个工作模块，如图6-3所示，涉及智能制

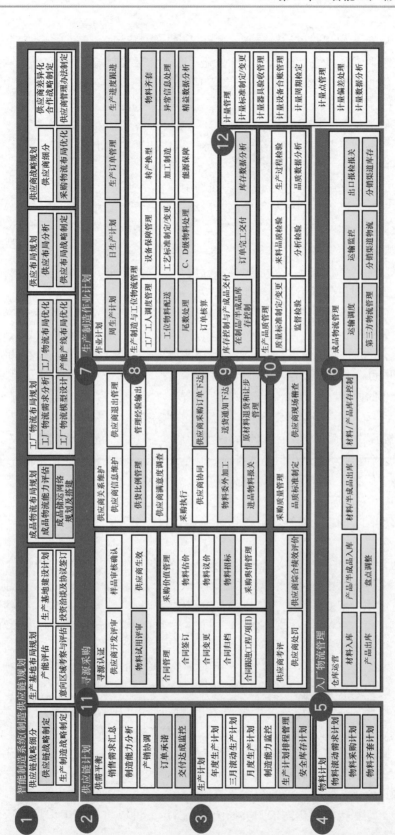

图 6-3　智能制造系统业务模块归类（包含但不限于）

造系统（制造供应链）规划、供应链计划、生产计划、物料计划、入厂物流管理、成品物流管理、生产制造作业计划、生产制造与工位物流管理、库存控制与产成品交付、生产品质管理、采购寻源、计量管理。物流及相关业务贯穿于所有工作模块中，使得整个系统融为一体。

2. 物流信息化需求梳理

在传统的系统架构下，涉及物流、计划、供应链的内容被人为地"割裂"成了多个碎片化的作业模块，划归到其他管控系统中，如此逻辑构架下构建出来的信息平台不利于向数字化、智能化方向升级。

比如，①智能制造系统（智能供应链）规划中，其中所产生的相关交付准则、生产基地产能参数、成品物流网络布局流量参数、工厂物流布局流量参数、供应布局涉及的供应商物流参数以及供应商战略布局涉及的交付参数等，应该成为制造企业综合运营信息平台的基础参数和运营规则。在传统的信息软件中，基本不包含（缺失）上述模块、参数和规划规则，在运营中也就无从寻找信息抓取、归类、分析、处理和使用的各类算法，软件平台也就无法保证系统能力，而仅仅具有局部功能。

再如②~⑨的大部分业务内容（灰底部分）应该是属于供应链计划物流一体化的模式，却被人为地划归到 APS、SRM、MES、QMS、ERP、LMS、WMS 或其他模块中分散管理，不同的模块可能来自不同的软件供应商。尤其是⑨库存控制与产成品交付，往往没有部门、没有模块统筹负责。采购负责原材料库存，生产负责在制品库存，销售或者仓库负责成品库存，但是由于业务部门 KPI 的原因（库存并不是这些部门的第一关注指标），这些部门在满足了本部门的"关键指标"之后，库存指标通常高企，最后成了物流部门的责任，物流面积和相关资源需求就变大了，然而由于逻辑错误，软件对此无能为力。信息平台能够看到的仅仅是过程所导致结果的呈现，而不是驱动型过程信息的表现，因而无法推动主动管理、智能化管理。

在构建智能工厂物流信息平台时，同样应基于"大物流小生产""智能工厂物流中心化""以交付为中心"的原则。"以交付为中心"的智能工厂物流信息平台基于智能成品物流拉动，之后梳理智能制造、智能物流配送、生产备料、车间排程、生产计划和需求管理，如图 6-4 所示。

针对不同的订单交付模式，物流过程可能有所区别。比如，MTO（按订单生产模式，如汽车、家居、个性化家电等生产），更加强调个性化订单交付过程的细化和监控，智能化管理的颗粒度更细化，智能工厂物流信息平台数据化的流程、内容更加具体。物流网络布局变为网络化工厂布局，更加注重客户满意度、订单交付准时率、物流资源调度的有效性和实时性。对于 MTS（按库存生产模式，如饮料、食品、手机等标准化产品），则需要强调库存流动、分布式生产模式、门店管理的算法，其信息平台覆盖面需要更加宽广，更加需要关注库存周转率和效率损失的问题。

由于智能工厂通常需要实现从虚拟到现实的制造过程，在构建智能工厂物流信息平台时，需要思考虚拟信息、虚拟制造、执行过程、参数选择与实际物理作业的人、机、料、法、环的对应。物流信息平台的主要功能不再局限于"存储信息"，而是需要进行"是否有利于订单交付"的过程监控，同时需要根据信息与物理之间的偏差实时反馈，实现数据感知、分析和对制造设施、物流设施的智能调节和优化。

典型的智能工厂物流信息化需求归类如图 6-5 所示，可以将智能工厂物流运营分为 A、B、C、D 四个区域。

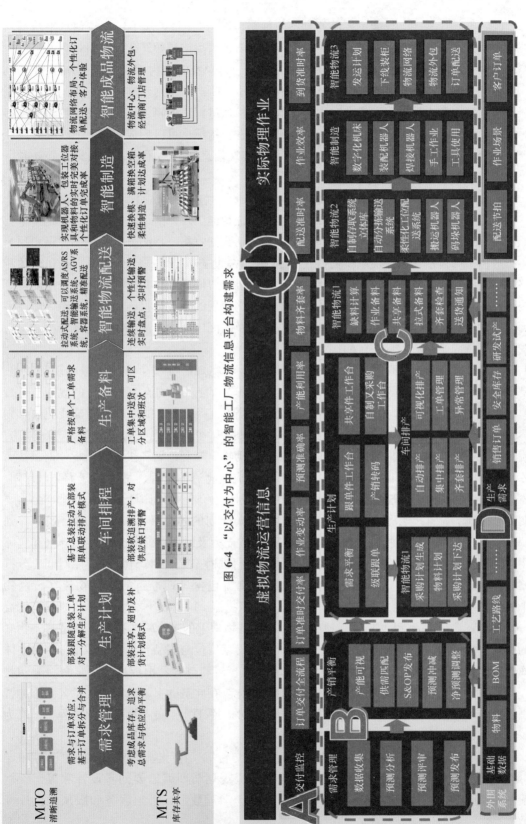

图 6-4 "以交付为中心"的智能工厂物流信息平台构建需求

图 6-5 智能工厂物流信息化需求归类

A区需要回答的是"智能工厂需要具备何种交付能力"，是智能工厂物流信息平台构建的重要表达模块，是将经过规划的供应链物流战略要求、战略绩效转化为交付过程的可视化监控，包含但不限于（可视化的）订单交付全流程、订单准时交付率、生产/物流作业变动率、预测准确率、产能利用率、生产准备物料齐套率、生产工位配送准时率、车间现场物流和制造作业效率及成品发运到货准时率等。这些指标通过算法逻辑，转化为整个物流信息平台的综合参数和设计要求，同时也成为工厂日常的经营指标，可以形成实时的曲线或阶段性的统计报表，通过显示屏、终端、APP或者平台实现信息实时播报或人工查询，必要时可以建设成为"驾驶舱"模式。

B区需要回答的是"智能工厂需要面临何种需求"，包含需求管理和产销平衡，是智能工厂生产需求的重要输入，其准确性和一致性是保证智能工厂产能诉求的前提，也是衡量智能工厂物流运营有效性的监测和考核。需求管理包括数据收集、预测分析、预测评审和预测发布；产销平衡包括产能可视、供需匹配、S&OP（销售与运营计划）、预测冲减和净预测调整等。这些功能将各种预测方法转化为算法，通过物流信息平台实时提示、在线推动资源的调度。在通常情况下，管理者看到的只是平台终端表现的相关数据，而不是逻辑；而在平台规划的时候，需求数据的收集、整理和算法，以及时间序列、产品SKU、市场导向、交付模式需求等就成了物流信息平台的核心能力。

C区需要回答的是"智能工厂如何保证交付"，是实现服务型生产的虚拟和现实过程，也是人们通常理解的"狭义的生产"。实际上，按照"智能工厂物流中心化"的规划与运营思想，可以将C区业务领域理解为一个"自动化物流中心"，将智能生产设施流线化嵌入物流运营过程中，最后按照订单适时交付。其主要逻辑是：物流信息平台承载了计划、采购、物流、生产业务，通过交付计划拉动作业计划，拉动物料齐套计划和供应商到货计划，从而指挥和调动智能物流设施和生产设施，完成生产和成品物流的过程，最终保证了交付计划。C区主要包含生产计划、智能物流和制造。生产计划包含车间主生产计划和详细排产。需要说明的是：在智能工厂中，生产计划必须包含物流计划的各个环节，如供应商到货计划（窗口时间）和实际到货时间、卸货计划和实际卸货能力及时间、卸货车位使用计划和实际占用时间、检验计划和实际检验放行时间（检验放行准时率）、入库计划和入库时间、分拣计划和分拣时间、配送计划和配送时间等。智能物流包含先期准备的入厂物流（智能物流1）、为工位存储和智能化配送的生产物流（智能物流2）以及下线装车发运的成品物流（智能物流3）。在智能工厂中，"三段物流"不再是物理上的1—2—3排序，而是基于物联网的模式，集成为一个综合运营系统。比如，将零部件货位与成品货位共享，将零部件立体仓库通过连续输送设施与工位直接连接，使满载的容器和空容器形成回流。全程将采购物流、生产物流和成品物流形成信息和物理上的一体化。在此基础上，满足各种工艺要求的智能制造设施和检测设施按照物流的运营节拍（参数的一致性），嵌入物流运营过程中，成为物流信息平台的一个或多个"流通性生产"的环节。

D区需要回答的是"物流信息平台如何保证交付"，主要包含基本参数的设置和导入。特别需要强调的是，基础参数在智能工厂物流规划初期就需要同步设计和界定，之后输入物流信息平台中，后期收集到的数据只属于运营数据，必须服务和服从于设计标准数据。

6.3.4　构建逻辑与模型

1. 物流信息平台的构建逻辑

按照物流运营业务层次和相关联的物流战略绩效深度，可以将物流信息平台分为策略层、管理层和执行层。从策略层到执行层，是计划、标准到执行落地的过程；从执行层到策略层，是物流作业数据、绩效到运营有效性的回报过程，如图 6-6 所示。

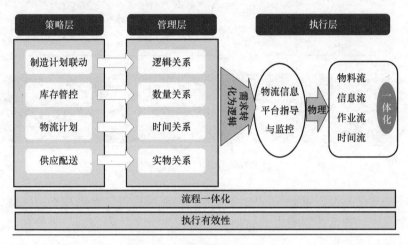

图 6-6　物流信息平台构建层级

（1）管理运营的层级　物流信息平台的策略层主要是基于对企业物流供应链战略的秉承。智能工厂物流信息平台需要将支撑物流战略的制造计划联动、库存管控、物流计划和物料供应实现横向管理，以解决智能制造的安定生产，生产计划与物流计划、采购计划的有效联动，同时控制原材料库存、在制品库存和成品库存的标准与差异。

管理层主要是拉通各项资源的逻辑关系、数量关系、时间关系和实物关系。

执行层主要是通过智能设施或者人员执行物流计划与指令的过程。由于物料是否有效流动、是否有效支持了生产、是否实现了物料与信息的对应，都在作业现场表现，所以，执行层的信息采集决定了物流的绩效，更决定了是否能够有效交付。

（2）技术实现的层级　不同的层面需要对应不同的技术应用和实现的手段（或者关键要点），以实现逻辑层、映射层和实物层的横向和纵向对应，如图 6-7 所示。

逻辑层对应的物流管理技术是与物流战略相对应的物流规划和信息的顶层设计技术，从构建决策支持平台的角度而言，需要思考计划链不同环节的协同技术、指令与信息回馈对应与联动技术、推拉结合的积放链物流模式等。

映射层对应的是日常运作与管理，主要是数据集成、过滤、存储与处理，主要涉及入厂物流信息采集技术、制造物流过程信息技术、数据算法、参数集成与 KPI 指标呈现，实现过程的可视化技术。

实物层主要是现场作业的设施驱动、执行，执行数据收集与传递，终端数据的可视化呈现。

（3）信息流和实物流的协同　计划体系是智能工厂运营的核心，是物流和生产的执行

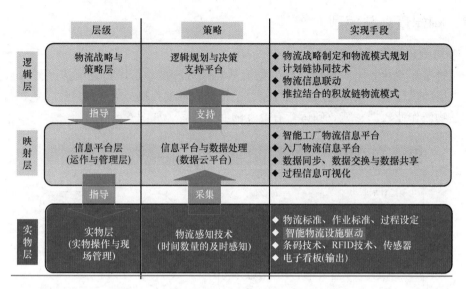

层级	策略	实现手段

图 6-7　物流信息平台不同层级对应的技术关系

导向和有效性的对比标准，智能工厂物流信息平台需要适应、支撑和支持该体系的有效运作。在智能制造中，物流计划和生产计划可以看作是一个计划，就是服务型制造的交付计划，其协同关系如图 6-8 所示。

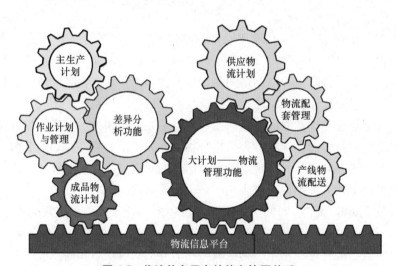

图 6-8　物流信息平台的信息协同关系

在智能工厂物流信息平台中，交付体系就是要以成品发运计划作为牵引，拉动生产作业计划，通过协同拉动产线配送计划、物料齐套计划、供应商到货计划，以及其他相关的资源需求计划（如库存计划和人力资源计划），以支持主生产计划。在这个过程中，智能工厂物流信息平台就是中控系统，居中调剂各类制造资源，形成积放链循环系统，最终完成订单的个性化制造。

物流运营管理的要点包括从计划到执行再到管理的关键节点和要素，通过计划推动和订单拉动相结合，形成积放链推拉体系，从而支撑工厂的有效运营，具体如图 6-9 所示。物流信息化功能需要满足上述运营要求。

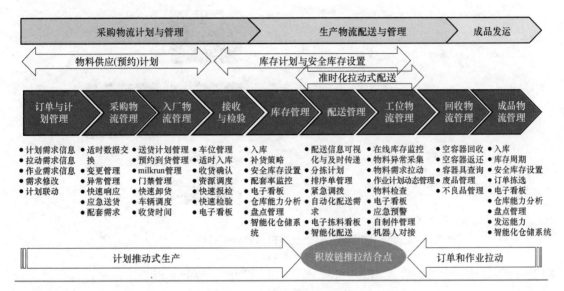

图 6-9　物流运营管理的要点

而在实物流动中，需要保证按照计划体系执行，并且尽量将偏差减少直至为零，形成企业级的"知行合一"。智能工厂物流运营信息与实物流动的对应关系如图 6-10 所示。

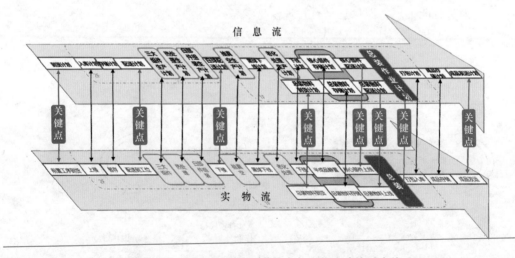

图 6-10　智能工厂物流运营信息与实物流动的对应关系

将不同物料、不同订单、不同作业方式、不同工位、不同供应商涉及的制造需求全面联系起来，形成横向+纵向的协同，支撑过程中信息逻辑和实物逻辑的对应，以保证物流资源和计划的一致运行，并最终形成综合的实时数据和报表，如图 6-11 所示。

2. 智能工厂物流信息平台管理模型

物流信息平台需要围绕以交付为中心的业务需求，按拉动的逻辑展开，即以快速精准的订单响应和有效交付为终极目标，拉动以物流为载体的价值链，将智能化生产设施、物流设施、监测设施、人员等嵌入式地布局在整个物流供应链之中，并由此统一设定运营参数和

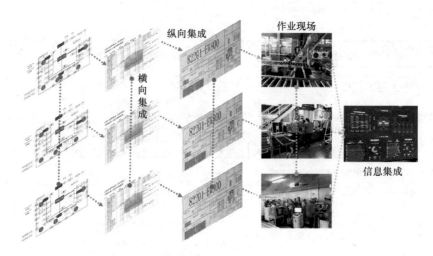

图 6-11　从信息到现场实物的对应

KPI，体现的是"大交付、大物流、小生产"逻辑。为此，智能工厂物流需要以订单交付和发运计划作为动力来源，拉动总装作业计划和实际现场作业，通过保证物料实物齐套率的要求，拉动自制件和外购件的匹配计划和实物配套；并结合主生产计划和库存计划、物流计划、采购计划来协同决策物流的批量、批次和对生产工位的准时性配送，在此基础上，通过物流运作计划和相关数据来驱动智能物流设施的运营。

图 6-12 为某智能工厂物流信息平台管理模型参考。

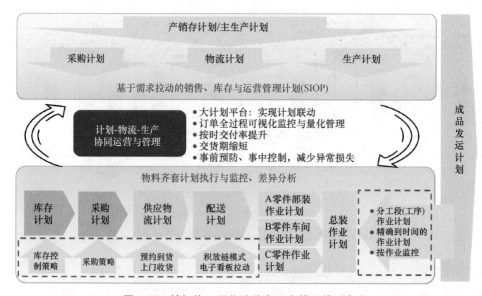

图 6-12　某智能工厂物流信息平台管理模型参考

通过对计划、采购、厂内物流、生产作业四大关键业务环节的管控，实时掌握进度，保证智能生产和有效交付；同时监控过程中的异常，以及对异常反馈和处理的全过程控制，更好地实现事前预防和事中控制，实现各业务部门之间的协同，帮助企业落地 PDCA 管理循环和持续优化提升，以支持打造数字化、智能化工厂。

清晰的智能工厂物流运营数字化逻辑，有利于实现计划、采购、生产和物流的全过程信息有效联动，驱动相关的智能制造设施和智能物流设施，同时实现过程中的异常信息预警和及时展示，将当前的事后管理提升为事前预防和事中控制，并且能及时监控。

通过建立智能工厂物流信息平台模型，重新梳理供应链运营流程，针对关键环节或工序进行标准化、有效化、可视化管理，以拉通智能工厂的价值链。于是，对价值链上不同环节的关系处理不再是传统的经验和感性（俗称"拍脑袋"）模式或者单个决策模式，而是基于一体化平台的系统化决策。

3. 智能工厂物流信息平台的要素集成

智能工厂物流信息平台在建设过程中，将涉及的要素全面集成，从而实现从信息逻辑到物理逻辑的对应关系，合理分解为多个管理模块之间的协同（不是传统供应链中的拼凑），形成物流信息平台。图 6-13 为某智能工厂物流信息平台要素对应关系。

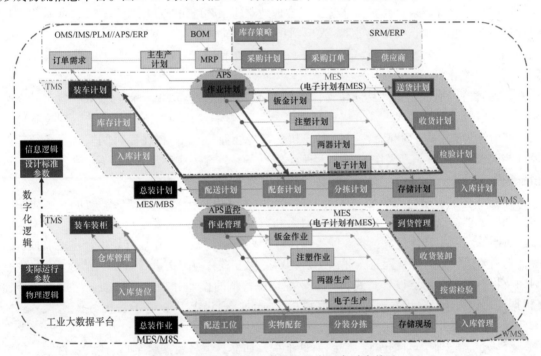

图 6-13　某智能工厂物流信息平台要素对应关系

物流信息和物理逻辑需要在先期规划中通过参数设计和实际运营参数，形成对应的基础，从而形成数字化逻辑，通过各个功能模块协同支持。

物流信息平台必然也必须遵从业务逻辑，在智能工厂物流运营中，管理者看到的仅仅是运作界面，但是，在智能供应链的演变中，逐渐变为数据逻辑的引领。关于物流信息平台层面的具体要求如下：

1）建立主生产计划的滚动模式，以中长期预测指导长周期采购与生产，以订单或库存计划指导总装。

2）依据净需求，对总装计划进行平准化精益排序，产生总装顺位计划；将 WMS 功能和 MES 功能融合集成。

3）依据总装顺位计划，拉动零部件/外购件/外协件的齐套计划和准时配送。

4）通过物流计划整合工厂的采购计划、生产计划、库存计划，并实现采购、生产、库存业务的集成。

5）实现物料配套分析，跟踪物料流程作业，避免出现车间现场缺料的情况。

物流信息平台的各个关键要素如下：

（1）采购业务端　主要包含供应商的采购—生产—交付等过程，实现自动寻源、根据供应商基础数据自动下单、自动提示供应商交付要求。具体包含：到货预约，支持发送ASN、供应商到货计划编制、在线到货预约、JIT物料拼车装货（包括多点卸货规避）、供应商库存实时查看、装卸货车辆排队叫号管理；叫料管理，叫料指令的自动生成与发出、到货时间要求与建议、在线打印带条码的送货单与物料标签、厂内送货车辆作业与滞留时间监控、到货风险预警等。

（2）入场物流端　主要包含装车—运输—收货—检验—入库等过程，满足规划和计划供应商的交付过程要求，并实行监督，以实现数字化采购的可视化。具体包含：车辆出入厂时间记录（单据扫描、牌号发放）、入厂到货准确性判断，匹配送货单、车流量控制，自动预警和提醒、未到货车辆预警、装卸货车位管理、车辆调度（含空容器装车位）、装卸货时间和效率监控等。

（3）库存与仓储物流　具体包含：物料出入库扫描（送货单、标签）、IQC物料状态与品检效率监控（品质模块，强调信息及时、全面）、物料与库位管理（作业齐套对应产线库位、实时维护）、实时库存监控与预警（超期、待处理等）、物料在库时间监控、齐套率监控（当天及第二天）、三天作业齐套管理（信息齐套，含供应商库存）、不配套物料、工单信息预警与处理状态管理、支持拆箱拼箱操作、状态锁定。

（4）生产协同端　主要包含分拣—配送—齐套—生产—打包等过程，满足数字化生产的流动性要求，以精准响应智能制造的时间和数量要求，其间需要重点解决工位智能配送和作业协同的问题。具体包含：各产线生产作业计划查询、显示，作业计划生产进度监控、提醒，物料配送计划查询，配送作业派工、物料分拣、齐套与配送进度监控、显示，在线库存倒冲及物料配送拉动点设置，线边拉动—配送—备料的作业计划倒排拉动，配送指令传递（根据线边物料消耗进度拉动，每种物料单独拉动，通过PDA、电子看板等传递）、尾数、不良等物料信息及时采集和传递处理。

（5）容器管理　具体包含：基础信息维护，如器具编号、器具类型、颜色/材质、包装关联关系、物权所属；日常运作管理，如维修、更换、报废、信息维护、出入库管理、容器具回收预约；资产管理，如数量管控、物流容器具费用管理、租赁/采购管理。

（6）成品交付端　主要包含入库—存储—检验—分拣—装车—运输—交付等过程，实现对市场要求的快速响应。

对于智能工厂而言，生产环节最担心停工待料导致无法交付。在实践过程中，绝大多数制造停产的主要原因在于采购业务和入厂物流，需要极力避免"巧妇难为无米之炊"的窘境。所以，装配型制造企业，尤其是汽车、家电、轨道交通、飞机、电子、重工机械、家居行业，一般都将"产前"环节的物流有效运营作为智能工厂交付体系的先决要素。

对于供应商而言，上述全价值链必须实现OTD（订单到交付），让采购方实现实时监控和运作管理，从而保证采购方的安定生产和智能制造。此时，相对于采购方，供应商的有效交付将成为采购-供应双方更加关注的焦点，但是，必须保证全价值链的有效性，才能够保证交付承诺的兑现。

对于智能工厂的综合运营而言，无论是采购方还是供应商，都是为了实现有效交付。于是，从计划到执行，需要强调几个关键词"保、稳、抓、拉"，即保证发运计划、稳定生产计划、狠抓配套计划、拉动供应商到货计划。

当对应关系建立起来后，智能工厂物流信息平台需要重点关注送货计划与到货管理、存储计划与存储现场、配套计划与实物配套、作业计划与现场作业管理、总装计划与总装作业管理、装车计划与装车装柜六个对应的关键环节参数和标准执行，以满足数据一体化、偏差管理一体化的系统性要求，保证系统能够实现差异控制、先期预警和应急管理。过程中还需要考虑包装器具设计与身份管理、存储空间的数字化规划和智能仓储设施、工位智能化配送模式和响应参数设置、成品下线到智能化快速化装车模式等方面的设计。物流信息平台多个要素的对应关系和基础设计如图 6-14 所示。

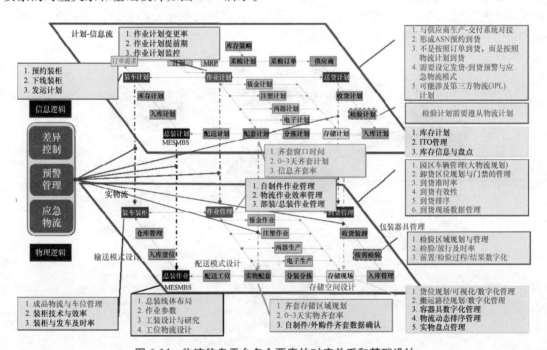

图 6-14　物流信息平台多个要素的对应关系和基础设计

在智能物流体系中，需要强调以下要求：

1）供应商必须将其交付资源与采购方的长期、中期和短期需求进行比较，以保证采购物流周期的精准性和原材料的库存合理性，并作为物流信息平台备案。在运作过程中，需要通过可监控的流程来确保当任何可能影响后续运作的风险发生时，能快速地与客户沟通。

2）物流管理部门需要实时查看物流过程作业和物料是否足够满足客户未来的需求，以便及早发现可能影响满足客户需求的潜在问题。当发现风险和偏差时，需要及时制定纠正行动，将对客户的交付影响减小到最低程度。

3）物流信息平台需要联动 APS/MES 和所有的智能制造设施，实时获取制造所需求的物料和物流信息，并指挥智能物流设施实现相应的物料搬运、输送、工位对接、容器具管理、打包等功能，保证物流-生产融为一体。

4）当接收到预测需求和发货要求时，每天（可以实现周滚动）都需要自动比较现有资源和内外部客户需求之间的差别，并且实时反馈，提出优化方案。当有任何重要资源受限而不能满足生产和交付要求时，能够主动预警，通知相关环节甚至客户。

5）物流信息平台系统能够自动检测过程环节的时间、数量、包装方式、装运方式、标签与信息传递方式的偏差（如货运扫描和装载控制系统），确保任何与订单标准或者运作计划、协议的流转数量和方式有偏差时，能够被及时检查和显示，并且在不对生产和交付造成成本损失的情况下及时协调。

6）物流管理部门必须制定应急方案，当发生紧急情况时，立即启动这一解决方案。这一职能系统必须定期进行测试和验证，需要将过程数据实时输入系统中，并且要求对相关人员进行应急程序的培训。

将各个要素协同起来，形成企业物联网（嵌入或对接工业互联网），使人、机、料、法、环、测互联互通，通过智能工厂物流信息平台智能协同系统指挥和运营，解决横向+纵向的资源协同和信息联通，如图6-15所示。

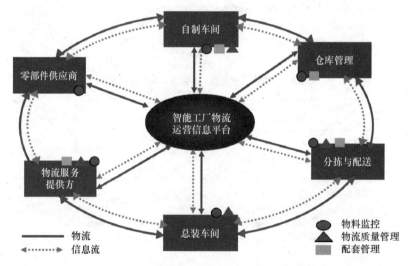

图6-15　供应链全流程的要素管理与联动

当企业逐渐实现了价值链拉通、数字化采购、数字化物流、智能生产，整个供应链计划—执行将完全与信息平台融合，实现信息物理系统（CPS）。未来的差异可视化不再是反馈给作业人员并通过开会解决问题，而是反馈给整个物流信息平台系统，从而实现这个系统的实时反馈（Feedback），形成自组织、自管理等智能化的表现，最终保障智能制造的实现。代表物流信息的各个物料包装单元都将"会说话"，与平台上的所有元素进行对话和交流，实现人、机、料、法、环、测的互联互通，对接工业互联网，从而实现数字化、网络化和智能化。图6-16为某企业物流信息平台结构图。

智能工厂物流信息平台的发展以企业的自动化和信息化发展为基础。自动化主要实现生产过程的数字化控制，离不开对各类过程控制软件的深度应用。信息化主要实现企业研发、制造、销售、服务等环节和流程的数字化，打通企业内部及供应链上不同企业之间的数据

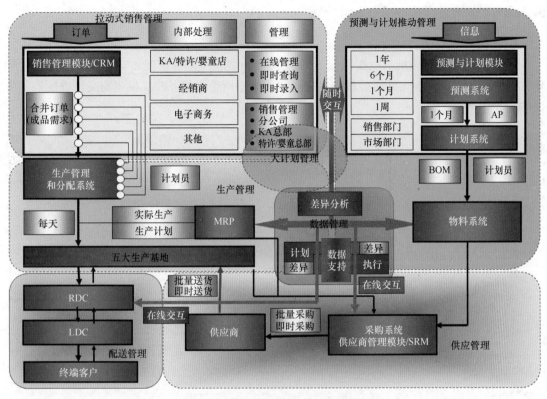

图 6-16 某企业物流信息平台结构图

流,以研发设计类、生产调度类、经营管理类、市场营销分析类软件的深度应用为特征。因此,涵盖上述软件类别的工业软件是智能供应链发展的基础和核心支撑,可视为智能供应链发展的灵魂和风向标。

在此基础上,随着企业的不断发展和壮大,以及智能制造技术和信息化技术的不断应用,企业物流信息平台将突破企业界限,走向对接工业互联网。图 6-17 为某企业内部工业互联网中控平台。

图 6-17 某企业内部工业互联网中控平台

6.3.5　物流信息平台的应用场景

1. 典型应用场景

（1）采购物流监控场景　在物流计划管理的主导下，需要管理和实时监控供应商的到货有效性和实时进度，尤其需要规避供应商流程偏差所带来的风险。供应商交付进度监控界面如图 6-18 所示。

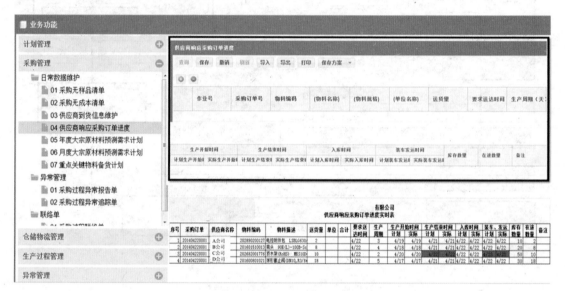

图 6-18　供应商交付进度监控界面

该界面主要用于人机协同和管理监控，以保证智能工厂物流运营信息的实时性和真实有效性，从而支持安定生产、智能生产。它主要包含供应商到货能力信息、采购订单进度、大宗材料的先期预测数据、关键物料备货信息、采购过程异常信息等内容。针对具体的采购物料，要有详细的供应商计划—执行的在线详细记录，如生产开始时间、生产结束时间、入库时间、装车发运时间、库存数量、在途数量等。在实际应用过程中，并不是所有的供应商都具备信息平台与采购方对接，实现 B2B 或 EDI 的实时管理。为了尽量减少采购方的数据累积偏差，可以要求供应商定期汇报手工数据（如每隔 4h 汇报），通过手工输入物流信息平台，以达成数据的相对实时性，及时洞察和规避采购物流过程中的到货风险。

（2）到货、卸货、入库场景　通过物流信息平台的先期预约（Advanced Shipping Notice，ASN），供应商到货车辆的相关信息在门禁系统得到共享，通过车牌识别获得通行；相关订单和物料信息通过物流信息平台智能分配作业，调度和驱动卸货、入库智能化设施（或者作业人员）。图 6-19~图 6-21 分别为各类作业场景。

入库物流管理可能涉及收货、检验和自动化立体仓库等多个环节，都涉及时间和数量以及信息采集动作，动作的有效性实时显示在数字化物流信息平台中，以监控计划和实际作业之间的差异。入库物流过程的可视化界面如图 6-22 所示。

（3）智能化存储场景　根据物料的 PFEP 分类，在物流信息平台中，对于每个物料都有其 ID 号作为后台数据。当物料进入智能仓储系统时，其基础包装数据、订单数据、生产需求

图 6-19　供应商预约到货

图 6-20　入厂物料自动拆垛

图 6-21　物料通过物流信息平台入库

数据、库存数据、重量数据、出货时区等都会成为物流信息平台（存储功能模块通常通过 WMS/WCS 实现）的关键数据，并且在物流信息平台中实时更新与体现。图 6-23 为物流信息平台的智能化存储管理界面。

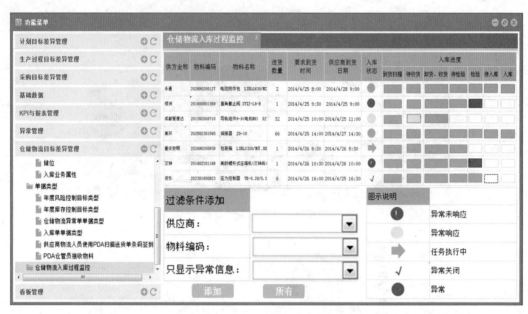

图 6-22　入库物流过程的可视化界面

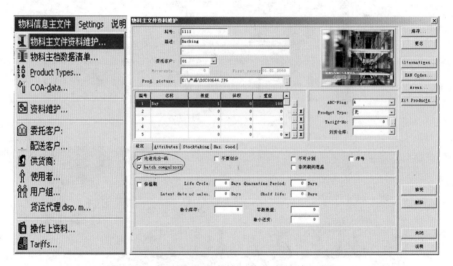

图 6-23　物流信息平台的智能化存储管理界面

　　在存储过程中，物料存储当量、流转参数和流量、包装方式等的不同，决定了存储技术和设施选型也不一样。图 6-24 为多层穿梭车自动化立体仓库存储的场景。

　　（4）总装物料工位配送场景　工位配送模式根据作业场景、物料包装、物料消耗节拍、总装自动化程度的不同而不同，可能采用智能输送线配送到工位，或者采用 AGV、人工+牵引车、全人工配送等方式，但是，一般都是通过物流信息平台结合订单拉动和制造计划的要求，驱动物流配送设施或者人员，都需要强调时间和数量的精益配送、"满箱换空箱"等要求。图 6-25 和图 6-26 分别为智能输送线配送到工位和 AGV 配送到工位的场景。

　　配送时序和生产工位作业需求协同如图 6-27 所示。

图 6-24　多层穿梭车自动化立体仓库存储

图 6-25　智能输送线配送到工位

图 6-26　AGV 配送到工位

一方面，物流的配送时序取决于智能产线或工位生产作业的排序和拉动，物流配送的稳定性有效性决定了生产的稳定性；另一方面，生产订单执行的有效性直接决定了交付的可能

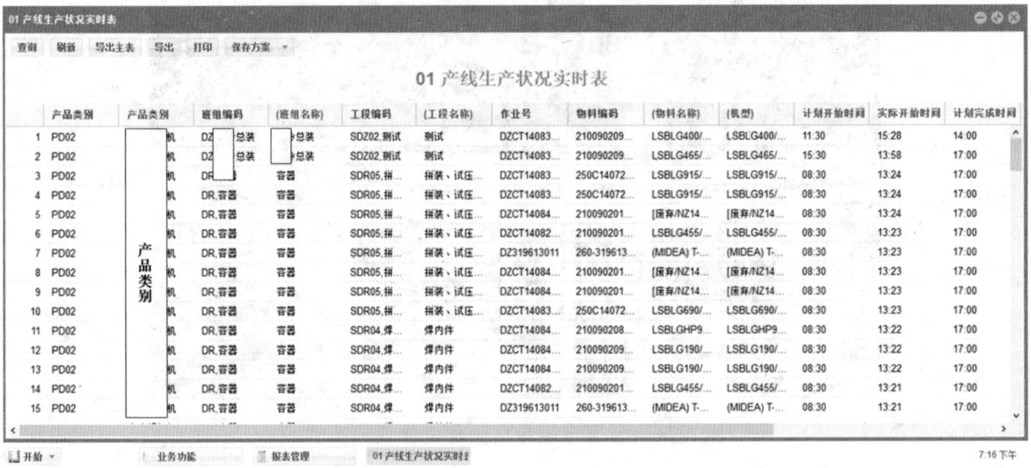

图 6-27　配送时序和生产工位作业需求协同

性，对于智能生产而言，生产异常的实时监控和快速响应尤其重要。生产订单过程监控的界面如图 6-28 所示。

图 6-28　生产订单过程监控的界面

（5）物流信息平台全过程集成监控中心场景　由于制造和交付过程的复杂性以及影响因素过多，传统制造企业物流强调增加库存来作为应急解决方案。而优秀的智能制造企业则更加强调进行过程瓶颈的早期识别和预警，从而进行自我调整和预防，避免紧急情况的出现。

物流各个环节的运作信息需要集成化显示和进行数据分析、判断和决策，形成"驾驶舱"模式。对于智能化程度高的工厂，可以根据相关数据实现产前的虚拟仿真，对每个订单模拟运营，从而发现瓶颈和约束条件，提前预警和预防问题的发生。在生产之前解决瓶颈问题，保证从产前物流过程到生产过程稳定、可靠，提供生产智能化的基础和可得性，最终保证有效交付。集成信息监控场景如图 6-29 所示。

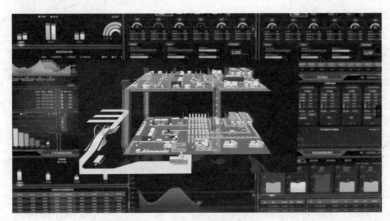

图 6-29　集成信息监控场景

关键过程 KPI 显示，各个部门和环节的 KPI 实时绩效指标在对应终端显示出来，并作为偏差管理和预警的依据，如图 6-30 所示。

相关部门	KPI
计划	当天计划达成率
计划	计划变更因素分析
生产	停线要素分析
生产	工单完成率
计划	三天计划完成率
计划与采购	库存周转率
采购	供应商准时到货率
采购	三天信息齐套率
仓储	物料齐套率
仓储	超期库存比例预警
仓储	卸货效率指标
仓储	物料在库时间监控指标（JIT物料，按小时监控）
计划	订单满足率

图 6-30　关键过程指标（包含但不限于）

在每个流程环节，需要结合详细规划流程，尤其要关注关键节点（信息采集点和物流技术应用点），保证全过程有效，然后通过个性化的信息系统来保证运营。

各个价值链关键环节的数据和运行状态经过系统算法计算，形成管理者和决策者需要的报表，如采购过程预警、库存实时信息、物料齐套信息、日计划与产值实时报表、月产值停线时间和原因分析实时报表、月产值计划达成率实时报表、订单延误实时报表、月产值累计达成与标准值之间的差异分析实时报表以及各项产品和产线产值动态类及报表等，从而能够实时显示当前运作对物流战略绩效指标的达成情况。如图 6-31 所示，可以将物流过程中的各类指标通过"驾驶舱"模式或者在线的 App 模式显示，以便在移动终端实时监控。

图 6-31　物流信息平台的实时相关指标

传统的物流过程也提倡可视化，但是主要表现在现场的打印、书写表单和指标标识。在此基础上，有些企业开始使用与软件联系的显示屏，但主要还是由人工输入相关数据。这种可视化体现的数据特点是静态的，或者说是滞后的，无法实时显示生产和物流过程的动态变化，更无法体现数据之间的逻辑关系和联动、协同关系，其中还有很多是无效数据。

各类管理界面的显示和实时报表的生成，有利于决策者思考物流优化和战略绩效的持续推动，以及偏差、瓶颈问题的实时解决，从而实现量化管理、实时管理、可视化管理、PDCA 管理、主动管理、目标偏差管理、数字化管理、智能化决策、智能化驱动。

智能物流信息平台不仅需要将所有的有效数据显示出来，并且必须是同一时间、同一频率、同一事件、同一逻辑、可追溯地显示出来；同时不仅是给管理者（人）监控，更多的是形成自我分析、自我反馈、自我调整、自我优化的过程。此时，管理者更多的是"看"，而不是干涉，由此企业物流与生产运营大数据管理也就水到渠成了。

2. 物流信息平台应用拓展

物流信息平台未来的应用拓展可能呈现以下趋势：

（1）向智能供应链拓展　智能工厂物流信息平台重构，协同大数据战略，最终决定信息平台的有效性。

传统的制造企业物流管理平台大部分都是分层的，而且断点很多、能力分散，没有强调端到端的服务机制，无法保证有效的 OTD（订单到交付）；在广度上并没有思考合作伙伴的横向联系，所以订单单纯地以单个交付为目的，信息是零散的、单向的，而没有考虑多个订单的协同排序以及资源的同步利用和分配。

智能工厂物流信息平台需要将产品、客户、供应商、技术、服务，订单、物料、工厂、产能、库存、仓库、门店、计划等都整合到一起，服从和服务于企业供应链大数据的逻辑要求，从而保证交付体系在运营过程中能够适时抓取标准—计划—执行之间的数据差异，然后进行算法优化，形成制造供应链从数字化到智能化的升级。

（2）物流运营颗粒度更加细化　随着智能制造和智能物流不断个性化、精准化，未来的物流作业场景更趋于精确，管理颗粒度也更加细化，更加强调技术的现场应用与协同。

物流信息平台需要在流程梳理的基础之上开展，而该流程必须配合智能制造的运作需要来拉动，这就涉及相应的物流模式规划、流程梳理和参数设计。

在实践中，只有少数企业可以做到信息—计划—执行—物流过程一致，绝大多数企业经常可能遇到各种情况，如供应商到货延迟，车辆卸货时间不定，检验时间不匹配，物料合格率不稳定，物料齐套率未达成，物料数据录入时间延迟和不匹配，送货单据、流转单据与实际物料不对应，智能立体仓库货位不够，容器具无法识别，信息系统无法驱动 AGV 协同配送，智能输送系统能力不够，工位机器人无法准确抓取物料，成品放置和包装不精准等，导致过程中的时间延迟、效率损失和信息丢失、错失等状况。

如果缺乏先期的智能工厂物流规划，就缺乏了物流信息平台的智能化定位和系统性梳理，物流信息平台的落地和应用也就难以达到期望的目标。

从物流逻辑和结果而言，计划体系做得比较好的企业往往物流系统相对稳定，对物料的调度、资源的匹配相对主动，能够做到分时区配送、拉动式配送。这类企业通常可以通过 AGV、输送系统配送物料到工位，形成"满箱换空箱"的循环模式。但是大部分企业将生产计划和物流计划人为地割裂，导致物流没有详细的计划，加上生产计划不稳定、没有细化为更小颗粒度（如按照小时、分钟）的作业计划，物流信息平台无法决策如何精准配送。最后通常在仓储区域和生产区域之间设立缓冲区，然后将一体化的物流体系割裂成仓储物流和生产现场物流两个部分，将仓储物流划归 WMS，将生产现场物流划归 MES，后续的智能化、信息化自然就陷入了误区。

从物流技术应用驱动力而言，合理使用了智能物流设施的工厂，确实简化了搬运、存储、盘点、拣选、货位管理、库存控制的问题，能够匹配生产流程，实现"大物流小生产"，达到准时交付的目标。但是，由于对制造物流的理解偏颇，不少企业认为只要解决了智能化存储（WMS）就解决了物流问题，或者认为大规模地上 AGV 就实现了物流数字化、智能化。实践中，很多企业的智能立体仓库经常"爆仓"或者货位使用效率极低，因为在上系统之前并未详细地计算库存周期和动态流量，导致物流信息平台对此无能为力。对于 AGV，由于 AGV 调度系统自成体系，在导入时通常忽略了与物流信息平台、工位配送拉动信息等对接，导致过早送货（工位堵塞）或者延迟到货（工位停产），丧失了物流信息平台的主体性和引导性。

（3）物流数据驱动模式更加明显　制造业模式变化倒逼物流供应链逻辑变化。从以制造为中心向以客户和消费者为中心的交付模式转变，倒逼物流信息平台从"存数据与查数据"向"数据驱动"转化。

传统的制造企业物流供应链强调"核心企业"，所以其物流信息平台强调"以我的企业为中心"，主要是采购物流、生产物流、成品交付物流过程的信息管理。这种管理并不是以客户为中心的，所以很多情况下容易陷入以产定销、以巨大库存来保证供应的误区，其数据方式是批量的脉冲模式，数据流动不均衡。另外，在企业的实践应用中，各个软件模块来自不同的供应商，一时难以协同，数据需要迁移，过程中会存在数据不对应、数据转换、数据错位、数据衰减等情况。数据化对于智能制造的驱动是一个巨大的挑战。

智能制造环境下，尤其是全渠道产销数字化的企业（从制造到连锁经营，涵盖电商、门店、KA、经销商等），都在强调以客户订单与交付数据为中心，日益与互联网、云计算平台连接，其信息化必须从昔日的"存数据与查数据"转到"制造大数据/消费大数据"的数据驱动的轨道上来。

这个转变在服装行业（如红领、李宁、ZARA）、家电行业（如美的、海尔）、家居行业（如顾家家居）、家纺行业（如罗莱家纺）、消费电子行业（如小米）等表现得尤为突出。由于技术、生产设施等进入门槛日益降低，全价值链的竞争日益明显和激烈，竞争的核心能力表现越来越转变为供应链的快速响应能力和产品（如爆款）引领能力。而支撑该能力的核心技术就是信息化的"倒行逆施"。这些行业放下了原来的订货会、批销模式和压货模式，将管理中心放到消费者端，于是制造的范式和信息软件的范式也随之变化。

比如海尔的U+智慧综合平台，包含用户交互定制平台、零距离即时营销平台、开放创新平台、模块商平台、智能制造平台、智慧物流平台、智联服务平台，这些平台构成互联工厂的核心竞争力。具备这些条件之后，还要打造一个全流程的生态系统。互联工厂不仅仅是一个生产车间，更是一个全产业的生态系统。这个系统包括用户的交互、营销、研发，以及模块商的采购、制造、物流、服务，全流程体系颠覆，海尔称为"1+7"平台，构成互联工厂的核心竞争力。据此，海尔才能够实现用户全流程实时互联、用户和工厂零距离、全流程透明可视、云追踪，真正实现以用户为中心与全流程（交互、设计、制造等）实时互联，拉动企业转型，实现用户参与交互（引爆用户流量）、用户参与设计（产品不是闭门造车）、用户参与制造（每台产品都有主）、全流程透明可视等。当然，为此海尔期望供应链过程更加智能化、有效化，以提高供应链过程质量和交付效率（产品高品质，生产、资源、能源高效率）、缩短产品上市时间（互联可视，快速响应用户需求的变化）、增加供应链和制造的灵活性和柔性（制造柔性化、模式多样化、服务个性化）等，从而从容应对未来的挑战。

企业的信息平台不仅仅是要满足某个模块、某个功能、某个数据本身的需求，而是需要满足全价值链互动、智能、瞬时的要求，其层级更加高、深度更加细化、广度更加宽泛。

如此，全价值型的智能化供应链和智能制造的软件功能需求，仅凭当前市场上的软件远远不能满足，于是软件的迭代升级也就需要随着智能制造的业态、场景、战略要求而不断升级。所以，信息平台适应智能制造数字化驱动的转变迫在眉睫。

6.4　智能工厂物流信息平台与工业互联网及工业大数据

6.4.1　工业互联网

1. 工业互联网概述

工业互联网倡导开放、全球化的网络，将人、数据和机器连接起来，是全球工业系统与高级计算、分析、传感技术及互联网的高度融合。其内涵已经超越制造过程以及制造业本身，跨越产品生命周期的整个价值链。工业互联网和"工业 4.0"相比，更加注重软件、网络和大数据，目标是促进物理系统和数字系统的融合，实现通信、控制和计算的融合，营造一个信息物理系统的环境。

工业互联网的本质和核心是通过工业互联网平台把设备、生产线、工厂、供应商、产品和客户紧密地连接、融合起来，可以帮助制造业拉长产业链，形成跨设备、跨系统、跨厂区、跨地区的互联互通，从而提高效率，推动整个制造服务体系智能化；此外，还有利于推动制造业融通发展，实现制造业和服务业之间的跨越发展，使工业经济的各种要素资源能够高效共享。

工业互联网被定义为连接工业全系统、全产业链、全价值链，支撑工业智能化发展的关键基础设施，是新一代信息技术与制造业深度融合所形成的新兴业态与应用模式，是互联网从消费领域向生产领域、从虚拟经济向实体经济拓展的核心载体。

工业互联网平台是指工业企业在生产、经营、管理等全流程领域，以构建互联互通的网络化结构、提升自动化和智能化水平为目的，所采用的生产设备、通信技术、组织平台、软件应用以及安全方案。它是面向制造业数字化、网络化、智能化需求，构建基于海量数据采集、汇聚、分析的服务体系，支撑制造资源泛在连接、弹性供给、高效配置的工业云平台。

工业互联网平台由智能设备、智能系统和智能决策三大核心要素构成，涉及数据流、硬件、软件和智能的交互。将智能设备和网络收集的数据存储之后，利用大数据分析工具进行数据分析和可视化，由此产生的"智能信息"可以供决策者在必要时进行实时判断处理，使其成为大范围工业系统中工业资产优化战略决策过程的一部分。

工业互联网平台是赋能企业数字化转型的重要基础设施，也是助力企业创新发展的系统解决方案，更是未来供应链一体化、数字化、透明化的趋势。

在实践应用中，工业互联网平台主要表现为三大类：针对工业设备和工业产品开展资产管理服务；打通 OT（运营技术）数据与 IT（信息技术）数据，支持企业传统业务和运营优化；融合工业、金融、服务，整合产业链、价值链各方资源，开展企业业务转型、商业模式创新，打造新竞争模式。

目前工业互联网应用主要集中在资产管理和运营优化，而基于工业互联网的企业新模式转型尚处于起步探索阶段。通过工业互联网平台，工业企业打通数据链，通过数据分析进行运营及业务优化，从而实现成本降低、效率提升、产品和服务能力提升、业务和模式创新等，打造数字经济时代的新型核心竞争力。

2. 物流信息平台与工业互联网

物流信息平台主要是通过流动资产的可视化运作，提升企业的运营水平。企业物流信息平台是工业互联网的一个构成部分，很多时候一个特定的企业物流信息平台通过交付能力信息，简化为一个互联网上可以识别的"IP"。条件成熟的企业可以将成型的物流信息平台拓展为企业级的工业互联网。企业通过订单和成品物流交付来与工业互联网对接，同时又通过工业互联网来判断企业物流信息平台和模式的合理性和有效性。企业物流信息平台相对于工业互联网，只是千万个构成企业中的一个"点"，而工业互联网可以称之为"面"，两者是相互支撑、互为前提的。

物流运营模式正在逐渐向智能供应链模式创新和转型升级，工业互联网也在推动企业商业模式的转型和创新。两者随着信息技术和智能化技术的发展，交替升级、相互融合。

从行业应用维度分析，竞争越激烈的行业（如家电、服装、汽车等行业），越愿意通过数字化创新实现领先策略，物流信息化体现出来的交付优势和客户价值就更加突出；越靠近消费者的行业（如电子、食品和家居等行业），尤其是消费类产品、连锁类产品，越愿意通过物流专业化、信息化、供应链一体化来对接物联网和移动互联网来靠近消费者，以期更快地获得客户需求信息，主动响应市场变化；数字化基础越好、覆盖程度越高的行业（如机械、轨道交通、电力行业），越愿意通过工业物联网来实现制造过程的精准化、有序化、透明化。上述行业通常容易成为应用工业互联网平台的主力军。面对制造服务化转型的迫切需求，一方面，物流信息平台助力设备管理从人工粗放管理向远程、精准智能化管理过渡；另一方面，消费者介入产品研发、全过程监管，金融与实业融合创新，助力企业探索新业务增长模式，消费者需要看到产品流转和订单运营过程。

规模越大的企业，物流当量往往也越大，对物流信息平台的开发和应用也越积极，并且愿意从物流信息平台入手，整合供应链，从而向工业互联网拓展。实际上，从工业物联网提出至今，一贯是规模企业或者品牌企业、世界级大企业成为各类应用的主力军。面对数字化转型挑战，大企业同时具备建平台和用平台的条件和压力，龙头企业向软件商、服务商转型的趋势明显，工业互联网平台成为帮助其转型的重要推动力量。中小企业应用相对较少，但是它们更愿意通过搭载行业龙头企业提供的嵌入式、翻页式服务方式，介入工业互联网。由于我国互联网技术应用全球领先，加上政府政策在产业集群区域的促进作用，所以国内企业应用工业互联网的数量明显高于国外，主要依托平台进行行业内应用或在区域内聚集应用。

从应用的特点和方式的角度而言，我国制造企业管理基础参差不齐，各类企业规模和发展不均衡，在模式创新方面呈现出百花齐放的态势。物流管理水平较高的企业，物流信息化发展也较为领先，对于交付也就更加敏感，并且将交付准时率、库存周转率等实时 KPI 作为战略目标。例如汽车行业的个性化定制和协同制造，需要对供应商的物流交付能力进行评审，并且主机厂通过条款规定供应商需要具备供应链物流的 EDI 接口；服装行业分享制造和产融合作，需要有精益物流管理的协同平台，以保证产品的新鲜度和爆款满足能力；机械行业创新定价模式和产品服务化，需要通过物流信息平台降低成本、提高效率等。头部企业有资金、有实力、有战略魄力，通过实现物流信息平台，向供应链平台发展，从而逐渐靠近工业互联网方向的迭代升级；中小企业也能"因企制宜"找出自身的关键痛点，锁定最合适自己的应用切入点，做到以最小的投入获得最大的收益；同时，各类 IT 企业也积极行动，加入服务平台的建设和服务，只不过服务内容不仅仅是简单的某个技术问题或者解决方案，而是形成集成外包服务。随着我国企业不断"走出去"，逐渐建立和推广、加入全球供应链中，工业互联网日益突破了原有的仅仅面向国内市场的格局。

6.4.2　工业大数据

1. 工业大数据概述

工业大数据是指在工业领域中，围绕典型智能制造模式，从客户需求到销售、订单、计划、研发、设计、工艺、制造、采购、供应、库存、发货和交付、售后服务、运维、报废或回收再制造等整个产品全生命周期各个环节所产生的各类数据及相关技术和应用的总称。工业大数据以产品数据为核心，极大拓展了传统工业数据范围，同时还包括工业大数据相关技术和应用。其主要来源可分为三类：生产经营相关业务数据、设备互联数据和外部数据。

工业大数据技术是使工业大数据中所蕴含的价值得以挖掘和展现的一系列技术与方法，包括数据规划、采集、预处理、存储、分析挖掘、可视化和智能控制等。工业大数据应用则是针对特定的工业大数据集，集成应用工业大数据系列技术与方法，获得有价值信息的过程。工业大数据技术的研究与突破，其本质目标是从复杂的数据集中发现新的模式与知识，挖掘得到有价值的新信息，从而促进制造型企业的产品创新、提升经营水平和生产运作效率以及拓展新型商业模式。工业大数据除了具有一般大数据的特征（数据量大、多样、快速和价值密度低）外，还具有时序性、强关联性、准确性、闭环性等特征。

工业大数据的边界可以从数据来源和工业大数据的应用场景两大维度予以明确。

从数据来源看，工业大数据主要包括三类：第一类是企业运营管理相关的业务数据，这类数据来自企业信息化范畴，包括企业资源计划（ERP）、产品生命周期管理（PLM）、供应链管理（SCM）、客户关系管理（CRM）和能耗管理系统（EMS）等，此类数据是工业企业传统意义上的数据资产；第二类是制造过程数据，主要是指工业生产过程中，装备、物料及产品加工过程的状态参数、环境参数等生产情况数据，通过 MES 实时传递，目前在智能装备大量应用的情况下，此类数据量增长最快；第三类是企业外部数据，包括工业企业产品售出之后的使用、运营情况数据，同时还包括大量客户名单、供应商名单、外部互联网等数据。

大数据是制造业提高核心能力、整合产业链和实现从要素驱动向创新驱动转型的有力手段。对一个制造型企业来说，大数据不仅可以帮助提升企业的运行效率，还可以通过大数据等新一代信息技术所提供的能力来改变商业流程及商业模式。从企业战略管理的视角，可以看出大数据及相关技术与企业战略之间的三种主要关系如下：

1）大数据与战略核心能力：大数据可以用于提升企业的运行效率。

2）大数据与价值链：大数据及相关技术可以帮助企业扁平化运行，加快信息在产品生产制造过程中的流动。

3）大数据与制造模式：大数据可用于帮助制造模式的改变，形成新的商业模式。其中比较典型的智能制造模式有自动化生产、个性化制造、网络化协调及服务化转型等。

2. 物流数据与工业大数据

在智能制造领域中，在不同的迭代升级过程中，无论是精益生产、精益物流、工业自动化，还是智能化，或者工业互联网概念，其基础都是工业数据。

随着海量数据日益增加，工业大数据技术的应用日益普遍，并且越来越成为企业经营的核心竞争力表现，以前"没有数据""有数无据""数据碎片化"的企业，越来越没有安全感和方向感；即使是曾经在数据化过程中有所收获但没有突破的企业，也开始发现过去的标杆、成功经验，越来越多地被覆盖和超越。这使得更多的企业开始从新的角度并投入足够的资源来思考和推动工业大数据的应用。

物流信息平台产生巨大的资产流动性数据，构成了工业大数据的组成部分。物流运营数据如库存占比、库存周转率、交付准时率、物料齐套率、订单满足率、计划达成率等成为企业运营的战略绩效，代表了企业的核心能力。

（1）物流数据与工业大数据同步变化　随着数字化工厂的深入发展，制造企业收集的物流数据维度不断扩大，产品的流动性数据更加得到关注，成为工业大数据交付主线。这主要体现在物流时间维度延长、产品流动数据范围扩大和过程数据颗粒度细化。

1）物流时间维度不断延长。经过多年的生产经营，积累下来历年的产品数据、工业数据、原材料数据和生产设备数据，最终都将转化为物料—产品—设备的对应数据；对于有质量追溯需求的行业（如汽车、食品、轨道交通、航空航天、生物医药等涉及消费安全的产品），可能需要保存、可追溯 5 年或者 10 年甚至更长的时间，这个时间逻辑主要是以物料或者产品的"流动轨迹"作为主线。

2）产品流动数据范围不断扩大。随着企业信息化建设的过程，从当初简单的财务进销存数据，到供应商数据；从 CAD 的研发数据、门禁系统的安全数据、质量数据，到生产过程的设施数据、人员数据；从预测数据、计划数据，到物料的包装数据、搬运数据、存储数据、配送数据、使用数据、库存数据、交付运输数据；从市场数据、社交网络数据、企业舆情数据、产品创意数据、客户介入设计数据，到外包资源数据，到客户满意度数据等，范围由小到大、由点到线、由线到面，从横向、纵向和端到端的多个维度集成。

3）产品流动数据颗粒度不断细化。从一款产品（SKU）到多款、多系列产品，产品流动数据不断细化；从单个客户数据到多个客户数据，订单和物流交互数据更加多元化；从合众领域共性数据到细分领域个性数据，加工方式和流动方式更加细化；从单个订单数据、大批量订单数据到小批量、多频次的订单数据，物流的流动、物料的批量批次更加精准；从标准化规模制造产品数据到个性化大规模定制产品需求数据，物流信息个性化明显；从单纯、稳定、有序生产的数据，到混线、繁杂、动态变化、柔性制造的数据，承载订单信息的物流动线日趋成为主线；从被动响应、接单生产数据，到主动预测、精准计划、订单行程监控、精益执行的实时数据，物料需要"会说话"的指挥和引导系统为特定的订单进行服务型生产；从以年、季度、月为颗粒度的脉冲数统计数据，细化到每日、每小时、每分钟甚至每秒、每毫秒的制造变化的连续数据，物料由批量的材料库存、在制品库存成为连续输送没有断点的连续流，成品下线也更加柔性化、混线化、精准化，使得采集到的数据的精细度不断提升。

以上三个维度最终导致企业所积累的数据量以加速度甚至指数的方式增长，构成了工业大数据的集合。对于不同的企业而言，有些数据有用，有些选择性的无用；有些管理得很好，有些次第遗忘。对于不同的发展阶段而言，有些数据可以抓取，有些无法细化管理；有些容易引起注意，有些司空见惯地流失；有些通过逻辑联系起来，能够产生价值，有些断断续续，成为碎片化的无效数据。

（2）物流数据与工业大数据同维度分类　从企业经营的视角来看待这些工业数据，可以按照数据的用途分成经营类数据、生产类数据和环境类数据。

1）经营类数据。从企业经营层面而言，所有的经营过程和经营要素都需要服务和支撑企业经营战略。企业经营类数据通常由战略绩效分解而来，如客户满意度、订单响应周期、交付周期、库存周转率、客户好评指数、质量抱怨比例、市场占有率等。从财务角度而言，通常包括资产负债表、损益表和现金流量表上涉及的所有指标和数据。经营类数据的分解、梳理，成为工业大数据的依据，决定了后续数据的必要性、合理性和有效性。财务、资产、人事、供应商、营销、供应链、产品、基础信息等数据，在企业信息化建设过程中陆续积累起来，体现了一个工业企业的经营要素和成果。

2）生产类数据。生产类数据是企业生产过程中积累的数据，包括原材料、研发、生产工艺、半成品、成品、存储、运输、交付、售后服务等数据。随着数字机床、自动化生产线、智能物流系统、SCADA 系统的建设，产生的数据也被企业大量记录下来。这些数据是工业生产过程中价值增值的体现，是决定企业差异性的核心所在。

3）环境类数据。环境类数据包括：工厂周边物流环境、噪声、污染、人流、车流数据；工厂园区内的建筑物逻辑关系数据，工业用电、给水排水、消防、照明、排污、光照、通风、季节性雨雪沙尘等数据；车间内部产线布局数据、人机协同安全数据、布置在机床的设备诊断系统数据，库房、车间的温湿度数据，以及能耗数据、废水废气排放等数据。这些数据在工业生产过程中起到约束作用。

在企业实践中，经营类数据涉及企业的日常运营、定期经营绩效检查和考核，所以利用率最高；生产类数据和环境类数据相比差距比较大。从未来智能化、个性化、动态化制造的发展趋势带来的数据量的角度而言，生产类数据在工业企业数据中的占比将越来越大，环境类数据也将越来越多样化。

工业大数据即将建成的资源体系、融合体系、产业体系和治理体系，为智能工厂物流信息平台提供各类所需的共享数据，以及数据处理、应用融合、治理挖掘的技术。工业大数据将成为支持智能工厂物流信息平台高质量、高标准、高水平发展的关键要素和创新动力。

（3）物流数据参与集成工业大数据　智能工厂物流信息平台通过人工智能、互联网大数据和云计算、5G 移动无线网络等智能化手段，对物流数据的收集、传递、存储、处理、输出等整个过程进行分析处理、优化提升，形成决策依据和方案。对整个物流供应链起指挥、协调、支持、优化和保障作用，具体如下：

1）智能工厂物流信息平台为生产厂、批发商、零售商、物流服务商和消费者架起桥梁，通过各种指令、计划、流程、文件、数据、报表、凭证、广告、商情等智能物流信息，满足各方的多层次需要。

2）充分发挥云计算实时高效、兼容精准的优势，使得信息互联和共享，推进物流标准化。

3）运用工业大数据、北斗导航、物联网等先进技术，构建智能化的仓储体系、配送体系、物流网络通道。

4）激发市场经济中的创业、创新活力，帮助企业优化、盘活社会闲置资源，为分享经济添薪加火。

5）对线下的运输车辆、仓储等资源进行数字化智能管理，实现运输工具、传送线路和货物的实时跟踪、在线可视化智能管理。

6）促进城市物流配送服务体系的信息化、数值化和智能化，形成物流园区分拨中心、公共配送中心、末端配送点的三级智能配送网络。

智能工厂物流信息平台和工业互联网、工业大数据的关系如图 6-32 所示。智能工厂物流信息平台连接嵌入式智能生产设施、嵌入式研发设施、嵌入式检验设施、嵌入式智能物流设施、物料/产品/包装信息、订单信息、客户信息、供应商信息和外包的物流服务商信息等，形成物流数据，从而实现对静态和动态过程数据的端到端集成。

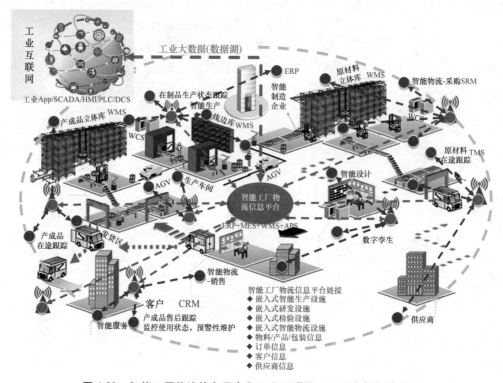

图 6-32   智能工厂物流信息平台和工业互联网、工业大数据的关系

（4）物流数据是工业大数据的核心构成   智能工厂物流数据是工业大数据的关键和核心部分。工业大数据包含众多的制造企业和工厂的产品、采购、订单、制造和交付信息，通过一定的运行规律、商业准则和计算方法形成有效数据，反馈给包含智能工厂在内的供应链上不同环节的决策者，产生其特有的商业价值。工厂物流决定了交付的有效性，从而决定了制造的有效性和适应性。从端到端集成的角度而言，客户需要看到其订单的执行过程，主要就是通过全价值链物流相关过程数据来判断的；从横向的角度而言，供应商或者物流服务商为采购方提供物料和零部件的生产和配送，其过程也必须在可监控范围，也是通过可交互的物流信息平台来实现的；从纵向集成的角度而言，物料的采购、到货、检验、存储、分拣、配送上线（工位）、制造、成品打包、成品存储、装车发运等过程，也将通过物流信息平台来展现和控制。将采购物流、生产物流、成品物流集成起来，形成贯穿智能工厂所有过程的主线，其中涉及质量信息、设施信息、人员信息、制造信息、环境信息等，形成服务型制造。

工厂物流数据的质量和有效性决定了工业大数据的质量和累积价值，工业大数据的集成、优化、提炼，即形成超越工厂而存在的行业导向和产业链数据。

在工业生产中，每时每刻都在产生数据。供应商到货速度、数量、质量和时间，生产机床的转速、能耗，装配线的齐套率、工作节拍，食品加工的温湿度，火力发电机组的燃烧和燃煤消耗，汽车的装备数据，打包速度，物流车队的位置和速度等，都是在生产和交付过程中的数据。

工业大数据为智能工厂物流信息平台提供"发动"所需的各类数据、行业开发和运行标准、智能优化和效率提升方向；同时，智能工厂物流信息平台成为工业大数据产业的"大动脉"，为与之对接的上、下游产业链合作伙伴提供智能的、高效的、安全的优质服务。

3. 智能工厂物流信息平台协调制造资源

将所有最优秀的汽车企业各自的核心零部件集中起来，是否可以组装成一辆最优秀的汽车？在实践中，经常会遇到类似的问题：在既有的 ERP、MES、WMS、APS 等基础模块和其他模块相互连接的基础上，推动数字化、智能化，是否可以实现智能工厂物流信息平台与智能工厂的衔接和组合？

答案显然是否定的。

不同行业、不同企业、不同阶段的智能制造水平不一样，处于动态的迭代升级过程中，智能工厂的物流信息平台有一个从无到有、从模块到系统、从功能性集成到系统性集成、从局部到平台集成、从平台到泛互联的过程。

不同企业具有不同的特色、不同的生产模式和物流模式、不同的软件等，自然有不同的逻辑和数据接口，多个软件同时存在，有历史问题、逻辑问题和完整性问题，可能涉及基础参数、人员接入等问题，导致数据不一致，无法形成数字化、智能化的运作协调能力。

智能工厂物流信息平台与智能工厂的衔接需要从两条脉络同步进行：信息上根据"保证交付计划、稳定作业计划、狠抓齐套计划、拉动到货计划"的基本逻辑来协调相关资源的匹配；物理上通过从"精准发运交付、有效增值作业"到"保证实物齐套、供方准时到货"的有效执行、减少偏差的基本流程来拉动物料、零部件和产品的有序高效流动，形成积放链系统（订单拉动和计划推动相结合），同时"嵌入"并联动智能生产和智能物流设施。

由此可以看出，名为"工厂"的智能工厂物流信息平台并没有工厂的界限，而是将物料—流程—计划—生产—物流—信息融合为一体，智能化生产设施、物流设施、装卸货位置、物流服务人员和组织只是其中的关键节点和环节，通过整个物流系统连接和集成起来。在此系统平台中，既有 ERP 的元素，也有 MES 的支撑要素，还有 APS 的关键协同，更有WMS 的个性化支持，但又不是其中的任何一个模块软件可以完全覆盖的，形成一个联动的虚拟-现实、信息-物理的运营平台。

参考文献

[1] 邱伏生. 智能供应链 [M]. 北京：机械工业出版社，2019.

[2] 陈明，梁乃明. 智能制造之路：数字化工厂 [M]. 北京：机械工业出版社，2016.

[3] 邱伏生. 制造企业的供应链信息平台发展与应用 [J]. 物流技术与应用，2020，25（2）：76-80.

[4] 杨成延. 物流信息在生产体系的互动中发展 [J]. 物流技术与应用，2020，25（2）：81-84.

[5] 国家工业信息安全发展研究中心. 数据驱动转型致胜：全球工业互联网平台应用案例分析报告 工业互联网系列研究报告 No. 2 [R]. 2018.

[6] 中国电子技术标准化研究院. 信息技术大数据技术参考模型 [R]. 北京：中国电子技术标准化研究

院，2015.

［7］ 中国电子技术标准化研究院，全国信息技术标准化委员会大数据标准工作组，工业大数据产业应用联盟. 工业大数据白皮书：2019 版［R］. 重庆：全国大数据标准化工作会议暨全国信标委大数据标准工作组第六次全会，2019.

［8］ 邱伏生. 智能供应链在智能制造领域的应用：下［J］. 物流技术与应用，2019，24（10）：160-167.

［9］ 朱铎先，赵敏. 机·智：从数字化车间走向智能制造［M］. 北京：机械工业出版社，2018.

第 7 章
智能工厂落地的常见问题与管理要点

7.1 智能工厂落地的常见问题

首先，智能工厂物流构建是一项系统性、逻辑性强的工作，从物料分析、工艺流程梳理、物流需求梳理、战略导向定位、初步规划、详细规划、物流方案验证、物流信息平台规划—运营落地，各个环节相互关联、互为因果。整个系统有较强的逻辑性，从规划到落地，任何环节出现问题都可能影响到整套系统的运营与落地。其次，智能工厂建设是一项综合性强的工作，整个过程存在多个学科交叉，涉及建筑、暖通、工艺、物流、设备、系统等方面，是多个参与方共同负责的工程，包括智能工厂业主方、第三方物流咨询公司、物流设备商或集成商、生产设备商、信息化软件公司、政府相关部门、建筑设计院、建筑施工单位等。如果前端环节管控不到位，所有的问题都会在落地阶段一一暴露。主要存在的问题如下。

7.1.1 项目管理能力弱

从项目管理的角度而言，智能工厂建设项目是多个项目构成的综合性强的项目集。这种项目集通常具有高复杂性、强逻辑性、多参与方等特点。然而，在整个建设过程中，很多工厂项目管理能力弱，表现为缺乏统筹管理、缺乏较强的项目计划管理、项目组缺乏共同目标、缺乏沟通管理等，最终导致各子项目的人员繁忙，但整个项目反而在落地过程中暴露出较多问题。

项目管理能力弱，会导致前后工序对接不上、停工等待。例如，某智能工厂规划了AGV搬运技术。在落地环节，AGV调试、试运行的前提是厂房地面达到设计要求。但在项目管理过程中，因项目管理以及沟通等问题，在AGV进场后发现厂房地面未达到设计要求，导致AGV无法按计划安装及调试，最终导致人员等待、严重窝工，影响项目整体进度。

缺乏系统的项目管理能力还可能导致基建返工，造成工期延误和成本增加，某些失误甚至因无法整改而成为工厂的"硬伤"。因整个建设项目涉及多个部门、参与方，如果整体协调不到位，造成"铁路警察各管一段"的现象，容易导致落地过程中出现较多返工的情况。例如，某工厂建设过程中，因为基建部门与物流部门未做好有效沟通及施工图核对，规划横梁至地面净高为3.3m，而实际建设净高为3m，造成部分货物无法通行，影响物流整体运作。因基建无法满足物流运作需求，最终由基建返工，将横梁下有货物通行的区域增高至3.3m。

7.1.2 建筑"硬伤"多

智能工厂建设是系统性工程，缺少系统性规划、规划方法选取不当、非专业人员规划等原因，均可能导致规划过程存在后续无法满足使用需求且难以整改的"硬伤"。规划"硬伤"一旦形成并完成了建筑工程，将导致现场运作不顺畅、现场运作效率低等问题。

下面以某消费电子公司为例。该公司在规划新工厂时，由建筑设计院按照设计标准规划、施工单位按照施工标准建设施工。从规划到施工，该公司的使用部门参与度不高。基建完工后使用部门进行内部布局时，发现该工厂存在较多建筑硬伤，主要表现为：

1）动力辅房建设位置导致物流运作不顺畅。动力辅房设于园区中心位置，将两栋主体厂房以及包材仓隔离开。一方面，包材来料车辆与出厂车辆局部路径交叉，且车辆进出需多次转弯，存在较大安全隐患；另一方面，此区域道路狭窄，9.6m以上尺寸车辆无法驶入包材仓，加之包材本身体积大、流量大，因无法使用大车送货，进一步加剧了此区域流量负担，物流更加拥挤。

2）卸货月台宽度仅4m，因该工厂到货厢式货车偏多，需要安装液压调节板，在此基础上，去除液压调节板部分，月台深度仅为1.6m，无法满足通道搬运作业和暂存需求。

3）消防防火分区未充分考虑物流业务运作需要。受消防分区影响，后续规划的自动化立体仓库需要分区建设，影响立体仓库的一体化布置，且立体仓库前端输送线需要穿越防火墙，输送线与防火卷帘需要增设防火联动，增加消防成本。

4）原材料仓库为4层建筑，每层可用高度仅3.1m。建筑设计院在规划时，不理解仓储运作场景，按照一般工厂标准规划仓库，使得建设好的仓库因高度问题导致后续选用存储技术受到较大约束。此外，跨楼层的智能物流设备需要楼板开孔，但这些在建筑设计院规划时未被纳入考虑范围内，在既有建筑上再考虑这些垂直物流设备时，需要重新开孔，增加建筑成本。

5）在原材料仓库内，立柱分布密集，且立柱中心距有7.7m、8.1m、8.4m三种规格，使得存储技术选型难度大，且多种柱距并存导致存储货位有一定浪费。

6）厂房内部暖通、消防水管布置时未考虑垂直物流，工艺对垂直空间的需求在规划阶段被完全忽略，导致在选用提升机等垂直运输设备时有较大限制。

7.1.3 物流设备选型不当

1. 物流设备选型缺乏标准

通常而言，物流设备的选取专业性强，既要构建和分析应用场景，又要考虑关键技术参数和核心部件的选取要求，还涉及设备的安全性、稳定性、经济性等。在落地阶段，很多工厂在设备选型时缺乏明确的标准，存在如未理顺流量、设备之间的逻辑关系，未梳理具体的物流场景对物流设备的具体要求，重视功能性需求而忽略系统性需求，对运作场景理解不清晰，以及整体投资预算受限等问题，使得中标设备难以满足运作要求，出现运作不顺畅、物料等设备等现象，最终为了运作，不得不停工返修、不断"打补丁"，既增加成本又影响运作效率。

2. 重价格、轻功能

物流设备选型重价格、轻功能导致运作不顺畅。以某家电工厂建设为例。该工厂在选取物流设备时，忽略了对场景的详细分析，如不同产品、不同尺寸可能对设备选型提出更高要求，同时因为缺乏系统性的分析，设备选型时以价格作为最终判断标准，导致设备能力、稳定性均无法达到要求，难以满足运作需求，使得在工厂成品自动化输送端，成品出现拥堵、卡箱、扫码难等一系列问题，最终导致成品下线无法正常输送、码垛，现场一团糟。

3. 重设备功能、轻业务场景

重设备功能、轻业务场景导致物流系统难以发挥协同效应。智能物流体系中的各类物流设备具有较强的适应性和匹配性要求，并非每个节点都采用了最好的设备就能达成系统最优，因此，基于场景解决系统性需求显得尤为重要。例如，在一个被定义为"智能工厂"的工厂中，使用了全球顶尖的制造设备、检验设备、立体仓库、输送机、AGV、装配机器人等，但交付使用时发现物流设备之间彼此不连贯，调试了 3 个多月才勉强能够运作。生产现场（看得见的地方）看似实现了物流自动化、智能化，但所有物料在上输送线、立体仓库之前（看不见的地方），都是以各类包装形式随便存放，物料包装上也没有条码等信息载体，物料现场混乱。显然，这种智能物流系统难以发挥协同效应，形同虚设。

7.1.4　软件系统运作不畅

软件系统是整套智能工厂系统运作的"神经中枢"，业务流程涉及供应商、生产、物流等多个环节。软件系统通常相对复杂，它也是整个智能工厂系统中"看不见的部分"，正因如此，往往不受重视，最终因为软件系统的一系列问题，无法支撑业务运作。

在软件系统设计过程中，由于软件团队未必理解新工厂规划的业务场景，并且未对智能工厂物流的场景进行全面考虑，忽略了业务流程设计或者做出的流程设计不完善，导致系统有功能性缺陷。智能工厂业务流程相较传统工厂，物料到货—入库—出库—拣选配送等环节在业务流程上均有较大的变革。为了确保软件系统支撑所有业务场景运作，通常需要对全流程进行梳理，包括四级流程框架梳理和五级操作流程的详细梳理。但是，很多智能工厂的规划和建设往往忽略了业务流程梳理或考虑不全面，导致信息化对应的物流运营流程不完整，系统逻辑与实际业务场景存在偏差，最终无法支撑智能工厂的有效运作与运营。

7.1.5　运营落地人才缺乏

智能工厂运营是一项跨学科、跨部门的工作，人才在运营落地过程中起着决定性的作用。一方面，需要有人才充分理解智能工厂规划的精髓和战略，充分理解物流规划方案，才能确保在推动工作的时候不走样、不偏离正确的轨道；另一方面，运营需要专业的物流团队，很多工厂的规划做得很好，但缺乏专业物流团队，尤其是员工的思想还停留在传统工厂运营阶段，最终导致运营落地极为困难。因此在运营落地过程中，如果缺乏专业、综合性的落地人才，就很难体现智能工厂的整体效果。

7.2　智能工厂落地项目管理

基于智能工厂规划的五个维度，在落地阶段，从项目管理的角度来讲，一般不少于五个子项目，其中物流落地项目是其中的重要构成部分，物流规划落地的质量与整个智能工厂落地项目管理的效果息息相关。

智能工厂建设通常以项目的形式开展，其项目管理是在相关参与方的共同努力下，运用各种方法对项目及其资源进行计划、组织、协调、控制，旨在建立实现该智能工厂特定目标（如减少人员、数字化等）的管理方法体系。

7.2.1 项目管理中的常见问题

在智能工厂项目建设中，如果整个项目期间没有做好项目管理，会使得项目进度延期、项目质量难以保证、项目成本超标等，甚至导致项目不成功。主要有以下常见问题：

1）缺少项目统筹管理，多个项目团队"各自为政"，跨公司、跨部门无法协同合作，或因为项目的复杂性、参与人员多，即便想要协助，也因为无人统筹而显得有心无力，最终导致项目进度不受控，项目干扰多。

2）智能工厂项目缺乏高层重视及资源支持，导致项目团队不固定，关键人员经常变动，大多数人员兼职参与而参与度有限，项目前后衔接难度大，落地阶段"认知断档"，从而难以落地等。

3）缺少明确的项目管理机制及过程管控，如建立例会制度、奖惩机制等，使得项目团队的士气未被有效调动，项目计划、质量、阶段性成果未做有效管控，最终落地时才发现较多问题。

4）在智能工厂项目建设期间，自上而下缺乏培养人才的意识，过度依赖专业的规划团队，项目人员参与度低，最终落地阶段无法理解规划理念，不按照规划流程执行，难以真正推动项目的实施。

7.2.2 项目的主要特点

智能工厂从规划建设到运营落地具有明显的寿命周期性、目的性、独特性等特点，符合项目的特征。相较一般项目，该项目是一项长周期、多维度、多阶段、多参与方的综合性项目，其具有如下特点。

1. 战略性

一般来讲，智能工厂项目多为企业的战略项目，自上而下由企业高层或管理层发起，继而自上而下组成项目团队开展项目工作。针对如此重要的项目，企业应予以足够的重视，如组建专业、全职项目团队，配置足够资源，针对智能工厂建设的重要性有深刻的认识等。对很多智能工厂项目的失败，企业高层未足够重视或资源配置不到位往往是其原因之一。常见的表现为项目团队不固定、不专业，关键人员经常变动或者身兼数职，最终导致项目管理存在较大风险。

2. 由多项目构成的项目集

智能工厂项目综合性强、覆盖面广、复杂度高，是由多个项目构成的项目集。依据权威机构定义，项目集是指一组相互关联且被协调管理的项目、子项目集和项目集活动，以便获得分别管理所无法获得的利益。智能工厂项目中既有精湛的物流工程技术，又有深厚的物流管理经验要求；既有企业经营与管理的战略要求，又有供应链、物流管理、产品策略的分享要求；既要考虑生产、销售与周转，又要考虑物料的有效流动；既有建筑经济性的考虑，又有水电、暖通走管排布合理性的考虑。整个智能工厂涉及物流规划、产线规划、基建管理（如报建、建筑设计、土建、消防、装修等）、动力管理（如安全评价、环境影响评估、职业卫生、各类气站、配电、暖通等）、设备管理（如产线设备、物流设备等）、软件系统等多个项目。原则上每个项目都需要有一个项目经理，整个项目集需要由项目集经理进行统筹管理。智能工厂项目作为一个大的项目集，各个项目之间的关系管理显得尤为重要，正所谓牵一发而动全身，如果其中某个项目"掉链子"，将影响其他项目甚至影响整个智能工厂项目集的正常开展。

3. 项目跨单位、跨部门

智能工厂项目跨单位、跨部门，需要极强的统筹和协同性能力。该项目由企业内部延伸到企业外部，涉及多个单位、部门，拥有多个参与方。主要的参与方一般包括但不限于智能工厂业主方、第三方物流咨询公司、物流设备商或集成商、生产设备商、信息化软件公司、政府相关部门、建筑设计院及建筑施工单位等。各参与方及主要职责包括但不限于以下方面：

（1）智能工厂业主方 整个项目由智能工厂业主方发起，一般由物流、基建、产品、制造、信息、设备采购、财务、生产等人员组成项目团队。在整个项目生命周期中，业主方团队需要强势介入及参与；在关键战略决策上，业主方高层领导需要介入并做相关战略决策。因涉及单位、部门较多，业主方需要配置强有力的统筹项目集经理，负责整个项目的过程管理。整个业主方项目团队负责智能工厂项目各项资源的组织、指挥、协调、决策等，尤其是运营落地阶段的强有力推动。

（2）第三方物流咨询公司 第三方物流咨询公司作为智能工厂物流规划与运营方案输出的服务方，在整个项目生命周期内，与业主方项目团队组成联合项目组，主导物流规划方案，协同推动方案落地。在项目的规划阶段，以第三方物流咨询公司为主，其站在企业全局和物流系统化的高度，进行相关调查、分析及规划，并与建筑设计院就建筑参数（如建筑形式、建筑轮廓、开门、层高、柱距、防火分区、载荷、开洞等）进行密切协同与沟通。在落地阶段，以业主方项目团队为主，其对项目方案进行消化并转换为企业内部可执行、落地的文件，同时主导落地执行。此时，第三方物流咨询公司主要负责业主方相关人员方案培训、实施辅导和监理等辅助工作。

（3）物流设备商或集成商 物流设备商或集成商主要为智能工厂提供一系列物流硬件设备及其配套信息系统。物流硬件设备主要包括设计、制造、安装、调试、维修保养等，如货架、堆垛机、穿梭车、AGV、输送线、物流容器等。相较单一的物流设备商，物流集成商往往还具有提供一站式服务、帮助自动化系统集成融合的作用。一般在智能工厂物流规划方案输出的基础上，针对不同设备选取不同的物流设备商或集成商。

（4）生产设备商 智能工厂产线规划完成后，同物流设备商一样，需要有专业的生产设备商提供一系列生产设备硬件。

（5）信息化软件公司 信息化软件公司协同业主方IT团队，为智能工厂提供信息化服务，包括信息化需求梳理、智能工厂软件架构、具体的程序开发以及上线实施等服务。

（6）政府相关部门 在智能工厂项目规划中，政府相关部门主要负责施工许可证审批、规划图审核、消防合规性审核以及智能工厂基建验收等。

（7）建筑设计院及建筑施工单位 在有第三方物流咨询公司参与的项目中，建筑设计院主要负责根据物流咨询公司提供的初步规划图输出建筑总平面图，并从建筑专业的角度提出修改意见，同时根据物流咨询公司提供的详细布局图进行施工图的制作，过程中双方进行密切沟通与协同。而建筑施工单位主要是根据建筑设计院的图纸进行基建等的施工，过程中同样需要同业主方、建筑设计院保持密切沟通，确保基建不返工。

4. 项目周期长、阶段多

智能工厂项目从规划到建设，一般要花费 1~2 年时间，整个项目周期长，涉及多个阶段，主要包括规划、基建、软件系统开发及测试、设备招标投标、设备进厂安装、联调与试运行、产能爬坡与正式运营等阶段。其中除规划阶段外，其余阶段均属于落地项目。这些阶段相互之间并联或者串联，在不同阶段，项目涉及的管理内容不同，侧重点也有所不同。比如在规划阶段，重点是调研、需求分析以及论证，以输出合理、可运营的规划方案。此阶段的工作足够夯实，对后续阶段会有明显的促进作用。又如在招投标阶段，重点是选取适合的厂家，以合理的价格选取合理的设备，保证智能工厂硬件设施的可靠性。

各阶段的主要内容如下：

（1）规划阶段　主要包括以物流规划为主线的物流规划、产线规划、基建规划、信息化架构、产品规划，并输出可报批总平面图、详细工艺布局图、物流运营管理方案及物流信息化功能需求等。

（2）基建阶段　主要包括基建管理（如报建、建筑设计、土建、消防、装修等）以及动力管理（如安全评价、环境影响评估、职业卫生、各类气站、配电、暖通等）。

（3）软件系统开发及测试阶段　主要包括软件商选取、软件系统功能开发、软件系统功能测试、用户业务场景测试、bug 解决以及软件功能操作培训等。

（4）设备招标投标阶段　主要包括各类物流设备、生产设备的寻源、招标、采购及进厂前的设备生产、调试等。

（5）设备进厂安装阶段　主要包括各类已招标设备或利旧设备进厂安装以及单机设备调试、设备与设备间的手动调试等。

（6）联调与试运行阶段　主要包括分段硬件与软件联调测试、全流程硬件与软件联调测试以及小批量试运行。

（7）产能爬坡与正式运营阶段　在试运行的基础上，结合产能爬坡固化运营流程、逐步理顺并适应新的运营模式。

7.2.3　项目管理的核心要点

结合智能工厂项目的特点，要做好落地项目管理，需要注意以下核心要点。

1. 项目章程

项目启动前需要制定清晰的项目章程，作为整个项目管理的纲领性文件。项目章程一般是项目开始后的第一份正式文件，是正式批准项目并授权项目经理在项目活动中使用组织资源的文件，也是在项目全生命周期管理中的纲领性文件。项目章程的主要作用是正式宣布智能工厂项目的立项，对该项目的实施赋予合法地位，粗略地规定项目范围，正式任命项目经理等。此外，在项目章程中，一般对高层的期望、总体的假设条件和制约因素、总体里程碑进度计划、总体预算、总的干系人清单进行概括性说明，这些都将作为整个智能工厂项目的输入和依据。

2. 项目管理机制

正所谓"无规矩不成方圆"，在智能工厂项目启动后，需要建立项目管理机制，制定项目管理规范。在项目管理规范中，一般包括以下主要内容：

（1）建立明确的项目组织结构及人员分工　某智能工厂项目的组织架构如图 7-1 所示。针对智能工厂项目而言，首先需要有总体负责人。作为公司战略性项目，涉及产品策略、供应链策略、物流策略以及投资预算与决策。总体负责人一般为公司总经理，在总体负责人管理下，在物理规划、运营管理和信息化三个维度下需要有各模块的业务负责人，在各模块负责人下面还有对应的子项目以及项目团队，每个人的分工应该在组织结构中予以明确。整个项目团队的成员一般以集中办公为主，以便于团队成员之间的沟通与交流。此外需要特别强调两个组织：①项目管理办公室（PMO），其主要负责为项目经理和项目团队提供行政支援、提供项目管理培训、指导项目经理管理项目，以此确保项目成功率的提高和组织战略的有效贯彻执行；②物流规划与咨询团队，其作为整个智能工厂项目建设中的"智囊团"，同样不可缺少。

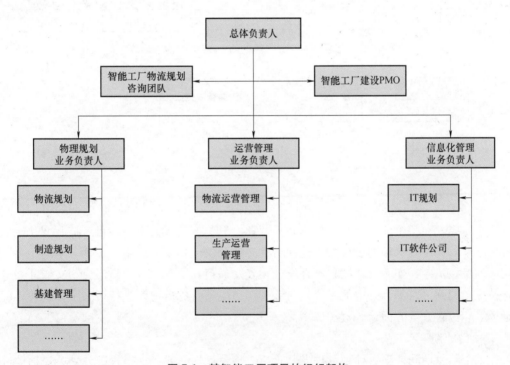

图 7-1　某智能工厂项目的组织架构

（2）需要建立以例会制度为主的过程管理机制　智能工厂项目周期长，对进度、质量的把控尤为严格。在整个项目周期内，需要建立以例会制度为主的过程管控机制。例会制度一般包括但不限于以下部分：

1）周例会：重点对每个项目的业务进度、计划以及风险进行检查。

2）月度项目集例会：重点对每个月的工作进行复盘，包括各子项目的进度、风险、问题、需求等。

3）项目关键里程碑计划汇报：按照项目关键里程碑的时间节点，对关键里程碑状态、重点决策事项、项目重大问题、风险进行汇报。

4）工作成果汇报会：当物理规划团队、运营团队以及 IT 团队输出相关成果需要汇报时，如物流概念设计阶段完成，需要组织相关汇报。一方面，听取高层领导对方案的意见；另一方面，涉及投资等关键事项需要由高层领导进行决策。

此外，例会制度中还需要包括问题记录跟踪表，对于项目中发生的关键问题，需要跟踪是否关闭，以作为整个项目的组织过程资产。图7-2是某项目例会制度。

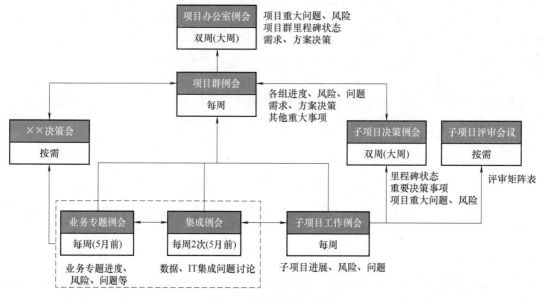

图7-2 某项目例会制度

（3）需要建立以奖惩结合为主的项目考核制度 针对智能工厂如此复杂的项目，刚性执行非常重要。在整个项目生命周期内，需要建立以奖惩结合为主的项目考核制度。比如会议考核制度，为了确保各类会议的刚性执行，避免会议出勤人员缺席、迟到、早退，可以建立相应的考核机制，如人员缺席，则在全公司发文通报并给予一定的负激励。又如计划进度执行情况，同样可以进行一定的考核，对表现优秀的项目成员可以进行正激励，并在年度绩效考评、职位晋升等方面给予资源倾斜。

3. 项目计划

在整个项目期间，项目计划管理尤其重要。项目计划一般包括里程碑计划、概括性进度计划以及详细进度计划。项目计划一般基于工作制定，包括定义活动、排列活动顺序、估算活动资源、估算活动持续时间。如前所述，智能工厂项目是由多项目构成的项目集，每个项目计划之间的逻辑关系需要梳理清楚，明确紧前、紧后关系，留出一定的前置时间，避免因为某个项目的延期导致后面的关联项目延期。比如，智能物流设备需要在建筑物水、电、气以及地面做好的情况下进厂安装。若没有把握好项目之间的逻辑关系，就容易导致设备进厂后无法安装，产生停工等待等风险。需要说明的是，制订好的进度计划经项目组总负责人审批后，在项目办公室进行展示，作为所有项目成员的工作指导依据，必要时需要采用专门的项目管理软件辅助进度管理。

4. 项目变更管理

项目期间需要做好变更管理，确保项目整体可控。对智能工厂项目而言，需要重点管理的项目变更包括项目输入的变更以及项目既定方案的变更。

从项目管理本身而言，需要建立项目变更机制。需要明确项目变更流程，由谁发起、谁批准、告知谁。从项目特点的角度而言，项目变更的代价一般随着时间推移而逐渐增加。因此，项目输入的变更以及项目既定方案的变更随着时间推移，其变更代价往往越大，尤其是在项目落地阶段，更需要做好变更管理。

落地项目的变更往往表现为：落地过程中随意变更布局图或者方案，随意变更运作流程等。在规划阶段，布局区域之间、流程之间，甚至布局与流程之间，都有较强的逻辑关系，未经允许的变更容易给项目造成风险。举个例子，在某智能工厂项目中，规划阶段确定齐套区到产线采用 AGV 进行配送。但在落地过程中，因为某些原因，产线所在的生产区域需要单独隔离。然而，这一变更未按照变更流程进行发起、审批以及告知相关人员。AGV 在调试阶段，设备厂家发现生产区域的隔离门未与 AGV 做通信接口，影响 AGV 运作，最终隔离门及 AGV 均需要开发接口，继而对项目进度造成影响。

5. 项目干系人管理

项目干系人是指影响项目决策、活动或成果的个人、群体或组织，以及会受到或自认为会受到项目决策、活动或结果影响的个人、群体或组织。项目干系人作为智能工厂项目的参与者，可能影响项目的决策、时间、质量、成本等，因此需要对其进行管理。项目干系人管理主要包括三个方面：首先是建立项目干系人登记册，详细记录整个项目涉及的干系人，包括其联系方式、职位、项目中的角色等；其次是采用项目干系人分析矩阵对其进行分类管理；最后就干系人对本项目的参与程度进行管理，制订项目干系人管理计划，针对期望参与水平与实际参与水平有差异的项目干系人，要进行重点管理。

6. 专业运营团队培养

智能工厂项目对现有的运营思维、运营流程等均有较多变革，同时提出和论证较多的物流新技术，部分企业在物流环节本身较为薄弱，整个智能工厂建设过程是培养团队以及人才的好机会。在整个项目周期内，需要十分注重培训管理，如选取一些人员锁定为骨干人员，对这些人员进行专业的培训，使其全程参与项目之中。在落地阶段，这些骨干人员会成为项目落地的关键人员，从规划阶段的理论学习，到落地阶段的实践学习，历经整个项目过程。在智能工厂项目建设的同时，也为企业培养及打造了一支可靠的专业团队。

7. 建立稽核机制

项目落地阶段需要建立稽核机制，确保落地执行不走样。相较传统工厂运作模式，智能工厂的运营模式有较多改变和变革。从传统工厂到智能工厂，涉及员工认知理念及操作习惯的改变，在面对新事物时，需要经过从学习到接受的渐进过程。因此，在落地阶段需要建立稽核机制，一般按照"先僵化、再优化、再固化"的方式进行推广，定期或不定期开展稽核，确保落地按照要求执行；同时，对于稽核到不符合规范的部分，需要书面通报，并考虑一定的处罚措施。

7.3　智能工厂落地的管理要点

项目落地一般包括六个阶段，每个阶段环环相扣、前后关联，为了确保智能工厂顺利地落地，需要掌握各个阶段的管理要点。

7.3.1 基建阶段

1. 建筑图输出

此阶段管理的关键是确保建筑设计院充分理解工艺布局，并按工艺对建筑参数的需求输出建筑图。

在规划阶段，业主方及物流规划团队会输出可报批总平面图和工艺布局图，建筑设计院需要将其转换为专业的建筑图。在输出建筑图的同时，业主方及物流规划团队还会根据工艺的需要，对建筑参数提出特殊要求，如前文表3-9工艺需求与建筑参数转化内容表所示。

当然，仅仅提交图纸并提出建筑特殊要求很难保证建筑设计院的转换过程没有偏差，毕竟智能工厂在国内近几年才开始兴起，很多建筑设计院对涉及的先进技术还比较陌生。因此，在此阶段，物流规划团队、业主方及建筑设计院三方需要保持密切沟通，确保输出的建筑图符合工艺的需求。对于无法在建筑图上体现的工艺需求，建筑设计院需要建立备忘录，在施工过程中及时告知施工单位。

在输出建筑图后，物流规划团队及业主方需要认真核对图纸的正确性，确保无遗漏。按以往经验，此过程一般要经过2~3轮反复修改和核对方能完成。输出建筑图后，施工单位需要严格按照图纸施工。

2. 现场核实建筑参数

在建设过程中，业主方、物流规划团队、设备厂家（若已完成招标投标）需要定期、实地核查上述参数落地的准确度，直至施工现场检查施工情况是否满足工艺流程要求。若发现不符合要求的，需要施工方尽快整改，以免影响设备进厂安装进度。

7.3.2 软件系统开发及测试阶段

软件系统作为支撑智能工厂落地运营的关键部分，在软件商选取、软件系统功能开发、基础数据梳理、软件功能测试等方面需要重点管控。

1. 软件商选取

智能工厂的运作流程决定了软件系统逻辑。比如，假设智能工厂规划到货运作流程为物料到货-Pad扫码料箱收货—输送线传输—物料进立体仓库存储。此过程中Pad扫码收货后，物料需要自动报检，报检合格后需要对立体仓库库位自动解绑。在传统工厂中，到货运作流程全程由人参与，运作逻辑也在人的大脑中。但智能工厂需要实现智能物料、智能设备及相关资源联动，其流程涉及的运作逻辑需要写入软件系统中，由软件作为其"大脑"。

对软件商的合理选取，应根据智能物流信息平台建设的复杂度，可能选取一家或几家软件商。在关键要素上需要做好把控，包括但不限于以下三个要点：首先是选取的软件商要有制造企业软件系统开发经验；其次是软件商对智能制造、智能工厂以及智能物流要有较为深刻的认识和理解；最后是软件商最好有智能工厂软件系统开发经验。业主方可以根据以上关键要素选取符合要求的软件商。

2. 软件系统功能开发

在软件系统功能开发过程中，软件商需要对业务管理方案进行全面梳理。根据物流规划团队以及业主方提出的信息化功能需求，软件商在充分调研、理解、理顺智能工厂业务运作流程的基础上，将流程转换为IT详细设计方案。同时，如果涉及多个系统、多个软件商，软件商需要将系统之间的接口梳理清楚，确保接口无遗漏且系统间语言统一。在此过程中，软件商、物流规划团队和业主方三方需要做好密切沟通，以确保 IT 详细设计方案符合业务运作流程需要。

3. 基础数据梳理

基础数据是软件系统运行的基础。软件商应按照详细设计方案以及系统架构逻辑，梳理出导入系统的初始化数据清单，如包装数据、配送数据、工艺数据等。基于此清单，业主方可提前收集数据，以便系统正式上线前可做初始化导入。

4. 软件功能测试

在此阶段，业务人员需要按照相关流程，比如物流五级运作流程，逐一测试软件功能，确保软件开发功能无遗漏、无偏差。对不符的功能部分，需要尽快提出整改，避免因软件功能问题影响整个智能工厂系统上线。

7.3.3　设备招投标阶段

设备招投标阶段主要包括生产设备及物流设备的招投标。生产设备招投标同常规设备的招投标较为相似，而物流设备的招投标涉及物流技术的专业性，供应商在有限范围内一般采取邀请招标的形式。下面对物流设备招投标进行重点说明，其一般包括以下环节：供应商选取、招标文件准备、发送标书、评标、公布中标及合同签订等。

1. 供应商选择

（1）供应商类型　物流设备供应商分为物流设备商和物流集成商。物流设备商主要以提供单机设备为主，过程中业主面对多个物流设备商，负责设备之间的衔接以及整个项目管理；而物流集成商主要提供全套物流系统的解决方案，可以理解为交钥匙工程，类似家庭装修的整装形式。选取供应商类型时，通常可以从以下维度进行综合考虑，主要包括物流系统的复杂程度、业主方的技术专业性、业主方的项目管理能力以及智能工厂项目建设整体工期。

一方面，智能工厂物流系统涉及多个物流子系统，且各系统相互关联、互有接口、综合性强；另一方面，物流系统涉及多项物流技术融合，如托盘堆垛机立体仓库技术、多穿料箱立体仓库技术、AGV 技术及与其匹配的软件管理及调度技术。此外，物流系统各项目也是一个复杂的项目集，需要有较强的项目管理能力，比如涉及不同设备商、不同设备类型的生产、运输、安装及调试。

鉴于智能工厂物流系统的系统性、复杂性、集成性，物流设备供应商的选择建议以物流集成商为主。

（2）物流集成商寻源及选取　通常而言，智能工厂的业主方日常很少接触到专业的物流集成商，在进行物流集成商寻源时，可以通过参加专业的物流展会来获取。比如，每年一次的上海物流展（CeMAT），作为亚洲物料搬运和物流技术行业最具规模的国际展会之一，汇集了国内外众多优秀物流集成商。业主方可以通过参加展会了解物流集成商、收集物流集成商信息，此外，还可以通过网络、同行及专业团队推荐等渠道广泛收集物流集成商信息。

在初步获得物流集成商清单后，业主方可邀请物流集成商进行初步沟通，结合物流技术资源选取维度，从其经营规模、代表案例数量、与本项目的匹配度、核心物流设备、软件能力、生产能力等维度进行综合评估，初步筛选出符合要求的物流集成商。

在初步锁定物流集成商后，物流集成商需要针对方案与物流规划团队、业主方进行充分沟通，深刻理解物流规划方案思路以及物流规划流程，以确保物流规划方案顺利落地。

2. 招标文件准备

业主方经过与多家物流集成商的多轮沟通，原则上已形成可落地性强的最优物流规划方案。此时，基于物流规划方案可以进行招标文件的准备。招标文件一般包括商务和技术部分，商务部分同常规招标相似，而技术招标文件主要包括招标技术要求书。技术招标文件作为招标的参考或基准方案，通常包括项目概述、物流自动化系统应用场景与要求、物流设备技术要求、信息系统接口及要求、售后服务、设备验收等部分。此外，招标技术要求书中还需要对建筑条件、本次招标范围（有的项目可能会涉及分批投入）、各环节物流流量、物流流程、项目周期、关键设备及零部件厂家指定等重点内容进行详细说明，以便物流集成商恰当、合理地选取物流技术。

3. 发送标书

招标文件准备好后，需要发送至各物流集成商。物流集成商在充分了解标书内容后，针对有疑问的地方及时反馈至业主方。双方经过多次沟通后，形成最终版招标技术要求书，作为物流集成商述标、投标的依据。

4. 评标

评标通常包括技术标和商务标，且技术标和商务标一般分开进行。

（1）评分比重确定　在规划技术标与商务标分值时，一般以技术标为重。若以商务标为重，容易变成低价竞争，最终陷入"皮之不存，毛将焉附"的尴尬境地。

（2）评分细则制定　商务标的评分细则一般根据企业的实际情况制定；而技术标评分细则的制定主要从集成商整体方案、动画仿真效果、数据仿真结果、项目管理能力、安装调试能力、本项目相关案例、交期及售后服务承诺等维度考虑。为确保招标方案的可落地性，评标过程中，对关键技术要点严重不符项，一般取消其技术评分资格。

（3）评审成员确定　智能工厂物流系统的技术性强，技术标评审成员需要考虑评委资历、物流行业经验，主要以物流技术专家、物流规划人员为主；商务标评审成员主要以财务、采购人员为主。

5. 公布中标及合同签订

根据技术标和商务标综合选出中标物流集成商。在签订合同前，针对最终签订的物流集成商技术协议，需要再次进行审核及确认，以确保与物流规划方案无偏差。签订合同后，物流集成商和业主方需要共同确认项目进度计划表，以确保整体进度可执行且符合项目集进度要求。此外，物流集成商结合物流规划方案，输出更加详细的技术方案。业主方及物流咨询团队需要对技术方案进行审核，以确保与现场环境无干涉。

7.3.4 设备进厂安装阶段

智能工厂物流系统中一般有较多先进、精密的物流设备，其安装和施工相较传统物流系统要求更高。设备进厂安装阶段的管理要点如下：

1. 现场达到设备进厂安装条件

设备进厂前，需要检查现场是否达到设备进厂安装条件，避免设备进厂后无法安装，导致安装人员停工等待、到场设备或零部件丢失、现场不具备存储环境造成品质隐患等问题。

以托盘立体仓库为例，通常设备进厂安装前，现场需要达到以下基本条件：

1）外部：建筑需要完成外墙、屋面施工，除预留设备进口以外，现场基本封闭。外部道路在实施期间保持通畅，在雨雪天气下可保证 17m 长挂车以及 25t 吊车直接驶入安装区域。

2）内部墙顶面：完成内墙、顶/侧面粉刷，顶部主要施工（包括暖通、消防、照明、空调、风管、电缆桥架等）需要实施完毕，灯具、喷淋头安装允许后期增补。

3）内部地面：基础地面施工保养完毕并符合图纸标高要求（包括钢结构平台区域），保持场地干燥。该区域不得搭有脚手架或其他有碍货架、钢平台设备进场安装的支架，其他方施工材料、工具需要清理移走。货架及输送机安装区域的预埋管线需按立体仓库厂家审核确认后的图纸布置。立体仓库区域地面需满足 30t 装载车辆、25t 汽车起重机、叉车等重型设备作业要求。

4）输送机设备进场前，输送机安装区域的地面需要保养完毕，满足打膨胀螺栓要求，地面下预埋管预埋深度超过膨胀螺栓深度，一般为 180mm 以下；墙顶/侧面的粉刷、消防、照明、桥架安装等需脚手架的相关施工作业完成。

5）货架安装后，消防施工单位需在合理的时间内完成货架内自动喷淋系统的安装。

6）门窗：货架进场前，货架施工区域的门窗必须安装完毕，保持现场封闭；现场施工温度需保证在 4℃ 以上。

7）电源：进场时具备临时电源（不低于 20kW）；输送设备进场后具备到设备电源柜的正式电源（初期不低于 50kW）。

8）弱电网络及控制室：计算机管理系统进场前需施工完毕，达到使用条件，配备必要的桌、椅等办公用具。

9）照明：安装阶段现场需具备照明条件。

2. 专业人员施工

除设备进厂需要达到安装条件外，施工过程也需要安排专业施工人员施工，尤其是涉及高空作业的，需要施工人员持证上岗。安装过程将安全放在首位，确保文明施工、安全施工。

设备安装完毕后，厂家调试人员手动进行单机设备调试，如对每台堆垛机的功能测试。在单机设备调试的基础上，设备与设备之间进行功能调试。比如堆垛机和输送机的对接，通过手动给堆垛机一个取货指令，堆垛机货叉放到输送机上出库，以此测试设备之间的功能是否满足。在设备功能测试完成后，方能进入下一阶段的联调与试运行。

7.3.5　联调与试运行阶段

在软件系统业务场景以及硬件系统功能测试完成的基础上，可以开展联调与试运行工作。这一阶段的主要目的是检验整套系统是否满足运作要求，如能否顺畅运行、是否有逻辑缺陷、运作流程是否有遗漏等。同时，此阶段也可以对一线操作员工开展实操培训，进一步强化业务操作能力，以确保后续的顺利运营。联调与试运行阶段是软硬件的综合、系统调试，要点是以计划为龙头开展各段联调与试运行工作。

1. 联调准备

在设备和测试环境具备的基础上，联调与试运行前还需要在人、料、法环节做好准备工作，以确保联调与试运行的顺利开展。在人员准备方面，需要计划、采购、生产、品质、物流等各环节人员参与其中，并对相关人员开展相关培训及召开动员会，确保每个成员知悉联调及试运行具体内容；在物料准备方面，可以模拟供应商到货，提前准备物料，并做好信息绑定；在测试模式方面，以计划为龙头，通过计划的牵引和驱动，到货—入库—出库—齐套—配送—生产—成品入库—成品发运全流程开展测试。为确保测试覆盖所有业务流程，除正向流程外，逆向流程同样需要测试。

2. 开展联调

对于较为复杂的系统，联调可以先分段进行，再全流程调试，比如按照生产系统和物流系统先分段联调，再将两个系统拉通全流程调试。例如，某电视机智能工厂的整套系统较为复杂，涉及多个子系统。其中，生产系统包括电子、模组、组装等生产系统；物流系统包括原材料托盘堆垛机立体仓库系统、料箱多穿系统、AGV 系统以及成品托盘堆垛机立体仓库系统。针对如此庞大与复杂的系统，测试时先聚焦于每个小的子系统，再全流程拉通联调，使得联调效果符合预期。在联调过程中，对测试发现的问题需要有清晰的记录，以便对问题进行闭环解决。

3. 试运行

联调完成且测试过程中的问题解决后，可以进入试运行阶段。通常联调阶段的要点是全流程拉通，而试运行阶段则是按照正式的生产环境"真枪实弹"地开始测试。试运行以小批量产品为主，对入厂物流、厂内物流、生产过程、成品物流进行全流程测试。试运行除测试系统的稳定性、准确性外，还可以提升员工的操作熟练度。

7.3.6　产能爬坡与正式运营阶段

在试运行的基础上，产能爬坡与正式运营阶段的重点是固化运营流程、逐步理顺并适应新的运营模式。对于智能工厂新的管理模式以及新的运作流程，在推广方法上，强调以"先僵化，再优化，再固化"的方式持续推进；在推广步骤上，强调以"先稳、后准、再快"的步伐稳健推进；在管理上，强调建立稽核机制，确保落地过程闭环管理。

值得说明的是，整个智能工厂项目建设强调一次规划、分步实施。在产能爬坡阶段，需要按照过渡阶段的布局和模式开展运营；在产能爬坡达到峰值时，需要按照新的布局和模式开展运营。总之，整个物流系统并非一成不变，而是需要动态优化及调整。随着智能工厂产品、生产模式、产量的变化，物流系统也要局部优化、完善，但应始终遵循规划的原则。

7.4　智能工厂落地运维管理

随着越来越多的自动化设备及软件信息平台嵌入智能工厂中，如何对相关设备和系统的运行和维护进行管理，如何确保设备和系统的正常运行，如何降低设备和系统异常频率，成为智能工厂落地过程中值得关注和重视的问题。在智能工厂中，企业需要意识到运维管理的重要性，并建立和完善相关运维管理机制，从而提升智能工厂的运营水平。

通常而言，智能工厂的运维管理包括硬件设备以及软件系统运维管理。硬件设备运维管理强调设备运维管理、设备检修保养管理以及设备备件管理，本书重点以自动化物流设备运维管理为例进行说明。软件系统的运维管理主要强调各类软件定期健康检查、系统优化分析、系统升级等。

7.4.1　自动化物流设备运维管理

1. 运维管理的难点

智能工厂自动化物流设备运维管理主要面临以下难点：

（1）物流设备种类多，运维管理复杂　智能工厂配置的智能物流系统往往涉及较多种类的自动化物流设备。例如一套多穿料箱立体仓库系统中，可能涉及穿梭车、料箱提升机、换层提升机、箱式输送线、条码阅读器、自动称重设备、码垛机器人等自动化物流设备。这些自动化物流设备的工作原理、体积大小、属性分类往往差异较大，使得整套系统的运维管理复杂，而每个单点的故障都可能影响到整套系统的运作。

（2）物流设备使用频率高，对稳定性要求高　智能物流系统作为整个智能工厂的物流中心，其每个物流设备随着入库、出库、配送等一系列系统指令的产生，处于高速运转状态。所谓"兵马未动，粮草先行"，若物流系统长时间宕机或瘫痪，将影响整个智能工厂的运作。因此，在高频率使用条件下，保障整套物流系统的稳定性显得尤为重要。

（3）物流设备运维涵盖多学科、多专业，对团队的专业性和管理能力要求高　传统工厂一般都有设备管理部门，但该部门更多地负责生产设备的维修工作，且传统工厂自动化程度较低，对人员能力要求不高。但智能工厂的自动化水平相应提高，系统复杂性也相应升级，对运维管理团队的专业性和管理能力提出了更高的要求。然而，很多智能工厂并不重视设备的运维管理，也未配置专业的团队，导致运维管理难以符合要求。

（4）未建立完善的培训机制，设备运维长期依赖厂家　在实际过程中，设备运维管理往往呈现出培训体系不健全、机制不完善等特点。运维管理的培训主要包括理论和实际操作培训。通常而言，在设备招标投标阶段结束后，企业可以组织开展运维管理理论培训；在自动化物流设备进厂安装后，企业需要指派专人参加实操培训；在正式运行阶段，仍然需要不定期开展培训工作，提升团队运维能力。然而，很多企业未建立完善的培训机制，运维管理长期依赖物流集成商或物流设备商，导致问题发生后未必能及时解决，最终为智能工厂的运营带来较大风险。

（5）设备管理偏向于设备维修的事后管理，而忽略设备检修、保养的事前检查　目前的设备管理更多地重视设备维修管理，即等设备发生故障后再去解决问题。在这种情况下，设备人员往往处于"救火"状态。设备管理需要从事后管理向事前检修、保养转变。比如，很多工厂为每台设备配备了传感器，对其健康状态进行实时监控，类似于人们使用的"智能手环"，当发现健康状态有微小缺陷或者异常时，就提醒对其进行保养管理，避免微小缺陷变成大缺陷，进而造成停机异常。

2. 运维管理的内容

智能工厂的连续、稳定生产，需要设备的正常运转提供支撑。只有加强设备运维管理、正确地操作使用、精心地维护保养、适时进行设备的状态监测，保持设备处于良好的技术状态，才能保证生产连续、稳定进行。针对自动化物流设备管理的诸多难点，需要从整体角度系统化分析，建立和完善运维管理机制，将设备保养管理、维修管理、备件管理、人员培训管理纳入整个运维管理中。如果将事情分为重要和紧急两个维度，设备运维管理中的常见事件分布如图 7-3 所示。

设备运维管理的关键是重视图中第二象限中的工作，从而减少第一象限中的工作。

（1）设备保养管理　具体包括以下几个方面：

首先，设备保养管理需要从意识上进行转变，重视事前预防管理，以主动维修、靠前维修为主，由设备人员维修转变为全员预防保养。在设备保养管理中，将预防性维护工作看作是资产增值，建立可靠的保养机制使设备寿命周期延长，同时降低停机成本。

其次，设备保养管理中需要制订设备保养计划。在自动化物流设备管理初期，物流集成商或者物流设备商一般会提供保养手册，经过一段时间的磨合，不断完善保养内容以及点检内容，修正设备保养点检的基准。

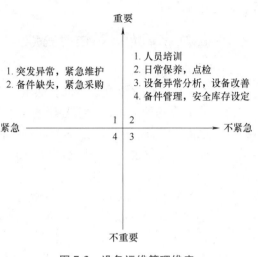

图7-3　设备运维管理维度

比如在设备运行初期，以设备保养手册为主，后续逐步将频繁发生的问题、同类部件发生的问题等纳入保养计划中，通过持续更新和完善，更新保养点检基准。同时，可以按照设备种类、标段、使用频率等维度制订设备保养计划，设备保养的实施要做到"定点、定质、定量、定期、定人"。

再次，设备保养管理需要重视并记录设备的实时状态参数，根据设备状态数据分析，为后续的设备改善、保养点检基准、备件管理提供数据支持。目前，很多智能工厂建立了SCADA平台，通过SCADA数据采集与监视控制系统可以收集设备的基础数据，掌握设备现状的一手资料，为后续运维打下基础。

最后，设备保养管理需要分级进行。根据工作量大小和难易程度，建立三级保养制度，分别包括日常维护保养、一级保养和二级保养三种级别的保养。日常保养是操作工人每天必须进行的保养，其主要工作包括及时进行5S管理、清洁设备各个部位以及做日常小故障记录等。一级保养的目的是减少设备磨损，消除隐患，延长设备使用寿命。此级保养以操作工人为主、维修工人为辅，主要内容包括设备的拆解、润滑、保养等。二级保养的目的是使设备达到完好标准，提高和巩固设备完好率，延长大修周期。此级保养主要以维修工人、厂家为主，主要内容包括修复缺陷、调整精度、损件更换等。

（2）设备维修管理　在设备维修管理中，问题发生且无法规避时，需要采取合理的措施处理、解决问题。这个过程的要点之一是建立完善的设备维修管理流程。当设备出现异常时，以最快速度响应，将异常影响降到最低。同时，为确保快速响应，需要建立异常升级机制。根据设备异常导致的生产问题，反馈至不同级别人员，以实现快速决策。图7-4是某工厂设备异常问题的处理流程。

此外，当设备异常解决后，需要对发生的问题进行详细记录。企业可根据问题清单，以设备故障分布数据为基础，以维修时长和维修频次作为维度，选择改善方向。改善事件选定后，需要分析故障原因，确定改善方案，并按照改善方案进行改善。整个过程可以采用8D报告（8D Report）的形式进行分析。改善完成后需要输出设备故障总结，并对各类资料进行更新，如设备保养点检基准更新、设备人员培训更新资料以及备件安全库存更新，在更新

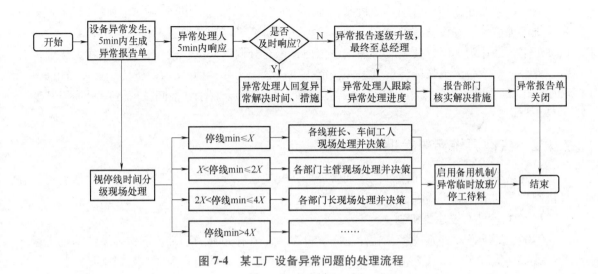

图 7-4　某工厂设备异常问题的处理流程

资料后逐步落实到实际行动中去。

（3）设备备件管理　为保证自动化设备系统稳定运行，需要对设备备件进行管理。设备备件作为运维管理的重要环节，需要像管理物料一样做好备件管理，以实现低库存、高周转。整个过程既保障设备维修需要，减少设备的停机时间及维修时长，同时也要避免产生呆滞，以提升智能工厂运作效率。

首先，需要建立设备备件管理流程。比如备件采购流程、备件入库流程、备件出库流程、备件盘点及报废流程，通过流程管理，确保设备备件合理有序运营。

其次，需要配置合理的备件库存。在设备备件管理中，常出现无人管理造成库存积压、备件品类不合理等现象。要实现备件持有合理的库存，需要从以下几个方面入手：

1）重视备件管理技术人员的专业知识培养，提高业务技术水平。

2）加强备件基础管理，如实行编码、信息化管理，确保备件管理账实一致。

3）加强备件历史消耗数据和预测分析，优化备件品种和库存管理。

4）重视库存分析及呆滞管理，对长时间无法使用的呆滞备件，应及时清理，以免影响仓储管理。

5）加强备件仓库管理，不断完善仓库管理制度，提高仓库管理效率。

（4）设备培训管理　设备培训管理贯穿于整个智能工厂运营管理中。智能工厂投入了较多自动化设备，如果设备培训管理跟不上，容易造成"设备等人"的现象。培训的目的主要是确保管理、操作设备的人员对设备有足够认识，能够完全胜任所承担的工作，以确保设备安全可靠运行。

首先，需要重视培训内容。培训内容主要包括设备结构、工作原理、控制工艺等理论培训，以及设备操作规程、现场操作、设备维护保养、设备安装调试、设备运行参数调整、设备故障排除、事故应急措施等内容。此外，可以建立结构化的设备培训内容。比如，培训内容包括：基础知识篇，如设备操作手册、基本原理和结构、安全知识等；问题案例篇，如具体问题的总结报告；应对措施等以及改善实施篇，如设备改善的成果分享、设备改善的经验和教训等。

其次，需要建立培训管理长效机制，如培训+考试+持证上岗的机制。企业按照年、季、月等维度提前制订好设备培训计划，锁定培训人员。经过培训并通过考试的人员，获得设备培训证书，并作为上岗以及薪资待遇调整依据，以充分调动人员积极性，最大化实现培训效果。此外，对设备人员技能专业度按照技能等级区分。比如：L1 表示设备使用、设备解警；L2 表示设备维护、设备保养；L3 表示异常分析、设备改善。针对不同技能等级目标，开展差异化培训。

7.4.2 软件系统运维管理

软件系统运维管理除同样重视培训管理外，其他运维管理内容主要包括建立软件系统运维机制、定期应用健康检查、系统优化分析等。

1. 建立软件系统运维机制

智能工厂涉及软件系统多、软件之间接口多，需要有完善的运维机制保障系统的正常运营。就运维机制而言，首先企业需要有固定的运维团队，运维团队需要具备以下技能：

1）对智能工厂的业务状况和目标有深刻的理解。

2）全面理解智能工厂的业务流程和制度。

3）全面掌握软件系统的业务操作知识。

4）对系统之间、每个分系统的业务逻辑、接口等清晰理解。

其次，需要建立完善的运维流程包括故障报障流程、一般故障处理流程、重大故障处理流程等。故障处理流程可结合系统问题的分类，设置不同的详细保障流程。系统问题分类如表 7-1 所示。

表 7-1 系统问题分类

优 先 级	说　　明
紧急	系统无法工作或受到严重影响，业务用户不能执行日常工作，且不能通过其他方式执行日常工作
高	系统无法工作或受到影响，对用户业务有一定影响，用户在执行日常操作时有困难，但在问题解决之前能够进行其他工作
中	非紧急的问题，系统无法工作或受到影响，对用户业务没有直接影响，但给运作带来了不便，用户可以通过其他方式执行工作
低	非紧急的其他问题

针对业务反馈的问题，需要定期对发生的故障问题进行分类分析，对突出性问题、发生频次高的问题应专项解决。

2. 定期应用健康检查

在落地阶段，软件系统正式由软件商交付到企业手中。而业务、流程的发展往往需要系统处理一些新生的业务或流程，此时，需要业主方软件支持人员进行局部功能开发。但软件信息系统往往牵一发而动全身，因此需要定期对整套系统进行健康检查，以确保局部开发不会影响系统整体逻辑，保证软件系统正确运行。

3. 系统优化分析

随着软件系统的长期使用，通常会出现系统参数不再适应系统新的运行状态，或者由于数据量的增加，使得系统负荷增大、速度变慢等现象。在出现此类现象时，运维团队需要及时进行系统优化分析，以免影响企业业务运作。

参考文献

[1] 康永卫，袁园，王小继. 自动化仓储设备的运维实施 [J]. 物流技术与应用，2019，24（9）：123-126.

第8章
现有工厂的物流智能化转型升级

随着全球智能制造的发展，智能工厂相关的智能设备、工业互联网、工业软件、工业App、工业大数据、互联网、物联网、移动通信技术、人工智能等领域取得了突飞猛进的进步。我国作为制造大国，以制造强国为战略，建设智能工厂是大势所趋。随着"创新、协调、绿色、开放、共享"发展理念的提出和推进，以及人口红利和增量红利逐步消退，高污染、高能耗、低效率、劳动密集的生产模式已无法有效适应现在的生产要求，传统制造企业发展面临巨大的挑战。在家电、汽车、电子、机械、化工、食品、服装等代表性制造行业中，大型企业在新建工厂规划时，都要求向数字化、智能化方向进行发展，即便不能马上实现，也需要考虑向智能工厂迭代的空间和路径。

在这样的背景下，大部分制造企业，特别是中小企业由于没有足够增量，没有新建工厂的需求，现有工厂是否需要进行智能化转型升级，转型升级对企业经营能产生什么效益，应该如何推进转型升级呢？

8.1 现有工厂物流评审

系统评审与诊断是进行现有工厂物流转型升级的基本前提。现有工厂在谋求物流转型升级时，首先要对现有工厂物流进行全面评估，可以通过企业自评或者第三方专业机构诊断的方式，明确当前工厂物流存在的问题和约束条件，评估企业进行物流改造，特别是数字化、智能化改造的可行性，寻找物流增值点，梳理物流改造的路径和措施。

8.1.1 物流评审体系概述

无论是传统工厂还是智能工厂，一套完善的物流评审体系是支持工厂物流有效运营、持续提升的重要支撑。该体系需要将企业的物流战略、价值导向、逻辑、规划、组织、流程、标准、协同、信息化、持续改善等相关要素，通过固定的要求、标准、规则进行标准化、条款化、文件化、体系化的梳理，从而指引企业评估管理水平、识别差异并进行优化提升。

评审体系应是行业或企业的最佳实践组合，是企业物流运营管理的"体检表"，为供应商、采购方、客户提供一套具有共同语言、准则、标准的物流行为体系。物流评审体系可以应用于以下场景：

1）企业自评。企业定期对自身的物流运营管理进行全面自查，识别自身与目标或最佳实践之间的差距，不断优化自身的物流管理水平。

2）企业对供应商的评审。物流评审体系是企业对供应商物流进行规范管理的认证体系，以确保供应商具备准时、准量、准点的交付能力，同时也是甄选、帮扶供应商的有效手段。

3）企业满足客户对物流的要求。供应商借助评审体系可快速、准确地识别自身能力缺口，集中资源致力于缺口能力的提升，使其能够达成客户的要求。

一套完善的物流评审体系的作用如下：首先，为行业和企业物流的发展提供了一套物料计划和物流过程的最佳实践准则；其次，可作为企业内部物流持续改进与提升的指南和标准；再次，是衡量企业供应链-物流运作和物料管理水平的标尺；最后，是审核和评价供应商物流绩效表现的工具。

8.1.2　物流评审体系的最佳实践

在众多行业、企业的物流评审体系中，汽车制造行业由于其专业化程度高、零部件多、制造工序多、供应链长且复杂度高，更加需要一套行之有效的管理体系，用以规范其物流的运作。例如，汽车行业的 MMOG/LE（Materials Management Operations Guideline/Logistics Evaluation，全球物料管理运作指南/物流评估）是最为系统、成熟且应用最为广泛的行业全球通用准则，被广泛运用于国际汽车行业中的物流运营管理实践。不仅如此，其他行业，如家电、家居、医疗、建筑、航空航天、化工、电子、服装和零售业等也对 MMOG/LE 产生了浓厚的兴趣，并开始逐步借鉴和采用。

MMOG/LE 是在美国汽车工业行动集团（AIAG）、欧洲电信传输数据交换组织（ODETTE）和福特（Ford）、通用汽车（GM）、克莱斯勒（Chrysler）等汽车公司以及博世（BOSCH）、江森（JCI）、盖茨（Gates）等零部件厂商的共同努力下，于 1999 年 7 月发布第一版，2014 年 5 月更新到第四版，并于 2019 年 6 月发布第五版（本书结合第四版内容进行阐述）。根据业务场景和涉及的组织对象，MMOG/LE 把所有 197 条条款归纳为六大模块，分别为战略和改进、工作的组织、能力和生产计划、客户接口、生产和产品控制、供应商接口，如图 8-1 所示。

1. 战略和改进	**2. 工作的组织**	**3. 能力和生产计划**
1.1 愿景和战略	2.1 组织的流程	3.1 产品实现
1.2 目标	2.2 操作程序和工作说明	3.2 能力计划
1.3 测量、分析和纠正计划	2.3 资源计划	3.3 生产计划
1.4 持续改进	2.4 工作环境和人力资源	3.4 系统整合
1.5 供应链开发	2.5 风险评估和管理	

4. 客户接口	**5. 生产和产品控制**	**6. 供应商接口**
4.1 沟通	5.1 物料识别	6.1 供应商选择
4.2 包装和标签	5.2 库存	6.2 供应链管理协议
4.3 发货	5.3 工程变更控制	6.3 沟通
4.4 运输	5.4 可追溯性	6.4 包装和标签
4.5 客户满意度和反馈		6.5 运输
		6.6 物料接收
		6.7 供应商评估

图 8-1　MMOG/LE 的主要内容

MMOG/LE 涵盖了供应链-物流体系需要的主要要素，从 MMOG/LE 体系的条款内容中可以看到，从企业供应链战略到包装与标签，包括人、设施、物料、软件与硬件等物流涉及的各方面都进行了详细的规范。首先，企业供应链要有其战略愿景。愿景是企业更高层次的追求，是所有成员愿意全力以赴的未来方向。愿景要转化为具体的目标，需要通过各部门的合作和全体供应链成员努力，不断改善和实现。其次，要有符合供应链战略的组织机构。它要求组织的职责从客户接口开始到供应商接口，贯穿整个供应链过程。在这个模块中，特别增加与强调了对企业物流过程的风险进行界定评估的流程，以及有针对性的控制与响应计划和管理。最后，要有保证供应链平稳持续流动的产能。在此基础上，MMOG/LE 在后三个模块，从客户层面、内部生产管理和供应商管理三个方面提出了具体的操作管理要求，让整个体系显得逻辑缜密、前后贯穿、相互呼应。

MMOG/LE 采用明确的符合打分方式，将 197 条条款按照对企业的影响程度划分为三类：

第一类称为 F3 条款，是物流运营管理过程中最基本、关键的要求，是对物流组织运营的基本要求，也是作为一个合格供应商或者企业必须达到的条款。如果不符合 F3 条款，则可能对组织和客户的运营造成干扰，并可能引起额外的成本。F3 条款共计 34 条，每条评判 3 分，约占总分的 29%。

第二类称为 F2 条款，是对组织运营有效性和效率起重要作用的影响因素，只有满足了这类条款，企业才具有了满足基本要求之上的能力。如果不符合 F2 条款，组织绩效和客户满意度就会受到严重影响。F2 条款共计 83 条，每条评判 2 分，约占总分的 48%。

第三类称为 F1 条款，体现了有助于组织整体竞争力提升和持续改善的影响因素，是评估企业是否具有可持续发展力的重要条款。不满足这些条款，虽然不影响近期的交付和成本，但会对企业未来的发展趋势有一个基本判断。如果不符合 F1 条款，将对企业的长期可持续性和竞争力产生负面影响。F1 条款共计 80 条，每条评判 1 分，占总分的近 23%。

在评审过程中，由专业人员（企业内部专家、客户评审专家或第三方评审专家）采取桌面评审和现场评审相结合的方式进行。图 8-2 是外部评审专家对某企业的评审结果。除了明确每个模块和各模块小项的得分之外，通过评审报告可以清晰地了解企业哪些地方做得好，哪些地方做得不好，哪些地方必须马上着手改善（按照 F3、F2、F1 的优先级顺序），哪些地方将来要逐步改善。必要的时候，评审报告可以针对物流系统和各项问题给出明确的解决方案。

8.1.3 物流快速诊断与过程评审

如果企业本身尚不具备对标 MMOG/LE 体系的条件和必要性，工厂可通过如图 8-3 所示快速诊断和过程评审模型所列的内容，进行自我快速诊断和物流过程评审。

首先，识别企业是否具有长远、明确的物流发展战略，作为企业战略的一部分，需要关注物流战略与产品、市场、销售、供应链战略等的匹配性。

其次，工厂是否具有专门的物流管理组织、物流人才和人才培养体系，以及合理的物流绩效指标。

再次，对物流运作过程进行详细的诊断，并结合模型中列出内容识别物流过程中的问题和风险。

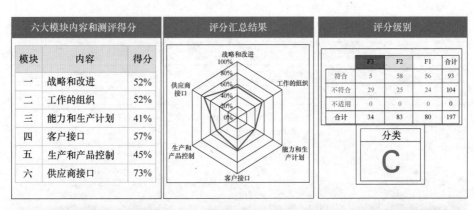

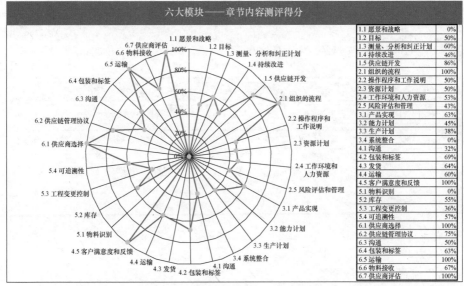

图 8-2　某企业的 MMOG/LE 评审结果

最后，进行物流管理综合诊断，对物流流程管理、物流信息系统应用、厂内大物流运作、物流规划与历史投入、差错率与满意度、物流可追溯性、逆向物流管理、物流自动化、物流风险管理与应急响应机制、物流可持续发展机制等进行诊断。基于诊断模型可以进一步细化成评分表格，比如每一项内容可以分为 3~5 档，明确每一档的特征表现。

工厂自我评审是为了识别过程与标准（要求）的差距，并在后续过程中加以改善，因此，企业需要结合自身的整体物流规划和要求，制定检查项和检查标准。

以下是某汽车企业对其现有工厂物流运作过程的评审内容，重点从人员素养、物流流程、核心过程保障和持续改善提升四个方面入手，核心要点是物流过程有标准、有痕迹、有依据、有监控，针对异常问题有应急处理机制。其主要内容包括：

（1）人员素养方面的诊断

1）是否定义了每个人员的组织分工、职责以及能力要求，这是员工定岗定编的基础要求，同时需要明确关联岗位人员以及上下级之间的沟通机制。

2）是否定义了员工上岗培训计划，培训过程是否有记录，培训结果是否有考核和

图 8-3　现有工厂物流快速诊断与过程评审模型

跟踪。

3）是否有清晰的员工需求测算来源，是否有员工素质技能状态跟踪和培养计划，如岗位技能培训提升计划、多技能提升计划以及岗位顶岗的计划记录等。

（2）物流流程方面的诊断

1）要关注现场运行的所有标准和指导文件是否受控，是否是最新版本，且所有的操作过程和标准文件是否相符，所有的物流过程是否均被标准流程文件定义，所有环节之间的接口是否均被清晰定义，客户的需求和建议在流程操作中是否被定义且落实。

2）现场是否有风险管控、异常处理等相关流程，发生过的问题是否都有记录和整改，整改措施是否及时进行落实和跟踪。

3）现场是否有必要的工具、辅具、设备、面积等，所有的设备是否都有定责管理，是否有相应的维护保养计划，是否有相应的维修管理人员。

4）零件在过程中是否得到了妥善保管，是否有应急物流过程所必需的设备及资源。

5）各环节是否有详细的岗位操作说明，操作说明书是否易懂（使每个员工都能看懂），是否及时更新和培训，是否得到所有相关方的认可。

6）工作环境如光照强度、温湿度、重量、安全性等是否符合要求，对物流员工是否有相关的劳保防护用品及防护标准要求。

（3）核心过程保障方面的诊断

1）物料在运输和存储环节中是否得到了必要的保护，是否有相应的信息识别，其承载工具等是否标准合理，物料要求的仓储等级是否满足，空箱是否得到妥善回收管理。

2）物料所处的状态是否符合整体流程规划的要求，物料的库存水位、存储周期、送货节拍、到货时间窗口等是否符合整体规划的要求，若不符合是否有相应异常的记录、原因分析、检讨机制和整改措施，是否有应急处理流程和相应负责人以及相应的资源配备。

3）物料的实际流动路线与规划路线是否相符，是否具有明确、易识别的物流线路标识。

4）物流过程出现的质量不良零件、索赔零件、报废零件等是否均在质量不良区进行独立区分管理。

5）对所有的物流过程标准文件、物流记录文件是否均规定了相应的管理办法、有效期、保存时间等，同时有相关措施确保物流过程数据的安全性。

6）物流过程的信息流是否连续和有效传递，数据采集的有效性如何保障，如何确保数据保存的有效性和安全性。

（4）持续改善提升方面的诊断

1）是否有明确的目标和标准，是否针对运行状态与目标的差距进行检查，检查的数据是否有效，物流运行过程是否对异常进行记录，所有数据是否可视，检查和展示是否持续进行。

2）对现状与目标的差异是否进行分析，是否采取有效的改善措施并得到有效落实。

3）是否就客户抱怨、要求、建议和订单交付异常等问题开展有效的分析和整改。

8.2　现有工厂物流的主要问题分析

8.2.1　缺少物流战略和正确认知

对于新建工厂而言，企业可以采取系统规划、系统实施的方式来实现新建工厂的智能化。此时，战略—策略—管理—执行都是基于相同的逻辑，而且新建工厂本身在建筑、布局、流程、人才等方面的约束相对较少，通过新建工厂借势借力，可以带动整个企业实现实质性的提升，此时的智能物流从规划到落地都具有较好的可行性。

对于现有工厂而言，在传统的工厂管理逻辑下，往往缺乏供应链和物流思维，工厂更重视对生产本身的管理，以生产为中心，把产能利用率、生产效率、设备利用率、人均产出率等作为主要指标。传统工厂的改善往往通过推动精益生产来实现，强调通过工业工程、工位自动化、班组管理、工时平衡、柔性线体等方法、手段和技术来提高生产效率。工厂推动精益生产本身无可厚非，但从价值链的角度来看，产品流转的大部分时间都处在搬运/运输、存储、等待的状态，如物料在供应商的仓库存放、从供应商到工厂的运输周期、物料在工厂内部的等待、大批量作业导致等待时间延长、成品生产完工后到交付到消费者手上的漫长过程等，这些都是不增值的过程。对于一个持续经营的企业而言，物流过程越长，价值链过程中的总库存就越高，交付周期就越长，过程需要配置的物流资源、管理资源就越多，而这些过程决定了企业大部分的运营管理成本。

8.2.2　物流能力与生产能力不匹配

无论是传统工厂、数字化工厂还是智能工厂，都可以看成一台巨大的机器，如图 8-4 所示。原材料源源不断地从入口进入，经过机器内部各个工作站的加工，变成成品从出口输出。要确保这台巨大的机器有效运作，除了机器本身正常运行之外，关键是要确保有足够的原材料输入、机器入口不堵塞、物料按照正确的路线流经所有工作站、出口不堵塞等。而大部分低效的工厂，往往面临的最大问题就是"物料进不来、物料不齐套、产品出不去"，从而极大地影响了工厂的有效产出。

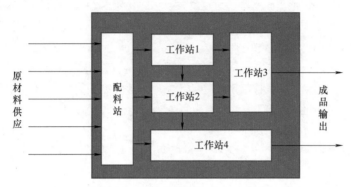

图 8-4　简化的制造工厂示意图

工厂的物流管理能力决定了工厂的有效产出：

物流管理能力欠缺导致的首要问题就是高库存，原材料、半成品、成品库存在工厂内占用较大的面积，相应就会挤压生产面积。比如在家电制造行业中，物流面积和生产面积的比值能很直观地体现库存对工厂产能的影响：高效工厂的比值可能是 1：3，而低效工厂的比值可能是 3：1，一高一低，差距自现。显然，高效的工厂有更大的面积可以建立生产线，工厂的产能自然会更高。高库存会导致"爆仓"，其结果是仓库里面的物料和产品爆满，在厂房内部通道、工厂内部道路乃至厂区的各个角落都放满了物料和产品。这种情况导致工厂的物料和产品管理混乱，甚至无法找到需要的物料和产品，还可能导致物流通道堵塞。总之造成的局面是"需要用的物料进不来，需要出的产品出不去"，从而造成仓库"爆仓"、生产停工停产等现象。而一般"爆仓"现象多发生在生产或需求旺季，不仅仅导致了企业的产能损失，更严重的是损失了市场机会、辜负了客户、丢失了消费者。

除了上述高库存问题，物流管理能力欠缺而导致对产能的影响还可能发生在物流的其他各个环节。比如：

在入厂物流环节，因为缺少精细化的供应管理，经常出现"需要的物料没有，不需要的物料源源不断"现象。某一种物料无法准时供应就将导致停产或调产，而调产又会打乱整个生产计划和物流的节奏，导致增加大量的无效库存。

在厂内物流环节，因为物料的卸货、检验、分拣齐套、上线配送效率低下，导致生产线停线。

在成品物流环节，"需要发货的产品没有，不需要发货的产品一大堆"现象也是频频发生，导致工厂不停地调整生产计划以满足发货需求，同样也会造成工厂管理的混乱，因成品仓库"爆仓"而产品无法正常下线更是会引发较长时间的大面积停产。

在物流过程中，由于没有实现物料的单元化、标准化，导致物料在工位上存在较多的点数交接、拆包装、整理包装的多余动作，影响产线节拍，造成"假停线"（即生产线虽然没有停线，但是员工存在找物料、搬物料、拆包装、整理物料和包装等动作，并没有真正在装配产品，如此造成整条线的效率损失），或者智能产线上的物料容器内部没有实现有效定位，导致物料无法与工位自动化有效匹配，需要人工"喂料"。

8.2.3　缺少物流计划的有效协同

一般情况下，工厂有精确的生产计划，每天、每个时段、每条线的生产任务都是非常清晰的，因此，生产线可以按照计划按部就班地执行。但是，工厂往往没有精确的物流计划，比如物料什么时间到工厂，什么时间检验合格，什么时间达成齐套，成品什么时间完成拣选，什么时间要装车出厂等。首先是大部分工厂没有物流计划的概念，各环节的物流作业都是被动响应，美其名曰"拉动"；其次是要求不精确，比如未规范供应商到货具体时间，而大部分是要求在某一天之前到货就可以，没有精确要求就谈不上计划，没有计划就无法优化和协同。因此，工厂的物流常常出现忙闲不均、爆仓、缺料、等待、排队等物流混乱的现象。

当企业面临多客户、多产品、多工厂、多车间、多产线、多仓库、多物料、多供应商的复杂物流环境时，没有精确的物流计划，就不能通过计划之间的协同来实现生产和物流的联动，更无法对可能发生的风险进行预警。

8.2.4　缺少有效的物料管控

工厂都需要持有库存，包括原材料库存、半成品库存和成品库存，而企业中各部门对库存的态度是不一样的。比如：销售部门希望成品库存多一些，不要有缺货；生产部门希望原材料库存多一些，不要有缺料；总装车间希望上工序的半成品库存多一些，不要影响装配线的生产；采购部门希望库存多一些，避免物料供应风险；而从企业经营、财务部门和供应链的角度来看，则希望各节点上的库存都能少一些，减少库存占用资金和面积，降低库存成本和风险，最大化释放工厂产能。但很多工厂没有清晰的库存策略，也没有结合每一个物料和产品的特点、齐套要求、供应策略等制定合理的库存标准。实际上，多少库存是多，多少库存是少，企业如果没有衡量的标准，就无法做出准确的判断，也无法对库存进行过程管控。库存究竟应该多一些还是少一些，成为工厂各部门之间的角逐点。

事实上，高库存并不能使得企业的运营更安全，制造企业中有一个非常普遍的"怪现象"：高库存往往伴随低满足。从库存的角度而言，其内在的逻辑是，工厂缺少库存管控的标准，因此无法在计划过程中嵌入库存的要求，企业总是会采购或生产过多无效的物料和产品；而总体资源是有限的，当无效物料和产品占用了这些资源，有效物料和产品就会产生缺口，必然无法满足需求。高库存和低满足均为企业计划协同能力缺失的表现。

8.2.5　缺少专业物流组织和人才

缺少专业物流组织和人才是工厂不重视物流、缺少物流思维的直接表现。没有物流组织，就无法实现物流能力的专业化发展；物流人员低配，就无法实现物流的优化和升级。在不重视物流的工厂中，一般没有专业物流组织，而仅有物料班组或者搬运班组。显然，这样的定位是无法培养或者留住高端物流人才的。

8.2.6 物流管理基础薄弱

很多工厂在物流管理方面的资源和信息化投入相对比较薄弱，物流管理基本上依靠人工，对员工的经验要求很高，很多物流场景还存在手工抄写或录入物流信息、依靠人工传递信息、反复点数交接确认、作业随意、系统数据不准确导致人为系统服务、账实不符、找不到物料等现象。相对于物流数字化、智能化建设而言，物流布局规划、物流逻辑、产品BOM、标准化、物料包装、物流运作流程及标准（存储、搬运、数量管理、空间管理、装卸管理、车位管理、库存管理、位置管理等）等都属于物流管理基础的范畴。物流数字化、智能化不是空中楼阁，必须先行做好规划、打好基础，才有可能谋求更长远的发展目标。

8.2.7 存在大量的物流孤岛

物流过程缺少有效拉通，首先体现在物流的断点，如物料在供应商—工厂—客户的流动过程中要经过很多的停顿和等待，以及生产各工序之间的断点。断点越多，管理的复杂度越高，过程的不确定性越大，全流程中的库存就越高，总体响应能力就会越弱。其次体现在计划层面没有进行端到端的总体协同。各供应链参与企业、业务单元都是各自计划，优先考虑自己的产能或物流能力最大化，导致大量的库存和时间浪费，拉长总体交付周期。再次体现在业务、信息的断点。企业各部门之间以及企业与供应商、客户之间存在部门壁垒和信息孤岛，由于缺少一体化管理的机制和流程，各自从自身利益最大化的角度出发，导致互不信任、相互博弈。比如，工厂和供应商之间各自的生产进度、库存情况、真实需求等数据很难实现共享，即便有一些数据共享，也缺少一致的解读和协同。这也是造成供应链"牛鞭效应"的主要原因之一。

另外，还有一些关键节点上的表现也体现了物流过程缺少协同。比如在品质控制方面，品质部门往往注重的是生产过程的品质控制，在流动过程中主要依靠增加检验来控制。但如果没有从源头上进行品质管控，不从供应商的生产过程品质、包装容器的合理设计、运输过程的防护、物流过程的品质等方面进行管控，仅仅依靠检验的结果，意味着发生品质风险的可能性将大大增加。又如在物料配送方面，小批量、多频次的配送是大势所趋，物料组织的难度越来越大，如果采购、生产、物流和供应商之间不能形成针对物料齐套的协同管理，在物料单元和模数方面进行标准化设计和推广，小批量、多频次的精敏配送就会困难重重，经常缺料、反复分装拣选、多次倒腾包装等问题就难以规避，最终影响总体服务水平和效率。

8.2.8 其他方面的问题

目前我国的制造工厂还面临着越来越大的用工成本、环境保护和能源成本方面的压力。

首先，人口红利逐步消失，用工成本越来越高。现在社会职业选择越来越多，很多年轻人不愿意在工厂从事简单枯燥的工作，员工工资和福利成本越来越高，而高流失率也带来工厂招聘成本、员工培训成本的增长。因此，现有工厂不得不重视自动化率和数字化率的提升，向自动化、数字化和智能化方向发展。

其次，国家越来越重视环境保护。很多高污染、高能耗工厂如果不进行升级改造，未来的生存空间将会越来越小。因此，现有工厂越来越重视如何节能降耗，对物流系统同样也有低能耗的诉求。这就需要尽可能减少物流断点，尽可能用清洁能源的物流设备，尽可能提升生产-物流调度系统的调度能力，以实现物流的均衡化、集约化，同样可以达到降低能耗的作用。另外，物流包装也需要尽可能使用绿色可回收的材质，降低对环境的破坏和污染。

部分现有工厂还面临其他一些痛点，如客户审厂、参观时需要有良好的现场表现和技术呈现，糟糕的物流现场必然无法支撑品牌和行业竞争的需求，将使得企业面对巨大的压力。

由于工厂的物流存在各种问题，导致工厂生产不稳定、交付周期长、订单交付率低、库存周转率低、库存呆滞严重、工厂运营成本高等问题，使得工厂的总体绩效不佳，最终影响企业的产品成本、客户满意度、工厂现场表现等关键竞争力要素。对现有工厂的物流改造，首先是通过物流的改善，实现工厂的有效运营，从而提升企业在行业中的竞争力；其次是通过物流数字化、智能化的改造，进一步提升工厂的运营效率，形成长久的行业竞争优势。精益物流是企业进行数字化、智能化升级的基础，物流数字化是对工厂物流数据、知识、经验的应用和固化，因此，从现有工厂的物流改造路径而言，需要不断夯实物流基础，推动精益物流的改善，不断总结经验和知识，再逐步推动数字化、智能化改造。

8.3　现有工厂物流智能化转型升级的效益与约束

8.3.1　物流智能化转型升级的效益

现有工厂进行物流优化，并逐步向数字化、智能化提升。结合众多进行物流改造企业的经验和成绩来看，从长远的角度而言，将在以下方面为企业创造效益：

1）在价值链的维度上实现实物流和信息流的协同联动，打通企业经营的"任督二脉"，提升资金周转率，重塑企业供应链的核心竞争优势。

2）打造除生产之外的又一条可持续发展的通道，不断提升企业的运营效率，随着物流能力的提升，不断提升工厂的经营指标。

3）随着供应链-物流体系的不断优化，逐步走向协同、稳定、平衡，应对风险和需求变化的能力将变得越来越强。

4）改变过去企业积重难返（高库存、高成本、低利润等）的窘境，当面临巨大的机会、风险、危机时，企业能够比竞争对手有更快的响应速度，这将成为激烈竞争环境下企业成败的分水岭。

5）经过对现有工厂的改善、改造和沉淀，企业在未来建立新工厂或智能工厂时，从思想、能力和技术上都将具有更高的起点。

工厂的改善从来都是一个持续的过程，如果已经在路上，就能拥有一个看得见的未来。而从短期而言，经过 1~2 年较大力度的改善，一般可以实现以下指标的提升：

1）物流与生产的同步优化，可以实现工厂规划产能提升 30% 以上。

2）总体库存周转率提升 50% 以上。

3）直接物流人员减少 50% 以上。

4）人均产出提升 30% 以上。

5）交付周期缩短 30% 以上。

6）综合运营成本降低 20% 以上。

对于现有工厂而言，通过物流转型升级提升工厂产能无疑对企业发展具有重要的战略意义。针对物流转型升级与产能提升的关联做如下详细说明：

物流改善能极大地提升工厂产能，减少或推迟新工厂的投入。物流管理能力的提升，通过 JIT 到货，可以提升物料齐套率、降低原材料库存；通过价值流优化，可以消除物流断点、降低半成品库存；通过 JIT 配送，可以减少线边物料、缩小线体占用面积；通过订单管理与计划、物流的协同，可以优化供应策略和订单优先级管理、提升工厂的有效产出、降低成品库存。

物流改善对产能的提升，首先体现在通过物流的优化可以提高物料满足率，准时、准量地满足生产线的物料需求。现有工厂面临的问题中，物料异常一般是最大的影响因素，缺料、找不到物料、尾数、不良等方面的原因经常导致停线停工。由于配送规划不合理或者配送不及时，往往需要生产员工领料、寻找识别物料、点数交接、清理工位现场、整理物料和包装等工位上的动作浪费，而这将造成产线较大的"假停线"损失。工厂通过对物流的改善，确保物料准时到货、准时配送，可以有效地保障生产线按照既定的节拍生产。无论是传统产线还是智能化产线，物料供应都是保证产线有效产出的决定性因素，也是工厂提升总产出的有效手段。例如，某家电企业通过入厂物流的精益化、数据化管理，实现了工厂和供应商之间的信息和管理互通，可以将厂内大部分物料库存保持在 4h 左右，且能灵活响应产线需求及计划调整。

物流改善对产能的提升，更直观地体现在大幅降低库存、缩小工厂的物流占用面积及单条产线的面积占用。在这种情况下，工厂可以重新进行布局规划，在现有工厂内增加线体，实现产能的扩充。例如，某家电企业因为市场需求及预期不断提升，原有工厂月度峰值产出为 40 万台，计划推动原有工厂扩能并加快投入建设新厂，通过对现有工厂的物流优化和精益生产相结合的项目推动，实现了现有工厂月度峰值产出 70 万台，基本满足了中期市场需求，而新厂的投入也被推后 2~3 年。很多工厂的规划产能和实际产能都未必是其极限产能，当管理模式和运营能力发生改变时，其规划的基本前提发生了变化，一个工厂甚至可能发挥两个工厂的作用。由此可见，物流改善可以极大地释放和提升工厂产能。另外，一些企业在快速发展过程中，在某些阶段市场需求爆发，首先想到的就是新建工厂，这其中的投入之大动辄数十亿元；而新厂建成以后可能需要几年时间才能达到满负荷生产，如果遇到市场需求下滑，则有可能被闲置，造成巨大的资源浪费。因此，可尽量通过对现有工厂的优化以提升其产出，延缓新厂的投入，其中能产生巨大的利差。

在进行决策的过程中，需要充分考虑现有工厂改善的可能性及空间，避免造成投资失误或过早投资。当然，是否需要新建工厂，除了重点考虑上述因素之外，还需要结合企业的总体战略规划和部署，并不是单方面的因素能够决定的。

8.3.2　物流智能化转型升级的约束

现有工厂进行物流改造升级刻不容缓，能获得巨大的效益，但与建设新工厂相比，确实也存在较多的约束条件，使得改造过程困难重重。

1. 思维模式的转变

从孤岛式管理到端到端协同管理，从重生产到"大物流、小生产"，从重硬件到重逻辑，工厂从高层管理开始，在思维惯性和情感上都会受到很大的约束。要转变传统工厂管理思维，基于过去积累的经验，这种转变往往容易停留在口头上，而无法形成真正影响行动的有效导向。

2. 物流人才的缺失

在传统工厂运营环境下无法培养出符合物流发展需求人才，但任何技术的应用都需要有专业人才规划、设计、持续改进，这也是很多工厂物流发展较慢的原因之一。

3. 现有布局和建筑约束

老工厂建设时间相对较早，过去建厂房都是"先建后用"，统一拿地建标准厂房，很少结合生产需要进行先期规划。而且，工厂经过多年的发展，可能在产品、产量、工艺、技术等方面都发生了一定程度的改变，因此可能存在建筑、大型设备、总体布局等方面的一些"硬"约束：

（1）物流动线难以全盘调整　很多工厂在规划使用时只考虑产线的布置，在扩能增加生产线的时候见缝插针，缺少对内部物流流向的考虑，如是否会存在物流交叉、迂回、逆流等现象；也缺乏对来料送货车辆物流动线的考虑，如在园区行进迂回、多点停顿，导致物流的拥堵等现象。而这些一旦成为现实，再进行调整就需要"大动干戈"了。

（2）厂房大小设计不合理　传统工厂习惯先设计和建设厂房，再考虑厂房内部的功能区域，并且偏好把一个园区的多个工厂尽量设计得大小相同、横平竖直、方方正正，甚至电梯、货梯、楼梯等的位置都是统一的，并没有结合实际需要进行规划。这样布局的园区或许符合审美，能小幅降低基建成本，但不一定符合产品工艺路线和物流的逻辑，"好建不好用"，后期改造投入很大，反而会造成极大的浪费和"硬伤"。

（3）厂房楼层和高度设计不合理　基于先建厂房、后规划用途的思路，工厂往往偏好建多层厂房，而且往往把高层作为仓库使用，却忽略了多层厂房对物流的影响。比如楼层承载、高度等都限制了空间利用和机械化作业，更谈不上使用高位货架或者建立自动化立体仓库。另外，在楼层高度设计和空中管网施工时考虑不周全，没有为物流自动输送线预留空间，后续也就无法实施相关改造。

（4）道路宽度、建筑间距设计不合理　由于规划园区时没有进行车流量仿真，很多工厂园区的道路宽度都是统一的，或者将"景观大道"设计得很宽，而真正的物流主车道很窄，不能满足车流量需求，只能靠后期铲除绿化来加宽道路。所以很多工厂园区的绿化被不断压缩，变得越来越少。另外，如果两个建筑物之间的物流流量大，过宽的建筑间距又会导致物流成本提高。

（5）厂房功能区域布局不合理　很多厂房是基于相同工艺集中原则进行布局的，而不是按不同产品族的工程逻辑进行布局，在此基础上进行智能化改造，物流装备的投资巨大。另外，如果只考虑产品工程逻辑，忽略了物流逻辑，会导致园区运作不顺畅，如忽略仓库、装卸货场的区域规划，物流运作就会陷入混乱。部分物流区域还对厂房的净高、地面的承载和平整度有要求。

对这些约束需要进行综合分析和判断，有些改动投资大、效益低，则应该尽量避免，以此为固定条件进行规划，而有些改动即便投资比较大，但是对整个工厂的效率提升有很大的帮助，或者是对工厂物流转型升级的必然之举，那么是否要改就取决于企业管理者的决心和信心了。

4. 供应商的综合能力约束

智能工厂和智能物流的改造不是单纯一个工厂的事情，而是整个价值链各个环节的综合优化，供应商无疑是价值链上至关重要的构成部分。制造企业的供应商很大一部分是中小企业，其管理水平、硬件基础和信息化条件相对于大企业而言都比较差，因此会在工厂（主机厂）进行改造的过程中形成约束。

（1）物流包装　物流包装是承载物料的最小集装单元，也是物流规划中最基础的因素之一。对于工厂而言，物料包装要符合运输装载、机械化装卸、物料数据自动采集、自动搬运、自动输送、自动抓取物料等方面的要求。但由于没有先期进行物料包装规划，供应商一般都采取自己的包装方式，导致工厂的包装形式多种多样，同一种物料不同供应商的包装不同，同一个供应商不同时期的包装也存在差异。供应商大量使用纸箱、木箱、铁箱、各类包装袋、仓储笼、非标周转箱、非标托盘等包装形式，导致厂内点数、搬运、存放等效率低、浪费大，现场管理混乱，更加不符合绿色环保、自动化、数字化、智能化的要求；而且这些包装容器往往已经大量投入，若要替换成符合智能物流要求的标准包装，必将增加供应商的投入。

（2）运输车辆　很多企业没有对运输物流做统一规划和规范要求，而采用供应商自主送货的模式。供应商为了节约显性成本，会根据自己的货物特点，使用自己的货车或寻找第三方货运公司车辆送货。由于车型各异，再加上装载方式多种多样，有些车辆适合码头作业，有些车辆适合平面作业，有些车辆适合人工作业，有些车辆适合机械作业，在规划装卸码头、卸车位、自动化装卸装备时就产生了很大的约束。另外，由于车辆归属于多家公司，没有统一的管理，每次送货的可能都不是同一辆车和同一个司机，不便于安装 GPS 终端、电子围栏锁等信息化装备。图 8-5 为某企业送货车辆统计情况。

图 8-5　某企业送货车辆统计情况

（3）物流管理水平　采用供应商自主送货模式的工厂，往往对供应商的物流运作缺乏管控或评审。比如，仓储管理水平是否能保证物流过程中的产品质量，是否能满足高效出入库，是否能实现实时库存数据采集，物流单据是否符合甲方规范，以及供方或第三方的信息系统能否跟甲方的系统对接。这些物流基础问题没有解决，全价值链的物流协同和数字化、智能化就无从谈起。

8.4　现有工厂物流智能化转型升级的切入点

对现有工厂的改造与优化，其方法和思路与新工厂的规划和管理基本相同。本书第 3 章智能工厂物流规划、第 4 章智能工厂关键物流技术应用、第 5 章智能工厂物流运营管理、第 6 章智能工厂物流信息平台构建等章节所述的内容，也适用于现有工厂。只是对于现有工厂而言，需要进行系统性的诊断和评审，以明确其中存在的问题、机会、约束等，选择适合自己的切入点进行物流改造和优化。本节内容选择制造企业转型升级过程中的成功经验和案例进行阐述。

8.4.1　物流智能化转型升级的基本模式

物流是工厂转型升级中的核心要素。现有工厂物流改造与优化模型如图 8-6 所示。

图 8-6　现有工厂物流改造与优化模型

1. 供应链、物流战略及价值导向

需要确定企业的供应链、物流战略及价值导向，以形成发展方向上的相对聚焦，达成企业上下的共识和共行。对于工厂的经营而言，交付、成本、品质、服务、速度、效率等都需要兼顾，这些要素相互影响、制约和促进。所以，企业要结合行业环境和自身特征，选择自身竞争力提升的关键要素作为重点。比如，某企业面对的市场环境是产品同质化较为严重、产品毛利不高，而且行业内的企业都深受高库存之害。经过分析，该企业把供应链、物流的响应速度和交付水平作为重要抓手，形成 3~5 年的供应链、物流发展战略。其内在的逻辑是：通过快速响应既能提高交付服务水平、提升客户满意度，又能不断降低全通路的库存，从而确保成本和毛利处在行业较佳水平，逐步形成行业领先的竞争能力。另外，对工厂数字化、智能化的发展方向也需要在战略中明确定义，明确中长期愿景，以达成各部门的共识和共行。

2. 供应链计划一体化协同管理优化

建立供应链计划一体化协同管理体系，实现产销、生产、采购、物流、发运计划之间的协同联动。计划能力的最终体现是能够快速识别和应对市场波动，因此计划体系要打破"击鼓传花"式的串联机制，建立以供应链计划为核心的互联互通机制。当一个条件发生变化时，该体系能够快速识别风险和差异，并指引其他计划进行合理的判断和调整。

3. 规划与改善切入点

寻找合适的规划与改善切入点，以此为抓手进行物流端到端的改造与优化。无论是以入厂物流、厂内物流还是成品物流为主要切入点，物流改造过程中都应时刻把握其价值链的属性，供应链上的每一个点都是承上启下、牵一发而动全身的，因此必然需要具备全局性、系统性的思维。在这个阶段，还需要持续关注组织、流程、包装、信息化与可视化、设施、团队与人才、应急物流等方面的提升和进步。

4. 自动化、数字化与智能化规划

在前面步骤取得一定成效的基础上，寻求自动化、数字化、智能化的突破，其重点在于智能单元化设计、自动化物流设施应用、人工智能设施应用、人机物数字化、物流场景数字化、物流计划智能化、物流信息平台建设等方面的应用逐步升级。

8.4.2 物流智能化转型升级的基本原则

现有企业进行物流转型升级的过程中，需要遵循以下基本原则。

1. 差异化原则

针对不同的产品、物料、产线、供应商、客户等制定差异化的物流策略，制定与其特征相匹配的解决方案。比如：对近距离供应商、体积较大、供应和品质较为稳定的物料严格控制库存，采取准时到货策略，而对于远距离供应商、体积较小、供应相对紧缺的物料可以适当多备库存，采取批量到货策略；对于通用性强、销售稳定的产品采取 MTS（按库存生产）模式，而对于个性化、需求波动较大的产品则采取 MTO（按订单生产）模式。因此，对与其相应的客户需求引导和协同的逻辑和机制也需要进行差异化设置。

2. 标准化原则

通过产品、包装、流程、器具、数据、业务的标准化，尽量降低物流的复杂度。比如，当物料包装没有标准化时，其物料标签的位置、数据采集点的设置、物流设施的规格、库位规划等都不能统一，整个物流系统就会异常复杂，要实现自动化、智能化的难度也会非常大。

3. 作业简化原则

在梳理物流作业流程的过程中，采用 ECRS 法则，尽可能简化作业和流程。ECRS 即取消（Eliminate）、合并（Combine）、重排（Rearrange）、简化（Simple）。比如：通过包装标准化减少不必要的物料分装；通过越库作业减少不必要的出入库；通过自动盘点代替人工盘点；通过物料单元化减少点数、交接的难度或者取消交接；通过建立连续流减少物流断点和库存等。

4. 协同互联原则

实现企业各业务部门之间、企业和供应商之间、企业和客户之间计划、数据、运营等方面的协同。具体而言，就是在物流规划过程中要通过流程定义其沟通方式、沟通规则以及协同机制，并通过信息系统的对接实现"在线"协同。比如：在生产计划流程中，要考虑与客户需求（订单）、供应商生产和前工序生产等要素之间的联动；要考虑计划、订单、库存、需求等关键信息在企业各部门以及企业和客户、供应商之间的共享和有效解读。

5. 过程管控原则

物流是由多个节点构成的动态过程，物流管理强调对物流过程中的计划、标准、执行、差异等进行动态管理，因此需要强调物流过程的全程可视和风险预警。比如：不仅要能够实时呈现各节点的库存数据，还要能够结合库存标准，动态监控库存的合理性；不仅要能够实时体现送货车辆的路径和位置，还要能够结合物流计划预判缺料风险；对于人员效率、设备利用率、设备故障率、物流计划达成率、物料齐套率等物流过程指标能够实现实时分析和呈现。

8.4.3　制定物流战略

企业需要制定详细的战略落地规划，基于物流战略才能开展后续的系统构建过程。具体战略制定参见 3.4.2 物流概念设计模型。此处以某制造企业为例，介绍其物流战略的主要内容和表现形式。

该制造企业是行业龙头企业，其总体经营能力、供应链运作能力、生产运营能力在行业内都是标杆。物流的改造和提升是该企业始终坚持的举措之一，经过长达十数年的持续优化，该企业制造工厂内部的物流基础、物流布局、流线化、配送、自动化、准时化、物流信息化等都具有较高的水平。在此背景下，该企业需要寻求供应链、物流的更高突破，制订了新的物流"五年计划"，如图 8-7 所示。

首先，该工厂进行了全面的物流评审和诊断，结合对客户需求的调研和分析，认为其物流的瓶颈主要在入厂物流环节。工厂和供应商之间在物流标准化、计划协同、资源利用、应急机制、信息化打通、过程监控等方面还存在较大的差距，"管理没有出厂门"，导致入厂物流对生产安定化的支持度偏低。因此，制定了以入厂物流为切入点，建立新的物流运作与管理体系，打造策略协同、互联互通、快速响应物流体系的新物流发展战略。与现有工厂物流相比，至少要有以下三个方面的突破：

1）走出厂门，与供应商进行更深、更广的协同，包括对供应商生产、物流等方面能力的辅导。

2）以高效交付为导向，其价值主线是通过供应端能力的提升，更好地响应客户需求。

3）将互联互通写入战略，并落实到建设互联互通的流程和信息网络的行动上。

其次，该工厂定义了"两条脉络、三种模式、四个特征"的发展策略。两条脉络是指信息逻辑和实物逻辑，既要实现各自拉通，又要实现信息流和实物流同步，由此引领该工厂的物流规划、流程优化和系统升级。三种模式是采取供应商直送、循环取货和中心集货相结合的入厂物流模式，重点关注入厂物流环节的流量、车辆、人员、仓库、设施等资源的不断整合。四个特征是指在改造过程中需要时刻把握的基本原则，对不同供应商、不同物料采取差异化策略，致力于通过物流计划实现与各部门、供应商之间协同联动，强调对物流过程的

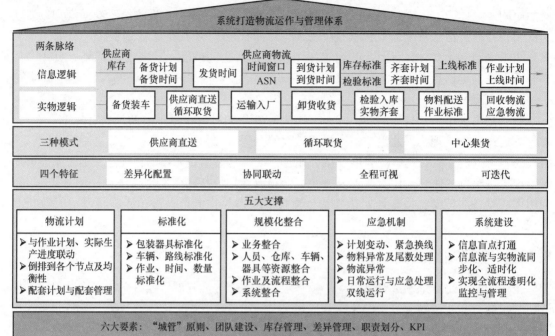

图8-7 某企业物流战略规划

全程监控和可视，强调实时化管理和快速响应，并在规划改造过程中始终定位于未来的数字化、智能化迭代路线，明确"一次规划、分步实施"的实施路径。

再次，该工厂定义了五大支撑，可以理解为战略举措，即要实现战略必须长期坚持、聚焦投入的地方。主旨鲜明地提出以五大能力建设为抓手：物流计划、标准化、规模化整合、应急机制和系统建设，这是整个物流改造过程中必须建立的能力，通过这些能力才能支撑战略和策略的实现。

最后，在战略中明确物流规划和运营的重点导向。

1）通过生产均衡化和供应集约化实现物流的均衡化，最终实现生产的稳定性和经济性。在没有系统规划之前，生产计划和采购计划没有考虑物流的需求，往往存在各时段、各供应商、各线路、各车间、各线体的物流波动大。波动是造成忙闲不均、效率损失的主要原因，因为物流能力要确保满足需求，就需要更多的资源匹配和能力配置以应对最大需求，但因此导致各项资源的利用率只有50%左右。因此，在规划的过程中需要考虑系统的均衡性，比如产品和产线、车间的匹配关系应相对固定，供应商和供应物料的种类、数量应相对固定，物流线路和车间应具有一定的匹配关系等。当然，一切都是在基于需求拉动的前提下，综合分析所做出的相对较优的逻辑规划，而因为实际需求变动导致的波动，则需要通过畅通的信息机制、灵活的计划变更、快速的响应机制等来弥补。

2）通过系统的物流规划提升物流资源的利用率。在未规划之前，供应商投入的为工厂服务的司机、跟车人员、驻厂人员等人员数量庞大。这些人员散落在各个环节，基本无法进行有效的管控，因此造成巨大的安全隐患和浪费。同时，这些人员的利用率极低。比如，某供应商在工厂驻扎了 5 名服务人员，当该供应商有货到达时，这些人员就有工作，但没有到货时，这些人员就会闲置。如跟车人员，每天跟着车辆在供应商和企业之间来回奔波，在卸货的时候等待等，实际上这些时间均没有产生任何价值。不仅仅是供应商的人员，还包括厂内的人员、卸货场地、仓库、器具、装卸货设施，以及厂外的送货车辆等，因为缺少整合规划，其利用率都得不到保障，导致工厂的综合运营成本很高。这些成本无论是由供应商承担还是企业自己承担，都会体现在原材料的采购价格和产品的成本中。而通过建立第三方物流组织（可以是真正的第三方物流公司，也可以是其他形式的公司，如与供应商合作成立物流公司），对众多供应商和工厂的物流业务进行统一规划、运作和管理，可以获得极大的整合收益。

8.4.4　夯实物流基础

现有工厂的物流智能化是相对长期的目标，是持续改善的导向。对于大多数现有制造工厂而言，当务之急是以物流为主线，实现供应链上下游的协同运作，实现入厂物流、厂内物流和成品物流的协同，以提升工厂的运营效率。在这里，工厂的物流改造需要探讨的不是数字化、智能化的课题，而是理顺物流管理逻辑、夯实物流基础的过程，这是现有工厂通往智能化道路要上的"必补之课"。

当工厂处在频繁缺货的漩涡当中时，需要解决的是建立物流计划与生产计划的有效联动，推动精细化的入厂物流管理，确保生产的安定化；当工厂产能无法满足市场需求时，需要的是通过提高物流的响应能力和速度，建立准时化（JIT）的物料供应机制，节约更多的面积用于扩大生产；当工厂库存堆积如山时，需要的是建立合理有效的库存策略，以引导库存控制在合理的水平；当工厂成品库存居高不下而又频繁断货时，需要的是理顺客户需求和订单管理，建立与生产、物流的协同机制，以实现有效的订单优先级管理；当工厂自制件库存高企、占用大量生产面积时，需要的是拉通内部价值流，实现物理上或者计划上的联通，减少内部物流断点。

另一方面，现有工厂面临的很多基础性问题，与数字化和智能化没有必然的关系。比如：当工厂总是出现账实不一致而导致管理混乱时，需要的是不断完善物料清单（BOM），提升实物流和信息流的一致性和同步性；当工厂的物料包装五花八门、数量不准，导致物料接收、内部交接、点数、频繁切换包装、产线现场混乱等各种问题和浪费时，需要的是建立标准化、单元化、通用化的物料包装标准；当工厂面临各环节的物流现场混乱、效率低下且无法有效监控管理时，需要的是建立各环节的物流运作标准和流程，使得物流运作"有法可依、违法必究"。

8.4.5　消除物流断点

物流规划的重点在于创建连续流，创造快速流动的基础条件。如图 8-8 所示，以物流为主线，从端到端的角度看待价值流，其本质是用合理的、较低的成本提供较高的交付服务水平。在这样一个复杂系统中，整体均衡比局部高效更重要，全局协同比节点执行更重要。以物流为主线的价值流优化，应以计划协同为驱动，实现时间和库存的合理规划，其目的在于准确响应需求、缩短交付时间和降低库存。因此，需要对物流过程进行整体规划，以实现端到端的"事实上的平衡"。

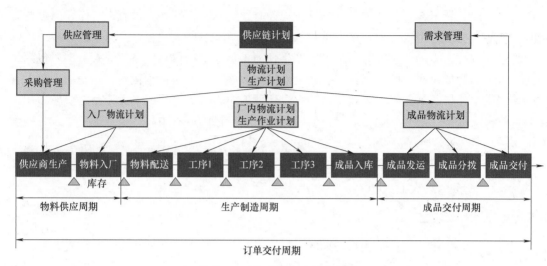

图 8-8　以物流为主线的价值流

之所以说"事实上的平衡",是因为企业不能"纠结"于理想的平衡或者理论上的平衡。物流端到端的过程就像是一条连续流生产线,对于一条真正的生产线,工程师会用秒表详细记录动作时间,精确地定义动作以缩短加工周期,并通过工位平衡的方法进行理想的生产线平衡率设定。这样每条生产线的实际产出能达到理论产出的 90% 甚至更高。但是,实际运行的情况并没有这么理想。因为实际运行过程中总会有各种干扰情况出现,各个工位会有不同程度的动作变异,工人技术熟练度和速度也有差异,导致工程师为平衡生产而做出的许多努力可能都是徒劳无功的。实际上,如果变异和干扰不能被消除,越是平衡的生产线,其产出绩效可能会越差。对于一条平衡率接近理想平衡的生产线而言,如果每个工位的有效产出是 90%,那么整条生产线的产出将是 90% 的 N 次方(N 是生产线的工位数)。因此,比工位平衡更为重要的是在适当的工位平衡的基础上,预留好工时的缓冲(比如对某些经常有干扰的工位保留 20% 左右的保护性产能),设置好库存作为缓冲,管理好(削减)干扰和变异,以实现生产线整体产出最大化(而不是每个岗位产出最大化)。对于物流这条"生产线"而言,要实现整条"生产线"的有效产出最大化,就要通过计划协同、线路规划、缓冲部署等措施,以实现整体效率的优化。

1. 计划协同

首先,通过供应链计划有效平衡供需;其次,通过计划的总体规划,形成整个供应链上时间和库存等缓冲的合理设置;最后,建立物流计划和生产计划的联动响应。计划是供应链和物流的引擎,有效的计划管理是实现价值链优化的基本前提。

2. 路线规划

对于入厂物流环节,路线规划是指到货模式和入厂物流线路的规划;对于厂内物流环节,是指内部物流动线、生产的连续流规划,尽量减少生产和物流的断点;对于成品物流环节,是指物流网络和物流线路的规划。

3. 缓冲部署

为了应对物流过程中的各种异常,需要在必要的地方设置库存和时间的缓冲。比如,工厂的注塑车间因为设备数量、换型时间、经济批量、产出节拍等原因无法与总装线之间实现物理上的直接连接（连续流），所以需要在注塑车间和总装车间之间设置必要的库存作为缓冲。而这个库存量的大小又取决于必要的缓冲时间，如果合理的缓冲时间是一天，则这个缓冲区内的库存就需要满足未来一天的生产计划需求。对于整个供应链而言，库存是有效衔接上下节点的桥梁。不是所有的节点都应该有库存，也不是所有的节点上都可以没有库存，在 A 节点上要有库存而在 B 节点上或许可以没有库存，究竟如何部署，需要通过系统规划进行统一安排，设定必要节点上的库存标准。

8.4.6 发展专业化能力

企业应建立物流管理组织，发展专业化能力。物流是端到端的思维，生产是"精确打击"的思维，因此，生产人员一般管理不好物流，在工厂中应该具备单独的物流管理组织，定义专业化的物流管理岗位，尤其应该重视物流规划、物流流程、库存管理、物流标准化以及物流自动化、数字化、智能化方面的人才培养和岗位建设。关于物流管理组织建设请参照第 5 章内容（5.2 智能工厂物流管理组织）。

8.4.7 物流技术和设施应用

物流自动化、数字化、智能化方案和技术具有普适性和成熟度。生产系统的自动化、智能化改善，需要结合产品的具体制造工艺进行非标设计，特别是面对用户的个性化产品，几乎每类产品甚至每个具体的产品工艺都不一样，各行业、各企业的生产设备可能都不一样，无法大范围通用和推广，所以投入自动化的难度较大，需要量身定制非标自动化、价格昂贵的智能设备。物流系统虽然场景复杂，要满足比如大件和小件、整进整出和整进散出、分拣出库和直配岗位、各种尺寸规格的物料及产品单元等，但经过物料包装以及物流运作流程的标准化设计之后，不同行业、企业、产品物流系统中的关键装备、核心部件、控制系统和物流相关信息系统将具备较强的通用性，即便是非标系统的设计，也仅仅是外观尺寸的差异，其核心动作依然是"输送、转向、进出、拣选、抓取、堆码、定位、读取"等。也正因如此，相关技术和设施在不断应用的过程中日趋成熟，这为工厂实现物流智能化创造了极好的条件。

另一方面，现有工厂推进物流智能化改造，未必要一次性全部投入，可以按照"一次规划、分步实施"的原则。横向上，可以先试点、后复制，最大限度地降低投资风险。比如可以先试点一条产品线，成功运作并总结经验后，再复制推广到其他产品线或其他车间；自动化立体仓库、输送线、RGV、AGV 系统等也都是基于模组的结构，具有较强的可扩展性和迭代性，可以分批投入，也可以实现不同阶段技术的兼容。从纵向上，可以从一个环节、几个环节依次或同步展开。比如：可以先实施布局规划，再实施自动化改造；先做好工厂内部的改造，再推广到供应商的改造；先改善内部物流，再改善入厂物流和成品物流。只要物流系统规划的逻辑正确，可以充分结合企业自身实际情况和试点情况进行节奏调整，把风险控制在较低的水平。

在现有工厂物流智能化规划和改造的过程中，应时刻把握"规划是为了更好地运营"价值导向，应用物流自动化导入分析模型等相关工具，选择必要的节点进行改造试点和推广，没有必要一步到位。

物流自动化、数字化、智能化是工厂实现价值飞跃的关键。当工厂具有清晰的物流逻辑，也具备了较好的物流管理基础时，就可以逐步推动物流自动化和数字化建设。物流设施一般具有较好的通用性和柔性，运输、搬运、装卸、存储、拣选、配送、工位对接等都具有比较成熟的技术应用。在具体实施物流自动化的过程中，需要注意以下几点：

1）通过物流自动化分析模型选择合适的改造点，对于现有工厂而言，并非所有的节点都适合进行自动化改造，或者说某些节点上并不具备投资的价值。

2）通过分析选择合适的物流技术和设施，需要结合物料特征、流量、环境等具体分析。比如，可以采用机械化、半自动化、自动化、智能化等不同层级的物流自动化设施，在连续输送或者离散输送、独立存储或者密集存储、托盘存储或者料箱存储、自动拣选或者半自动辅助拣选等模式和技术中做出科学的选择。

3）尽可能选择纵向上的自动化连接，选择局部区域，如某一个工厂、某一个车间或某一条产线，对物料卸货—物料接收—物料检验—物料入库—物料存储—物料拣选—物料配送—物料上线—空容器回收整个过程进行系统的自动化规划与试点。当然，在试点之前依然强调整体规划，以确保在试点的基础上可以进行扩展和迭代。

4）摒弃过去自动化就是"机器换人"的传统观念，物流自动化的核心价值在于端到端的贯通以实现快速流动，减少物料流转过程中的存储、等待和断点，缩短流转时间，降低整个过程中的实物库存。

8.4.8 物流数字化

物流数字化是物流智能化改造的必然过程，物流智能化需要建立在物流数字化的基础之上。物流数字化的基本表现是物流过程全部"在线"、无纸化、数据采集与传递自动化、数据自动分析、风险与异常自动预警、可视化等。实质上，物流数字化是将工厂物流管理逻辑、经验和知识固化到信息系统中的过程。物流数字化的前提是"要素上线"，通过 RFID 或条码的应用，实现物料及相关设备、人员的数字化，如可感应的物料标签、设备标签、单据标签及人员标签等，实现人、机、料全部具备动态数据自动采集和双向沟通的条件。物流数字化基础包括物料、库位和路径、设施和人员等方面的数字化。

（1）物料数字化　物料数字化一般通过包装容器的数字化来实现。每一个物料在各个环节都需要指定唯一的容器和盛装数量，通过在物料容器上粘贴条码或者嵌入 RFID 的方式，实现物料信息的写入和采集。在选择和设计物料包装容器时，需要结合读码技术和采集方式，明确定义物料标签的位置并进行标准化设定，以确保在物料流通过程中能高效的读取数据。

（2）库位和路径数字化　这里的库位是指广义的库位，即物料流动过程中的存放点和停顿点，如卸货场停车位、卸货缓存位、待检区、仓库区和存储库位、分装区、拣配区、线边存放位等。这些物理位置需要能够在信息系统中进行定义，利用空间定位技术在信息系统中虚拟标识，如超宽带（UWB）技术，并且对各个区域、库位进行定位标识，以便物流运营过程中进行识别和定位，建立起各个区域之间的物理联系和虚拟联系，就形成了物流路径的数字化。

（3）设施和人员数字化　智能化物流系统实际上是人、机、物的互联和互动，需要实现相互之间的双向沟通，因此，设施和人员也必然需要"在线"才能形成管理的连续性，尽量减少线下的工作流程。比如，叉车、牵引车等机械化设备需要有标识其身份的 RFID

卡，以便对设备的调度和管理。设备上应该配置可显示终端，显示其具体任务和指令；还应该配置读取设备，以实现和物料、库存之间的信息互动，由此实现人—机—物—位置之间的数字化协同。人员也需要有固定的 ID 卡和身份定义，并通过手持终端或者移动终端接收和发出指令。由于设施和人员都配置有可感应标签，因此可以对其路线、时间等进行分析并做出更为精准的安排和调度。

除了要有较好的数据化基础之外，物流数字化要从数据采集、数据应用和数据智能三个方面逐步实现。数据采集是指要建立物流全过程的数据采集能力，通过扫描设备、感应设备、拍照识别设备等实现动态数据自动采集。数据应用是指要建立数据管理的结构与逻辑，结合物流管控的重点建立数据模型，将经验和知识通过模型固化到系统和应用中，实现自动分析、预警和决策支持。数据智能是指要搭建物流控制塔，建立物流管理平台，在物流大数据的基础上，实现物流计划、调度、调整、协同、差异管理等方面的自主性，逐步向智能化迈进。

参考文献

[1] 颜家平，席哲. MMOG/LE 体系剖析与应用价值：MMOG/LE 与制造业供应链及物流管理系列连载之一[J]. 物流技术与应用，2017，22（9）：148-151.

第9章
我国智能工厂物流构建的建议

1. 鼓励物流仓储装备产业与制造业融合发展

各国政府非常重视信息技术的发展带来的重大技术创新，以信息系统为基础和引导，推动其他各类系统融合集成式发展，物流仓储装备也融入其中。物流仓储装备产业是为了保证制造业顺利生产的服务业。随着技术的不断创新，制造业和物流仓储装备产业间固有的边界逐渐模糊化，两者出现了融合趋势。

为了积极推广应用物流仓储新技术、新装备，加强物流仓储装备业与相关行业融合互动，加快物流仓储装备产业转型升级的步伐，提升物流仓储技术、仓储装备和服务水平，许多国家构建了良好的产业融合发展的外部环境。

美国已形成了以信息技术为核心，以运输技术、配送技术、装卸搬运技术、自动化仓储技术、库存控制技术、包装技术等专业技术为支撑的现代化、信息化物流发展格局。欧洲各国政府也在积极采取措施支持物流技术与装备的创新与推广，从叉车、托盘、集装箱、高层货架仓库、自动化仓库，到计算机仓储管理系统以及条码、RFID、互联网、电子商务、智能仓储系统、ERP等，为物流效率持续改进带来技术支持。德国物流设施集成商依托高度发达的通信网络设施和先进的信息技术逐步发展壮大，致力于为客户提供高质量的仓储设备及自动化仓储系统，包括各种类型的货架系统和仓储自动化系统，自主开发的仓储管理系统（WMS）为仓库管理提供了透明可靠的操作流程。日本不断调整和完善产业发展战略，有效推动了物流信息化的快速发展，传统的物流仓储装备产业已经发展成为自动化程度较高的智能物流仓储装备产业，并且成功地把许多先进设备配置到配送中心和制造业中。由于日本的许多企业积极推行和广泛应用先进的物流技术，并且配置了各种先进的仓储设备，很多作业流程基本上实现了机械化和自动化。

从学术研究的角度分析，需要注重基础技术领域进步，重点推动仓储装备产业原创技术发展。很多国家对物流学术项目的资金支持力度很大，鼓励原创技术的研发，并逐步应用到物流业和制造业。

以美国为例，美国国家科学基金会（National Science Foundation，NSF）支持几乎所有领域的自然科学基础研究，且资助项目领域非常广泛，以确保美国在科学与工程领域的领先地位，提高国家的创新、经济竞争能力，促进创新和环境的可持续发展。这反映了美国更加关注物流技术研究的合作性、应用性和实用性，体现了其应用性学科的特性。

美国被称作现代物流仓储装备的发源地，在一定程度上是由于其先进物流化设备的运用，如四向托盘、高架叉车、射频技术、自动分拣机、自动引导搬运车（AGV）、集装箱等，极大地减轻了工人的劳动强度，提高了物流运作效率和服务质量，促进了物流仓储装备业的快速发展。同时，企业物流作业中叉车、货物升降机、传送带等机械的运用程度也很高。

2. 培养制造业物流人才

在制造业物流人才培养上，高等院校要着眼于加快以智能制造需求市场为导向的物流学科专业调整和人才培养，面向需求，改革供给结构，改善培养条件，培养创新型人才。在物流人才培养上要建立一套现代物流人才的创新培养模式，既要建立国际化、综合化的教学课程体系，又要面向智能制造物流技术与应用的大市场，强化物流装备专业的教学与人才培养，培育物流装备行业的高素质复合人才；同时要打造高素质的物流师资力量，鼓励教师深入进行理论与实践学习。

在依托高校和职业技术学校的同时，制造企业内部应加大现代化物流设备设施的现场设计和使用者培训，使其更加适应专业岗位的要求，以全面发挥自动化、智能化的物流装备在生产运营中的作用。

在制造企业物流技术领域深度开展产学研合作。制造企业的物流基础技术领域还存在较多短板，人员配置还存在较大不足，需要从更高的层面对人才资源进行重构，优化资源配置模式，形成以制造企业物流技术应用场景为核心的创新体系。因此需要加大产学研合作力度，创新产业合作体系和运作模式。

在政策引导上要给予支持，发挥政府的引导作用，让企业明确选择自主创新应当注意采取合作创新形式，特别是企业与高等院校和科研院所的合作创新；让企业明确一些较大规模的创新活动往往是一个单位难以独立实施的，由多个单位合作创新可以充分发挥各自的优势，实现资源互补，从而缩短创新周期、降低创新风险、提高创新的可能性。在合作形式上要顺势而为，不拘泥于单纯地建立联合工程中心或者委托横向项目，要紧密结合，形成深层次的利益共同体。在现有政策框架内，构建责权利统一的合作体，充分发挥创新要素的主观能动性，在现行企业管理制度下，形成新的分配机制。

3. 提高系统集成能力

物流装备企业要深入了解智能制造物流的逻辑和作业场景需求，从解决功能性要求转变为解决系统性要求。

智能物流是智能工厂的重要组成部分。智能物流体系能够将供应链上的主要制造元素动态地联系起来，为数字化、网络化、智能化制造提供基础。智能仓储设施之于物流，犹如智能制造设施之于生产，是不可或缺的。

（1）仓储设施配置需要遵循物料流动规律　制造业物流的本质在于"流动"，关于物料如何流动，不同的行业、不同的产品需要不同的流动方式，这需要遵守物料的流动规律，而不是按照经验的"预设"。为此，在配置物流设施时，需要做好以下工作：

首先，针对所有的物料需要进行流动性分析，并且进行库存周转率的详细分类，所设计和配置的物流设施需要保证相应物料的可流动性。

其次，制造业内的物料流动应符合其工艺要求和生产计划要求，对于外购物料进场、自制件存储与配送、成品打包和下线、成品入库存储和发运等，都需要精准核算时间和节拍，并需要由信息系统来支撑。

最后，智能仓储物流设施需要能够保证物料流动性，并且对上下游进行合理有效的衔接。

（2）从解决功能性要求转为解决系统性要求　在智能工厂构建的过程中，物流设备供应商需要重点关注客户流程，而不仅仅是了解客户需要什么设备。不同的物流设备供应商有不同的核心能力与产品，卖设备主要是满足客户的功能性要求，而不是解决系统性问题。对于物流设备供应商来说，要进入制造业物流领域，关键在于分析客户的价值链需求——到底其要解决什么问题，并提供符合客户需求的解决方案。

（3）系统集成的要点　智能物流集成商参与规划和建设时应考虑以下要点：

1）遵守该工厂的战略定位，需要综合分析行业发展态势、产品流转要求、生产制造的智能化程度、关键工序的智能化要求、关键物料/产品的智能化物流运作要求等方面的因素，以此决定采用何种方式和何种现代化程度的装备。

2）理解先期智能工厂的概念设计，客观梳理物流技术原理和相关特征参数，初步定义物流技术与物流装备应用。

3）配合初步布局，协同制造工艺和设备，形成智能物流系统构建（可能涉及建筑功能区域定义、产品产线的 P-Q 分析、智能制造的产线布局和设施需求分析、物流流线和关联设施、生产和物流运作、信息机制和触控模式等多个方面）。一般由业主方或规划团队召集物流设备供应商来了解该系统解决方案，并结合各自的主打设备和核心竞争力提供个性化的对应方案。

4）深入了解物流管理和运作流程以及物流信息系统选择。由于智能物流需要各类参数，如 BOM、供应商参数、到货提前期、包装参数、运输效率和频率、检验和放行时间、库存比例、工位配送节拍和方式、人机使用界面、物料总装模式、成品打包模式等，这些参数将决定流程和物流设施的有效性与兼容性。

（4）深入了解智能制造物流的逻辑和作业场景需求　物流设备供应商需要深入了解制造业工艺流程、物流逻辑和作业场景，针对制造企业物流症结把脉开方、对症下药，才能为制造企业提供专业的服务，而不仅仅是提供设备。越来越多的制造企业意识到物流进步不仅仅是装备、技术上的应用提升，制造业物流存在严密的逻辑关系，需要整个流通过程实现互联互通以及执行过程中的差异管理，还有过程中变数的预警和应急物流。制造企业的物料配送与搬运都有明确的节拍，这个节拍是由作业计划和物流计划协同得到的。

4. 培养工位配送外包服务能力

强化制造业物流外包意识，培养具有工位配送能力的第三方物流公司。

传统的物流外包主要是采购物流和成品物流外包，极少涉及工位物流外包。究其原因，除了担心时间和效率的需求问题，还与企业的外包意识有很大关系。人们习惯了"看得见的管理"，认为工位物流距离短、时间紧、精益化要求高，需要"掌握在自己手上"。通常的做法是在生产线边设立缓存区域，作为线边仓，以应对快速需求、生产线变化和实时配送到工位的要求。由此掩盖了企业物流管理的漏洞，成了物流与生产管理部门的缓冲地带，实际上则成了精益生产以及未来智能制造的数字化盲区和一些部门管理的"自留地"。

由于制造企业工位物流涉及作业计划、工位器具、物流容器、现场管理、工位管理、人机结合、工时节拍等要素，所以，物流协同难度比较大，通常的物流服务难以达到。在智能制造中，智能物流需要物流服务供应商根据装配计划和工位要求，将物料送到自动化立体仓库或者具体的工位，需要智能工厂具备精益物流计划能力、数据能力、精益物流管理协同能力、全过程效率控制和应急响应能力等。在智能制造供应链中，能够拉动全程价值链的第三方物流（第四方物流）服务需求将变得越来越迫切。

5. 发展智能单元化包装对接技术

随着生产工位自动化、智能化覆盖率的日益提升，工位机器人的应用越来越普遍。在智能工厂的规划过程中，智能单元化包装和工位机器人的对接技术成为智能工厂的重要应用场景。由于工位的场景涉及作业人员、机器人、信息采集和物料协同，所以，智能单元化包装对接技术往往成为智能工厂物流规划的关键节点和有效运作的因素之一。

物料包装从供应商生产成品下线就开始使用，后续经过搬运、运输、存储、检验、配送到工位，以及最后由机器人（抓取属具）从容器具或者工位器具中识别并取出的过程，需要物料包装单元能够在所有过程中与（智能化的）搬运设施、运输设施、检测设施、配送设施、机器人、信息采集设施等进行数据对接和作业指令的交互。通俗而言，就是需要保证物料在物流的所有过程中能够无障碍地与相关设施实现"对话"。这就需要包装单元突破传统扫码采集数据的简单功能，转化为物料告知其关键信息给相关的设施。其中，最为关键的不仅仅是过程中的条码扫描或者 RFID 识别，而是与机器人对接和抓取的便利性。前者是整个包装单元的识别，技术上相对简单；后者是由机器人属具从包装单元容器具中识别并抓取单个或者多个物料，涉及物料包装、定位、机器人识别、抓取、移动、放到工位装配等一系列作业。在抓取的过程中，物料需要告诉机器人相关信息，机器人需要结合生产作业需求进行操作，同时，系统需要抓取所有信息并且作为实时场景信息为后续决策提供依据，形成自反馈闭环系统……在功能性规划过程中，人们通常依据机器人的作业要求来设计包装单元，却没有考虑此前相关环节的物流运作要求，如运输、搬运、存储等，导致包装单元无法实现物流一体化，后续切换包装的成本也非常高昂，影响流动效率。

企业应从系统化的角度入手，思考智能化包装单元的一体化过程，同时兼顾机器人的对接需求，机器人和包装单元相互协同、相互影响，以实现智能化成本最优。

6. 将智能工厂嵌入智能供应链

企业需要站在智能供应链发展和优化的角度思考智能工厂的物流规划与运营。

智能供应链是指在互联网/物联网环境下，消费者（客户）发布、寻找个性化的产品或者服务，触发相关组织（企业）利用智能供应链云平台和大数据，进行跨企业智能预测、沟通和整合供应链资源计划，将消费者（客户）、门店、零售商、品牌商、研发者、智能物流服务供应商、智能制造商、材料/零部件供应商智能协同起来，实现智能研发、智能采购、智能生产、智能交付、智能结算，从而满足消费者要求的过程。

智能供应链主要实现各项资源智能化自主整合。

智能供应链不是单纯、有形的"链式结构"或者"网状结构"，而是虚实结合、虚实联动的多维智能化增值服务系统。任何组织或者企业，或是其所提供的产品或者服务，要在智能供应链环境下生存和发展，都需要经历创造价值、传递价值和获取价值的过程。

由于智能供应链的多维度（涉及范围和环节广，基于企业和资源管理战略高度、运营作业的技术深度等）、系统性要求，涉及各项不同的资源。这些资源大致可以分为客户资源、数据资源、产品资源、供应资源和技术资源。其中，供应资源主要是在智能供应链上的不同环节所体现出来的实物流、信息流、资金流的流转效应。供应资源是智能供应链的关键脉络，可以分为智能制造端、零售端、流通过程服务端和结算与支付端。

智能制造端主要是应对数字化、网络化、智能化制造所需要的供应链智能化协同，至少包含上游材料供应商的互联互通、第三方物流的互联互通、智能化采购和采购入厂物流的智能化、智能生产和工位物流的精益智能化配送、成品打包下线和智能化存储、发运（可能涉及下线装柜、下线装车）。在工业互联网环境下（形成工业大数据），解决智能化采购供应和智能化生产供应，以保证制造端的快速响应和有效交付能力，传递制造价值。

智能工厂物流构建本质上需要促进企业交付能力的提升，如果局限于工厂思维，容易陷入局部优化的误区。所以，需要具备企业供应链智能化的全局高度，在价值链拉通的基础上保证规划合理性和运营有效性，思考智能工厂的生存能力和在供应链环境下的适应能力。

7. 提高企业团队的智能制造物流技术水平

通常情况下，智能工厂的物流系统解决方案是由物流规划咨询公司或者其他专业机构提供的。但是，在技术选择、设备选型、技术应用、设施维护、物流设备招标投标、入场安装试运行、正常运行、日常生产等过程中，需要团队能够理解方案和了解技术、设施的参数与特性，以保证生产、物流运行的平稳性。

在某些失败案例中，工厂物流规划团队（可能外包或自有）与运营团队通常不是同一个团队，后者通常不理解、不了解该新工厂的布局规划逻辑和设施特性，仅仅作为常规承接，即使进行了培训，也难以保证应用的有效性和稳定性。尤其是在出现设备故障、产品换型的时候，即使设施供应商维护人员到位支持，也容易造成巨大的损失和成本。

不同企业的产品和制造工艺不同，所以智能制造物流技术的应用场景也往往大相径庭，对物流技术的需求、精度等级、参数设置等都不一样，使得采用的物流技术和设施应用也不一样，很多情况下可能需要有工位个性化的应用创新和技术创新。很多制造工况下所需要的物流技术，在市场上未必能够找到标准产品，由此可能催生新的物流设施，而实现这些研发和创新，必须有懂得产品、工艺、制造流程、自动化、智能化等级需求的内部人才参与定义和后续的安装、调试和使用。

建议企业设立团队研究智能制造物流技术的发展趋势、应用场景、工艺工位需求创新，形成具有物流技术引入、判断、应用能力的人才梯队。

8. 建立物流能力评审机制

智能制造企业的物流管理水平参差不齐、各有千秋。对于智能化要求而言，更多需要做的是"补课"的工作，但是，关于如何尽快达成智能化规划方案中的水平，企业团队通常是"一头雾水"。

建议推动智能制造企业物流供应链评审标准，通过多维度综合评估的方式，使得企业物流管理和规划团队能够量化、直观地识别自己的管理水平和与智能制造物流需求之间的差距，从而指导团队分步骤地"补课"，夯实智能制造物流的基础，逐步从粗放管理向精益物流、数字化物流乃至智能化物流的方向转变。

智能制造物流管理水平评审通常涉及企业物流供应链战略与远景、组织过程与程序、供应链绩效指标、智能制造物流供应链协同计划、与客户的关系、车间与工位现场物流、与供应商的关系、智能制造物流信息平台、智能制造物流基础等方面。

9. 培养咨询规划能力

催生、扶持和培育更多的具有物流规划、集成、研发的创新型方案提供方，以促进制造业智能工厂、智能物流从规划到落地运营的合理性和有效性，从而减少试错和陷入误区的可能和成本。

10. 建立智能应急物流与供应链管理机制

为了保障智能制造，智能工厂物流要求比一般工厂更高，但是面临的各类变数依旧存在。所以，需要建立智能应急物流与供应链管理机制。

通常需要建立应急场景设定，即当设定的问题发生或者条件达到时，就启动应急物流与供应链模式。应急物流与供应链场景通常包含堵车、批量不合格、翻车、货损、延迟到货和搬运设施、配送设施、拣选设施、存储设施故障，以及水灾、火灾、瘟疫传播、地震、环境、政策法规等企业不可控因素的设定和判别方式。

应急方式通常包含设置库存、转换生产计划、其他场地调拨、紧急采购、紧急叫停订单或者交付任务等。智能应急物流与供应链管理机制需要设定时间起止期限。

参考文献

［1］陆大明. 中国物流仓储装备产业发展研究报告［M］. 北京：机械工业出版社，2018.

［2］邱伏生. 智能供应链［M］. 北京：机械工业出版社，2019.